文明的末梢

中国蒙学简史

王立刚 著

广州新华出版发行集团
广州出版社
GUANGZHOU PRESS

图书在版编目（CIP）数据

文明的末梢：中国蒙学简史 / 王立刚著. —广州：广州出版社，2023.10

ISBN 978-7-5462-3624-7

Ⅰ. ①文…　Ⅱ. ①王…　Ⅲ. ①蒙学—教育史—中国—古代　Ⅳ. ① G629.299

中国版本图书馆 CIP 数据核字（2023）第 131824 号

书　　名　**文明的末梢：中国蒙学简史**
　　　　　Wenming de Moshao：Zhongguo Mengxue Jianshi
著　　者　王立刚
出版发行　广州出版社
　　　　　（地址：广州市天河区天润路 87 号广建大厦 9、10 楼
　　　　　邮政编码：510635　网址：www.gzcbs.com.cn）
策划编辑　何　旻
责任编辑　司丽丽　何　旻
责任校对　王俊婕
印刷单位　三河市祥达印刷包装有限公司
　　　　　（地址：三河市杨庄镇杨庄村　邮政编码：065200）
规　　格　920 mm × 1250 mm
开　　本　1/32
印　　张　15.5
字　　数　388 千
版　　次　2023 年 10 月第 1 版
印　　次　2023 年 10 月第 1 次
书　　号　ISBN 978-7-5462-3624-7
定　　价　88.00 元

发行专线：（020）38903520　38903521

目　录

序

“蒙学”是中国传统教育特有的词语。“蒙”大致表示某个特定年龄段，这一年龄段的儿童社会知识尚不丰富，思想不够完善，价值观没有形成，古代将这一年龄段的儿童称为“蒙童”。“蒙学”是面向“蒙童”的教育活动，即启蒙教育。最晚在宋代，“蒙学”一词开始出现，自元代至清代，“蒙学”一词主要表示启蒙教育。比如明代学者袁宏道在《送夹山母舅之任太原序》这篇短文中提道：“士自蒙学，以至白首。”①“蒙学”是一个人接受教育的最初阶段或启蒙阶段。在宋代及之前，“小学”常用于代指启蒙教育，在宋代之后，“小学”一词也继续被使用。在明清时期，社学、义学是蒙学体系的重要组成部分。近代以来，一些学者将蒙学教育机构也称为蒙学，将蒙学教育机构中使用的读物称为“蒙学读物”；在个别情况下，“蒙学读物”也简称为“蒙学”“蒙书”。

本书在正文中一般用“启蒙教育”“启蒙教育阶段”称呼古代的“蒙学”“小学”，用“蒙学读物”“启蒙读物”“蒙书”“蒙学著作”等称呼古代蒙学中使用的读物，用启蒙教师、塾师、蒙师等称呼从事蒙学的教师。

为了明确本书所讨论的范围，本书进一步将“最初阶段”或“启蒙阶段”的范围限定为正式教育的最初阶段，不包含正式教育

---

① ［明］袁宗道：《白苏斋类集》，上海：上海古籍出版社，1989年，第107—108页。

之前、之外的家庭教育以及在日常生活中接受的教育，以避免儿童生活、儿童成长过程都被视为启蒙教育，从而导致“蒙学”的边界过于模糊的情况。实际上，中国古代的一些蒙学读物是以家庭作为教育背景的，家庭教育也是古代蒙学的组成部分。因此，这只是为了避免蒙学的边界过于模糊而做出的选择。

在最宽泛意义上，正式教育应指由专门从事教育活动的人开展的教育活动。专门人员是指这个人以从事教育为主要职业活动，不是在从事其他活动的同时“顺带”“兼职”从事教育活动。在更严格意义上，正式教育有固定的空间、固定的课程体系，不是临时将家中的某个地方作为教育场所，也不是随机教会了儿童一些生活常识。从当代教育的视角来看，不同时期的教育有不同的情况，不是每个时代都像当代学校这样有绝对固定的课程体系、教学方法，传统时代的正式教育机构未必具有很强的专业性，因此从最宽泛意义上来说，具有了专门人员的教育活动便被视为正式教育活动。

古代的启蒙教育大致相当于当代的小学教育，或小学教育及初级中等教育。中国古代一直没有建立现代教育中的学年制度，即不是所有的孩子都一定会在六岁入学，随后按照年级逐年上升，而是不同时期、不同家庭的选择各有差异。古时候，有的儿童四五岁就开始到学校读书，有的儿童十来岁才开始到学校读书，有的儿童一生可能只读了几个月的书。不管儿童年龄大小，这都属于一个人接受正式教育的开始阶段，都属于启蒙教育的范围，所以本书说的“起始阶段”不是以儿童年龄范围为标准的，而是以其接受的教育的性质为标准的。

人类社会自有经验传承时起便有教育活动，但正式的启蒙教育是生产力发展到一定阶段之后才出现的。在生产力不发达的时期，社会管理效率不高，国家赋税体系不完善，教育并非像现代社会一样属于政府必须负责的事务。在大部分历史时期内，由于交通、通讯方式落后，国家对基层社会的影响十分有限，只依靠较少的税收、较少的官员完成对基层社会的简单管理，教育活动主要依靠民间力量来完成。在教育活动中，启蒙教育是相对更为"边缘化"的部分，可以说是古代文明发展的"末梢"，国家管理力量在面对基层启蒙教育时，由于缺乏公共财政资金，显得十分无力，民间力量在启蒙教育发展中的作用更为明显。

启蒙教育是教育体系的基础，接受启蒙教育的人比接受高层次教育的人数更多，启蒙教育是促进社会发展、提升社会文明程度的重要依托，甚至是基层社会稳定的基石。如果没有任何专门的启蒙教育，基层社会便会真正陷入"蒙昧"状态，所以启蒙教育不只是面向儿童的启蒙，也是面向整个社会体系的启蒙。正因为此，自先秦时期以来，我国的基层政府、民间力量并没有坐视不管启蒙教育的困难，没有任由启蒙教育自生自灭，而是不断采取措施积极推动启蒙教育发展。在每个时期，我国都有大批一流学者长期担任启蒙教育的教师，也有大量一流学者亲自编写启蒙教育读物，逐渐建立了这样的文化传统，即参与启蒙教育活动是一流学者、思想家的基本使命。自宋代之后，我国基层政府充分利用仅有的力量与民间社会合作，共同推动启蒙教育发展，即使基层公共财政状况很差，也要促进启蒙教育的发展，并逐渐将这一做法变成基层政府的基本使命，形成了基层社会治理的重要文化传统。

在生产力落后的时代，我国民间力量与基层政府共同推动启蒙教育发展的做法充实了基层社会的积极力量，提升了基层社会的文明程度，让中国古代文明的"末梢"变得更加健康、更加充满活力。中国传统社会的蒙学发展既是中国文明传承发展的基础，也是促进中国古代社会进步、文明发展的重要力量。中国古代蒙学史是中国古代文明体系的重要组成部分。

第一章　先秦时期的启蒙教育

先秦时期，我国可能已经有专门的启蒙教育机构，也形成了相对完整的启蒙教育内容体系，只是留存至今的蒙学的文献较少。当时的启蒙教育思想是我国启蒙教育发展的起步阶段，决定了我国启蒙教育发展的大致方向，对后来中国启蒙教育的发展有深远影响。

一、儒家学者对启蒙学校的设想

启蒙教育与人类社会发展息息相关，不过专业的启蒙教育是生产力发展到一定程度之后才逐渐出现的。早期中国具有启蒙教育功能的机构，普遍担负着教育功能之外的其他功能，可能不是专业的教育机构，有关文献记录可能只是儒家学者的设想。

1.从古老的《诗经》说起

《诗经》是我国最早的诗歌作品，其中有一些诗歌已经有三千多年的历史了。很多人可能没有注意到，《诗经》中有一篇诗歌与启蒙教育有关，就是《子衿》：

青青子衿，悠悠我心。纵我不往，子宁不嗣音？

青青子佩，悠悠我思。纵我不往，子宁不来？

挑（tiāo）兮达（tà）兮，在城阙兮。一日不见，如三月兮！①

在今天的读者看来，这首诗描写的内容是一位女子想念她的

① ［清］王先谦：《诗三家义集疏》，北京：中华书局，1987年，第364—365页。

心上人。进一步，也可以更抽象一些说，这首诗描写的是某个人思念另外一个人，可能未必是恋爱关系。

这首诗说：心中总会想起青色的衣领、青色的玉佩，我虽不去，总该有些回音。“子衿”即“你的衣襟”，“子佩”即“你的玉佩”。“挑兮达兮”是指独自走来走去。登上城楼向远处望去，一天不见，就像隔了三月。

这首诗意境含蓄、内容优美，用十分细腻的手法写出了一个人的心理感受，简单的笔触把一个人的心理话语变成了一首诗，创作手法非常高明。

这样一首诗与古代蒙学的发展有什么关系呢？实际上，在中国古代大部分历史时期内，学者们并不认为这是一首爱情诗，而一直认为这是一首反映西周时期（前1046—前771年）学校生活的诗歌。

关于《子衿》这首诗，在迄今能看到的解读中，最早的为西汉时期毛亨、毛苌两人作的《诗诂训传》（或称《毛诗诂训传》），这些内容在唐代时期被编入《毛诗正义》中。根据《毛诗正义》的记载，毛亨、毛苌认为，这首诗的主题是：“刺学校废也，乱世则学校不修焉。”[①]这首诗指出了教育活动因国家混乱而停止的现象。

到了东汉时期，郑玄（127—200年）编写了《毛诗传笺》，继承了毛亨、毛苌两人的说法。郑玄提出“郑国谓‘学’为‘校’，言可以校正道艺”[②]。《子衿》是《诗经》中“郑风”的一首。一般认为，“郑风”描写的是郑国所在地的情况。郑国将“学”称为“校”，是一个可以纠正一个人“道艺”（学问和技能）的场所。

毛亨、毛苌在解读《子衿》时，提到了“学校”一词（“刺学校废”）。这是“学校”一词第一次出现在历史文献中。在今天，“学校”是指专门的教育机构；而那时候，“学校”还很少作为固定

① ［清］王先谦：《诗三家义集疏》，北京：中华书局，1987年，第364页。
② 同上。

词语使用。在那时候，“学”可能是一种教育机构，但“校”字可能还不完全是指教育机构。《说文解字》：“校，木囚也。”在较早时期，“校”字可能表示“木笼子”“枷锁”。比如在《周易》这样的早期文献中还保存着类似的用法，《周易》中提及“屦校灭趾”，即“脚戴上了枷锁”。

后来，为了表示“比较”这样的意思，一些人创造出了“挍”（jiào）字，用“提手旁”来表示“两个人在一起做比较”，后来又出现了“较”字，替代了“挍”字作为“比较”的用法。在这些字的使用过程中，“校”“挍”“较”三字出现了混乱，“校”“较”慢慢替代了“挍”字的用法，而“校”字原本的意思慢慢丢失了。

在春秋战国（前770—前221年）时期，“校”字开始有了更丰富的含义，比如《左传》中提及：“郑人游于乡校，以论执政。”郑国人在“乡校”这样的地方讨论政事（或主持国家政事的人）。“乡校”是一个公共场所，可能与“学”不同，也可能与“学”有类似的功能，至少可以看到，当时的“学”还不完全等于现代意义上的“专业教育机构”，其也承担着政治、祭祀等功能，因此郑国人才会在这里讨论政事。毛亨、毛苌在《子衿》的解读中提及的“学校废”可能是指这样的情况：在当时，因为战乱，“学”“校”这两种功能相近的机构都慢慢消失了。

从现代视角来看，《子衿》是一首“爱情诗”，而毛亨、毛苌以及郑玄都坚持认为《子衿》描述的主题是学校教育。毛亨、毛苌以及郑玄的说法得到古代大部分学者的认可，他们的说法有什么证据呢？

《子衿》的开篇是：“青青子衿，悠悠我心。”毛亨、毛苌认为：“青衿，青领也，学子之所服。”①在过去，“青衿”一般是指读书人穿的衣服，也借指读书人，今天常说的“菁菁学子”一词也是源

① ［清］王先谦：《诗三家义集疏》，北京：中华书局，1987年，第364页。

出于此。不过，这些说法都是源自毛亨、毛苌。汉代之后，读书人之所以穿青色衣服，可能主要是因为毛亨、毛苌在解读《子衿》这首诗时提及了“青衿”，它是指学生服装。由于缺乏文献，汉代之后的人无法证明毛亨、毛苌的说法有问题，也无法说清“青衿”是否有其他含义，便普遍选择了相信毛亨、毛苌的说法，毕竟毛亨、毛苌生活的时代已经是距离《子衿》这首诗所在时代最近的了，其他人距离《诗经》产生的年代更为久远。

郑玄认为，《子衿》这首诗的内容描写的是：“学子而俱在学校之中，已留彼去，故随而思之耳。”[①]因战乱或者其他原因，有的学生离开了学校，仍在学校坚持读书的学生或者老师想念已经离开的学生。

今天的一般读者已经不再认可毛亨、毛苌以及郑玄等人对《子衿》主题的解读了，毛亨、毛苌以及郑玄等人的解读即使在古代也曾受到一些质疑。不过，实际上毛亨、毛苌以及郑玄等人的解读也没有什么大问题，找不出明显的知识错误和逻辑漏洞。在没有明确文献可以证明其错误的情况下，也可以选择相信。

《子衿》这首诗可能产生于西周时期，也有可能更晚一些。假如毛亨、毛苌以及郑玄等人的说法是正确的，那时候曾出现过“学”和“校”逐渐荒废的情况，就说明在之前也曾有过“学”和“校”这样具有教育功能的机构。

在战国时期，不只是有“学”“校”这样的机构可能承担着教育功能，其他文献中也零星提到了一些承担教育功能的机构。

> 《礼记·学记》：古之教者，家有塾，党有庠，术有序，国有学。[②]

---

① ［清］阮元校刻：《十三经注疏》之《毛诗正义》，北京：中华书局，1980年，第345页。

② ［清］阮元校刻：《十三经注疏》之《礼记正义》，北京：中华书局，1980年，第1521页。

《学记》是中国早期重要的教育文献，大约为战国时期的作品，其中提出了一个自下而上的学校体系，自“家”“党”“术”到“国”，分别设立“塾”“庠”“序”“学”。其中，“家”是婚姻关系构成的较小的范围；“党”是一个固定的区域，超越了“家”的范围；“术”是一城所在地，范围更大；“国”是指分封形成的诸侯国。

《学记》认为，在“家”这样的范围内设立的学校称为“塾”，这是一个人接受教育的起点，所以后代启蒙阶段的学校也常常称为“塾”，在其中从事教育工作的人则称为“塾师”。实际上，“塾”在早期中国可能是家中的某处固定房屋，或者某个建筑。《说文解字》：“塾，门侧堂也。”

《学记》中说的“庠”与“序”在其他文献中也有提及。《孟子·滕文公上》：“设为庠、序、学、校以教之。庠者，养也；校者，教也；序者，射也。夏曰校，殷曰序，周曰庠，学则三代共之，皆所以明人伦也。”①《孟子》对“庠”与“序”“学”“校”四种机构专门作了解释，这些机构是夏商周时期具有教育功能的机构，其中夏代称为“校”，商代称为“序”，周代称为“庠”，夏商周三代统称为“学”。战国时期的文献经常提及“庠”，大部分文献都认为“庠”是一种公共场所，在这里举行“养老礼”，所以《孟子》认为“庠者，养也”，兼有教育功能。“序”可能最初也是建筑空间的名称。《说文解字》：“序，东西墙也。”《孟子》认为：“序者，射也。”这可能本是举行“射箭仪式”的地方，逐渐发展出了教育功能。

在中国，“塾”成为启蒙阶段学校的名称，“学校”成为现代教育机构的名称，均是来源于《诗经》《学记》《孟子》等文献（及其古代研究者）的记载。

人类社会的专门教育机构都是从无到有，一点点发展出来

① ［清］阮元校刻：《十三经注疏》之《孟子注疏》，北京：中华书局，1980年，第2702页。

的，并不是在最早的时候就一直有与今天的“学校”一样的教育机构。今天一般说的“学校”一词，在英语中是“school”，也是只在近代时期才表示“学校”的含义。“school”一词在古希腊时期是“skhole”，这一词的意思是“闲暇”，由“skhein”和“ole”两部分组成，其中“skhein”的意思是“toget”，即“持有”“得到”“支配”；“ole”的意思有很多种，源头的意思可能是“消灭”“杀死”“丧失”等意思。“skhole”后来引申为“摆脱”，后来又引申为“无意义的讨论”，又引申为“知识产生的地方”，又引申为“一种有固定理论与方法的组织”等，“学校”的意思在此基础上产生。

中西方教育机构产生与形成路径并不相同。不过，不论是《学记》中提及的“塾”“庠”“序”“学”体系，还是《孟子》中提及的“庠、序、学、校”体系，均不是《学记》《孟子》所在时代的教育体系，甚至也不是“古之教者”或“夏商周”三代的教育体系。由于没有足够文献可以证明这些教育机构在更早时期曾存在过，所以，与其说这是《学记》《孟子》所处时代之前曾存在过的教育体系，不如说是《学记》《孟子》的作者假托“古人”名义，提出了一种教育理想。

2.“小学”与“大学”

在战国至西汉（前202—公元8年）初年，有一位儒家学者，根据自己的理解，创作了一篇关于国家制度设计的文章，全文大约五千字。这篇文章以“王者之制”四字开篇，后代便将其命名为《王制》。

后来，这篇文章被收录进《礼记》，成为儒家经典“四书五经”的一部分。东汉时期，郑玄在整理、注解儒家经典文献时，认为“《王制》之作，盖在秦汉之际”。即这篇文章完成于秦汉两朝过渡时期，公元前200年前后。《史记》《汉书》以及其他文献中均有关于当时国家制度的记载，从有关记载来看，《王制》这篇文章描述的并不是秦汉时期实际的国家制度，也不是略早于此时（比如战国时期）的国家制度，而是描述了一种儒家学者理想中的国家制度。《王制》中提及了很多具体机构的名字，作者可能依据当时可见到的历史文献进行了加工，因此《王制》中可能多多少少留有一些早期中国社会制度的痕迹。

《王制》第一次提到了“小学”与“大学”两个词，其中有这样一段话：

> 天子命之教，然后为学。**小学**在公宫南之左，**大学**在郊。天子曰**辟廱**（yōng），诸侯曰**頖**（pàn）**宫**。
>
> 天子将出征，类乎上帝，宜乎社，造乎祢（mí），祃（mà）于所征之地。受命于祖，受成于学。出征，执有罪；反，释奠于学，以讯馘（guó）告。①

这段话的意思是：

教育活动在天子命令下开展，“小学”的位置在王宫东南，“大学”的位置在郊外。

天子的学校称为“辟廱”，诸侯的学校称为“頖宫”。

天子出征之前，会祭拜上天（上帝）、大地（社）、宗庙（祢），以祈求保佑。到达出征之地后，也要举行“祃”这样的祭祀仪式。从宗庙中获得出征的命令，在“学”这样的场所完成征伐的计划。出征是为了捉拿有罪之人；凯旋之后，在“学”这样的场所举行“释奠”仪式，以报告战果。

在这段话中，“小学”与“大学”是并列出现的，分别位于不同的地点，显然“小学”与“大学”承担着不同的功能，是教育体系的不同组成部分。作为启蒙阶段教育活动的“小学”并不依附于“大学”存在，而是具有独立价值的。

“辟廱”与“頖宫”是并列出现的。“廱”在后来有时写为“雍”。

---

① ［清］阮元校刻：《十三经注疏》之《礼记正义》，北京：中华书局，1980年，第1332页。

“廱”字由“广”“雝”（yōng）两部分组成，“雝”是一种鸟，由“邕”“隹”两部分组成。“邕”字则由“川”“邑”两部分组成，表示“四方有水的城池”。所以，“辟廱”的结构一般被认为是四面环水。

“頖宫”的“頖”字可能是后人在辗转抄写的过程中出现的，本应为“泮”。《说文解字》中说：“西南为水，东北为墙，从水从半。”可知，“頖宫”也是有水的环境。

“頖宫”可能是存在已久的机构或者场所。比《王制》创作产生时间更早的文献《诗经》中有一篇诗歌，名为《泮水》，其中提及：

明明鲁侯，克明其德。
既作泮宫，淮夷攸服。①

这几句诗的意思是：鲁侯勤勉，品德高尚，筹建了泮宫，又发兵征讨淮夷。

此处的“泮宫”即“頖宫”。“泮宫”并不是一种现代意义上的教育机构。从《王制》的下文也可以知道，“辟廱”与“頖宫”都是当时的“学”，只是当时的“学”与现代意义上的“学校”是不同的。现代教育中的学校以传播知识为主要目的，是纯粹的教育机构，而《王制》所描述的“学”兼有多种功能，不只是现在说的“教育”功能，而且承担着提供谋略、举行仪式的功能，兼有世俗与超世俗的功能。

实际上，《王制》只提到了“辟廱”与“頖宫”在国家政治生活中的功能，却并没有提及其教育功能。通过《王制》的描述可以了解到，“辟廱”与“頖宫”虽然可以称为“学”，可能具有了一定的教育功能，但并不是以开展教育活动为主的专门机构。

---

① ［清］阮元校刻：《十三经注疏》之《毛诗正义》，北京：中华书局，1980年，第610页。

从战国到汉代时期，《大戴礼记》中对“小学”与“大学”有了进一步认识：

古者八岁而出就外舍，学小艺焉，履小节焉；束发而就大学，学大艺焉，履大节焉。[1]

此处的记载仍是以“古者”为名，是儒家学者的理想，他们认为理想的教育模式应该是八岁入学。在启蒙教育阶段，主要学习“小艺”；到了“束发”即十五岁时，则进入“大学”阶段，学习“大艺”。“小学”也有了更清楚的定位。

随着时间的推移，我国学者对“小学”的认识逐渐丰富。汉代学者何休在研究历史著作《春秋公羊传》时，提出了这样的理想模式：

民春、夏出田，秋、冬入保城郭。

田作之时：春，父老及里正旦开门，坐塾上。晏出后时者，不得出；莫（暮）不持樵者，不得入。

五穀（谷）毕入，民皆居宅，里正趋缉绩，男女同巷，相从夜绩。至于夜中，故女功一月得四十五日作，从十月尽正月止。

……

十月事讫，父老教于校室。八岁者学小学，十五者学大学，其有秀者移于乡学，乡学之秀者移于庠，庠之秀者移于国学。

学于小学，诸侯岁贡小学之秀者于天子；学于大学，其有秀者命曰“造士”，行同而能偶，别之以射，然后爵之。[2]

按照一般理解，《春秋公羊传》的作者为战国时期的公羊高，是一部解读更早时期的历史著作《春秋》的作品。汉代的何休对

① ［清］王聘珍：《大戴礼记解诂》，北京：中华书局，1983年，第60—61页。

② ［清］阮元校刻：《十三经注疏》之《公羊传注疏》，北京：中华书局，1980年，第2287页。

《春秋公羊传》做了研究，上述何休的这段话所涉及的内容是《春秋》中鲁宣公十五年（前594年）“初税亩”这三个字。一般认为，“初税亩”即按照耕地数量向国家缴纳赋税。以公羊高为代表的儒家学者认为，当时的土地制度是将土地分为“公田”和“私田”，“私田”拥有者在耕种自己土地时，承担着耕种“公田”的义务，这意味着已经向国家缴纳了赋税。如果私田拥有者在耕种完土地后，还要按照耕地数量再向国家缴纳一次赋税，会导致耕种土地之人负担加重，因此“初税亩”并不合理。对此，何休在公羊高《春秋公羊传》的基础上提出了儒家视角的社会设想：

春夏时节，从事农业生产的人应该积极参加劳动。

在农忙时节，每个人都应该早出晚归，勤奋工作。白天出城干活，晚上回来积极参加纺织。这些活动从一月持续到十月。

过了十月，则开始组织教育活动。年满八岁，进入“小学”；年满十五岁，进入“大学”。选拔优秀的学生逐次升入“乡学”“庠”以及“国学”（即国家开办的学校）。

对于在“小学”中学习的孩子，诸侯每年负责推荐给天子；对于在“大学”中学习的孩子，则需要拥有较高的品德素养，掌握一定的社会技能，成为国家有用之才。

从这些内容可以看到，《春秋公羊传》中的这段话只是与春秋时期（前770—前476年）的历史有关，但所述并不是春秋时期社会发展的实际情况，是针对春秋时期的社会状况提出了一种理想化的生产组织模式，其中“小学”“大学”是这一社会生产模式的一部分。

从上述文献中可以看到，自战国到汉代初年，教育活动需要分为“小学”“大学”两个不同阶段，这已经是当时儒家学者所公认的了。

在春秋战国时期，甚至更早的时候，我国可能有了启蒙教育机构，但在历史文献中并没有提及，在考古发掘中也没有痕迹留下。商代的甲骨文中尚未发现有明确记载为启蒙阶段学校的文字，目前商代及之前的出土遗址中也没有发现有明确证明是专门的启蒙教育的场所。上述儒家经典中的点滴记录便是我国启蒙教育发展的最早信息了。

二、“六艺”与启蒙教育的内容

先秦时期，我国将“礼、乐、射、御、书、数”作为教育体系，并称为“六艺”，其中有一些相关文献涉及当时儒家学者们讨论的启蒙教育。

较早提及“六艺”的文献是《周礼》。《周礼》是一部充满争议的文献，不同学者对于《周礼》的创作时期看法差异很大，有人认为创作于西周时期，有人认为创作于战国时期，有人认为创作于汉代初年，甚至有人认为是王莽时期创作的。也许《周礼》创作的时间持续了很久，可能是战国之后某个时期的学者根据之前留下的一些文献进行加工改造，不断丰富而成，体现了当时儒家学者对国家管理机制的认识。

《周礼》中的一些思想对我国古代国家管理机制有一定的影响。不过，根据《左传》《战国策》等文献的记载，《周礼》中的内容反映的并不是春秋战国时期的历史，也不是汉代的历史，大致上为战国到汉代时期一些儒家学者对国家管理机制的设想。《周礼》中提及：

> 保氏掌谏王恶，而养国子以道，乃教之六艺。一曰五礼，二曰六乐，三曰五射，四曰五驭，五曰六书，六曰九数。[①]

“保氏”是《周礼》中设想的一种官职，这一官职负责王正国

---

① ［清］阮元校刻：《十三经注疏》之《周礼正义》，北京：中华书局，1980年，第731页。

君存在的错误，同时负责教育“国子”，即国家管理人员的孩子。在中国古代，正是由于《周礼》中使用了“国子”一词，后来才出现了“国子学”“国子监”，作为国家创办的教育机构，同时也是教育管理机构。

《周礼》的作者认为，“国子”需要学习的内容主要为“礼、乐、射、御、书、数”六种。从今天来看，“礼”是礼仪、礼节，“乐”是指音乐等艺术，“射”是指射箭，“御”是指驾车，“书”是指认字或者读书，“数”是指识数、数学或历法等。“礼、乐、射、御、书、数”等“六艺”可能是对春秋战国之前存在过的教育活动的总结。其中，“礼”“乐”是贵族基层参与人际交往的基本技能，“射”“御”是军事活动的主要技能，“书”“数”是获取日常生活信息的基本技能。这几方面构成了当时的教育内容体系。

《礼记》中提及了对不同年龄段教育内容体系的设想。比如《礼记·内则》：

> 六年：教之数与方名。
>
> 七年：男女不同席，不共食。
>
> 八年：出入门户及即席饮食，必后长者，始教之让。
>
> 九年：教之数日。
>
> 十年：出就外傅，居宿于外，学书计，衣不帛襦袴，礼帅初，朝夕学幼仪，请肄简谅。
>
> 十有三年：学乐，诵诗，舞《勺》。
>
> 成童：舞《象》，学射、御。
>
> 二十而冠：始学礼，可以衣裘帛，舞《大夏》，惇行孝弟，博学不教，内而不出。①

① ［清］阮元校刻：《十三经注疏》之《礼记正义》，北京：中华书局，1980年，第1471页。

《礼记·内则》提出的教育内容体系

年龄	学习内容	现代教育类别	“六艺”体系类别
六岁	学习识数，辨别方向	数学、地理	数
七岁	男女有别，男女吃饭时坐不同位置	常识	礼
八岁	进出门、吃饭，长者为先，学会谦让	常识、品德	礼
九岁	学会基本历法常识	天文	数
十岁	开始正式跟随老师学习，住在学校中，学习识字、算术。穿俭朴的衣服，开始学习礼节，以诚待人	数学、识字、品德	数、书、礼
十三岁	学习乐器、诗歌和舞蹈《勺》	艺术	乐
成童（十五岁后）	学习舞蹈《象》，射箭、驾车	艺术、体育	乐、射、御
二十岁	冠礼之后便已长大成人，应学习成年人的礼仪，可以穿更好一些的衣服，学习舞蹈《大夏》，践行孝悌，广泛学习知识，不过还没有资格担任老师	常识、艺术、品德	礼、乐

从今天来看，这些教育内容涉及方方面面的知识，其中针对年龄较小儿童的学习内容规划体现了早期中国对启蒙教育的认识。不过，这一体系可能也不是《礼记·内则》中认为的是上古时期的做法，而是当时的儒家学者根据教育经验做出的总结，其中大部分内容属于“六艺”的不同方面。

在春秋战国时期之后，经过儒家学者们的改造，“六艺”教育有了新的内涵。

（1）“礼”“乐”教育

“礼乐”是儒家教育活动的重要组成部分。《论语》中提到过一位叫孔文子的人，《论语·公冶长》中记载：

子贡问曰：“孔文子何以谓之‘文’也？”

子曰："敏而好学，不耻下问，是以谓之'文'也。"①

这里的"孔文子"即"卫文子"。卫文子姓"孔"名"圉"，"文"是谥号，"子"是尊称。在春秋时期晚期，晚年的孔子回到鲁国后，专门从事教育活动和历史文献整理。他的学生子贡曾到鲁国西北侧的卫国去，与当时卫国的卫文子有一次谈话。《孔子家语》提到，卫文子这样评价孔子的教育活动：

吾闻孔子之施教也，先之以《诗》《书》，而道之以孝悌，说之以仁义，观之以礼乐，然后成之以文德。②

这一内容还保存在《大戴礼记》中，用词稍有不同：

吾闻夫子之施教也，先以《诗》；世道者孝悌，说之以义，而观诸体，成之以文德。③

其中"世"的意思为"时"。

两种文献中提及的孔子教育体系

次序	《孔子家语》的记载	《大戴礼记》的记载
1	先之以《诗》《书》	先以《诗》
2	道之以孝悌	世道者孝悌
3	说之以仁义	说之以义
4	观之以礼乐	而观诸体
5	成之以文德	成之以文德

两份文献都提到了孔子的教育体系的顺序，可以证实这是当时的一些人对孔子教育体系的一种评价，流传于各诸侯国之间。

从卫文子与子贡的讨论中可以看到，孔子的教育内容体系是以读《诗》《书》为开端，将"礼乐"作为较高层次的教育。"礼"

① ［清］刘宝楠：《论语正义》，北京：中华书局，1990年，第163页。

② ［三国魏］王肃注：《孔子家语》卷三，清光绪二十四年刻朱印本，第4页。

③ ［清］王聘珍：《大戴礼记解诂》，北京：中华书局，1983年，第107页。

在孔子的教育体系中以“孝悌”“仁义”等儒家伦理为落脚点，而“乐”也一直是孔子开展的教育活动中的重要组成部分。《论语·泰伯》中曾提及孔子的话：“兴于诗，立于礼，成于乐。”这是对孔子这一教育体系的证明。《韩诗外传》提及一则故事：

> 昔者孔子鼓瑟，曾子、子贡侧门而听。
>
> 曲终，曾子曰：“嗟乎！夫子瑟声殆有贪狼之志，邪僻之行，何其不仁，趋利之甚！”子贡以为然。不对而入。
>
> 夫子望见子贡有谏过之色，应难之状，释瑟而待之。
>
> 子贡以曾子之言告。子曰：“嗟乎！夫参，天下贤人也。其习知音矣。乡者，丘鼓瑟，有鼠出游，狸见属屋，循梁微行。造焉而避。厌目曲脊，逆色获而不得，丘以瑟为其音。参以丘为贪狼邪僻，不亦宜乎！①

有一次，孔子在弹奏“瑟”，他的学生子贡与曾子在门外倾听。曲子结束后，曾子无法从孔子所奏乐曲中感受到仁义之心，却感受到了一些贪婪与残暴的内涵。子贡也觉得是这样，于是未经允许便闯进了屋内。孔子将“瑟”放在一边，听了子贡的疑问之后，便解释说：“刚才我弹奏乐曲时，看到一只狸猫在屋顶上来回跑，正准备抓老鼠，乐曲反映了我看到的场景，因此才被理解为贪婪、残暴。”

从这则孔子与学生之间的日常教学场景中可以看到，孔子的学生已经拥有很高的音乐欣赏能力。对于以孔子为代表的儒家学者来说，“礼”“乐”是教育的载体，在“礼”“乐”教育中均以伦理思想贯穿始终。

（2）“射”“御”教育

“射”是指射箭，本是农业社会之前的重要谋生技能，弓箭也是军事活动的重要武器。在大约1万年前，我国逐渐进入农业社

① ［汉］韩婴整理：《韩诗外传》卷七，清代学津讨原本，第14页。

会，耕种土地替代了采集、狩猎成为最重要的生产方式，弓箭的地位开始下降。在春秋战国时期，铁器开始广泛使用，农业生产效率大大提升，射箭在社会生产活动中的地位进一步降低，但仍有很多人专门学习。

《墨子·贵义》:“二三子有复于子墨子学射者。”①

《孟子·离娄上》:“逢蒙学射于羿，尽羿之道，思天下惟羿为愈己，于是杀羿。”②

《列子·说符》:“列子学射中矣，请于关尹子。”③

这些都是关于学习射箭的记载。当时，经过孔子等儒家学者的改造，“射箭”在教育活动中成为一种具有“礼仪”性质的活动，有了新的内涵。《论语·八佾》提及:“孔子曰:‘君子无所争，必也射乎。揖让而升，下而饮，其争也君子。’”君子之间，只有在进行“射箭礼”时才会相互争夺。双方在比赛前先要行礼，比赛过程中争先恐后，比赛结束后则增进了友谊。

《孔子家语》中记载:

> 孔子观于乡射，喟然叹曰:“射之以乐也。何以射？何以听？循声而发，不失正鹄者，其唯贤者乎！若夫不肖之人，则将安能以求饮。《诗》云:‘发彼有的，以祈尔爵。’祈，求也，求所中，以辞爵。酒者，所以养老，所以养病也。求中以辞爵，辞其养也。是故士使之射而弗能，则辞以病，悬弧之义。”
>
> 于是退而与门人习射于矍相之圃，盖观者如墙堵焉。④

---

① ［清］孙诒让撰:《墨子闲诂》卷十二，清光绪三十三年刻本，第19页。

② ［清］阮元校刻:《十三经注疏》之《孟子注疏》，北京：中华书局，1980年，第2729页。

③ ［晋］张湛注:《列子》，清代湖海楼丛书本，原书无页码。

④ ［三国魏］王肃注:《孔子家语》卷七，清光绪二十四年刻朱印本，第1页。

孔子在参观完“乡射礼”后由衷感叹，参与射箭的礼仪是一种快乐。在射箭过程中，只有贤者能保证自己射出的箭正中靶心。正鹄：靶心。不肖之人射不中。射中者可以避免被罚酒。《诗经》中说：“射箭时，要正中靶心，心中默默祈求避免被罚酒。”酒可以养病，是老年人喝的，争取射中靶心，避免被罚酒，就避免了自己并非老而喝酒，这是一种有德之人的选择。孔子与自己的学生在矍相之圃也组织了“射礼”，有许多人围观。

上述《论语》和《孔子家语》中的两段话也记载在《礼记·射义》中，说明“射礼”在战国时期已经成为儒家经常组织的社会教化活动。

“御”是驾车。在孔子生活的时期，“御”既是战争对抗时的重要技能，也是生活必备技能。一些文献中提及了学习“御”的情景。

《淮南子·精神训》：“故射者非矢不中也，学射者不治矢也；御者非辔（pèi）不行，学御者不为辔也。”①

《吕氏春秋·不苟论》：“尹儒学御，三年而不得焉，苦痛之。”②

《韩非子·喻老》：“赵襄主学御于王子期，俄而与于期逐，三易马而三后。”③

对于“御”，孔子也有自己的认识。《论语·子罕》：

> 达巷党人曰：“大哉孔子，博学而无所成名。”
>
> 子闻之，谓门弟子曰：“吾何执？执御乎，执射乎？吾执御矣。”④

---

① ［汉］刘安撰：《淮南子》卷十二，明嘉靖九年刻本，第15页。

② ［秦］吕不韦撰，［汉］高诱注，［清］毕沅校：《吕氏春秋》卷二十四，清代经训堂丛书本，第9页。

③ ［民国］王先慎集解：《韩非子集解》，清光绪二十二年刻本，第8页。

④ ［清］刘宝楠：《论语正义》，北京：中华书局，1990年，第321—322页。

有人说孔子十分博学，却没有专门技能，孔子知道后，对自己的学生说："我的专业是什么呢？是驾车，还是射箭？应该是驾车吧。"孔子为什么这么说呢？因为在当时，驾车相对来说比射箭地位更为低微一些。《礼记·王制》记载："凡执技以事上者：祝、史、射、御、医、卜及百工。凡执技以事上者，不贰事，不移官，出乡不与士齿。"[①]凡是从事这些职业的人，不能与"士"平起平坐。孔子对"六艺"掌握得都很好，将驾车技能作为自己最重要的"专业"，选择一种相对低微的技能，以显示自己的谦虚。

根据《礼记》的记载，由于孔子如此重视"御"，在孔子之后，"能御"不仅没有就此变得卑微，而且成为贵族阶层之间的一种问候语。贵族阶层的人见了面，有人问起家中孩子的年龄，不是回答"孩子已经某岁了"，而是回答"未能御也""能御矣"，以此表示孩子年龄大小。

《礼记》中回答年龄的方法

阶层	回答年龄的方法
天子	始服衣若干尺矣
诸侯国公子	长，曰能从宗庙社稷之事矣；幼，曰未能从宗庙社稷之事也
大夫之子	长，曰能御矣；幼，曰未能御也
士人之子	长，曰能典谒矣；幼，曰未能典谒也
庶人之子	长，曰能负薪矣；幼，曰未能负薪也

（3）"书""数"教育

"书"一般认为是"识字"教育，"数"是学习数字，是启蒙教育的组成部分。有关的记载并不多，不过中国很早就有了完整的计数体系。最晚在商代，也就是距今大约四千多年前，当

① ［清］阮元校刻：《十三经注疏》之《礼记正义》，北京：中华书局，1980年，第1343页。

时使用的文字甲骨文中，已经出现了从“一”到“十”，以及“百”“千”“万”等数字。这说明，中国商代已经有了完整的计数体系，可以将这些文字用来清楚地记录数字。

在甲骨文中，“一”“二”“三”和现在的写法大致相同，“四”在当时是用四条横线来表示，“五”是上下两横之间为“×”，“六”大致为后来“六”字的下半部分，“七”的写法和今天的“十”类似，“八”“九”的写法和今天的“八”“九”隐约相同，“十”则是像今天的阿拉伯数字“1”。

在商代之后，我国有了清晰、完善的计数体系，最晚在两千多年前的春秋战国时期就有了和今天使用的“一”“二”“三”“四”“五”几乎一样的数字了，而且当时的中国有了严整的数学计算方法。

经过儒家学者改造，战国时期的“六艺”教育开始具备明显的人文意味、社会教化功能。秦汉统一以后，“六经”逐渐被尊称为“六艺”，替代了之前的“礼、乐、射、御、书、数”。

贾谊《新书》：“内度六法，外体六行，以兴《诗》《书》《易》《春秋》《礼》《乐》六者之术以为大义，谓之六艺。”①

《史记·孔子世家》：“孔子以诗书礼乐教，弟子盖三千焉，身通六艺者七十有二人。”②

《史记·儒林列传》：“及至秦之季世，焚《诗》《书》，坑术士，六艺从此缺焉。”③

《汉书·儒林传》：“古之儒者，博学乎《六艺》之文。《六艺》者，王教之典籍，先圣所以明天道，正人伦，致至治之成法也。”④

---

① ［汉］贾谊：《新书》卷八，清代抱经堂丛书本，第6页。

② ［汉］司马迁：《史记》，北京：中华书局，1959年，第1947页。

③ 同上书，第1938页。

④ ［汉］班固：《汉书》，北京：中华书局，1962年，第3609页。

从此之后，《诗》《书》《易》《春秋》等儒家经典开始被称为“六艺”，成为中国教育内容体系的核心部分，一直持续到清代末年。“六艺”教育在历史上不同时期有不同的内涵，其中以礼、乐、射、御、书、术为“六艺”内容的时期，与启蒙教育有密切关系。汉代之后，“六艺”的内涵变成儒家经典，则不再属于启蒙教育了。

三、《弟子职》：最悠久的蒙学专门文献

道光二十七年（1847年），在江西工作的龙启瑞为当地私塾编写了一套《家塾课程》，其中开篇是这样写的：

> 早起，少长以序，入塾拜先师神座。毕。
>
> 谒拜师长，请安。毕。应对进退礼节，以管子《弟子职》、朱子《小学》为主。
>
> 理昨日生书、带温书一卷，背。上生书，师长先依经讲解逐字实义。①

这段话描写的是清代晚期家塾内一天教育活动的开启阶段。孩子来到家塾内，先向“先师”孔子神位行礼，之后则向家塾内的塾师行礼，接下来才会开启正式的学习过程，温习旧书、学习新书。在这个过程中，家塾内主要依据的是管子《弟子职》和朱熹《小学》两种文献。

其中，《弟子职》是一份创作于先秦时期的启蒙教育文献，是诸子文献《管子》中的一篇，距今已经有两千多年时间，是我国启蒙教育实践中使用最久的一份专门文献。先秦时期距今时间悠久，那时既无印刷术，也没有纸张，生产力落后，文献保存不便，大部分文献都已经散失，关于启蒙教育活动的记载很少。不过，

---

① 舒新城：《近代教育史资料汇编》，上海：华东师范大学出版社，1961年，第86—87页。

在战国时期的文献《管子》中保存有一篇《弟子职》。这是一份类似于今天“学生行为守则”的文献，而且是面向年龄较小儿童的学习生活守则。

在逻辑上，既然有“学生行为守则”，就一定有该守则使用的场景，这必然是在启蒙教育已经发展到一定程度上才出现的。遗憾的是，今天却找不到任何关于《弟子职》使用的场景，找不到更多具体的启蒙阶段学校的信息，所以《弟子职》是一份十分突兀的文献，也十分珍贵。

在汉代,《弟子职》曾作为单独文献存在，到了隋唐时期,《弟子职》作为《管子》的一部分一直传承下来，宋代之后《弟子职》再次开始作为单独的文献出现。在当时理学思想的影响下,《弟子职》开始对启蒙教育有了进一步影响，成为一些私塾中的教育参考资料。

宋代思想家朱熹十分重视《弟子职》，他对《弟子职》做了研究，将《弟子职》原文分为十部分，分别命名为学则、早作、受业、对客、馔馈、乃食、洒扫、执烛、请衽、退席等。朱熹划分段落后的《弟子职》原文如下[①]：

《弟子职》原文及解读

主题	《弟子职》原文	解读
学则	先生施教，弟子是则。温恭自虚，所受是极。见善从之，闻义则服。温柔孝悌，毋骄恃力。志无虚邪，行必正直。游居有常，必就有德。颜色整齐，中心必式。夙兴夜寐，衣带必饬（chì）。朝益暮习，小心翼翼。一此不解（xiè），是谓学则	教师开展教育活动，弟子遵照老师的教育，温和谦虚，才能接受更多的知识。看到好的就去跟着做；听到正确的，就认真领会。温柔、孝悌，不要自以为是。思想不要虚伪、邪恶，行为必须正直。每天作息要固定，接触的人要有品德。外表端庄，心中严肃。早起晚睡，穿着端庄。每天学习新知识，并加以温习，认真对待。专心致志，不懈怠，这就是学习的准则

① ［唐］房玄龄注：《管子》卷十九，四部丛刊景宋刻本，原书无页码。

续表

主题	《弟子职》原文	解读
早作	少者之事，夜寐早作。既拚（fèn，扫除）盥（guàn）漱，执事有恪（kè）。摄衣共盥，先生乃作。沃盥彻盥，泛拚正席，先生乃坐。出入恭敬，如见宾客。危坐乡师，颜色毋怍（zuò）	少年应该这样，晚睡早起。起床打扫卫生，洗漱整洁，做事谨慎。为教师准备好洗漱用品，等待教师起床。教师洗漱完毕，打扫卫生，请教师入座。进出都要恭恭敬敬，就像会见客人一样。端坐面向老师，严肃听讲
受业	受业之纪，必由长始；一周则然，其余则否。始诵必作，其次则已。凡言与行，思中以为纪。古之将兴者，必由此始。后至就席，狭坐则起	学习的顺序从年长的学生开始，至少第一次要这样进行，之后不必强求。首次诵读要站起来，之后则不必站起。言行要以中和为标准。上古时期，凡有成就之人，都是自中和为依据。看到有同学来得晚，主动起来让出一点位置
对客	若有宾客，弟子骏作。对客无让，应且遂行。趋进受命，所求虽不在，必以反命，反坐复业。若有所疑，捧手问之。师出皆起	如果有宾客前来，要马上起身迎接。对待客人要热情，一边与客人说话，一边去报告教师。即使宾客要找的人不在，也要回来告诉一声，然后回去继续学习。学习中有疑问，应该拱手提出。教师离开课堂，学生全部起立表示欢送
馔馈	至于食时，先生将食，弟子馔馈。摄衽（rèn，袖子）盥漱，跪坐而馈。置酱错食，陈膳毋悖。凡置彼食，鸟兽鱼鳖，必先菜羹。羹胾（zì，肉）中别，胾在酱前，其设要方。饭是为卒，左酒右酱。 告具而退，捧手而立。三饭二斗，左执虚豆，右执挟匕，周还而贰，唯嗛（qiàn，同“歉”，不足）之视。同嗛以齿，周则有始，柄尺不跪，是谓贰纪。先生已食，弟子乃彻，趋走进漱，拚前敛祭	在吃饭时，教师要吃饭，学生负责把饭食送上。教师挽袖洗漱后，学生跪坐，把饭菜送过去。摆好酱和菜，陈列膳食，不能错乱。递送食物的顺序，鸟兽鱼鳖等肉食前，应先送上蔬菜汤类，把汤与肉食隔开摆置，肉摆在酱的前边，相互位置要方正。饭在最后递送，饭的左侧放酒，右侧放酱。 饭菜全部递送完之后，退下，拱手站立一旁。教师吃三碗饭、两斗酒。学生左手端着碗，右手握着勺子，负责添加酒饭，用心注意杯碗将空的情况。 按年龄分别先后，周而复始，如果是很长的勺子，便不必跪着送上，这些都是添加酒饭的规矩。 教师吃完之后，学生便撤去餐具，洗漱餐具，清扫席前，收拾干净

续表

主题	《弟子职》原文	解读
乃食	先生有命，弟子乃食。以齿相要，坐必尽席。饭必捧擥（lǎn，“揽”），羹不以手。亦有据膝，毋有隐肘。 既食乃饱，循咡（èr）覆手。振衽扫席，已食者作。抠衣而降，旋而乡席，各彻其馈，如于宾客。既彻并器，乃还而立	教师下命令后，学生开始吃饭。按年龄入座，要尽量靠前。饭可以用手直接捧着，菜汤则不能直接用手。可以双手放在膝盖旁，但不要俯伏。 吃饱后，要用手擦擦嘴。抖一抖衣襟，搬开坐席，离开座位。等所有人全部吃完后，回到原位，收拾餐具，就像对待宾客一样。收拾完餐具，回到自己的位置，垂手而立
洒扫	凡拚之道，实水于盘，攘臂袂（mèi，袖子）及肘，堂上则播洒，室中握手。 执箕膺揲（yè，簸箕舌），厥中有帚。入户而立，其仪不忒。执帚下箕，倚于户侧。凡拚之纪，必由奥始，俯仰磬折，拚毋有彻。拚前而退，聚于户内，坐板排之，以叶适己，实帚于箕。先生若作，乃兴而辞。坐执而立，遂出弃之。既拚反立，是协是稽，暮食复礼	打扫卫生的方法：将水装入盘中，把衣袖挽起来，空间较大的堂上可以扬起手洒水，在空间较小的室中，手要紧握一些，以免洒到周围器物上。 拿簸箕，要把簸箕开口一方对着自己，笤帚要放在簸箕里。进门后，站立一会儿，注重礼节。随后拿起笤帚，放下簸箕，靠在门边。扫地的顺序要从西南侧开始，低头弯腰，扫地时不要碰到屋里的物品。由前往后，边扫边退，直到门口，蹲下来把垃圾扫进簸箕中。教师如果此时有事要出门，应起身问候，然后再蹲下来继续打扫，出门把垃圾倒掉。洒扫完毕，回来站好。这样做就合乎规范了。晚餐时，要遵守早餐时的礼仪
持烛	昏将举火，执烛隅坐。错总之法，横于坐所。栉（zhì）之远近，乃承厥火，居句如矩。蒸间容蒸，然者处下，捧椀以为绪。右手执烛，左手正栉，有堕代烛，交坐毋倍尊者。乃取厥栉，遂出是去	黄昏时，便要点燃火把照明，学生手持火把，坐在屋室一角。安置木柴的方法是，把木柴薪横放在身边，手中火把剩余不多时，就加以接续，新的火把像旧的火把一样继续使用。木柴之间，要留有一些空隙。燃烧的木柴放在底下，还要捧碗来贮存火炬余灰。右手持火炬，左手修整火灰。有人疲倦了，其他人可以代为举着，轮番进行，都要面向老师。最后收取余烬，出门到掉

续表

主题	《弟子职》原文	解读
请衽	先生将息，弟子皆起。敬奉枕席，问何所趾。俶（chù，整理）衽则请，有常有否	教师准备休息，学生起立，恭敬地捧上枕席，问明老师脚伸哪个方向，铺好床席。如果有了定规，就不必再问
退席	先生既息，各就其友，相切相磋，各长其仪。周则复始，是谓弟子之纪	先生休息之后，学生之间互相交流所学，发挥各自所长。以上各项，周而复始地坚持下去，这就是学生的规矩

从这些记录可以看到，先秦时期启蒙阶段的学校里，学生和教师生活在一起。教师年龄较大，学生年龄很小，不像今天的幼儿园或小学一般是教师照顾学生的生活，《弟子职》是以教师为中心的，主要篇幅是围绕学生如何照顾教师的饮食起居展开。

由于生活方式的差异，《弟子职》中提及的一些内容可能与今天有些不同。在先秦时期，生产力不发达，饮食是稀缺的资源，不是每个人都有充足的饮食，因此日常吃饭也具有一定的礼仪属性。再有，比如《弟子职》中提及用手擦嘴，这在今天可能显得不够卫生，在当时则是讲礼仪的行为。《弟子职》中也提及依靠点燃火把来照明，并说了诸多细节，这样的场景在今天也已经不复存在了。

不过，《弟子职》中有一些礼节一直传承到今天。比如在课堂教学中，回答问题要举手，教师讲课结束离开课堂，学生要全体起立。这些礼节在《弟子职》中已经有提及，是教育活动特有的仪式。

《弟子职》受到了儒家伦理影响。学生是晚辈，教师是长辈，学生要尊重教师，尊重的礼仪主要体现在生活上。洒扫、饮食，这些虽然是劳动，却也被视作教育的组成部分，是儒家教育思想的实践化。在今天，即使学校已经有足够的资金可以聘请专人打扫卫生，学生仍要负责一些打扫卫生的任务，这主要因为学校希望学生由此学会一些基本的生活技能，养成劳动的习惯，与《弟子职》中对饮食、洒扫等活动的烦琐规定具有相同的目的指向。

另外，由于时间久远，今天看到的《弟子职》可能只是当时启蒙教育学生守则的一些片段，并不是全部，而且随着时间的推移，语言环境不断变化，《弟子职》的用字显得过于古奥，年龄较小的学生读起来可能存在一些困难，实际上已经很难再作为启蒙读物了。由于朱熹多次提及《弟子职》的价值，《弟子职》开始受到更多人的关注。

明末清初，学者张尔岐编写的《蒿庵闲话》中有一段话描写当时的私塾：

> 建为学舍，左右想（相）向，中设四堂，前后为门，左右为塾。
>
> 以笃实长者二人，平旦坐左右塾，序行道出入，每食时至日夕亦如之。
>
> 次为习礼。堂中绘陈祥道（宋代学者）、杨复礼图，曰接子礼，曰童子礼，曰士相见礼，曰婚礼，曰子事父母礼，曰妇事舅姑礼，曰祝先礼，曰射礼。
>
> 立一师掌之，诸童子进学即率见先生，习升、降、拜、揖、坐、立之节。随授一图，指示壁画，令其通晓，间令展习以辨杂服，又次为句读。
>
> 堂内榜《管氏·弟子职》，亦列数图示之，日讲一图。次以《孝经》《小学》教之句读，令其粗熟，仍为讲说文义，约之人身。①

在明清时期，有人提倡和推广《弟子职》，但真正在启蒙教育阶段诵读《弟子职》的学塾很少，大部分学塾主要是吸收《弟子职》中的精神，而不再要求学生广泛读诵《弟子职》的原文了。

---

① ［清］张尔岐：《蒿庵闲话》，贷园丛书初集本，第34页。

四、启蒙教育思想

1. 孔子的贡献

现代教育制度是在前人基础上，经过一代代人的不断摸索而逐渐建立起来的，是人类教育发展过程的一部分。现代启蒙教育拥有这样的特点：启蒙教育由专门教育机构（学校）负责实施；这些机构专门从事教育活动，不从事其他活动；这些机构只传授世俗知识，避免涉及宗教、迷信的内容；启蒙教育是国家意志，初等教育是免费义务教育，受教育者有义务接受教育；教育的主要内容包含体育、品德、知识、艺术，以及专业技能等多种素养，教育目标要实现德、智、体、美全面发展。

这些特点对于一个生活在现代社会的家长或者孩子来说似乎是天经地义的，没有什么疑问，但对于生活在两千多年前的中国人来说，教育活动中的一切都不是天经地义的。在两千多年前的春秋战国时期，教育作为一门专门职业才刚刚开始起步。社会到底需不需要教育，教育到底有什么作用，教育能否替代祭祀活动的功能，教育到底应该向受教育者传授什么内容，是由国家决定，还是由教师决定？在那时候，这些问题都是需要严肃考虑的。

在中国已有文献中，真正第一次对这些问题做出全面考虑的人是孔子（前551—前479年）。孔子大约生活在两千五百年前。《论语·子路》记载：

> 子适卫，冉有仆。
> 子曰："庶矣哉。"
> 冉有曰："既庶矣。又何加焉？"
> 曰："富之。"
> 曰："既富矣，又何加焉？"

曰："教之。"①

冉有是孔子的一名学生，也是当时重要的政治家。冉有在陪同孔子前往卫国时，向孔子询问国家治理的最终理想。对此，孔子提出了国家建设的三个阶段，第一阶段为"庶"，即增加人口；第二阶段为"富"，即发展经济；第三阶段为"教"，即在经济逐渐变好之后开始发展教育。这一观念对中国教育发展影响深远，即使到了两千多年后，当代中国社会发展的过程也几乎是沿着孔子提出的模式进行的。

在孔子的影响下，战国时期的儒家学者普遍认可"庶""富""教"这一发展体系。比如《礼记·王制》中说："无旷土，无游民，食节事时，民咸安其居，乐事劝功，尊君亲上，然后兴学。"②对于中国人来说，孔子的思想已经刻入"基因"，在国家发展过程中，"庶""富""教"是所有人的共同理想，在经济条件变好之后，要努力办教育，这种文化传统正是在孔子影响下形成的。但这种观点并不是一种自然而然就会形成的观点，是经过孔子及之后儒家思想的传播才建立起来的社会共同价值。比如，在生产力不发达的过去，并不是每个国家、每一种文明都会像中国这样重视教育活动，很多国家在过去是没有专门的启蒙教育机构的，启蒙教育阶段的教育活动要么在家庭中以非正式形式开展，要么被宗教活动代替。再比如，当代有很多人认为，教育活动并不是必须在经济发展起来之后才可以开展，教育活动本身就是一种经济活动，教育投入也是一种资本投入，教育投入对一个国家后续经济发展有重要影响。

孔子的思想对古代启蒙教育发展产生了极为深远的影响。在过去很长时间里，中国人普遍认可孔子的思想。在孔子思想的影

---

① ［清］刘宝楠：《论语正义》，北京：中华书局，1990年，第528页。

② ［清］阮元校刻：《十三经注疏》之《礼记正义》，北京：中华书局，1980年，第1338页。

响下，过去的中国生产力不发达，但每个朝代都会将教育纳入社会建设的总体设计中，即使启蒙教育也不例外。启蒙教育在生产力并不发达的古代中国获得持续发展，中国社会文明进步才有了基本保障。这是中华文化中重要的优良传统。

孔子对中国启蒙教育的发展有许多重要影响，其中最重要的影响之一是奠定了中国教育世俗化、伦理化的发展方向。

《论语·阳货》记载，孔子说："小子何莫学夫《诗》。《诗》，可以兴，可以观，可以群，可以怨。迩之事父，远之事君；多识于鸟兽草木之名。"[①]孔子认为，《诗》是人类情感的表达，这是教育活动应该关注的重要方面，除此之外，认识鸟兽草木也是有意义的。

在孔子的教育体系中，"仁义""孝悌"这些观念对后来中国文化的发展产生了深远影响，以至于直到今天也继续被大多数中国人认可。对于这些熟悉的观念，很多人习以为常，自然而然地按照一般的理解来看待。实际上，这些概念在孔子之前仍有浓厚的宗教、祭祀等非世俗化色彩，是孔子做出了一些创新，才逐渐形成了后人看到的样子。

比如，《论语》记载了多处孔子与弟子或者其他人讨论"孝"的主题。很明显，孔子将"孝"作为重要的教育内容。《论语·为政》：

> 子游问孝。子曰："今之孝者，是谓能养。至于犬马，皆能有养。不敬，何以别乎？"
>
> 子夏问孝。子曰："色难。有事，弟子服其劳；有酒食，先生馔，曾是以为孝乎？"
>
> 孟武伯问孝。子曰："父母唯其疾之忧。"[②]

在今天的人看来，"孝"主要是一种子女与父母之间的人伦关

---

① ［清］刘宝楠：《论语正义》，北京：中华书局，1990年，第691页。

② 同上书，第48—52页。

系。《说文解字》：“孝，善事父母者。”不过，在孔子生活的时期，“孝”这个字，可能还没有那么确定为这样的含义。在那时之前，“孝”的含义可能主要并不是与世俗化的人伦关系有关，而是与祭祀活动有关。孔子所处的时期，“孝”作为一种概念可能正在转变之中。

在商代的甲骨文中尚没有发现“孝”字。在《周易》《诗经》这些比孔子生活的时间要早一些的文献里，“孝”和“享”常常并列存在，“享”是表示将祭品贡献给祖先或者神明，“孝”也是类似的意思。

《周易·萃卦》的卦辞：“王假有庙，利见大人。”《彖传》：“王假有庙，致孝享也。”孔颖达《正义》说：“享，献也。聚道既全，可以至于有庙，设祭祀而致孝享也。”[①]“王假有庙”即“君王降临到宗庙中”，“孝享”即举行祭祀活动。

《诗经·天保》：“吉蠲（juān）为饎（xī），是用孝享。禴（yuè）祠烝尝，于公先王。”[②]“蠲”，清洁活动；“饎”，准备酒食。禴、祠、烝、尝，均是指祭祀活动。

《诗经·载见》：“率见昭考，以孝以享。以介眉寿，永言保之，思皇多祜。”[③]一起拜祭祖先，供奉祭品，祈求神明赐予长寿，保佑后代永远安康，永远幸福。

这些文献的时间早于（或不晚于）孔子生活的时期。在这些文献中，“孝”字均是指祭祀祖先的活动。《尔雅·释诂》：“享，孝也。”[④]认为“享”即“孝”，“享”同“飨”，即祭祀活动。清代马

---

① ［清］阮元校刻：《十三经注疏》之《周易正义》，北京：中华书局，1980年，第58页。

② ［清］阮元校刻：《十三经注疏》之《毛诗正义》，北京：中华书局，1980年，第412页。

③ 同上书，第596—597页。

④ ［清］马瑞辰：《毛诗传笺通释》，北京：中华书局，1989年，第51页。

瑞辰的《毛诗传笺通释》针对《诗经》中的用法，认为："用孝养厥父母。""孝、享二字同义，故享祀亦曰孝祀。"①

可以看到，孔子之前，"孝"字并非一直有和后世一样的用法。在孔子生活的时期之前，"孝"这个字常带有祭祀的意味，而在孔子之后，"孝"作为一个概念则完成了人文化、世俗化、伦理化转向，极少用于表示祭祀活动了。孔子为当时的思想观念赋予了人文化、伦理化、世俗化内涵，推动了中国社会的健康发展，也确立了中国启蒙教育的基本方向。

孔子三四岁失去父亲，十几岁失去母亲，对家庭人伦生活极为依恋。《礼记·檀弓》记载："孔子既得合葬于防，曰：'吾闻之，古也墓而不坟。今丘也东西南北之人也，不可以弗识也。'于是封之，崇四尺。"②彼时的孔子游荡在鲁国各处，居无定所，母亲去世后甚至担心有朝一日找不到父母的墓地。正因为此，孔子才能说出"父母之年，不可不知也。一则以喜，一则以惧"③这样的话来。

在孔子发乎人性、触动人心的教育和影响下，他的学生普遍将伦理思想作为教育活动的重要内容加以传承，世俗化、人伦化的教育由此成为中国教育发展的主流。即使在佛教进入中国，一度成为主流社会思想之后，教育活动也始终独立发展，与宗教活动有明显的界限。这是中国传统教育与西方、印度等地传统教育具有明显区别的地方。这一重要的教育文化传统对后代中国启蒙教育稳定发展具有重要作用。

2.道家与墨家：教育有用与无用之争

战国时期，不同派别的学者对"教育到底有没有用"这一话题展开了讨论。其中儒家、墨家与道家等都是重要参与者。

---

① ［清］马瑞辰：《毛诗传笺通释》，北京：中华书局，1989年，第51页。

② ［清］阮元校刻：《十三经注疏》之《礼记正义》，北京：中华书局，1980年，第1275页。

③ ［清］刘宝楠：《论语正义》，北京：中华书局，1990年，第157页。

道家思想认为，儒家所提倡的教育活动过于重视伦理道德，这会对人性产生束缚，进而会出现很多人假托道德之名招摇撞骗。《庄子·盗跖》中说："今子（孔子）修文、武之道，掌天下之辩，以教后世，缝衣浅带，矫言伪行，以迷惑天下之主，而欲求富贵焉。盗莫大于子。"①这段话说：你（孔子）以传承周文王、周武王治国之道为名，掌握了社会话语权，以此来影响后代。你们穿着宽大的衣服，系着浅浅的腰带，说的都是假话，做的都是虚伪的事，主要目的不过是迷惑国君，寻求功名利禄，这实际上是最大的强盗行为。

《老子》是道家重要文献，其中有多处置疑儒家教育思想的话，比如：

> 绝学无忧。
>
> 圣人处无为之事，行不言之教。
>
> 不言之教，无为之益，天下希及之。②

《老子》认为："一个人停止了儒家之'学'，则能减少忧虑。"只有"无言之教"才是真正的教育，而儒家的教育活动过于掩盖人性之恶，很容易导致为了追名逐利而扭曲人性。《庄子》中也有一些对此进行论证的话。《庄子·知北游》："夫知者不言，言者不知，故圣人行不言之教。"③真正有大智慧的人是不会整日说个不停的。类似的说法在《文子》等道家文献中也能看到。

对于道家提出"教育活动会扭曲人性"的观点，墨家进行了辩驳。《墨子·经下》提出："学之益也，说在诽者。"④墨家学派认

---

① ［战国］庄周撰，［晋］郭象注：《庄子》卷九，清代四部丛刊景明刻本，第27页。

② ［周］老聃撰，［三国魏］王弼注：《老子道德经》，清代武英殿聚珍版书本，第18页。

③ ［战国］庄周撰，［晋］郭象注：《庄子》卷七，清代四部丛刊景明刻本，第42页。

④ ［清］孙诒让撰：《墨子闲诂》卷十，清光绪三十三年刻本，第16页。

为:“教育是有益的。‘诽者’,就是‘反对者’,反对者本身的思想行为就已经可以证明了。”《墨子·经说下》对此进行了进一步解释:“学也,以为不知学之无益也,故告之也是。使知学之无益也,是教也,以学为无益也教,悖。”[①]大意是:“那些认为教育没有用的人想要让别人知道‘教育没有用’这一观点,而他们的这种‘向别人传播某种观点’的活动本身就是在进行教育活动,他们认为教育没有用不是自相矛盾吗?”道家学派在向包括道家学派的学生等他人传播自己的观点,这一活动就是教育活动,道家学派一边从事着教育活动,一边却又反对教育活动,这是自相矛盾的。

墨家与道家针对儒家教育思想展开的争论显示了当时中国教育思想的发展过程,更多人开始思考教育对人的影响。

3.“什么知识最有价值”

“什么知识最有价值”,这是教育发展史上一直存在的话题。教育者一直努力选择最有价值的知识做教育内容。从先秦时期开始,我国教育家就开始对知识的价值做了丰富的讨论。

《论语·子路》:

> 樊迟请学稼,子曰:“吾不如老农。”
>
> 请学为圃。曰:“吾不如老圃。”
>
> 樊迟出。子曰:“小人哉,樊须也!上好礼,则民莫敢不敬;上好义,则民莫敢不服;上好信,则民莫敢不用情。夫如是,则四方之民襁负其子而至矣,焉用稼?”[②]

樊迟是孔子的学生,他想学习如何种植庄稼。在那时,农业是比较先进的产业模式,学习农业相对更有前途,他希望向孔子学习如何种庄稼,如何种蔬菜。对此,孔子表示自己的水平不如老农、老圃。孔子对樊迟的评价是“小人”,这与“君子”相对应。

---

① [清]孙诒让撰:《墨子闲诂》卷十二,清光绪三十三年刻本,第56页。

② [清]刘宝楠:《论语正义》,北京:中华书局,1990年,第532页。

在这里，孔子认为的“君子”关注的是更为基础的领域，伦理价值观才是这个时代最值得关注的。

《论语·为政》中对此的看法为：“君子不器。”“君子”不可以只追求自己掌握某种专门技能，而是追求养成更为基础的价值观。

到了战国时期，孔子与樊迟之间的不同看法进一步发展到了孟子提出的“劳心劳力之争”。《孟子·滕文公上》：①

陈相见孟子，道许行之言曰：“滕君则诚贤君也，虽然，未闻道也。贤者与民并耕而食，饔飧（yōng sūn，早餐、晚餐）而治。今也滕有仓廪府库，则是厉（即剥削）民而以自养也，恶得贤？”

孟子曰：“许子必种粟而后食乎？”

曰：“然。”

“许子必织布然后衣乎？”

曰：“否，许子衣褐。”

“许子冠乎？”

曰：“冠。”

曰：“奚冠？”

曰：“冠素。”

曰：“自织之与？”

曰：“否，以粟易之。”

曰：“许子奚为不自织？”

曰：“害于耕。”

曰：“许子以釜（fǔ，锅）甑（zèng，炊具）爨（cuàn，灶），以铁耕乎？”

曰：“然。”

① ［清］阮元校刻：《十三经注疏》之《孟子注疏》，北京：中华书局，1980年，第2705—2706页。

“自为之与?”

曰:“否，以粟易之。”

(孟子说:)“以粟易械器者，不为厉陶冶;陶冶亦以其械器易粟者，岂为厉农夫哉?且许子何不为陶冶，舍皆取诸其宫中而用之?何为纷纷然与百工交易?何许子之不惮烦?”

曰:“百工之事固不可耕且为也。”

(孟子说:)“然则治天下独可耕且为与?有大人之事，有小人之事。且一人之身，而百工之所为备，如必自为而后用之，是率天下而路也。故曰，或劳心，或劳力;劳心者治人，劳力者治于人;治于人者食人，治人者食于人，天下之通义也。”

陈相是一位热爱农业的人。战国时期，铁器得到推广，农业生产力迅速提升，我国社会由此真正迈入农业化时代。当时，大部分思想家都关注农业生产力提升对社会带来的影响，正如当代人纷纷关注互联网给社会带来的变化一样。陈相在接触到以许行为代表的“农家”思想后，便加入其中，成为“农家”学派的一员。

孟子来到滕国，陈相与孟子做了交流。他向孟子表示:“滕国已经开展了很多改革，不过还不够。理想的管理者，应该与大家一起参加农业生产，每天生活在一起。现在滕国的管理者不参加农业生产，只是负责通过赋税把老百姓的粮食收起来，放入国家的粮仓中，这样做是不劳而获，是对农民的剥削，是不合理的。”

对此，孟子提出了自己的看法。孟子认为:“许行重视农业，自己参与农业生产，自己种粮食自己吃，这没有什么，但是由此就认为农业最重要，这是不合逻辑的，更不能由此认为人人都应该来从事农事农业，也不能认为不参与农业生产就是在剥削农民。许行固然自己种粮食，但是不可能也自己制作衣服、帽子，不可能自己制作锅碗瓢盆。”

陈相承认，许行之所以不自己生产各类生活用品，是怕影响农业生产，他通过农业生产的粮食与他人交换获得其他生活用品。

孟子认为：“农民用粮食换得工匠生产的器物，这不是在剥削工匠；反过来，工匠用自己生产的器物换回粮食，这自然也不是在剥削农民。许行为什么不自己生产各类生活用品，全都自己制作好，放到家里什么时候想用什么时候用，这多方便，何必非要用粮食来交换，许行不嫌这个交换过程太麻烦吗?”

说到最后，孟子作为儒家学者，他并不认为各行各业都是平等的，如果不同行业都平等，所有人都会疲于奔命，社会就会陷入混乱。孟子认为，世上不同的职业是有区分的，有的是“大人之事”，有的是“小人之事”。通过接受教育，一个人提高了自己的思想认识，才能拥有处理与负责关系的能力。“劳心者”是“大人之事”；而“劳力者”是“小人之事”。“劳心者”的存在是社会健康运转的根本保证，这是儒家学者所追求的。

可以说，孟子继承了孔子的思想。在整个社会分工中，如果只考虑物质生产，那么就不会有教育者的立足之地。儒家学者通过这样的论证，为教育从业者找到了安身立命的理论基础。同时，儒家学者逐渐找到了这样的道路，将伦理品德作为教育的基础内容甚至作为社会运行的基础。要知道，在周代之前，社会管理者往往兼有祭祀、宗教功能，儒家思想出现后，中国教育、社会思想均开始走上了世俗化、现代化的道路。

在儒家思想的影响下，以儒家伦理为核心的个人品格应该成为最主要的教育内容，其具体的载体为经过孔子整理后的儒家经典。从先秦时期开始，这些儒家经典成为后来中国教育活动的主要内容，启蒙阶段教育往往也是围绕经典阅读的早期准备进行的。

4.教育与国家

为了论证教育内容的合理性，孔子以及后来战国时期的儒家学者一般采取了“托古言志”的方法，以“上古”“先王”等名义提出教育内容。有关文献对此有不少记载：

《论语·学而》：礼之用，和为贵，**先王**之道，斯为美。[①]

《礼记·祭义》：**先王**之教，因而弗改。[②]

《墨子·贵义》：**古之圣王**，欲传其道于后世，是故书之竹帛，镂之金石，传遗后世子孙，欲后世子孙法之也。今闻**先王**之遗而不为，是废**先王**之传也。[③]

《荀子·非相》：凡言不合**先王**，不顺礼义，谓之奸言，虽辩，君子不听。[④]

《荀子·劝学》：不闻**先王**之遗道，不知学问之大也。[⑤]

《论语》记载的内容大部分为春秋时期，而《荀子》则产生于战国末年。墨家学派与儒家学派有密切的联系。可以说，假托"先王"来表达自己思想的这一做法贯穿了先秦儒家发展的始终。

对此，法家学派提出了明确反对，他们认为儒家教育思想和教育活动影响了国家治理，甚至会成为国家发展壮大的阻碍。《韩非子·问田》：

所以废先王之教，而行贱臣（《韩非子》作者）之所取者，窃以为立法术，设度数，所以利民萌（同"氓"）便众庶之道也。故不惮乱主闇（同"暗"）上之患祸，而必思以齐民萌之资利者，仁智之行也。惮乱主闇上之患祸，而避乎死亡之害，知明夫身而不见民萌之资利者，贪鄙之为也。[⑥]

要废除"先王"传下的思想体系，实行"我"选择的主张，

---

① ［清］刘宝楠:《论语正义》，北京：中华书局，1990年，第29页。

② ［清］阮元校刻:《十三经注疏》之《礼记正义》，北京：中华书局，1980年，第1592页。

③ ［清］孙诒让撰:《墨子闲诂》卷十二，清光绪三十三年刻本，第41页。

④ ［战国］荀况撰，［清］卢文弨校补:《荀子》卷三，清代抱经堂丛书本，第6页。

⑤ ［战国］荀况撰，［清］卢文弨校补:《荀子》卷一，清代抱经堂丛书本，第2页。

⑥ ［先秦］韩非:《韩非子》卷十七，清嘉庆二十三年影宋刻本，第5页。

即按照统一的“法”“术”来管理社会，使“法”“术”更明确、更统一，因而更有利于广大民众。《韩非子·外储说左上》：

> 夫婴儿相与戏也，以尘为饭，以涂为羹，以木为胾，然至日晚必归饷者，尘饭涂羹可以戏而不可食也。夫称上古之传颂，辩而不悫（què，诚实），道先王仁义而不能正国者，此亦可以戏而不可以为治也。①

在法家看来，儒家学者们假托“先王”提出的思想对于治理社会没有实际用处，儒家经典的内容，就像是婴儿玩的“过家家”一样。这主要是因为法家认为，只有建立统一的“法”，才是治理国家的更好办法。

在战国末年，中国社会和教育发展没有选择孔子开创的儒家道路，而是选择了法家的道路，现代意义上“国家主义”的雏形成为真正影响当时中国历史发展进程的思想。

如果按照孟子的思想，从事儒家教育活动的是“劳心者”，要成为社会管理者，而在法家看来，这是不合理的。《商君书》是战国后期中国社会发展进程有实际影响的历史文献，代表了商鞅等人从事社会改革的方向。《商君书》对普通百姓做了分类，将专门从事教育活动的人，称为“学民”。与此同时，《商君书》中提到的“民”有近二十种。在“学民”“商民”“技艺之民”这“四民”之外，还有“惰民”“逆旅之民”“奸伪、躁心、私交、疑农之民”“恶农、慢惰、倍欲之民”“愚心躁欲之民”。此外《商君书》中还有“五民”之说，“褊急之民”“很刚之民”“怠惰之民”“费资之民”“巧谀、恶心之民”，另外还有“轻惰之民”“奸民”“善民”“怯民”“勇民”“不服之民”等。“学民”作为所有“民”之一，只是从事着文献传承与后代的教育活动，并没有特别之处。

《商君书》认为：

---

① ［先秦］韩非：《韩非子》卷十一，清嘉庆二十三年影宋刻本，第5页。

民之性：饥而求食，劳而求佚，苦则索乐，辱则求荣，此民之情也。

民之生，度而取长，称而取重，权而索利。

羞辱劳苦者，民之所恶也；显荣佚乐者，民之所务也。①

包括“学民”在内的所有老百姓，都有共同的特点。他们都希望满足温饱，获得快乐，远离劳苦。“学民”和普通人一样低俗、卑微、琐屑、功利。对比一下就能发现，儒家学者孟子并不是这样认为的，《孟子·梁惠王上》中说：“无恒产而有恒心者，惟士为能。若民，则无恒产，因无恒心。苟无恒心，放辟邪侈，无不为已。”②孟子认为，接受了儒家教育的人称为“士”，他们即使没有好的物质条件，也会坚守自己的理想；那些没有接受过儒家教育的人称为“民”，他们一旦没有好的物质条件，就会无恶不作，因为他们缺乏理想。

在法家看来，儒家的思想不仅不可信，而且“学民”还有一些其他老百姓没有的问题。

（1）“学民”普遍不相信“法”。《商君书》：“学民恶法。”③而“法令者、民之命也，为治之本也，所以备民也”。“学民”的质疑和思考有可能破坏“法”的思想基础，这些虽然不完善，但却是最根本的基础。如果受到质疑，会影响“法”的威信。

（2）“学民”影响国家威信。在儒家学者的眼里，接受教育比任何事情都重要。《商君书》：“事《诗》《书》谈说之士，则民游而轻其君。”④更深层原因在于商鞅认为“学民”学的都是一些没用的内容。“言说之势，愚智同学之，士学于言说之人，则民释实事而

① ［先秦］商鞅：《商子》卷二，清代指海本，第4页。

② ［清］阮元校刻：《十三经注疏》之《孟子注疏》，北京：中华书局，1980年，第2671页。

③ ［先秦］商鞅：《商子》卷一，清代指海本，第8页。

④ ［先秦］商鞅：《商子》卷二，清代指海本，第5页。

诵虚词。民释实事而诵虚词，则力少而非多。”[①]

（3）“学民”会影响农业活动。《商君书》：“豪杰务学《诗》《书》，随从外权……皆以避农战。民以此为教，则粟焉得无少，而兵焉得无弱也。”[②]如果优秀的人才都学《诗》《书》，不参加直接生产，就会影响农业发展，进而影响国家经济实力。当时的农业就像近代社会的工业一样，是国家发展壮大的主要依托。

法家思想家反对教育活动将儒家经典作为主要内容的做法。

《商君书》：国有礼有乐，有《诗》有《书》……必削至亡。[③]

《商君书》：六虱：曰礼乐，曰《诗》《书》，曰修善，曰孝弟，曰诚信，曰贞廉，曰仁义，曰非兵，曰羞战。国有十二者，上无使农战，必贫至削。[④]

在战国后期，位于西部的秦国接受了法家思想，将发展农业、提升经济实力作为最重要的事务，在此基础上通过军事手段不断开拓疆土，最终统一全国。在秦国统一全国的过程中，儒家教育思想并没有发挥什么价值；在秦国统一全国之后甚至发生了“焚书坑儒”的事件，儒家教育活动受到进一步打击。

在法家思想影响力逐渐扩大的过程中，以儒家思想为指导的教育机构受到限制，儒家经典文献的传承也出现了危机，不过启蒙阶段教育活动始终存在。汉代以后，儒家思想逐渐成为主流思想，而先秦时期诸子百家关于启蒙教育各个方面的讨论也以不同方式汇入我国蒙学发展长河中，成为中华文化的重要组成部分。

---

① ［先秦］商鞅：《商子》卷三，清代指海本，第10页。

② 同上。

③ ［先秦］商鞅：《商子》卷一，清代指海本，第11页。

④ ［先秦］商鞅：《商子》卷三，清代指海本，第8页。

第二章　秦汉到南北朝时期的蒙学

公元前221年，秦统一中国。公元前202年，汉代建立，此后大约400年时间，中国经历了西汉与东汉，总体上处于统一时期。自东汉末年开始至公元589年隋朝统一全国前，中国处于三国两晋南北朝时期，除了西晋时期曾短暂统一之外，中国社会总体上处于分裂状态。

秦汉之后，儒家思想成为中国的主流思想，教育开始成为社会发展不可或缺的组成部分，启蒙教育开始普遍受到基层社会的关注。自秦汉以后，中国社会中出现了一脉相承的“小学”文献或“小学”读物，成为中国传统启蒙读物的重要源头。

一、秦汉之际的启蒙教育

公元前209年秋，陈胜、吴广在大泽乡发起我国历史上第一次大规模农民起义，拉开了秦朝迅速灭亡的序幕。根据《史记》记载，在起义之初，陈胜、吴广为了树立威望，曾将一块写有“陈胜王”三字的字条放置到鱼腹中。士兵买鱼回来，看到了字条，对陈胜有了不一样的看法。从这处记载来看，在秦朝末年，识字的人并不少。如果大部分士兵都不识字，陈胜、吴广自然不会采取这样的办法。当时的中国尽管处于兵荒马乱中，但最基本的启蒙教育一直在发展。这既是中国早期经典传承的社会群众基础，也是中国文明进步的主要依托。

在秦朝末年，天下大乱时，中国出现了刘邦、项羽两大集团之间的“楚汉之争”。最终，刘邦战胜了项羽，统一了天下，建立了汉朝。秦汉之际，儒家思想虽已式微，但民间的教育活动并没有停止，有志向的人仍努力接受教育，儿童时的刘邦和项羽也是如此。

刘邦出生于战国末期。据《史记》及《汉书》记载，刘邦有一位同年同月同日生的邻居卢绾（wǎn），他们两人长大后也作为同学一同接受教育。《汉书》中说：“卢绾者，丰人也，与高祖同里。高祖、卢绾同日生。及高祖、卢绾壮，俱学书，又相爱也。”①刘邦与卢绾共同“学书”，即共同学习认字，在此基础上便能学会基本公文的书写，这是当时最普遍的教育模式。长大后，刘邦在沛县丰邑（今江苏省徐州市）担任亭长，卢绾也一直追随他。

项羽的故乡所在地是下相县（今江苏省宿迁市），与刘邦出生地沛县都属于泗水郡，两地相距不远。项羽比刘邦年龄小很多，项羽接受启蒙教育时，秦朝已经基本统一了全国。项羽与刘邦不同，刘邦是平民出身，而项羽家族是战国晚期楚国贵族，项羽的祖父项燕曾打败秦国名将李信，是楚国后期与秦国作战时为数不多的一次胜利。在秦始皇时期，项羽一家因触犯刑法，逃亡到江南的会稽郡（今浙江省绍兴市）生活。《史记·项羽本纪》记载了项羽少年时接受教育的过程：

> 项籍少时，学书不成，去学剑，又不成。
>
> 项梁怒之。籍曰：“书足以记名姓而已。剑一人敌，不足学，学万人敌。”
>
> 于是，项梁乃教籍兵法，籍大喜，略知其意，又不肯竟学。②

---

① ［汉］班固：《汉书》，北京：中华书局，1962年，第1891页。

② ［汉］司马迁：《史记》，北京：中华书局，1982年，第296页。

项羽字籍，项籍即项羽。项梁是项羽的叔叔。项羽最初和刘邦一样，按部就班选择了“学书”，随后又改为学剑。“学书”可能是当时最普遍的启蒙教育模式，在秦汉过渡时期，社会混乱，学剑以自卫也成了具有实用价值的教育模式。不过，项羽对此都不满意，他的叔叔项梁对项羽这种浅尝辄止的态度感到愤怒，项羽却说:“认字充其量能记下自己的名字，学剑只能起到个人防卫作用，要学就学那种可以战胜数以万计敌人的知识。”后来，项羽改为学习兵法。实际上，项羽从“学书”到“学剑”，再到“万人敌”的兵法，这一过程是随着年龄增大，教育内容也在逐渐提升的过程，并不是朝三暮四，一无所成。

刘邦、项羽两人少年时接受的教育可能正是当时启蒙教育的典型代表。秦国以及后来统一全国后的秦朝受到法家思想的影响，那时启蒙教育阶段主要的学习内容并不是儒家经典，而只是一般意义上的“学书”，即认字以及简单公文的写作。无论是作为普通百姓后代的刘邦，还是作为贵族阶层子弟的项羽，他们的第一选择均是“学书”。“学书”之后，便能参与基层事务管理，刘邦可能正是如此；而项羽“学书”不精，后来改学了兵法，将带兵打仗作为专业，后来曾多次以少胜多，战胜敌人。

除此之外，《汉书》等文献还提到了一些汉代开国功臣少年时期接受启蒙教育的情况。

> 萧何，沛人也。以文毋害为沛主吏掾。①
>
> 陈平，阳武户牖乡人也。少时家贫，好读书，治黄帝、老子之术。有田三十亩，与兄伯居。伯常耕田，纵平使游学。②

萧何“文毋害”是指他懂得文书的撰写，这说明他接受过比

---

① ［汉］班固:《汉书》，北京：中华书局，1962年，第2005页。

② 同上书，第2051页。

较好的启蒙教育。

陈平儿时就喜欢读书，后来受到他哥哥的资助，四处游学，增长了学问，之后成就了一番事业。

汉代开国功臣张良在少年时接受教育的经历更为传奇。《汉书》记载：

（张）良尝间从容步游下邳圯（yí）上，有一老父，衣褐，至良所，直堕其履圯下，顾谓良曰："孺子下取履！"

良愕然，欲欧（同"殴"）之。为其老，乃强忍，下取履，因跪进。父以足受之，笑去。良殊大惊。

父去里所，复还，曰："孺子可教矣。后五日平明，与我期此。"

良因怪，跪曰："诺。"

五日平明，良往。

父已先在，怒曰："与老人期，后，何也？去，后五日蚤会。"

五日，鸡鸣往。父又先在，复怒曰："后，何也？去，后五日复蚤来。"

五日，良夜半往。有顷，父亦来，喜曰："当如是。"出一编书，曰："读是则为王者师。后十年兴。十三年，孺子见我，济北榖（gǔ）城山下黄石即我已。"

遂去不见。旦日视其书，乃《太公兵法》。良因异之，常习读诵。①

这就是历史上著名的"黄石公传授兵法"的故事。唐代诗人李白曾写过《经下邳圯桥怀张子房》一诗，其中说："我来圯桥上，怀古钦英风。"张良是反抗秦朝的英雄，圯桥是地名。张良在圯桥遇到了一位老先生。这位老先生故意傲慢地对待张良，让张良帮

① ［汉］班固：《汉书》，北京：中华书局，1962年，第1071页。

他捡鞋。张良觉得很奇怪，强忍不满，看在他是一位老者的份上，帮他捡回鞋子。这位老者觉得张良“孺子可教”，便与张良约定时间，将一本重要的书传给了张良。此后，张良“运筹策于帷帐之中，决胜于千里之外”，成为汉初三杰。张良的这一经历可能是传说，不过这一故事显示了当时中原地区有一些经验丰富、知识水平很高的人在从事教育活动。

汉代开国将领们的少年时代处于秦朝，甚至战国时期，因此他们接受的启蒙教育并不是汉代的教育，而是战国或者秦朝的教育，笼统而言，处于秦汉之际。

刘邦、项羽，以及汉代的开国功臣们对中国历史发展有过重要影响，他们的一生曾率领千军万马，攻城略地，叱咤风云，与这些重要经历相比，少年时期接受启蒙教育的过程似乎微不足道，往往被一笔带过。在这些人中，有的人留下了接受启蒙教育的些许记载，有的人则没有任何记载，至于普通人启蒙教育的记载就更少了。

二、汉代的启蒙教育

楚汉之争，刘邦最终战胜了项羽，建立了汉朝。汉代初年，战乱终于结束，全国再次回归统一，社会恢复安定，启蒙教育也急需建立起来。在汉代早期，儒家教育的精神内涵已经丧失殆尽。《汉书·礼乐志》记载：

> 大儒公孙弘、董仲舒等皆以为音中正雅，立之大乐。春秋乡射，作于学官，希阔不讲。故自公卿大夫观听者，但闻铿鎗（同“锵”），不晓其意，而欲以风谕众庶，其道无由。[①]

春秋战国时期，儒家思想影响下的启蒙教育十分重视礼乐教

① ［汉］班固：《汉书》，北京：中华书局，1962年，第2024—2025页。

育。孔子的学生子贡、曾子等人有很高的音乐造诣。随着战国末年法家思想的兴起，儒家教育式微，汉代初年的儒家学者公孙弘、董仲舒希望在国家仪式中恢复音乐活动，但朝中诸人普遍“但闻铿鎗，不晓其意”，只能听到声响，却不懂音乐的内涵。这充分说明，当时朝中大臣在启蒙教育阶段普遍没有接受过音乐教育，儒家教育活动在音乐教育方面已经出现了断层。

公元前134年，西汉社会已经基本恢复稳定，董仲舒向朝廷提出“罢黜百家，独尊儒术”，此后，儒家思想渐渐成为正统。在儒家思想的影响下，汉朝开始不断组织历史文献的抢救与保护工作，一些传承很久的珍贵文献再次传播开来，成为教育活动的重要载体，启蒙教育也开始进入儒家思想影响的时代。

1.汉代皇室的启蒙教育

西汉宣帝甘露元年（前53年）的一天，年仅八岁的太子刘奭（shì）向汉宣帝提出了自己对朝政的意见。他认为，汉宣帝的一些做法违反了儒家处理政事的原则，朝廷应该多提拔儒家的年轻学者。汉宣帝对此十分不满，他甚至表示：“乱我家者，太子也！”（《汉书·元帝纪》）尽管这样，刘奭仍旧一直稳坐太子之位，直到汉宣帝去世，登基成为新一任皇帝。

自汉宣帝之后，儒家思想在中国社会的影响力逐渐扩大，成为不可抵挡的历史潮流。那时候，皇室子弟会带头接受儒家启蒙教育。《汉书》中记载：

> （汉景帝曾孙、广川王刘去）师受《易》《论语》《孝经》皆通。[①]
>
> （西汉宣帝）师受《诗》《论语》《孝经》。[②]（汉宣帝儿时没有生活在皇宫，而是流落民间。）
>
> （西汉宣帝之子汉元帝）年十二，通《论语》《孝经》。[③]

---

① ［汉］班固：《汉书》，北京：中华书局，1962年，第2428页。

② 同上书，第238页。

③ 同上书，第3039页。

汉宣帝本人和他的儿子汉元帝小时候都是接受儒家启蒙教育，西汉皇室子弟接受的启蒙教育以儒家经典为主，最常见的为《孝经》《论语》。《孝经》字数不多，《论语》是语录体，在形式上适合作为启蒙阶段的教育内容。与其他儒家经典相比，这两种经典的难度也相对小一些。

到了东汉时期，上至公卿子弟，下至百姓后代，他们接受的启蒙教育都是儒家教育。《东观汉记》记载：

（光武帝）年九岁而南顿君（父亲）卒，随其叔父（刘良）在萧，入小学，后之长安，受《尚书》于中大夫庐江许子威。[①]

帝（汉顺帝）幼有简厚之质，体有敦悫之性，宽仁温惠，始入小学，诵《孝经》章句。[②]

《后汉书》：

（汉明帝，即光武帝之子）十岁能通《春秋》。[③]

东汉光武帝和顺帝两人在少年时都曾到“小学”中接受教育，这说明当时的“小学”已经是独立的教育机构。光武帝是东汉开国皇帝，他年少时正处于两汉过渡时期，天下大乱，少年时的光武帝并没有生活在京城，这可以说明当时在京城外的地区也有“小学”这样的专门教育机构。

东汉朝廷曾两次开办专门面向外戚阶层的学校。第一次开办外戚学校的时间是在东汉第二任皇帝汉明帝永平九年（66年），朝廷“为外戚樊氏、郭氏、阴氏、马氏诸子弟立学，号‘四姓小侯’，置五经师”（《后汉书·明帝纪》）。汉明帝是光武帝之子，樊氏是光武帝母亲家族，郭氏是光武帝第一任皇后家族，阴氏是汉明帝生母家族，马氏是汉明帝皇后家族，这是当时与皇室关系最近的四大家族，均为外戚，不是列侯，称为“小侯”。这一学校是朝廷

① ［清］王先谦：《东观汉记集解》，北京：商务印书馆，1959年，第1页。
② 同上书，第237页。
③ ［晋］范晔：《后汉书》，北京：中华书局，1965年，第95页。

为四大外戚家族弟子专门设立的。

第二次开办外戚学校是在东汉中期，汉安帝元初六年（119年），“（元初）六年，（邓）太后诏征和帝弟济北、河间王子男女年五岁以上四十余人，又邓氏近亲子孙三十余人，并为开邸第，教学经书，躬自监试”（《后汉书·皇后纪》）。这里说的邓太后为汉和帝皇后，汉和帝为汉明帝之孙。汉和帝去世后，他年幼的儿子即位，不久夭折。之后，皇位由汉和帝的侄子继任，即为汉安帝，时年仅十多岁，朝政由邓太后主持。邓太后自幼爱好读书，十二岁就能读懂《诗经》《论语》，在主持朝政期间设置了面向皇室贵族的学校，招收五岁以上儿童，显然是从启蒙教育阶段开始的学校。

《后汉书·皇后纪》还专门记载了邓太后设置这所学校的理由：

> 吾所以引纳群子，置之学官者，实以方今承百王之敝，时俗浅薄，巧伪滋生，《五经》衰缺，不有化导，将遂陵迟，故欲褒崇圣道，以匡失俗。传不云乎：“饱食终日，无所用心，难矣哉！”今末世贵戚食禄之家，温衣美饭，乘坚驱良，而面墙术学，不识臧否，斯故祸败所从来也。
>
> 永平中，四姓小侯皆令入学，所以矫俗厉薄，反之忠孝。先公既以武功书之竹帛，兼以文德教化子孙，故能束修，不触罗网。诚令儿曹上述祖考休烈，下念诏书本意，则足矣。其勉之哉！①

这段话应该是邓太后亲口所说，经当时的史官记录转录而成。邓太后说，我把皇室近亲里的这群孩子找来，让这群孩子都进入学校，是因为如今的国家局势不是那么好，随时都有可能转入衰退，这时候的社会风气不好，人人都想要富贵，而道德不断滑坡，儒家经典《五经》的传承还有缺失，如果不重视教育，将会带来更大的问题。《论语》中说：“整天吃得饱饱的，什么事也不干，什

① ［晋］范晔：《后汉书》，北京：中华书局，1965年，第428页。

么事也不思考，这一定会有问题。”如今的贵戚之家靠国家俸禄穿得好，吃得好，但却不懂学术思想，容易带来祸患。

永平（58—75年）年间，樊、郭、阴、马四大外戚的子弟都被送进学校，以矫正时俗，激励后代坚守忠孝美德。你们家族的祖先为国家做出了贡献，既有武功，也有文德，因此才能够自我约束言行，不触犯法律。希望后辈能努力继承祖先的事业，用心体会这篇诏书的本意。努力吧。

这是我国第一篇“启蒙教育发展宣言”。邓太后创办的这所学校主要是面向皇室近亲。她认为，只有接受儒家教育，才能培养优良品德，避免肆意妄为、触犯国家法律，最终才能继承前代的优秀精神。

2. 汉代公卿与平民子弟

西汉后期，朝廷开始关注基层启蒙教育发展。《汉书·平帝纪》提到西汉平帝时，“乡曰庠，聚曰序，序、庠置《孝经》师一人”。[①] 随着儒家思想的不断发展，东汉时期的文献提到了一些公卿子弟接受启蒙教育的情况。

> 邓禹，字仲华，南阳新野人也。年十三，能诵《诗》，受业长安。[②]
>
> 贾复，字君文，南阳冠军人也。少好学，习《尚书》，事舞阴李生，李生奇之。[③]
>
> 耿弇，字伯昭，扶风茂陵人也。父况，字侠游，以明经为郎，与王莽从弟伋共学《老子》于安丘先生弇，少好学，习父业。[④]

---

① ［汉］班固：《汉书》，北京：中华书局，1962年，第355页。
② ［晋］范晔：《后汉书》，北京：中华书局，1965年，第599页。
③ 同上书，第664页。
④ 同上书，第703页。

王霸，字元伯，颍川颍阳人也，世好文法。①

可以看到，公卿子弟接受的启蒙教育内容以儒家经典为主。他们的老师要么是本地学者，要么是家中长辈，其中较为优秀的学生可能会到京城进一步学习。

由于时间久远，文献散佚，汉代前后的历史文献中，对平民阶层的记载不多。好在汉代有一些阶层流动，一些人本来出身贫寒，是平民百姓，后来接受了教育，逐渐成长为国家有用之才，成为影响社会发展的人。他们的人生经历被简单记录在了历史文献中，兹举几例，《后汉书·范升传》：

范升，字辩卿，代郡（今河北省张家口市蔚县及附近）人也，少孤，依外家居。九岁通《论语》《孝经》，及长，习《梁丘易》《老子》，教授后生。②

范升出生于北部边塞地区，小时候是孤儿，在外婆家长大，之后通过接受教育，成长为当时著名思想家，是汉代《周易》思想的重要传承者。《后汉书·儒林传》：

包咸，字子良，会稽曲阿（今江苏省镇江市丹阳市及附近）人也，少为诸生，受业长安，师事博士右师细君，习《鲁诗》《论语》。③

包咸生活在东汉初年的江南地区，那时候江南地区尚未开发，经济不发达。包咸从小成绩优异，考入京城太学，成为太学生。“诸生”即太学生。后来，包咸与他的儿子包福都在朝廷中任职，成为太子的老师。《后汉书·承宫传》：

承宫，字少子，琅邪姑幕（今山东省潍坊市）人也。少孤，年八岁为人牧豕。乡里徐子盛者，以《春秋经》授诸生数百人，宫过息庐下，乐其业，因就听经，遂请留门下，为

① ［晋］范晔：《后汉书》，北京：中华书局，1965年，第734页。

② 同上书，第1226页。

③ 同上书，第2570页。

诸生拾薪。执苦数年，勤学不倦。经典既明，乃归家教授。①

承宫很小就没有了父亲，家里贫困，没有自己的耕地，八岁时以替人放牧为生。后来，承宫路过附近的学校，希望在这里就读，但没有钱，只好通过帮助其他学生“拾薪”来获得学费。多年之后，承宫学成回家，成为本地的教育从业者。

王充在《论衡·自纪篇》中提到自己童年接受教育的过程：

建武三年（27年），充生。为小儿，与侪（chái，同辈）伦遨戏，不好押侮；侪伦好掩雀、捕蝉，戏钱、林熙，充独不肯。诵（王充父亲）奇之。六岁教书，恭愿仁顺，礼敬具备，矜庄寂寥，有巨人之志。父未尝笞，母未尝非，闾里未尝让。八岁出于书馆，书馆小僮百人以上，皆以过失袒谪，或以书丑得鞭。充书日进，又无过失。手书既成，辞师受《论语》《尚书》，日讽千字。②

王充六岁时开始识字、读书，可能由他的父母在家里教。八岁时，王充开始正式上学，那时的启蒙教育机构称为“书馆”。“书馆”规模不小，有超过100名学生，学习的内容主要是写字、读书，写字不好的同学可能会受到批评，甚至体罚。王充一直是好学生，从未被老师批评过。在启蒙教育结束时，王充已经能够阅读《论语》《尚书》这样的著作了。

一些汉代的文献记载了有关启蒙教学场景的内容。《后汉书·文苑传》提及一则教师视角的故事：

边韶字孝先，陈留浚仪（今河南省开封市）人也，以文章知名，教授数百人。

韶口辩，曾昼日假卧，弟子私嘲之曰：“边孝先，腹便便。懒读书，但欲眠。”

---

① ［晋］范晔：《后汉书》，北京：中华书局，1965年，第944页。

② ［汉］王充：《论衡校释》自序，北京：中华书局，1990年，第1188页。

韶潜闻之，应时对曰："边为姓，孝为字。腹便便，《五经》笥（sì）。但欲眠，思经事。寐与周公通梦，静与孔子同意。师而可嘲，出何典记？"

嘲者大惭。韶之才捷皆此类也。[1]

边韶曾担任教师，他招收了几百名学生。有一天，边韶在白天闭着眼躺下休息，他的学生悄悄地编了一首顺口溜嘲笑他大腹便便，白天不读书，却要睡觉。"大腹便便"这个成语便出自这里。孩子做的调皮事，哪能逃过老师的法眼。边韶听到后，便对学生说："我的肚子很大，里边装的全是知识，可以说是《五经》的容器。我躺下也是在想着经典中的内容，睡着了是与周公通梦，安静时是与孔子交流。哪本书上规定你们可以嘲笑老师了？"

《列女后传》中记载了一则学生家长视角的故事：

江夏孟宗，少游学，与同学共处，母为作十二幅被，其邻妇怪问之。母曰："小儿无异操，惧朋类之不顾，故大其被，以招贫生之卧，庶闻君子之言耳。"[2]

孟宗小时候去外边上学，要住在学校。他的妈妈为孟宗做了一床巨大的被子，周围的邻居看到后很奇怪，便问："为什么要做这么大的被子？"孟宗妈妈回答说："我家孩子没有什么优秀之处，我怕他身边的同学不理他，所以就做了很大的被子。有了这床大被子，晚上睡觉时，可以方便贫困学生一起来盖这床被子，便于孩子接近优秀学生。"从这则故事可以看到，古今父母无二致，哪怕只能负责孩子的"后勤"，也希望自己的"后勤"工作能对孩子的学习有所帮助。

---

① ［晋］范晔：《后汉书》，北京：中华书局，1965年，第2623页。

② ［汉］刘向：《列女后传》，北京：中华书局，2017年，第1399页。

三、三国至南北朝的启蒙教育

东汉末年，我国出现长期战乱，分裂为魏、蜀、吴三国。魏国后期，正始年间（240—249年），有一次，魏国朝廷想要组织一场祭天仪式，以增加不同阶层的凝聚力。朝廷面向全国征求记载汉代及之前祭天仪式的文献，并同时征集对祭天仪式的意见，以确保祭天仪式有章可循。但是，面对朝廷征集活动，应征者寥寥无几，可见教育秩序在战乱中被破坏带来的严重后果。东晋时期，学者裴松之在整理注解《三国志》时，引用了当时的许多文献，裴松之在《三国志·锺繇传》引用了《魏略》，提到当时的情况：

> 正始中，有诏议圜（yuán）丘，普延学士。是时郎官及司徒领吏二万余人，虽复分布，见在京师者尚且万人，而应书与议者略无几人。
>
> 又，是时朝堂公卿以下四百余人，其能操笔者未有十人，多皆相从饱食而退。嗟夫！学业沈（即“沉”）陨，乃至于此。是以私心常区区贵乎数公者，各处荒乱之际，而能守志弥敦者也。①

“圜丘”是祭天场所，朝廷面向全国公开征集懂得历代祭天仪式相关文献的人。当时全国有各级官员二万多名，其中京城有一万余人，但应征之人寥寥无几，几乎没有人掌握相关文献。当时朝廷中的中层官员有四百多人，其中大部分都是在带兵打仗中升任的，能执笔写出公文的连十个人都不到。可以看到，当时启蒙教育体系已经遭到了严重破坏，大量从事社会管理的政府人员都不识字，这意味着普通百姓接受启蒙教育的机会已经很少了。

---

① ［晋］陈寿撰，［南朝宋］裴松之注：《三国志》，北京：中华书局，1982年，第201页。

东汉末年，各地均出现持续战乱，人口大量减少。东汉后期，我国总人口已经达到五千万，而到了三国时期，魏、蜀、吴三国的人口加起来也才几百万，当时的人感叹全国人口尚没有东汉一个“郡”级单位多。

《晋书·地理志》记载：

至桓帝永寿三年（157年），户千六十七万七千九百六十，口五千六百四十八万六千八百五十六，斯亦户口之滋殖者也。[①]

在西晋统一全国之初，也有人口数据。《晋书·地理志》：

（西晋）太康元年（280年），平吴，大凡户二百四十五万九千八百四十，口一千六百一十六万三千八百六十三。[②]

可以看到，东汉后期，全国人口为5,648万人，而西晋统一全国时人口为1,616万人，人口大幅减少。一般认为，西晋时期人口比三国时期还多一些，三国时期人口更少。

《三国志》中，当时的谋臣多次提到人口大量减少的情况。

今丧乱之后，人民至少，比汉文、景之时，不过一大郡。[③]（《三国志·陈群传》）

大魏奄有十州之地，而承丧乱之弊，计其户口不如往昔一州之民，十州之地，户口不如往昔一州之民。[④]（《三国志·杜恕传》）

今虽有十二州，至于民数，不过汉时一大郡。[⑤]（《三国志·蒋济传》）

---

① ［唐］房玄龄：《晋书》，北京：中华书局，1974年，第414页。

② 同上书，第415页。

③ ［晋］陈寿撰，［南朝宋］裴松之注：《三国志》，北京：中华书局，1982年，第636页。

④ 同上书，第499页。

⑤ 同上书，第453页。

蜀国人口：

《晋书·地理志》记载：章武元年（221年）“户二十万，男女口九十万”[①]。

景耀六年（263年），蜀国灭亡，此时蜀国人口有记录留存，《三国志·后主传》注引王隐的《蜀记》：“（后主）遣尚书郎李虎送士民簿，领户二十八万，男女口九十四万，带甲将士十万二千，吏四万人。”[②]此时蜀国的人口90多万。

吴国人口：

《晋书·地理志》：“孙权赤乌五年（242年），亦取中州嘉号封建诸王，户五十二万三千，男女口二百四十万。”[③]

吴国公元280年灭亡，人口数字有记录留存，《三国志·孙皓传》注引《晋阳秋》：“（王）浚收其图籍，领州四，郡四十三，县三百一十三，户五十二万三千，吏三万二千，兵二十三万，男女口二百三十万。”[④]此时吴国人口为200多万。

魏国人口：

《后汉书·郡国志》注引《帝王世纪》：“及魏武皇帝剋平天下，文帝受禅，人众之损，万有一存。景元四年（263年），与蜀通计民户九十四万三千四百二十三，口五百三十七万二千八百九十一人。”[⑤]

这里的魏国人口包含了蜀国人口。如果减去蜀国的人口，魏国在吞并蜀国之前人口为400多万。总体计算，三国人口加起来为六七百万。虽然学术界一般认为三国时期我国人口减少并没有这

① ［唐］房玄龄：《晋书》，北京：中华书局，1974年，第414页。

② ［晋］陈寿撰，［南朝宋］裴松之注：《三国志》，北京：中华书局，1982年，第901页。

③ ［唐］房玄龄：《晋书》，北京：中华书局，1974年，第414页。

④ ［晋］陈寿撰，［南朝宋］裴松之注：《三国志》，北京：中华书局，1982年，第1178页。

⑤ ［晋］范晔：《后汉书》，北京：中华书局，1965年，第3388页。

么夸张，但是普遍认为三国时期是中国历史上社会最混乱、民生最苦的时期之一。

文献记载，三国时期，虽然东汉的皇帝仍被北方奉为正统，但中国已经在事实上进入了新的历史时期。自东汉末年开始，战乱、分裂局面一直持续了几百年之久，这段时期为我国历史上的三国两晋南北朝时期。在南北朝之后，中国进入隋唐盛世，开始重视文献整理，隋唐时期的学者保存整理了一些之前战乱时期的文献，让今天的人能窥得当时启蒙教育发展的一些情况。

三国时期，有的人出身贫困，无力读书，因为种种机缘才获得了读书的机会。魏国邴原出生在贫困家庭，幼时父亲就去世了。邴原的邻居就是一位教师，开办了学校。这位邻居十分同情邴原，允许他来免费接受教育。裴松之在《三国志·邴原传》注引用了《原别传》这一文献，记载了邴原接受教育的故事：

（邴）原十一岁而丧父，家贫，早孤。邻有书舍，原过其旁而泣。师问曰："童子何悲？"

原曰："孤者易伤，贫者易感。夫书者，必皆具有父兄者，一则羡其不孤，二则羡其得学，心中恻然而为涕零也。"

师亦哀原之言而为之泣，曰："欲书可耳！"

答曰："无钱资。"

师曰："童子苟有志，我徒相教，不求资也。"

于是遂就书，一冬之间，诵《孝经》《论语》。自在童龀（chèn，换牙）之中，嶷（nì，聪明）然有异；及长，金玉其行。①

从这则文献可以了解到当时面向普通家庭的启蒙教育机构称为"书舍"，教师在自己家中从事教育活动。学生只有缴纳一定费

---

① ［晋］陈寿撰，［南朝宋］裴松之注：《三国志》卷十一《魏书·邴原传》注引《原别传》，北京：中华书局，1982年，第351页。

用才能接受启蒙教育，学习的时间是在农闲时节，学习的内容是儒家经典，以《孝经》《论语》为主。邴原的故事可能有后人加工的成分，比如，一个没有接受过教育的小孩子很难说出“孤者易伤，贫者易感”这样的话，不过他的遭遇应该是真实的，邴原的这位邻居很爽快地允许他免费学习。邴原在一个冬天就学会了诵读《孝经》《论语》。后来，邴原又到外地求学，长大后曾长期在北方做官。早年的启蒙教育改变了邴原一生的命运。

有的人接受启蒙教育是通过非正式途径完成的。三国时期，魏国贾逵出身于贫困家庭，没有机会读书，他的姐姐每天抱着他在邻居家院外听人读书，时间久了，便学会了不少儒家经典中的内容。据《拾遗记》记载：

> 贾逵年五岁，明慧过人。其姊韩瑶之妇，嫁瑶无嗣，而归居焉，亦以贞明见称。闻邻中读书，旦夕抱逵隔篱而听之。逵静听不言，姊以为喜。至年十岁，乃暗诵《六经》。姊谓逵曰：“吾家贫困，未尝有教者入门，汝安知天下有《三坟》《五典》而诵无遗句耶？”逵曰：“忆昔姊抱逵于篱间听邻家读书，今万不遗一。”乃剥庭中桑皮以为牒，或题于扉屏，且诵且记，期年，经文通遍。[1]

贾逵五岁时，聪明过人。他的姐姐是韩瑶的妻子，出嫁后一直没有孩子，便回娘家住了，听到邻家读书，姐姐每天抱着贾逵在邻居家篱笆墙外听读。贾逵安静地听着不说话，姐姐也因此感到高兴。如此年复一年，日复一日，到十岁时，贾逵已经能背诵《六经》中的很多篇目了。姐姐问贾逵说：“家里贫穷，从没有教书先生进咱们家门，你怎么知道天下有《三坟》《五典》这些古书，而且能背诵呢？”贾逵回答说：“过去这些年，姐姐抱着我在篱笆

---

① ［晋］王嘉：《拾遗记》，游绮录、齐治平校注，北京：中华书局，1981年，第154页。

间，听邻居家里读书，到现在全都能记得。”他剥下院中桑树的皮来写字，有时把字写在门扇上、屏风上，一边念一边记，又用了一年工夫，学会了经书中的文字。

这则故事具有传奇色彩，未必完全是真实的，毕竟一个从未有人教过的孩子很难靠自学认识大量文字。不过，贾逵少年时依靠邻居读书获得知识的做法，在当时可能比较常见。

三国时期的吴国，可能存在官方的启蒙教育。相关文献提及：

殷礼字往嗣，幼而乡里异之。七岁就官学书，在师未尝戏弄。讽诵恒不为声，潜识而已。师杀鸡诣礼父颖曰：“贺此子能兴君门。”①

殷礼在七岁时“就官学书”，可能是在官府或者官府开办的某个机构中学习写字和文书写作。这一机构中有专门的老师，殷礼在学习时一直默默读书，并不出声。老师对殷礼的学习状态很满意，以至于杀了一只鸡前往殷礼家中拜访殷礼的父亲，表示殷礼将来一定能够成就大业。从这些信息可以看到，殷礼就读的机构应该是一种启蒙教育机构，但由于距今时间久远，再无其他文献提及，也无法再知道其他更具体的内容了。

三国后期，西晋统一全国。我国进入两晋南北朝时期。这一时期的文献偶有提及“小学”教育的情况。《晋书·王育传》提道：

王育，字伯春，京兆人也。少孤贫，为人佣牧羊，每过小学，必歔欷流涕。时有暇，即折蒲学书，忘而失羊，为羊主所责，育将鬻己以偿之。同郡许子章，敏达之士也，闻而嘉之，代育偿羊，给其衣食，使与子同学，遂博通经史。②

王育出身贫困，小时候帮人放羊以谋生，每次路过小学时都会痛哭流涕，他很渴望能上学读书。空闲时，王育常常折一把野

① ［清］逯钦立：《先秦汉魏晋南北朝诗》，北京：中华书局，1983年，第207页。

② ［唐］房玄龄：《晋书》卷八九，北京：中华书局，1974年，第2309页。

草当作笔来写字。有一次，王育把羊弄丢了，很无奈，准备把自己卖了赔偿。这件事被同郡的许子章听到了，于是代为赔偿了王育丢羊的钱，供给他衣食，让他同自己的儿子一起上学，王育终于有了读书的机会。从这个故事中可以看到，当时一些地区有“小学”这样的机构，但贫苦人家的孩子很难有机会进入。

两晋时期，平民阶层接受启蒙教育的记载较少，大部分记载的是皇室子弟。东晋时期，皇室弟子司马大均从小热爱读书，七岁就学习了《诗经》。《南史·简文帝诸子列传》记载：

> 西阳王（司马）大钧，字仁博，简文（简文帝，东晋第八任皇帝，东晋第一任皇帝晋元帝司马睿之子）第十四子也。性厚重，不妄戏弄。年七岁，武帝（东晋武帝，简文帝之子，东晋第九任皇帝，司马大钧之兄）尝问读何书，对曰：“学《诗》。”因令讽诵，即诵《周南》，音韵清雅。帝重之，因赐王羲之书一卷。①

这里的“王羲之书”可能是指历史上曾经存在过的王羲之《小学篇》。东晋时期，王羲之在前人基础上编写过一篇《小学篇》，可能是后来《千字文》的前身。《隋书·经籍志》中提到该书，但没有传承下来。

东晋时期，我国北方在100多年时间里曾出现过16个分裂割据的国家，也称“东晋十六国”时期。唐代组织编写的《晋书》不只包含了西晋、东晋的历史，而且包含了不少北方十六国的历史，其中提道：

> （刘）曜立太学于长乐宫东，小学于未央宫西，简百姓年二十五已下十三已上，神志可教者千五百人，选朝贤宿儒明经笃学以教之。以中书监刘均领国子祭酒。②

① ［唐］姚思廉：《梁书》，北京：中华书局，1973年，第617页。

② ［唐］房玄龄：《晋书》，北京：中华书局，1974年，第2109页。

刘曜本是匈奴人。公元316年，刘曜攻破长安，俘虏西晋最后一位皇帝后，西晋灭亡。公元318年，刘曜称帝，国号为“赵”，定都长安（今西安）。刘曜在长安未央宫西设立了“小学”，选拔十三岁以上的儿童共1,500人入学读书。今天已经无法知道这一学校创办的具体时间以及存续的时间，但自刘曜称帝到战败被俘，总共不过十年时间。公元328年，刘曜在洛阳一带被羌族人石勒所部击溃，兵败被俘，所以这所“小学”维系的时间可能并不长。

公元318年，石勒在襄国（今河北省邢台市）称帝，国号“赵”。刘曜与石勒两人所建的国家国号都是“赵”，而且建国时间相距很近，不过石勒所建国家持续时间较长，不久之后就打败了刘曜。历史上一般把刘曜所建国家称为“前赵”，石勒所建国家称为“后赵”。石勒在称帝前，就在当时襄国城外设置了一系列“小学”，《晋书》提道：“（石勒）增置宣文，宣教，崇儒，崇训十余小学于襄国四门，简将佐右子弟百余人以教之。”①

从前赵、后赵的情况来看，当时在都城外设置“小学”可能是一种通行的做法，即使少数民族政权也不例外。

公元439年，北魏太武帝拓跋焘统一北方。早于此十几年，公元420年，东晋被南朝梁取代。中国进入南北对峙的南北朝时期。公元493年，北魏孝文帝迁都洛阳，大力推动社会改革，设立学校也是一项重要内容。《北史》记载：“（北魏）太和二十年（496年），孝文发敕立四门博士，于四门置学。”②此处的“四门学”是包含“小学”的。《北史·刘芳传》：“迁都洛邑，即诏立国子、太学及四门小学。”

积极推进改革的北魏皇室成员对儒家经典十分推崇。《北史·元顺传》中提及：“元顺，字子和，任城王元澄之子。年九岁，

---

① ［唐］房玄龄：《晋书》，北京：中华书局，1974年，第2730页。

② ［唐］李延寿：《北史》卷八一儒林传上，北京：中华书局，1974，第2709页。

师事乐安陈丰，初书王羲之《小学篇》数千言，昼夜诵之，旬有五日，一皆通彻。丰奇之。”① 自孝文帝改革之后，北魏皇室成员由“拓跋”改姓为“元”，元顺是元澄之子，元澄是孝文帝改革的重要帮手。元顺九岁时就跟随老师陈丰学习王羲之《小学篇》，用了15天便学会了这篇启蒙文献。

北朝时期，儒家经典在民间仍有很高的权威。宋代编写的《册府元龟》摘录了当时的文献《后魏书》，其中提及：

> 裴骏，字神驹，河东闻喜（今山西省运城市闻喜县）人。幼而聪惠，亲表异之，称为神驹，因以为字。骏从弟子安祖，少而聪惠，年八九岁，就师讲诵《诗》，至《鹿鸣》篇，语兄云：“鹿虽禽兽，得食相呼，而况人也？”自此之后，未尝独食。②

裴骏的一位侄子裴安祖在八九岁时跟随老师学习《诗经》，学到《鹿鸣》这一篇，告诉身边人：“连鹿都会把食物分享给同伴，何况人呢？”此后，他每次遇到好吃的，都会分享给别人。可见，儒家经典在启蒙教育阶段对受教育者的行为品德有直接的影响。

南朝时期，历朝均有开设“国学”的记载，但关于“小学”的记载较少，一些地区有民间开办的“学舍”。《南齐书·顾欢传》提道：“乡中有学舍，欢贫无以受业，于舍壁后倚听，无遗忘者。八岁，诵《孝经》《诗》《论》。”③

从三国到南北朝这段时期，留下的历史文献并不多，其中关于启蒙教育的记载，是分裂、战乱时期留下的珍贵记录。在战乱时期，国家开办的“小学”可能只是比较临时的机构，持续时间

---

① ［唐］房玄龄：《晋书》，北京：中华书局，1974年，第662页。

② ［宋］王钦若：《册府元龟》卷第七百七十五，南京：凤凰出版社，2016年，第8973页。

③ ［唐］李延寿：《南史》卷七五列传第六五，北京：中华书局，1972年，第1874页。

并不长，而民间存在的启蒙教育机构则相对零散，有机会接受启蒙教育的人并不多。

四、一脉相承的“小学”作品

东汉时期，一位名叫崔寔（shí）的学者仿照战国时期《礼记·月令》编写了一部《四民月令》。“月令”具有历法性质，主要规定每个月不同时间做什么事。在先秦时期，《礼记》中就有《月令》这篇文献，主要内容是规定君王每个月做的事，要符合天地自然运行规律。《四民月令》面向的对象不是君王，而是“士、农、工、商”等普通百姓，帮助普通百姓根据四时运转、自然变化，更充分地利用时间。崔寔的《四民月令》距今时间久远，其中很多内容已经散逸，只存留约3,000字，后人将这部分整理出来，其中有不少涉及启蒙教育的内容：

> 正月：农事未起，命成童已（以）上入大学，学《五经》，师法求备，勿读书传。
>
> 砚冻释，命幼童入小学，学书《篇章》。
>
> 八月：暑小退，命幼童入小学，如正月焉。
>
> 十月：培筑垣、墙，塞向，墐户……农事毕，命成童以上入大学，如正月焉。
>
> 十一月：砚冰冻，命幼童读《孝经》《论语》《篇章》入小学。①

《四民月令》将启蒙阶段儿童接受的教育称为“小学”。从每年正月开始，年龄较大的“成童”开始进入“大学”学习，学习的内容是《大学》。此时不适合年龄较小的孩子上学读书，可能是因为天气太冷。

---

① ［汉］崔寔著，石声汉校注：《四民月令校注》，北京：中华书局，1965年，第9页、第60页、第72页。原注认为“入小学”应在“读《孝经》”前。

天气稍微暖和一些，砚台上的墨汁融化后，年龄较小的孩子开始进入小学学习，学习的内容是《篇章》。这段时间的学习可能会持续到春季农忙时节。

到了秋天，天气转凉后，农田没有那么忙碌了，年龄较小的孩子继续回到学校读书。到了十月，“成童”则进入学校读书。到了十一月，年龄较小的孩子读《孝经》《论语》《篇章》。

《四民月令》中的这些规定是后人在散逸文献的基础上整理形成的，在唐宋之后的其他文献中经常以不同方式被提及，说法略有差异，因此在内容上可能会有一些重叠或者逻辑不自洽之处。另外还需说明的是，《四民月令》中的内容只是对当时普通百姓生活的一种一般性的建议，并不完全等于历史史实。这就像今天的日历中可能也会提到“清明节出外踏青、扫墓”“立冬吃饺子”“冬至吃饺子”这样的话，但各地的习俗并不一样，岭南地区在立春前后就已经可以踏青了，黑龙江到清明节前后还不适合踏青，而一些地区可能并不习惯吃饺子。日历中的不少说法常常存在着重复或者矛盾处，很多人并不会完全按照日历中的说法做。

总的来说，从《四民月令》的这些规定中可以看出当时的“小学”是专门供年龄较小的孩子学习的教育机构，所学内容主要有《孝经》《论语》《篇章》。其中，《孝经》《论语》在汉代是常见的启蒙教育文献，其他记载也提及很多人小时候都曾学习过《孝经》《论语》，这两种文献是很多人受教育的起点。

《四民月令》里提到的《篇章》是什么呢？民国时期校注《四民月令》的石声汉认为，《篇章》是“‘六甲’‘九九’《急就》《三仓》之属”。[①]前两种应该是数学、天文常识类启蒙参考资料，后两种是当时的“小学”类作品，可能经常用于启蒙教育。

---

① ［汉］崔寔著，石声汉校注：《四民月令校注》，北京：中华书局，1965年，第9—10页。

所谓“六甲”，内容可能是数学基础知识。《汉书·食货志》曰：“八岁入小学，学六甲、五方、书、计之事，始知室家长幼之节。”①其中的“五方”可能是指遥远他方的知识与文化。所谓“书”是指书写，所谓“计”是指算术。

所谓“九九”，即九九乘法之术，是秦汉算术教育当中的基础知识。

所谓《急就》《三仓》，是汉代时期流行的启蒙教育读物或参考资料。其中《急就》是指汉代编写的“小学”作品，《三仓》是秦代编写的“小学”作品，由《仓颉》《爰历》《博学》三部分组成，因此也称为“三仓”。

《汉书·艺文志》在列举了当时可见的儒家经典类研究著作，也就是儒家的“六经”和《论语》《孝经》之后，进一步列举了“小学”著作，共计12种，其中提到了《急就》《三仓》。

“小学”类文献如下（编号为本书所加）：

(1)《史籀》十五篇。周宣王太史作大篆十五篇，建武时亡六篇矣。

(2)《八体六技》。

(3)《仓颉》一篇。上七章，秦丞相李斯作；《爰历》六章，车府令赵高作；《博学》七章，太史令胡母敬作。

(4)《凡将》一篇。司马相如作。

(5)《急就》一篇。元帝时黄门令史游作。

(6)《元尚》一篇。成帝时将作大匠李长作。

(7)《训纂》一篇。扬雄作。

(8)《别字》十三篇。

(9)《仓颉传》一篇。

① ［汉］班固：《汉书》卷二十四《食货志》，北京：中华书局，1962年，第1122页。

（10）扬雄《仓颉训纂》一篇。

（11）杜林《仓颉训纂》一篇。

（12）杜林《仓颉故》一篇。[1]

《汉书》作者班固对“小学”类文献的解读如下表：

《汉书·艺文志》列出的“小学”类文献说明

<table>
<tr><th></th><th>时代</th><th>作者</th><th>班固的说明[2]</th><th>本书解读</th></tr>
<tr><td>《史籀》</td><td>周</td><td>—</td><td>史官教学童书，与孔氏壁中古文异体</td><td>是我国迄今可知的最早的一本字书，可能产生于西周中期。是用大篆写的</td></tr>
<tr><td>《八体六技》</td><td>秦</td><td>—</td><td>—</td><td>八体是秦始皇统一中国之后各诸侯国文字，六技是指象形、象事、象意、象声、转注、假借，造字理论</td></tr>
<tr><td>《仓颉》</td><td>秦</td><td>李斯、赵高、胡母敬</td><td>文字多取《史籀篇》，而篆体复颇异，所谓秦篆者也</td><td>共由《仓颉》《爰历》《博学》三部分组成，内容取自《史籀》，是用小篆写的，是秦朝统一全国后“书同文”的作品。汉代之后，民间在继续改变使用</td></tr>
<tr><td>《凡将》</td><td>汉武帝</td><td>司马相如</td><td rowspan="3">无复字，皆《仓颉》中正字</td><td rowspan="3">以上三篇是以《仓颉》为内容依据，用汉代新字体重新整理所创作而成的</td></tr>
<tr><td>《急就》</td><td>汉元帝</td><td>史游</td></tr>
<tr><td>《元尚》</td><td>汉成帝</td><td>李长</td></tr>
<tr><td>《训纂》</td><td>元始中</td><td>扬雄</td><td>扬雄取其有用者以作《训纂篇》，顺续《仓颉》，又易《仓颉》中重复之字，凡八十九章</td><td>在《仓颉》基础上，根据常用字的变化增补而成</td></tr>
</table>

① ［汉］班固：《汉书》卷三十《艺文志》，北京：中华书局，1962年，第1721页。

② 同上。

续表

	时代	作者	班固的说明	本书解读
《别字》	元始中	扬雄（可能）	—	“别字”可能即白字，为民间口头用语，或各地方言
《仓颉传》	—	—	—	用西汉当时的读音、字义来解读《仓颉》
《仓颉训纂》	元始中	扬雄	—	对《仓颉》篇的解读
《仓颉训纂》	汉光武帝	杜林	—	对《仓颉》篇的解读
《仓颉故》	汉光武帝	杜林	—	对《仓颉》篇的解读

班固一共列出了12种作品，统称为“小学”。根据班固在《汉书·艺文志》中的记载，最早的“小学”作品只有一种，即周朝的《史籀》篇，这是中国“小学”著作的主要源头。

到了秦朝，共有两种“小学”作品流传，一种为诸侯国文字整理汇编，即《八体六技》；一种为秦代全国统一文字汇编，即《仓颉》，这篇作品是对《史籀》的改编，将《史籀》的大篆体统一改为小篆体。

汉初，朝廷组织对秦朝留下的“小学”作品进行重新编写，即《凡将》《急就》《元尚》。这三篇“小学”作品是在秦代《仓颉》篇的基础上编写的。随着时间的推移，汉代的常用字与秦代可能并不相同，于是汉代组织编写了《训纂》，这一作品是对《仓颉》篇的扩充，是汉代的增订。与此同时，汉代也编写了“方言版”作品，即《别字》。

随着时间的推移，流传下来的“小学”作品使用起来不方便，于是汉代不断编写“注解版”，即《仓颉传》、《仓颉训纂》（扬雄）、《仓颉训纂》（杜林）、《仓颉故》。

可以看到，汉代的“小学”作品除了反映汉代各地“方言”

的《别字》之外，其他作品均是围绕着秦朝留下的《仓颉》篇进行的，要么是用新的字体重新编排，要么是扩充，要么是进行新的注解。《仓颉》篇的源头则是《史籀》。自先秦至汉代，“小学”作品总体上一脉相承，每一代都在前人的基础上进行完善。

在中国教育活动发展史中，“小学”一般是指启蒙阶段的学校。在中国学术发展史上，“小学”一般是指关于文字、音韵方面的研究成果。不过，汉代学术中的“小学”与后来的“小学”，尤其是与明清时期学术发展中的“小学”不完全一样。汉代的“小学”还不像后代那样，尤其是不像明清时期那样是完全独立的学术研究领域，汉代的“小学”与儒家经典的关系更密切，与启蒙教育的关系也更密切。

在明清时期，我国“小学”类的著作有很多，大多作为独立的学术研究成果存在。比如清代“小学”研究有“段戴二王”之说，段玉裁《说文解字注》、戴震《孟子字义疏证》、王念孙《广雅疏证》、王引之《经传释词》等，分别是他们几人的代表作。这些著作都是专门的学术研究成果，很少有启蒙教育年龄段的儿童会阅读。汉代“小学”的学术研究属性没有这样明显，与其说是学术成果，不如说是启蒙教育的辅助资料。

在蒙学研究中，有人认为汉代的“小学”作品就是儿童启蒙阶段教育读物。不过，在汉代启蒙教育的具体事例中，无论是皇室家庭，或是公卿弟子，还是平民后代，《孝经》《论语》是被提及最多的作品，这些“小学”作品反而很少被提及。既然汉代“小学”作品是启蒙教育读物，那么有关文献在介绍当时人儿时受教育经历时，总要或多或少提及这些作品，但是显然《孝经》《论语》才是常常被提及的，“小学”作品则很少出现。

之所以出现这种情况，原因有多种。第一，汉代时期，“小学”作品与《孝经》《论语》这样的儒家经典相比，地位可能较为“卑微”。《孝经》《论语》是经典名著，而“小学”作品不是经典名著，因此尽管很多孩子在启蒙教育阶段也学习了“小学”作品，但记录历史的人可能认为不必提及，所以在今天看到的文献中较少出现，比如在《四民月令》中可能是用“篇章”用来表示这些“小学”作品的。第二，有的汉代的“小学”作品发挥的可能并不是类似今天教材的功能，而是类似今天字典的功能，只是启蒙教育阶段的参考资料，不是真正的教学材料。第三，秦汉时期，有的“小学”作品可能类似今天的应试辅导材料。《汉书·艺文志》记载：“汉兴，萧何草律，亦著其法，曰：‘太史试学童，能讽书九千字以上，乃得为史。又以六体试之，课最者以为尚书、御史、史书令史。吏民上书，字或不正，辄举劾。’六体者，古文、奇字、篆书、隶书、缪篆、虫书，皆所以通知古今文字，摹印章，书幡信也。”①汉代之后，学童在完成学业后参加由太史组织的考试，凡认字达到9,000个以上，即可以入职。“六体”考试则是选拔性考试，录取最优秀的考生。在这个过程中，“小学”类作品已经将所有字、知识进行了整理，与《论语》《孝经》这样的儒家经典相比，更适合作为应试辅导材料使用。于是，在记录一个人生平时，《论语》《孝经》这样的经典名著常常被提及，而发挥应试辅导作用的“小学”作品很少被提到，这就像当代人提及某位名人儿时受教育经历时，往往只提及其读过某些名著，而不会提及读过诸如“高考模拟试卷大全”这样的辅导资料。不管怎样，秦汉时期的这些“小学”作品与明清时期有很大差别，是与启蒙教育紧密相关的。

① ［汉］班固：《汉书》卷三十《艺文志》，北京：中华书局，1962年，第1721页。

五、现存最早的“小学”作品《急就篇》及传承

汉代的班固在《汉书·艺文志》中列出了12种“小学”作品，其中相对完整流传到今天的作品只有《急就》(《急就篇》，后称为《急就章》）一种。从内容上来看,《急就》是我国现存最早的蒙学作品，距今已经有两千多年的历史。

《汉书·艺文志》中列出的“小学”类作品大多已经散逸不存，这主要是由于距今年代过于久远。汉代虽然已经有了造纸术，但造纸术的普及是在汉代之后，那时候的书籍传播十分困难。汉代之后，中国进入持续几百年的战乱时期，大量珍贵的历史文献消失。汉代“小学”作品的传播经历了诸多困难。

隋朝时，全国重回统一。唐代初年组织编写了《隋书》等历史文献，记录了隋朝可见到的“小学”类作品，其中有不少自东汉到南北朝时期的作品。根据《隋书·经籍志》记载,《汉书·艺文志》中列出的12种“小学”类作品，到了隋朝时仅剩下《仓颉篇》《训纂篇》《急就篇》三种了，其他的作品均已不可见。《隋书·经籍志》记载（编号为本书所加）：

> (1)《三苍》三卷郭璞注。秦相李斯作《仓颉篇》，汉扬雄作《训纂篇》，后汉郎中贾鲂作《滂喜篇》，故曰《三仓》。(南朝）梁有《仓颉》二卷，后汉司空杜林注，亡。
>
> (2)《急就章》一卷，汉黄门令史游撰。
>
> (3)《急就章》二卷，崔浩撰。
>
> (4)《急就章》三卷，豆卢氏撰。[①]

这几本书的流传情况如下：

① ［唐］魏征等:《隋书》卷三十二，北京：中华书局，1973年，第942页。

（1）《三仓》三卷：在两晋时期，郭璞对秦汉流传下来的《苍颉篇》《训纂篇》，以及东汉时期出现的《滂喜篇》进行了整合，合称为《三仓》。该书在《旧唐书·经籍志》中还曾出现，在唐代仍存世，之后便消失了。当代出土的一些秦汉竹简中偶有《仓颉》等篇的断章。

（2）《急就章》一卷：该书是汉代作品的传抄本，一直传到隋朝。

（3）《急就章》二卷：在北魏永兴元年（409年）崔浩受命对《急就章》等作注解，三年之后向朝廷提交了相关的文本。《魏书·崔浩传》记载，崔浩向太宗上《五寅元历》表时说："（北魏）太宗即位元年，敕臣解《急就章》《孝经》《论语》《诗》《尚书》《春秋》《礼记》《周易》。三年成讫。"①《急就篇》到此开始以《急就章》为名。《急就章》本来为一卷，经崔浩整理注解后，字数增加，变成了两卷。遗憾的是，在宋代之后，除郑樵编写的《通志》外，各有关"小学"的作品目录中均未再提及崔浩注解的《急就章》，也就是说，崔浩注解的《急就章》版本在元代之后消失了。

（4）《急就章》三卷：该书作者豆卢氏可能为我国东晋南北朝时期少数民族。《隋书·经籍志》中记载的豆卢氏编写《急就章》在《旧唐书》《新唐书》等书中都没有出现。宋代之后，除郑樵编写的《通志》外，也未见于其他记载，可能在元代之后已经消失了。

唐朝时，社会长期稳定，一些在民间流传的文献重新受到关注。《汉书·艺文志》中的"小学"作品在《隋书·经籍志》已经没有了，而在《旧/新唐书·经籍志》中又重新出现了。《旧唐书·经籍志》中出现了西汉时期司马相如编写的《凡将》篇（该书在宋代之后消亡），还出现了三种《急就章》（编号为本书所加）：

① ［北齐］魏收：《魏书》卷三十五，北京：中华书局，1974年，第825页。

(1)《急就章》一卷，史游撰，曹寿解。

(2)《急就章注》一卷，颜之推撰。

(3) 又一卷，颜师古撰。①

唐代时的三种《急就章》流传情况如下：

(1)《急就章》一卷：该书为西汉时期史游所作的传抄本，东汉时期曹寿作了注解。曹寿又名曹世叔，是班昭的丈夫。该书只在唐朝出现过，到宋代之后便未再出现过，可能在宋代便已经消失。

(2)《急就章注》一卷：该书的作者是颜之推。颜之推生活在南北朝时期，撰有《颜氏家训》，为中国第一部家训类专门著作。该书流传时间较长，在南宋时期郑樵编写的《通志》、明朝焦竑编写的《国史经籍志》均有记载，可能一直流传到明代，之后则消亡不见。

(3) 又一卷:《旧唐书·经籍志》省略了书名。《新唐书·经籍志》则记录为:"颜师古注《急就章》一卷。"②该书作者为唐朝儒家学者颜师古，是当时著名学者，也是正史《隋书》的作者之一。该书自问世后，被世人看作《急就章》的"正统"，后来被列入《宋史·艺文志》，成为当时硕果仅存的《急就章》作品之一。《宋史·艺文志》中记载:"史游《急就章》一卷。颜师古《急就篇注一卷》。王应麟《补注急就篇》六卷。"③在南宋时期，王应麟在前人的基础上对《急就篇》作了进一步注解，将篇幅增加到六卷。

元代之后，各版本《急就章》均濒临失传，而颜师古的注解成为诸多版本中流传至今的"独苗"。当然，颜师古在研究和注解《急就章》时，也并非单纯靠个人理解来进行，而是参考了自南北

---

① [五代]刘昫:《旧唐书》卷四十六，北京：中华书局，1975年，第1985页。

② [宋]欧阳修、宋祁:《新唐书》卷五十七，北京：中华书局，1975年，第1450页。

③ [元]脱脱:《宋史》卷二百二，北京：中华书局，1972年，第5074页。

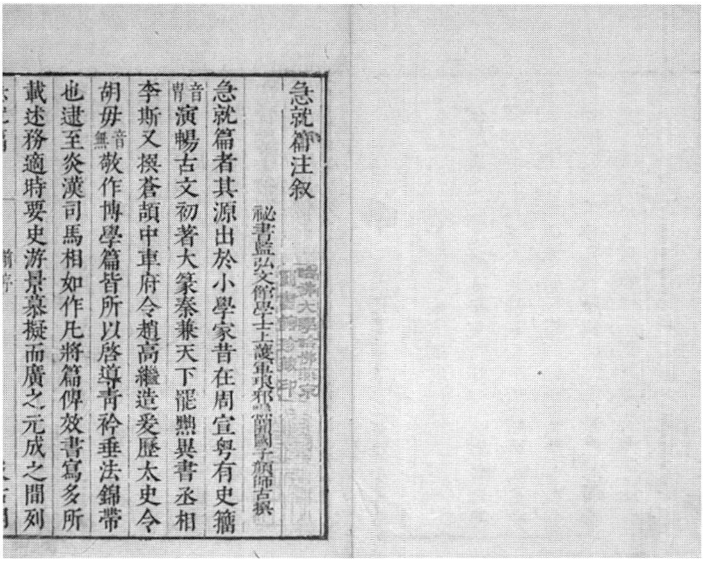
急就篇注叙
祕書監弘文館學士上護軍琅邪縣開國子顏師古撰
急就篇者其源出於小學家昔在周宣㽞有史籀
演暢古文初著大篆秦兼天下罷黜異書丞相
李斯又撰蒼頡中車府令趙高繼造爰歷太史令
胡毋敬作博學篇皆所以啓導青衿垂法錦帶
也逮至炎漢司馬相如作凡將篇俾效書寫多所
載述務適時要史游景慕擬而廣之元成之間列

颜师古注《急就篇》书影（明毛氏汲古阁版）

朝以来的不同版本，以及他所能看到的不同人的研究。自宋代学者王应麟之后到明清时期,《急就章》有了多个不同版本，不过大多是以颜师古版本为基础，将《急就章》原文、颜师古注、王应麟注合编在一起，雕版印刷，于是《急就章》才得以传播开来。

“急就”这一名字是什么意思呢？南宋时期的晁公武认为：“急就者，谓字之难知者，缓急可就而求焉。”[①]在读书过程中，如果遇到了不认识的字，老师又不在身边，可以紧急向该书求救，所以称为“急就”。如此说来，按照宋代人的理解,《急就章》是一本字典。初学者在读书时遇到不认识的字，可以查阅该书。

字典是用来查阅的，而一般书籍是用来阅读的。不过,《急就章》在历史上可能不只作为字典使用，至少在南北朝时期也曾作为启蒙读物来阅读。《北齐书·李浑弟绘传》：“绘，字敬文。年六

① ［宋］晁公武：《郡斋读书志》，南京：江苏古籍出版社，1988年，第106页。

岁，便自愿入学，家人偶以年俗忌，约而弗许。伺其伯姊笔牍之间，而辄窃用，未几遂通《急就章》。内外异之，以为非常儿也。及长，仪貌端伟，神情朗隽。”[1]这可以证明，在南北朝时期《急就章》是启蒙教育的读物。唐宋以后，随着新编写的启蒙读物与“小学”类读物的不断增加，《急就章》逐渐退出了启蒙教育的舞台。

对于今天的人来说，《急就章》的内容保存相对完整，由此可以比较清楚地了解到1500—2000年前中国启蒙教育的具体情况，知道那时候儿童学习的内容，可以给当代和未来启蒙教育提供一些反思。

《急就章》原文较长，本书以明末学者毛晋主持出版的版本[2]为依据，选录其中部分内容，以更为具体地呈现1500—2000年前我国启蒙教育的风采。

第一章

急就奇觚（gū，木简）与众异，罗列诸物名姓字。

分别部居不杂厕（“厕”即杂乱），用日约少诚快意。

勉力务之必有憙（同“喜”）。（以上为开篇部分，说明本书编写内容特点。）

请道其章：（由此以下，进入第一部分，主要以姓氏和常见人名为主。这些人名可能并非是真实人名，大部分为常用字，而且寓意相对吉祥，也体现了一个时代的价值追求。）

宋延年、郑子方、卫益寿、史步昌、周千秋、赵孺卿、爰展世、高辟兵。

第二章

邓万岁、秦眇房、郝利亲、冯汉疆、戴护郡、景君明、董奉德、桓贤良、任逢时、侯仲郎、田广国、荣惠尝、笃承

① ［唐］李百药：《北齐书》卷二十九，北京：中华书局，1972年，第394页。

② ［唐］颜师古注，［明］毛晋编校：《急就章》，毛氏汲古阁刊本，原书无页码。

禄、令狐横、朱交便、孔何伤、师猛虎、石敢当、所不侵、龙未央、伊婴齐。

第三章

翟回庆、毕稚季、昭小兄、柳尧舜、药禹汤、淳于登、费通光、柘恩舒、路正阳、霍圣宫、颜文章、莞财历、遍吕张、鲁贺憙、灌宜王、程忠信、吴仲皇、许终古、贾友仓、陈元始、汉魏唐。

第四章

掖容调、柏杜扬、曹富贵、李尹桑、萧彭祖、屈宗谈、樊爱君、崔孝襄、姚得赐、燕楚严、薛胜客、聂邗将、求男弟、过说长、祝恭敬、审无妨、庞赏赉、声士梁、成博好、范建羌、阎欢喜。

……

第八章（自此以下,《急就章》均为七字一句，主要内容为介绍生活各类物品。本章及第九章是以介绍丝织品、布料为主，大部分为“纟”偏旁字。）

锦绣缦旄（máo）离云爵，乘风悬钟华洞乐。

豹首落莽兔双鹤，春草鸡翘凫翁濯。

郁金半见霜白蓊（yuè，燕麦），缥（piǎo，青色丝织品）綟（lì，苍艾色）绿纨皂紫硟（xiān，光泽）。

蒸栗绢绀（gàn，天青色，深青透红之色）缙（jìn，浅赤色）红燃，青绮绫縠（hú，有皱纹的纱）靡润鲜。

绨（tí，丝织品）络缣（jiān，丝织品）练素帛蝉。

……

第十章（本章主要为介绍各类农产品、食物。以下各章分别介绍日用工具、器皿、水产、玉器、人体、脏腑、兵器、车马、建筑、树木、牲畜、疾病等内容。）

稻黍秫（shú，类似于高粱）稷（jì，类似于高粱）粟麻粳，饼饵麦饭甘豆羹。

葵韭葱蓼（liǎo，一种调味品）薤（xiè）苏（紫苏）姜，芜荑盐鼓醯（xī，醋）酢（zuò，酸味）酱。

芸蒜荠芥茱臾香，老菁蘘（ráng，草本植物）荷冬日藏。

梨柿奈桃待露霜，枣杏瓜棣馓（sǎn，一种面食）饴饧（táng，糖）。

园菜果蓏（luǒ，瓜类）助米粮。

……

第廿六章（自本章以下，《急就章》开始涉及社会制度、生活习俗、法律等内容。）

春秋尚书律令文，治礼掌故砥砺身。

智能通达多见闻，名显绝殊异等伦。

超擢推举白黑分，迹行上究为牧人。

丞相御史郎中君，进近公卿傅仆勋。

前后常侍诸将军。

……

第三十二章（本章由四字短语组成，以国家强盛、社会安宁为主要内容。一些人认为本章即为《急就章》最后一章。）

汉地广大，无不容盛，万方来朝，臣妾使令。

边境无事，中国安宁，百姓承德，阴阳和平。

风雨时节，莫不兹荣，灾蝗不起，五谷熟成。

贤圣并进，博士先生，长乐无极老复丁。

第三十三章（今天的人一般认为最后两章也是《急就章》的内容，可能是东汉时期其他作者补充的内容，今天可以看到的内容是颜师古或王应麟根据当时所见材料补充进去的。）

齐国给献素缯帛，飞龙凤凰相追逐。

河南洛阳人蕃息，与天相保无穷极。

真定常山至高邑，乘而嘉宠升进立。

建号垂统解郁悒（yì，忧愁），四民康宁，咸来服集。

何须念虑合为一。

第三十四章

山阳过魏，长沙北地。

马饮漳邺及清河，云中定襄与朔方。

代郡上谷右北平，辽东滨西上平冈。

酒泉强（即“强”）弩与敦煌，居边守塞备胡羌。

远近还集杀胡王，汉土兴隆中国康。

总的来说，《急就章》可以分为三大部分：

第一部分是姓名，三字一句，涉及一百多个常见姓氏；第二部分是常见百物，七字一句，这部分在《急就章》中所占篇幅最大；第三部分是社会常识，除了结尾部分之外，均是七字一句。

《急就章》体现了我国汉代时期的学者对启蒙教育内容体系的理解。从《急就章》来看，当时儿童的学习内容，自人名开始，贴近个体感受，兼及日常生活所用的各类物品，方便日常交流，最后则以相对抽象的思想、道理收尾。这说明，在汉代学者看来，启蒙教育不只是为了认字以方便日常交流，更要关注价值观的养成。

六、千古奇书《千字文》及流传

在今天的生活中，人们有时会用到“天字第一号”这一说法，表示“最好的”“最重要的”等意思。比如“天字第一号的红人”表示最得意的人，“天字第一号官司”表示最重要的官司。

“天字第一号”这一说法源自古代科举考试。宋代以后，各地参加科举考试的考生人数众多。为了帮助各位考生准确找到考场的具体位置，考试前，考试组织者会在考场外张贴“席舍图”，标明每位考生在考场内的位置。那时候，考生在考场内的次序是用一部蒙书中的句子来表示的，这部蒙书就是《千字文》。顾名思义，《千字文》是用1,000个常用字编写的一篇韵文，全文都是四字一句，内容典雅，且没有一个字是重复的。

《千字文》的开篇是“天地玄黄”，“天”字是第一个字。科举考场内的座次按《千字文》排序，“天”字是第一个。有时候，参加考试的考生人数远多于1,000人，“天”字便不是表示第一个，而是表示第一排，第一排中再分为“天字第一号”“天字第二号”。“天字第一号”的用法便是这样来的。

在中国蒙学发展史上，《弟子职》《急就篇》《千字文》是传承至今的三种历史相对悠久的蒙学资料。《弟子职》创作于先秦时期，距今约有2,500年时间，是我国完整保存至今的最早的启蒙教育资料。《弟子职》的性质大概相当于“学生守则”，不是真正供学生学习的读物。汉代以后，在启蒙教育阶段阅读学习《弟子职》的儿童并不多。汉代的《急就篇》创作时间距今约2,000年，是流传广泛的“小学”作品，在汉代至南北朝时期可能被一些启蒙教育机构用来作为启蒙教育读物。唐代之后，《急就篇》逐渐退出了启蒙教育实践领域，只是单纯作为历史文献存在，很少有孩子在启蒙教育阶段还学习《急就篇》了。《千字文》产生于南北朝时期，距今约1,500年，产生时间晚于《弟子职》《急就篇》，不过相比之下，《千字文》自产生之后便一直作为启蒙教育读物。直到当代，每年还有大量出版社在出版《千字文》，供儿童学习使用。可以说，《千字文》是我国启蒙教育实践活动中流传最久的蒙学作品。

唐僖宗广明年间（880—881年），黄巢起义军占领长安（今陕西省西安市），中原各地处于兵荒马乱中。一位叫李绰的人在黄河中下游一带山中避难，闲居期间，他抄录、整理了一位张姓官员留下的笔记资料，取名为《张尚书故实》，也称《尚书故实》。这部书后来被收入《四库全书》，保存至今，其中有一条笔记是关于《千字文》创作过程的记录：

《千字文》，梁周兴嗣编次，而有王右军（即王羲之）书者，人皆不晓其始，乃梁武帝教诸王书，令殷铁石于大王（即王羲之）书中，搨（tà）一千字不重者，每字片纸，杂碎无序。武帝召兴嗣，谓曰：“卿有才思，为我韵之。”

兴嗣一夕编缀进上，鬓发皆白，而赏赐甚厚。右军孙智永禅师自临八百本，散与人间诸寺各留一本。①

《千字文》的作者为南朝梁时期的周兴嗣。在周兴嗣生活的时期，不只有周兴嗣编写的《千字文》，而且有王右军写过“千字文”的说法，王右军即王羲之，当时的《千字文》可能有多种存在形式，或者有多种不同的名称。比如正史《梁书》将《千字文》称为《次韵王羲之书千字》。这是为什么呢？

《尚书故实》提供了答案。南朝梁武帝为了方便自己家中的孩子们学习书法，便请殷铁石在王羲之书法作品中拓写了1000个不重复的常用字，每个字写在一张纸上，是独立的，只能一个字一个字地学习，字与字之间没有关联，不好用。梁武帝找来周兴嗣，希望他将这1,000个常用字编写成一篇文章。

周兴嗣回到家里，用一天时间完成了编写，传说因用脑过度，周兴嗣一夜之间头发全白了。他编写的《千字文》开篇部分为：

天地玄黄，宇宙洪荒。
日月盈昃，辰宿列张。
寒来暑往，秋收冬藏。
闰余成岁，律吕调阳。
云腾致雨，露结为霜。
金生丽水，玉出昆冈。
剑号巨阙，珠称夜光。

① ［唐］李绰：《尚书故实》，影印文渊阁四库全书本，台北：台湾商务印书馆，1986年，第479页。

果珍李柰，菜重芥姜。
海咸河淡，鳞潜羽翔。
龙师火帝，鸟官人皇。
始制文字，乃服衣裳。

关于《千字文》创作和流传过程，《尚书故实》中的记载是最具体的，也是最具传奇色彩的，被历代研究者广泛传颂。《尚书故实》中的说法在宋代编写的《太平御览》中可以得到印证：“《梁书》曰：武帝取锺（繇）、王（羲之）真迹，授周兴嗣，令选不重复者千字，韵而文之。”①

正史《梁书》的记载相对官方化，原文如下：

周兴嗣，字思纂，祖籍陈郡项（今河南省周口市沈丘县）人，世居江南姑孰（今安徽省马鞍山市当涂县）。

梁天监（502—519年）初，奏《休平赋》，其文甚美，武帝嘉之，拜安成王国侍郎，直华林省。其年，河南献舞马，诏兴嗣与待诏到沆、张率为赋，帝以兴嗣为工，擢拜员外散骑侍郎，进直文德、寿光省。

时，武帝以三桥旧宅为光宅寺，敕兴嗣与陆倕各制寺碑，及成俱奏，帝用兴嗣所制。自是《铜表铭》《栅塘碣》《檄魏文》《次韵王羲之书千字》，并使兴嗣为文。每奏，帝称善，赐金帛。②

周兴嗣从北方南迁，文章创作水平很高，由此受到梁武帝赏识。有一年，梁武帝将自己出生时居住过的秣陵县（今河南省周口市项城市秣陵镇）三桥旧宅改建为寺庙，取名为光宅寺，诏令周兴嗣、陆倕各自撰写碑文，周兴嗣的碑文受到肯定。后来，周

① ［宋］李昉等：《太平御览》文部十七著书上，北京：中华书局，1960年，第2706页。

② ［唐］姚思廉等：《梁书》卷四九周兴嗣传，北京：中华书局，1977年，第698页。

兴嗣受梁武帝之命，陆续为朝廷创作了诸多优秀文章，《次韵王羲之书千字》就是后来说的《千字文》。

南北朝时期可能存在着多种版本的《千字文》。《旧唐书·经籍志》记录："《千字文》一卷，萧子范撰；又一卷，周兴嗣撰。"[①] 可能周兴嗣、萧子范都创作过《千字文》。不过，在宋代之后，萧子范创作的《千字文》便没有再出现过，只留下周兴嗣创作的《千字文》了。

到了南朝陈、隋时期，王羲之七世孙智永禅师（本名王法极）也是书法家，他抄写了800本《千字文》，分发给不同的人。智永禅师的《千字文》后来得到了广泛流传，是今存最早的《千字文》书法作品。唐代中期天宝五年（746年），李良的《荐〈蒙求〉表》中说："近代周兴嗣撰《千字文》，亦颁行天下。"[②] 五代时期，王定保编写的《唐摭（zhí）言》记载了许多唐代轶事，其中一条文献提到一位叫顾蒙的书法家在甲辰年（即唐穆宗长庆四年，824年）因淮浙一带出现饥荒而逃难至广州，"困于旅食，以至书《千字文》授于聋俗，以换斗筲之资"。[③] 可以看到，唐代《千字文》流行于各地，作为启蒙教育的材料出现。（关于《千字文》在唐代前后启蒙教育中的使用场景，请参见本书唐五代章节。）

在宋代，《千字文》已经家喻户晓，以至于《千字文》在多个场域被用作排序方法了。宋真宗天禧三年（1019年），道教文献集成《道藏》编写完成，组织者张君房采用了《千字文》中的文字排序，他表示：

与诸道士依三洞纲条、四部录略，品详科格，商较异同，

---

① ［五代］刘昫：《旧唐书》卷四十六，北京：中华书局，1975年，第1986页。

② ［清］杨守敬撰、张雷校点：《日本访书志》卷十一，沈阳：辽宁教育出版社，2003年，第180页。

③ ［五代］王定保：《唐摭言》卷十，上海：上海古籍出版社，1978年，第118页。

以铨次之，仅能成藏，都卢（总计）四千五百六十五卷，起《千字文》“天”字为函目，终于“宫”字号，得四百六十六字。且题曰：《大宋天宫宝藏》。①

南宋时期的《齐东野语》中提及：

应搜访到名画，先降付魏茂实定验，打《千字文》号及定验印记进呈讫，降付庄宗古分手装背。②

宋代的科举考试开始将《千字文》用于考场排序。《宋会要辑稿》中提到，宋徽宗宣和四年（1122年），祠部（属礼部）员外郎章杰向朝廷提出：

牒以《千字文》为号，其间字号有犯俗间避忌者，交易之际例多退嫌至或减损价直，令欲豁除字号共计一百字，从之。③

章杰认为，在将《千字文》用于科举考场排序时，应将一部分不雅、不吉利的字排除在外。他提出的字包括：

荒、吊、罪、恙、赖、毁、伤、短、悲、祸、恶、终、簿、颠、亏、疲、北、倾、减、弊、刑、点、殆、辱、凋、饥、糟、糠、妄、悚、惧、恐、惶、骇、驴、骡、鸟、兽、驹、犊、诛、斩、盗、贼、叛、亡、孤、陋、愚、化、戎、阙、俗、过、改、难、克、非、阴、兢、盏、业、忧、去、贱、别、切、磨、离、退、移、禽、驱、轻、刻、因、杳、冥、庸、耻、逼、遣、落、独、捕、获、寡、志、惊、特、厥、倍、疏、寥、戚、莽、晦、魄、矫。④

宋代以后，《千字文》不断有书法家摹写，也一直作为蒙学读物广泛适用于各类私塾。南宋宁宗庆元年间（1195—1201年）编

① ［宋］张君房：《云笈七签》序，北京：中华书局，2003年，第1页。
② ［宋］周密：《齐东野语》，郑州：大象出版社，2019年，第99页。
③ ［清］徐松：《宋会要辑稿》，上海：上海古籍出版社，2014年，第3386页。
④ 尹玉青：《〈千字文〉编次与明清科举制度》，《教育与考试》2021年第4期。

写的《项氏家说》中记载："古人教童子多用韵语，如今《蒙求》《千字文》《大公家教》《三字训》之类，欲其易记也。"①《蒙求》《大公家教》《三字训》均为唐代蒙书，而《千字文》是南北朝时期的蒙书。可以看到，历史的发展逐渐淘汰了一些使用不便的蒙书，也在不断增加更受欢迎的新编蒙书。南宋文学家陆游在《老学庵笔记》中提到，他的舅舅"年八十五六，极康宁。自言少时因读《千字文》有所悟，谓'心动神疲'四字也，平生遇事未尝动心，故老而不衰"。②

《千字文》编写于南北朝时期，经受住了时间的考验，自宋代开始与唐代蒙书共同进入启蒙教育实践中，成为历史长河大浪淘沙留下的启蒙读物精华。

在元代，《千字文》应用的环境更加广泛。《元史·兵志四》记载，驿站所传文书皆要用绢袋封口，对于紧急公文，则要专门编号，"已上牌匣俱系营造小尺，上以《千字文》为号"。《元史》记载："（王）恂性颖悟，生三岁，家人示以书帙，辄识风、丁二字。母刘氏，授以《千字文》，再过目，即成诵。六岁就学，十三学九数，辄造其极。"王恂出身于普通官员家庭，他的母亲从小就教他读《千字文》，这说明他的母亲也学过《千字文》，并且认可《千字文》的价值。《千字文》在启蒙教育中有着很广泛的应用。王恂长大后并没有从事儒家经典教育和研究，而是成为著名的数学家。

在《千字文》之后，模仿《千字文》的启蒙读物有很多。明末清初，顾炎武应约为吕君裁编写的《吕氏千字文》写了序言，其中提道：

小学之书，自古有之。李斯以下，号为《三仓》，而《急

① ［宋］项安世：《项氏家说》卷七，北京：商务印书馆，1935年，第83页。
② ［宋］陆游：《老学庵笔记》，北京：中华书局，1979年，第50页。

就篇》最行于世。自南北朝以前，初学之童子无不习之。而《千字文》则起于齐梁之世，今所传“天地玄黄”者，又梁武帝命其臣周兴嗣取王羲之之遗字次韵成之，不独以文传，而又以其巧传。后之读者苦《三仓》之难，而便《千（字）文》之易，于是至今为小学家恒用之书。①

顾炎武认为，周兴嗣编写《千字文》时已经有了多种类似的启蒙读物，唯独周兴嗣所编的《千字文》内容巧妙，应用方便，与其他启蒙读物相比具有很大的优势，于是逐渐取代了其他启蒙读物。

类似的情况在清代也有很多。清代唐鉴为何桂珍新编《训蒙千字文》写的序言说：

如周氏《千字文》者，不过《凡将》《急就》之末流，一时习俗之所好而已，是亦文字之至小者矣。然而俗习好之，则将家弦户诵，所为灌溉乎童幼者，几乎天下皆然。②

明清时期，《三字经》《百家姓》《千字文》逐渐成为流传最广的蒙书。《三字经》《百家姓》均是宋代作品，《千字文》则是南北朝时期的作品，比《三字经》《百家姓》要早五六百年。

需要说明的是，《千字文》本由1,000个不重复的汉字组成，随着时间推移，一些《千字文》书法作品出现了变化，这导致《千字文》中出现了几处重复字。简化字正式推广使用后，《千字文》中出现了一些新的重复字。以今天的简化字为标准，《千字文》中涉及的重复字有“云”“昆”“巨”“发”“资”“并”“实”“义”“洁”“戚”等，这些重复字的有关情况说明如下表。

---

① ［清］顾炎武：《吕氏千字文序》，《亭林文集》卷二，北京：中华书局，1959年，第40页。

② 转引自史湘萍：《〈千字文〉研究》，东北师范大学硕士论文，2012年。

历代书写变化及简化字后《千字文》中重复字情况

重复字	原文1	原文2	说明
云	雲腾致雨	禅主云亭	雲、云两字简化后写法相同，在古代本是两个不同的字。雲用于“云雨”，“云”用于“子云”，表示“说出”。
昆	玉出崑冈	昆池碣石	崑、昆两字简化后写法相同，在古代本是两个不同的字。“崑”有时写为“崐”，为“昆仑”专用字，“昆”用于“昆明”，“昆”表示“后代”。
巨	剑号巨阙	鉅野洞庭	巨、鉅两字简化后分别是“巨”“钜”。其中，“巨”是“矩”字的本来写法，此处“巨阙”是古代乐器名称。“鉅”用于“钜野泽”，表示我国东部的一处巨大的沼泽，在今天写为“巨野泽”。
发	周發殷汤	盖此身髮	發、髮两字简化后写法相同，在古代本是两个不同的字，“發”用于今天“发射”等词，“髮”用于“头发”等词。
资	资父事君	务兹稼穑	资、兹是两个不同的字，“资”是“支持”。“兹”是“这”。在智永禅师书写的《千字文》中是不同的两个字。在古代有些《千字文》书法作品中，“务兹稼穑”被写成了“务资稼穑”，这影响到了今天的一些出版物。
并	百郡秦併	並皆佳妙	併、並两字，简化后均为“并”，其中“併”在古代表示“合并”，“並”表示“并列”，不是一个字。
实	策功茂实	多士寔宁	实、寔（shí）本是两个字，含义近似，有时可以通用，今天一些版本《千字文》中将“多士寔宁”写为“多士实宁”，形成了重复字。
义	节义廉退	俊乂密勿	义、乂是两个字，“乂”(yì)的意思是“治理”。有的版本受到历史上一些书法作品中非常用写法的影响，将“俊乂密勿”写为了“俊义密勿”。
洁	女慕贞潔	纨扇圆絜	潔、絜两字在古代可以通用。其中“絜”字早期意思表示“测量周围长度”，这部分含义今天读音为“xié”。随着时间推移，“絜”字增加了“干净”的字义，读音为“jie”。“潔”(jié)字是后起字，先秦时期没有这个字，表示的意思也是“清洁”，就是今天“洁”字的繁体字写法（今天的“洁”字在古代一般写为“潔”）。“潔”“絜”本可通用，但在智永禅师抄写的《千字文》中写法是不同的。
戚	慼谢招欢	亲戚故旧	慼、戚两字在智永禅师书写的《千字文》中写法几乎一样，后人在摹写书法时也经常写成一样的字。实际上“慼”“戚”是两个不同的字，“慼”表示“悲伤”，“戚”表示“亲戚”。

第三章　隋唐五代的启蒙教育

隋唐五代时期大约为公元6—10世纪。此时期，西方处于中世纪，宗教机构成为思想发展、教育实践的主导，启蒙教育依附于宗教活动而存在。相比之下，隋唐五代时期的中国社会维持了较长时期的总体稳定，虽然宗教思想也在中国发展壮大，但并没有主导基层社会的启蒙教育活动。隋唐五代时期的启蒙教育仍以世俗化、人文化的儒家思想为主导，隋唐时期的启蒙教育不断发展，当时的中国社会形成了尊重知识、尊重教师、尊重教育的氛围，中国启蒙教育的内涵更加丰富，规模和影响都更大了。

一、隋唐五代的启蒙教育机构

1.唐代政府的蒙学政策

唐代前期，我国社会稳定，政府开始关注启蒙教育的发展。《新唐书·选举志（上）》记载："自高祖初入长安，开大丞相府，下令置生员，自京师至于州县皆有数。既即位，又诏秘书外省别立小学，以教宗室子孙及功臣子弟。"[①]公元618年，唐高祖李渊在长安（今陕西省西安市）称帝。此前一年，他已经率兵占领长安，称帝后由秘书省设立了小学，不过这所小学不面向普通百姓，而

① ［宋］欧阳修、宋祁：《新唐书》卷四十四，北京：中华书局，1975年，第1163页。

主要面向朝中大臣的子弟开设。几年后，唐高祖初武德七年（624年），全国已经完成了基本统一，中央朝廷发布命令，“诏诸州县及乡，并令置学”。①根据记载，唐太宗时期，京城教育机构崇文馆有1,000多间屋舍，规模宏大。崇文馆不是启蒙教育机构，是面向年龄较大阶段学生的学校，关于此时的启蒙教育政策还没有发现具体的记载。

唐代中期，唐玄宗开元二十六年（738年），中央朝廷要求“其天下州县，每乡之内，各里置一学，仍择师资，令其教授”。②之后，我国北方出现持续数十年之久的“安史之乱”，很多地区陷入战乱之中。“安史之乱”结束后第二年，唐代宗宝应二年（763年），一些官员在参与讨论国家人才选拔制度时提出，不能只注重人才选拔，也要注意人才培养，要广泛开设学校，并提及：“虽京师州县皆有小学，兵革之后，生徒流离，儒臣、师氏，禄廪无向。请增博士员，厚其廪稍，选通儒硕生，间居其职。”③可以看到，受“安史之乱”的影响，唐代前期各地发展起来的“小学”出现中断，教师普遍面临着学生流失、生活困难的局面。

目前可看到的历史文献中没有关于唐代后期启蒙教育的政策记载。唐代可能没有对启蒙教育进行系统设计，前期发布的希望各地建立学校的规定只是一种倡议，朝廷并不负担开设学校所需资金，各地启蒙教育主要依靠民间力量自发进行。

唐代政府为什么没有力量来组织启蒙教育活动呢？从财政状况来看就十分清楚了。根据文献中提供的统计数据，从唐太宗时期到唐肃宗时期，这100多年时间里，社会稳定，经济发展，全国人口翻了三番，户数从300万户增加到900多万户，人口总数达到

---

① ［唐］杜佑：《通典》卷五十三，北京：中华书局，1988年，第1467页。

② ［宋］王溥：《唐会要》，北京：中华书局，1955年，第634页。

③ ［宋］欧阳修、宋祁：《新唐书》卷四十四，北京：中华书局，1975年，第1168页。

5,288.04万人。《旧唐书》："（天宝）十三载，户九百六十一万九千二百五十四，口五千二百八十八万四百八十八。"[①]

这些人口，每年税收总额有多少呢？《通典》记载了唐代天宝（742—756年）年间全国一年赋税总额[②]：

天宝中，天下计账，户约有八百九十余万。（即人口总数为890万户）

大凡都计租税庸调，每岁钱粟绢绵布约得五千二百三十余万端疋屯贯石。（5,230万是以下几项数字的简单相加。其中包括：）

（1）税钱约得二百余万贯。（可能是商业性质的税收，200万贯钱。）

（2）庸调输绢，约七百四十余万疋（匹），每丁计两疋。（即700万匹，为一般丝织品，大约价格每匹1,000—2,000钱。共折算700万贯钱。）

（3）租粟，则七百四十余万石。每丁两石。（即740万石，共折算约300万贯钱。）

（4）庸调输布，约千三十五万余端。每丁两端一丈五尺。（即1,035万匹，为麻布，大约价格为每匹500钱，共折算500万贯钱。）

（5）地税，约得千二百四十余万石。（即1,200万石，这是租庸调之外按亩缴纳的税收，粮食主要用于在各地粮仓内储存。共折算约200万钱。）

唐代中期，全国税收总额钱200万贯；粮食约2,000万石；布1,000万匹；丝织品700万匹。总的来说，这时候每年财政总收入大约可以折算为钱2,000万贯。

---

① ［五代］刘昫：《旧唐书》卷四十六，北京：中华书局，1975年，第229页。
② ［唐］杜佑：《通典》卷五十三，北京：中华书局，1982年，第111页。

这是全国所有财政收入，在当时，这些财政收入大约有一半为各级官员工资，另一半要用作军队开支：“（财政收入）最多者兵资，次多者官俸，其余杂费，十不当二事之一。”①军费和官员工资，这两者中的任意一项是其他各项开支的十倍，占全部财政收入的90%以上。

以军费开支为例，《通典》提道：

“开元（713—741年）初，每岁边费用钱二百万贯，开元末已至一千万贯，天宝（742—756年）末更加四五百万矣。”

“自开元中及于天宝，开拓边境，多立功勋，每岁军用日增。大凡一千二百六十万，开元以前每岁边夷戎所用不过二百万贯，自后经费日广，以至于此。而锡赉之费此不与焉。”②

在募兵制实施以前，唐代每年军费开支约为200万贯。自唐玄宗时期实行募兵制之后，军费开支迅速增加到了上千万贯，在唐玄宗天宝年间甚至达到了1,500万贯。

天宝时期，唐代政府的财政是无比紧张的。当时的政府不像现在这样可以通过发行政府债务等途径来融资，即使出现一些财政赤字也不会出现太大问题。当时，财政支出一旦超过财政收入，就意味着社会濒临崩溃了。在这样的财政模式之下，唐代政府是没有资金来组织教育活动的，更不可能有力量维持数量庞大的基层启蒙教育活动。

2.唐五代的私塾

唐朝末年，宰相刘三复去世后，留下了年龄幼小的儿子刘邺，据《旧唐书·刘邺传》记载，刘邺曾到父亲朋友家中的私塾中就学读书：“（刘邺）六七岁能赋诗，李德裕尤怜之，与诸子同砚席师

① ［宋］王溥：《唐会要》卷二十六　北京：中华书局，1955年，第509—510页。
② ［唐］杜佑：《通典》卷五十三，北京：中华书局，1982年，第111页。

学。”①刘邺不是李德裕家的后代，不过刘邺的父亲与李德裕关系很好。刘邺父亲去世后，李德裕便让刘邺到家塾中与家族子弟一起学习。在唐代，启蒙阶段学校一般由民间自发设立。一些官员子弟家中设置有家塾，供本家族的孩子读书。

唐代末年，唐昭宗大顺元年（890年），江州（今江西省九江市）陈氏家族有一位后代名叫陈崇，他为本家族编写了一篇家族内公共活动组织方法规范，共有三十三条，后人称为《江州陈氏家法三十三条》，收录于陈氏家族各后代支系编写的族谱中，保存到今天。《江州陈氏家法三十三条》的主要内容均是关于家族内各项公共活动的人员安排、活动组织的注意事项，其中第八、九两条是关于家族内教育活动的安排。这两条原文如下：

> 立书堂一所于东佳庄，弟侄子姓有赋性聪敏者，令修学。稍有学成应举者，除现置书籍外，须令添置。于书生中立一人掌书籍，出入须令照管，不得遗失。
>
> 立书屋一所于住宅之西，训教童蒙；每年正月择吉日起馆，至冬月解散。童子年七岁令入学，至十五岁出学。有能者令入东佳。逐年于书堂内次第抽二人归训，一人为先生，一人为副。其纸笔墨砚，并出宅库，管事收买应付。②

当代学者对于这两段话有不少研究。根据陈崇的设计，家族教育主要分为两个部分：一部分称为“书堂”，位于“东佳庄”，可能是家族所有的土地，后人称为“东佳书堂”；另一部分称为“书屋”，位于住宅的西侧，看起来距离居住地的距离比“东佳庄”更近。

从教授的具体内容来看，“书堂”可能是面向年龄较大的孩子设立的。在“书堂”中学习的孩子主要是“稍有学成应举者”，即

① ［宋］欧阳修、宋祁：《旧唐书》卷一七七，北京：中华书局，1975年，第1230页。

② 陈崇：《江州陈氏家法三十三条》，出自陈增荣等：《义门陈氏宗谱》，民国二十五年江西宜春德星堂本，江西省图书馆藏，原书无页码。

学习已经达到一定程度，准备参加科举考试的人。在陈崇制定规范时，“书堂”应该已经存在了，陈崇提出“书堂”建设的主要方向是在现有书籍基础上，继续增加书籍，同时在学生中间请人专门负责书籍管理，以免丢失。

相比之下，“书屋”是面向年龄较小的孩子设立的，属于启蒙教育。具体年龄段为七岁入学，十五岁“毕业”。因此，“书屋”的位置距离住宅比较近，便于小孩子就近入学。“书屋”的开设时间从每年正月过完年之后开始，到“冬月”即农历十一月结束。年满十五岁“毕业”后，如果继续学习，则进入“书堂”。“书屋”内的教育活动由“书堂”内年龄较大的学生主持，根据抽签选拔两人参与教学活动。“书屋”的教学用品开支由家族公共财产承担。

一般来说，启蒙阶段学校由于学生年龄较小，需要就近入学，学生很少在学校中住宿，但有时会遇到特殊情况。唐代赵璘编写的笔记小说《因话录》中有一则史料：

> 窦相易直，幼时名秘。家贫，受业村学。其教授叟有道术，而人不知。一日近暮，风雪暴至。学童悉归家不得，而宿于漏屋之中。寒争附火，唯窦公寝于榻，夜深方觉。叟抚公令起曰：窦秘，君后为人臣，贵寿至极，勉励自爱也。①

窦易直曾担任宰相，所以此处称其为窦相易直。窦易直小时候家里很穷，在村学里读书。有一天下了暴雪，上学的孩子都无法回家，留在学校里，到了晚上争着去烤火，只有窦易直在自己睡觉处躺着，没有去争。学校里的教师看到这样的情景，认为窦易直将来一定能够成就大业。在唐代，煤炭还很少作为取暖材料出现。这则史料也反映出村学的条件简陋，孩子们上学十分艰难。冬季，孩子们上学自然会面临着一些其他季节没有的问题。

---

① ［唐］赵璘：《因话录》卷六《羽部》，引自［宋］李昉等：《太平御览》，北京：中华书局，1960年，第1712页。

在唐代，一些地区也有能提供住宿的学校。宋代编写的大型类书《太平广记》记载：

（唐代）开元二十九年（741年）二月，修武县（今河南省焦作市）人嫁女，婿家迎妇，车随之。女之父惧村人之障车也，借俊马，令乘之，女之弟乘驴从，在车后百步外行。忽有二人出于草中，一人牵马，一人自后驱之走，其弟追之不及，遂白其父。父与亲眷寻之，一夕不能得。去女家一舍，村中有小学，时夜学，生徒多宿。①

修武县一户人家女儿出嫁，女儿的父亲担心村里人会把路堵上，影响迎亲的队伍，于是借了一匹快马给女儿骑，让小儿子在后边远远跟着。可是令人担心的事情还是发生了，骑马的女儿被劫走了，小儿子追不上，赶紧回去告诉父亲，一起去寻找。众人走到离家一舍地之外，即30里地之外，有一所小学。很多学生上"夜学"，并且就住在学校里。

这段史料是文学性质的故事，并非真实的历史。不过可以看到，当时在修武县这样的普通县域内，有一些小学是办有"夜学"的，专门面向晚上上课的人，也可能是白天学习，晚上也学习，至少表明这是一所可以寄宿的小学。

3.隋唐五代时期的塾师

隋炀帝大业九年（613年），李密参与了杨玄感起义，之后遭遇失败，李密四处逃难，跑到淮阳落脚，成为一名塾师。《隋书·李密传》中记载：

（李）密诣淮阳（今河南省周口市），舍于村中，变姓名称刘智远，聚徒教授。经数月，密郁郁不得志，为五言诗曰：

金凤荡初节，玉露凋晚林。

① ［宋］李昉等：《太平广记》卷四百九十四，北京：中华书局，1961年，第4056页。

此夕穷途士，空轸郁陶心。
眺听良多感，慷慨独沾襟。
沾襟何所为？怅然怀古意。
秦俗犹未平，汉道将何冀！
樊哙市井徒，萧何刀笔吏。
一朝时运合，万古传名器。
寄言世上雄，虚生真可愧。①

李密胸怀大志，在起义失败后不得不改名换姓，做起塾师。不过，李密的塾师职业只做了几个月便结束了。他留下一首诗，表达自己对现状的不满。李密认为，做塾师对一个人来说就像是一年的季节到了秋天，仿佛人生进入了晚期，是穷途末路之人所为，让人感到压抑。他看到周围的景色，泣下沾襟，想起古时候的英雄。像樊哙、萧何这样的普通人一旦时来运转，就会乘风而起，改变时代。李密希望各路英雄豪杰都不要因为一次起义失败便从此销声匿迹，那是对生命的辜负。

此后，李密因这首诗的传播而被人告发，便离开淮阳再次谋划起义，他的塾师生涯也结束了。

唐代史料中有一些关于塾师的记载，其中大部分记载显示，塾师的生活相对贫困。宋代编写的《太平广记》中记载：

雪（zhà）人（今浙江省湖州市）蒋琛，精熟二经，常（尝）教授于乡里，每秋冬，于雪溪太湖中流设网罟以给食。②

唐代的蒋琛在担任塾师的同时，还会去太湖钓鱼以谋生。可见当时的一些塾师是无法单纯依靠做塾师来维持温饱的，需要有一些副业。

五代时期，后梁第一任皇帝朱温出生在一个塾师家庭，他的

① ［唐］魏征：《隋书》卷七十，北京：中华书局，1973年，第1626页。

② ［宋］李昉等：《太平广记》卷三百九《蒋琛》，北京：中华书局，1961年，第2444页。

父亲朱诚是一位塾师。《新五代史·梁太祖本纪》开篇提及：

> （朱温）其父诚，以《五经》教授乡里，生三子，曰全昱、存、温。诚卒，三子贫，不能为生，与其母佣食萧县（今安徽省宿州市）人刘崇家。①

朱诚有三个孩子，家庭贫困，连孩子温饱都解决不了。朱温三兄弟只好与母亲一起在萧县富人刘崇家里做工维持生活。

宋代编写的大型类书《太平广记》中记载了唐代多位塾师的情况，其中一位名为"田先生"，"田先生者，九华洞中大仙也。元和（806—820年）中，隐于饶州鄱亭村，作小学以教村童十数人"。②另一位塾师名为"李义范"，"契贞先生李义范，住（洛阳）北邙山玄元观。咸通（860—874年）末，已数年矣，每入洛城徽安门内，必改服歇㬢焉。有李生者，不知何许人，年貌可五十余，与先生叙宗从之礼，揖诣其所居。有学童十数辈，生有一女一男。其居甚贫窭，日不暇给"。③

唐代的一些诗歌中也提到了塾师。唐代有一位诗人名叫李涛，他创作的诗大部分都已经散逸，仅存的一首诗为《新年开义馆教族属子侄作诗勉之》：

> 日与圣贤居，其中乐有余。
> 但存三寸舌，读尽五车书。
> 学问胜金璧，功名特土苴（jū）。
> 先当分义利，毋作小人儒。④

从这首诗可以看到，当时的一些读书人愿意从事塾师的工作，毕竟不是每个人都能成为帝王将相，做塾师虽然没有高收入，没

---

① ［宋］欧阳修：《新五代史》卷一，北京：中华书局，1974年，第1页。

② ［宋］李昉等：《太平广记》，北京：中华书局，1961年，第274页。

③ 同上书，第1131页。

④ ［宋］陈起：《江湖小集》卷八十三《新年开义馆教族属子侄作诗勉之》，清文渊阁四库全书补配文津阁四库全书本，原书无页码。

有荣华富贵，好在与圣贤之书相伴，是普通读书人的一种选择。

4.隋唐时期发奋读书的儿童

唐代有一位奇人，名叫陆羽，他是中国茶文化研究史的开创者，他的一生经历十分传奇。《新唐书·陆羽传》记载了陆羽幼时接受启蒙教育的传奇过程：

> 陆羽，字鸿渐，一名疾，字季疵，复州竟陵（今湖北省天门市）人。不知所生，或言有僧得诸水滨，畜之。既长，以《易》自筮，得《蹇》之《渐》，曰："鸿渐于陆，其羽可用为仪。"乃以陆为氏，名而字之。
>
> 幼时，其师教以"旁行书"，答曰："终鲜兄弟，而绝后嗣，得为孝乎？"师怒，使执粪除圬塓（mì，涂饰）以苦之，又使牧牛三十，羽潜以竹画牛背为字。得张衡《南都赋》，不能读，危坐效群儿嗫嚅（niè rú，吞吞吐吐）若成诵状。师拘之，令薙（tì，割草）草莽。①

陆羽生活在唐代前期，刚生下来就被父母遗弃了，被一位僧人抱回寺院中长大。他的启蒙教育是在寺庙中接受的。陆羽长大后，根据《周易》为自己算了一卦，其中有一句"鸿渐于陆，其羽可用为仪"，于是，便给自己取名为陆羽，字鸿渐。

小时候，陆羽接受教育，寺庙中的教师教他"旁行书"（此处指佛经），可能是劝他为善尽孝，他却说："我（以及寺庙中其他人）没有自己的（父母及）兄弟，也没有后代，怎么可能有孝行呢？"寺庙中的教师听了十分生气，罚他粉刷墙壁，又给了他30头牛让他去放。

不过，陆羽却没有放弃学习知识，他偷偷在牛背上练习写字。有一次，他看到一篇汉代文学家张衡写的《南都赋》，他不会读，

① ［宋］欧阳修、宋祁：《新唐书》卷一百九十六，北京：中华书局，1975年，第5611页。

却仍照着读书人的样子，口中念念有词。教师把他找回学校，罚他在学校里割草。陆羽就在这样的情况下接受了启蒙教育，后来，他将一生都献给了茶文化的总结创新，编写完成《茶经》一书，他的家乡至今以此为荣。

基层社会重视读书、尊重知识的氛围离不开国家制度的支持。隋唐时期，科举考试开始成为国家最重要的人才选拔模式。这种新的、相对更公正的制度带动了基层社会中积极价值观的传播。在科举制度影响下，隋唐时期的基层社会普遍形成形成了尊重知识、尊重教育的风气。当时的人说："五尺童子，耻不言文墨。"① 不接受教育，没有文化，小孩子自己都会感到羞耻。唐代中期，社会安定和平持续100多年，"天下无兵百二十余载，缙绅之徒，用文章为耕耘，登高不能赋者，童子大笑"。②

唐代时期的一些敦煌文献流传至今，反映了当时的启蒙教育情况。唐代敦煌地区流传着"五更转"曲子，其中有一组"五更转"反映的是与启蒙教育有关的内容：

> 一更初，自恨长养枉身躯，耶娘小来不教授，如今争（怎）识文与书。
>
> 二更深，《孝经》一卷不曾寻，之乎者也都不识，如今嗟叹始悲吟。
>
> 三更半，到处被他笔头算，纵然身达得官职，公事文书怎处断。
>
> 四更长，昼夜常如面向墙，男儿到此屈折地，悔不《孝经》读一行。
>
> 五更晓，作人已来都未了，东西南北被驱使，恰如盲人

① ［唐］杜佑：《通典》卷十五《选举》，北京：中华书局，1988年，第358页。

② ［唐］独孤及：《毘陵集》之《唐故朝议大夫高平郡别驾权公神道碑铭》，沈阳：辽海出版社，2006年，第198页。

不见道。①

“一更”到“五更”为古代时间单位，大致为一天之中的夜晚。“五更转”即用五首（组）诗反映从“一更”到“五更”的感受。这组“五更转”反映的是一位没有上过学的孩子，长大后因为没有文化而悔恨的情感。

在尊师重教的社会氛围之下，有的孩子学习的天赋没有那么高，仍坚持用功，最终在读书中渐渐发现自我，取得了质的飞跃。

很多儿童家庭条件差，仍刻苦读书，启蒙教育经历了艰苦卓绝的过程。《旧唐书·柳璨传》中说：“（柳璨）少孤贫，好学，僻居林泉，昼则采樵，夜则燃木叶以照书。”②出身贫困的柳璨白天打柴，晚上靠烧树叶照明读书，终于完成了启蒙教育。

唐代文学家韩愈之子韩昶（chǎng）生活在唐代中期，他曾经写过一篇《自为墓志铭（并序）》，其中提到了他幼年时的求学经历：

> 幼而就学，性寡言笑，不为儿戏，不能闇记书。至年长，不能通诵得三五百字，为同学所笑。至六七岁，未解把笔书字。即是性好文字，出言成文，不同他人所为。张籍奇之，为授诗，是年十余岁，日通一卷，籍大奇之，试授诸童，皆不及之。③

韩昶从小沉默寡言，长大后识字也很慢，不像其他孩子那样能很快就能认识几百字，还因此经常被同学取笑。到了六七岁，该学习写字了，可是韩昶却一直写不好。不过好在韩昶自学会写字后便喜欢写作，在十多岁时受到文学家张籍的亲自教育，每天大量阅读，逐渐成长为有用之才。

---

① 任中敏：《敦煌歌辞总编》，南京：凤凰出版社，2014年，第815页。

② ［五代］刘昫：《旧唐书》卷一七九《柳璨传》，北京：中华书局，1975年，第4669页。

③ ［清］董诰等：《全唐文》卷七四一，韩昶《自为墓志铭（并序）》，北京：中华书局，1983年，第7666页。

二、唐代启蒙教育的诗歌、韵文转向

唐玄宗天宝（724—756年）末年，礼部侍郎杨绾（wǎn）上书向朝廷反映社会问题，在提及人才选拔的问题时说：

> 幼能就学，皆诵当代之诗；长而博文，不越诸家之集，递相党与，用致虚声，《六经》则未尝开卷，《三史》则皆同挂壁。[①]

杨绾认为，受教育的人从小开始就不再重视上古时期的儒家经典，以及反映中国早期历史的《史记》《汉书》《后汉书》三部史书了，而是开始重视唐代人新编的诗歌、文集。

在汉代，启蒙教育以《孝经》《论语》为主流读物。到了唐代，教育活动也一直重视儒家经典。不过，在启蒙教育阶段，诗歌、韵文这样的学习素材显然更适合年龄较小的儿童使用，也开始变得越来越流行，儒家经典不再像汉代那样占据绝对主流地位了。

唐代时期，诗歌的广泛流行有着复杂的社会背景。在教育与人才选拔领域，诗歌与当时的科举考试制度形成了呼应。诗赋创作一直是唐代科举考试“进士科”的重要组成部分。《新唐书·选举制》：“众科之目，进士尤为贵，其得人亦最为盛焉。”[②]进士科是当时科举考试最重要的一门。

唐代初期，进士科考试主要以诗赋和策论为主。到了唐代中期，唐德宗建中二年（781年），进士科考试取消了诗赋写作，改为以策论写作为主。相比之下，诗赋创作主要侧重一个人的语言运用能力，相对而言较为缺乏思想内涵，而策论更关注国家社会，更为实用。

---

① ［五代］刘昫：《旧唐书》，北京：中华书局，1975年，第3430页。

② ［宋］欧阳修、宋祁：《新唐书》，北京：中华书局，1975年，第1165页。

到了唐文宗大和八年（834年），进士科考试内容再次出现变化，这次是取消了策论写作，改为以诗赋写作为主。唐代科举考试相当于今天的“开卷考试”，考生甚至可以在开考之前就将自己写的文章交给考官。策论没有固定格式，考生可以自由发挥，考官面对几篇策论，常常无从判断优劣，无法对不同考生做出区分。相比之下，诗赋有相对固定的格式限制，对于同一主题的不同诗歌，考官更容易评判水平优劣。所以，唐代的进士科考试主要侧重诗赋创作，这对唐代诗歌繁荣起到了推动作用。

唐代产生了许多著名诗人，大部分诗人创作的诗歌是在唐代之后才逐渐流传开来的，在当时，只有少数诗人的诗歌得到了广泛流传。这其中以白居易等人的诗歌最为典型。在白居易生活的时期，他创作的诗歌就开始广泛进入各地乡村小学中，成为启蒙教育的素材。

唐穆宗长庆（821—824年）末年，诗人白居易大约五十岁，他在杭州担任刺史，即杭州行政主官，他的好朋友元稹在浙江东道担任观察使。当时，唐代的行政区划分为“道”“州”“县”三级，“道”大致相当于或略小于今天的省级行政区。“州”大致相当于今天的地级市。“观察使”即“道”一级的行政主官。元稹所在的浙江东道驻地为越州（今浙江省绍兴市），与白居易所在的杭州市距离很近。在白居易任职期满即将离开杭州时，元稹帮助白居易再次整理了他的文稿，编写成册，取名为《白氏长庆集》。

元稹为什么如此热衷于编写白居易的诗歌呢？这不仅因为两人关系友好，而且白居易的诗歌在当时已经广泛流行于各地，是各地的需求促使元稹整理、编写白居易的诗歌。元稹在编写《白氏长庆集》时，为白居易的文稿写了一篇序言，其中提道：

二十年间，禁省观寺、邮堠墙壁之上无不书，王公妾妇、牛童马走之口无不道。其缮写模勒、炫卖于市井，或因之以交酒茗者，处处皆是。其甚者有至盗窃名姓，苟求自售，杂乱闲厕，无可奈何。予尝于平水（今浙江省绍兴市）市中，见村校诸童。竞习歌咏。召而问之，皆对曰：先生教我乐天（白居易）、微之（元稹）诗。①

这篇序言说：近二十年来，无论是朝廷不同机构，还是寺观、驿站，各地的墙壁上到处都书写着白居易的诗歌。上至王公大臣，下至贩夫走卒，每个人嘴里都能念出几句白居易的诗歌。以书写白居易诗歌谋生的人，所在皆是；因参与白居易诗歌朗诵与交流，进而变成朋友的人，随处可见。甚至有很多人自己写了诗歌，假托是白居易创作的。元稹曾经到绍兴乡下，看到村里学校的孩子正在学习诗歌，叫过来一问，孩子们都说老师最近在教我们学习白居易、元稹的诗歌。

从这则序言可以看到当时启蒙教育对诗歌的重视。元稹与白居易两人关系友好，他们创作的诗歌风格相近，被称为“元白”，两人的诗歌都十分流行，白居易的诗歌尤其如此。元和十年（815年），四十四岁的白居易因在朝廷中发言不当，被降职为九江司马，他曾给元稹写了一封信，史称《与元九书》（元稹在家族同辈兄弟中排行老九，相当于今天说“元老九”），其中提到自己诗歌在各地受到广泛欢迎的情况：

闻有军使高霞寓者，欲聘倡妓，妓大夸曰：“我诵得白学士《长恨歌》，岂同他哉？”由是增价。

又足下书云：到通州（今四川省达州市）日，见江馆柱间有题仆诗者。何人哉？

又昨过汉南日，适遇主人集众娱乐，他宾诸妓见仆来，指而相顾曰：此是《秦中吟》、《长恨歌》主耳。

自长安抵江西三四千里，凡乡校、佛寺、逆旅、行舟之

---

① ［唐］元稹：《白氏长庆集序》，出自［清］董诰等：《全唐文》卷六百五十三，北京：中华书局，1983年，第6644页。

中，往往有题仆诗者；士庶、僧徒、孀妇、处女之口，每有咏仆诗者。此诚雕篆之戏，不足为多，然今时俗所重，正在此耳。①

白居易说，一位军队高官高霞寓想聘请一位歌姬前来演出，这位歌姬表示："我会唱白居易学士的《长恨歌》，不是那种普通的歌姬。"由此演出费用提高了不少。

元稹曾在信中表示，在通州宾馆里居住时，馆内墙柱上题写有白居易的诗。

有一次白居易到汉南一位朋友家中，家里众人都纷纷指着他说，这就是《秦中吟》《长恨歌》的作者。

从京城长安到江西一路三四千里，不论是乡间的学校，还是佛寺、宾馆、舟船中，都有题写白居易诗的地方。各个阶层的人，都能背出几句白居易的诗。诗歌创作只是雕虫小技，只是恰逢这个时代如此看重诗歌而已。

《秦中吟》《长恨歌》是白居易创作的两组长诗。从元稹和白居易两人的叙述中可以看到，当时的白居易就像今天的"网红"一样受到各地、各阶层人的普遍追捧。

从启蒙教育发展的视角来看，白居易创作的诗歌清新、朴素，即使文化程度不高的人也能读懂，比古奥的儒家经典更有趣味。可以说，白居易创作的诗歌就像今天流量巨大的"网红"创作的短视频一样，一经完成，便会迅速传播到各地。在没有互联网，甚至没有什么正式媒体的情况下，一个人的诗歌能传播到如此地步，可以想象到当时人对白居易诗歌的喜爱。

白居易的诗歌传播得过于广泛，以至于影响到了教育活动的"传统"。在正统人士看来，诗歌不应该成为启蒙教育的主要内容，

① ［唐］白居易：《与元九书》，引自郭绍虞、王文生：《中国历代文论选》第二册，上海：上海古籍出版社，1979年，第99页。

儒家经典才应该是启蒙教育的主流。很多人对诗歌在启蒙教育中的广泛流行表达了忧虑。晚唐时期，诗人杜牧（803—852年）曾为唐代皇族后代李戡（kān）撰写墓志铭，其中转述了李戡的话：

> 尝痛自元和（806—820年）已来有元、白诗者，纤艳不逞，非庄士雅人，多为其所破坏。流于民间，疏于屏壁，子父女母，交口教授，淫言媟语，冬寒夏热，入人肌骨，不可除去。①

李戡认为："元稹、白居易的诗歌，过于追求通俗，失去了庄重典雅，在民间四处传播，产生了无法消除的影响。"这好比今天很多人认为短视频内容过于浮躁，导致人的思想深度受到了影响一样。

不管怎样，唐代中期以后，启蒙教育的内容出现了一些变化，诗歌成为启蒙教育的重要内容。

此外，隋唐时期，佛教在社会上影响很大。当时佛教机构不断创新传播方式，采用各种灵活方式传播佛教思想，有时候会采用一些通俗方法，将佛经思想融入普通百姓的日常感受，编成唱词，边说边唱，有力推动了基层社会对佛教思想的接受。用唱词等通俗方法呈现的佛教经典、佛教思想在后来被称为"变文"，即对经典作了改变的文献。有些"变文"保存在敦煌石窟中，成为珍贵的历史文献。

敦煌变文中有一篇称为《左街僧录大师压座文》的唱词残卷，共有26句唱词保存下来，并可大致辨认出来。其中最后几句是这样的：

> 设使身成童子儿，年登七八岁髫双垂。
> 父怜编草竹为马，母惜胭□黛染眉。
> 女郎使闻《周氏教》，儿还教念《百家诗》，

① ［唐］杜牧：《樊川文集》卷九《唐故平卢军节度巡官陇西李府君墓志铭》，上海：上海古籍出版社，1978年，第137页。

算应未及甘罗贵，早被无常暗里追。

笄年弱冠又何移，渐渐颜高即可知。[1]

从这几句唱词可以看到，在当时的敦煌一带，基层社会在教育七八岁的孩子时，主要教的是《周氏教》和《百家诗》。这两种著作已经失传，大约是当时流传较广的启蒙教育作品，《周氏教》可能是一种道德教育作品，《百家诗》应该是一种诗歌作品集。这是唐代时期敦煌一带启蒙教育观念的反映。

三、唐代儿童学习《千字文》的情况

由于唐代距今时间遥远，大部分关于启蒙教育的文献都已经消失。近代以来，敦煌文献陆续被发现、整理，其中有很多关于唐代启蒙教育细节的内容，对于今天的人了解一千多年前儿童学习生活的细节具有重要价值。这些文献十分珍贵，本书选择其中一部分呈现于后，以反映当时蒙学发展中的一些细节。

英国伦敦的大英博物馆中收藏着一份唐代儿童学习写字的材料。这份材料的正面为政府公文，其中提到有天宝八年（749年）及乾元元年（758年）两个时间，可见这是一份唐代中期的历史材料。当时的纸张可能十分稀缺，于是一位家长将政府公文的背面拿来作为孩子学习写字的练习本，孩子们在这份公文的背面留下了自己的笔迹。

从内容来看，这位儿童练习写字使用的教育材料是《千字文》，大致为《千字文》开篇部分的其中几句话：

天地玄黄，宇宙洪荒。

日月盈昃，辰宿列张。

寒来暑往，秋收冬藏。

---

① 黄征、张涌泉：《敦煌变文校注》，北京：中华书局，1997年，第1158页。

闰余成岁，律吕调阳。
云腾致雨，露结为霜。[残片第一部分（1）]
金生丽水，玉出昆冈。[残片第一部分（2）]
剑号巨阙，珠称夜光。
果珍柰李，菜重芥姜。（残片第二部分）
海咸河淡，鳞潜羽翔。

从图中内容可以看到，这位学生应该是按照《千字文》的顺序，逐字进行练习。今天可见的这份材料由断裂开的两部分组成，第一部分习字的内容为“云腾致雨，露结为霜。金生丽水，玉出昆冈”。第二部分习字内容为“光，果珍柰李，菜重芥姜，海咸”。很明显，第一部分和第二部分之间缺失了“剑号巨阙，珠称夜”的部分。在第一部分的前边，《千字文》开篇部分也没有保存。

尽管这样，从这份习字材料中也可以看到许多唐代学生学习写字的细节。大致来看，当时的学生在学习写字时，会把每个字

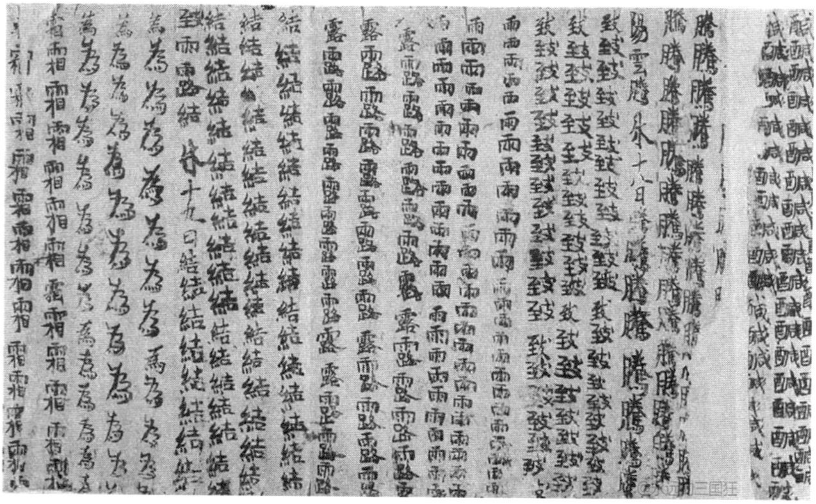

英国伦敦大英图书馆藏编号S.2703《千字文》写本残片第一部分（1）

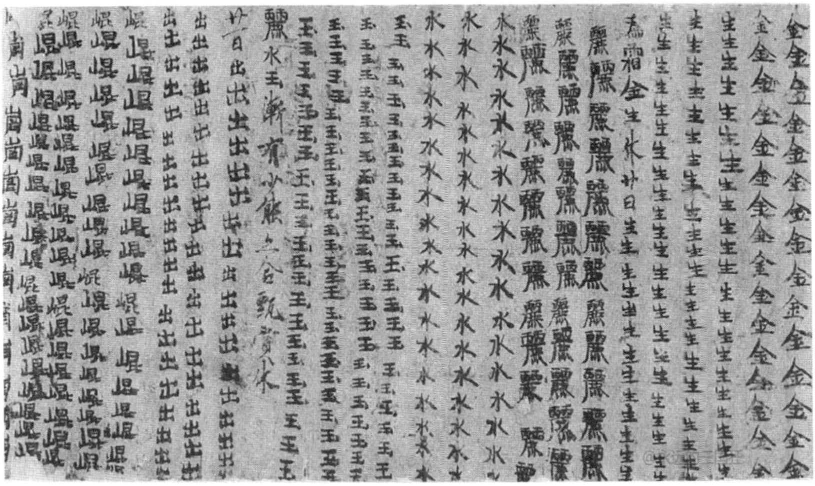

英国伦敦大英图书馆藏编号S.2703《千字文》写本残片第一部分（2）

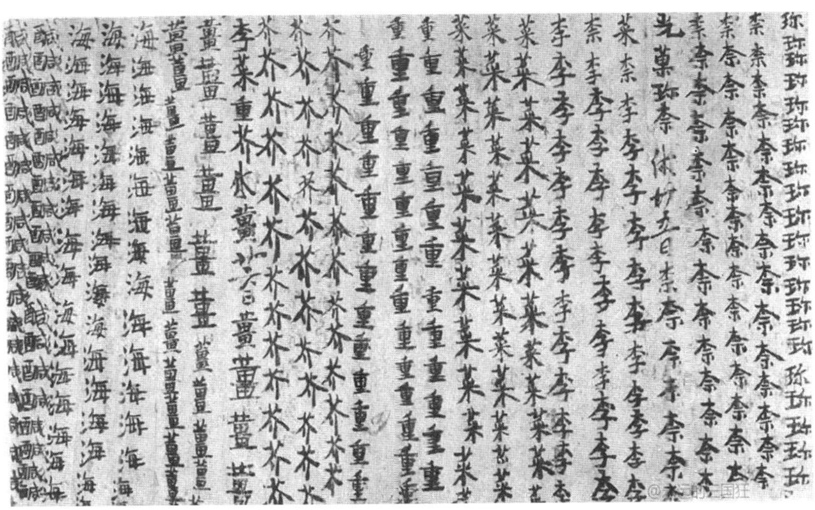

英国伦敦大英图书馆藏编号S.2703《千字文》写本残片第二部分

反复抄写很多遍，以此来增强记忆，增加写字的熟练程度。具体来看，这份材料中还有不少细节。

在第一部分（1）自右向左数第三竖行，有这样几个字“阳云腾休十八日”，这几个字是什么意思呢？

这几个字表示，在前一天，也就是“十七日”这一天，学生学习了“阳云腾”这三个字，是《千字文》“闰余成岁，律吕调阳，云腾致雨，露结为霜”的一部分。这表明，这位学生是刚刚开始学习写字不久，《千字文》可能就是这位学生学习写字的第一种读物，每天只学习三四个字。

“休”即“休息”在这里可能是指“完成”，学生在练习了“阳云腾”这三个字之后，意味着完成了习字的任务。

“十八日”是针对下文开始的习字。接下来的一天，即十八日，学生学习“致、雨、露、结”四个字。

到了十八日结束时，即第一部分（1）图中左侧第六竖行，教师写下“致雨露结休十九日”。这几个字表示的意思也是类似的，即前一天学生学习了“致、雨、露、结”四个字，接下来十九日要继续学习新的字。在这一行下边，学生继续抄写了前一天的“结”字，可能是在教师的指引下，将这一行抄写完整。从下一行开始再学习新的字。

同时可以注意到，每一竖行的第一个字，书法水平相对比较高，可能是教师写下的。从第二个字开始，学生照着教师的字摹写。这可能是当时比较普遍的习字方法。

在第一部分（2）中，自右向左第六行为“为霜金生休廿日”，即十九日学习了“为霜金生”四个字。接下来到了下一日，教师写下了“丽水玉渐有少能亦合甄赏”几个字。这表示“丽水玉”这三个字写得渐渐很好了，应该给予奖励。显然，这是当时教师的批语。如果只是批了一个“休”字，相当于今天批了“已阅”，如果写了其他的批语，那么就不再写“休”字了。

接下来，原文有缺失，到了我们可以看到的第二部分，教师写出来的日期已经是廿五日了。可以看到，廿四日学习的是“光果珍柰”四个字。根据《千字文》原文的内容来推测，“金生丽水，玉出昆冈”之后是“剑号巨阙，珠称夜光”。其中“剑号巨阙珠称夜”七个字是在廿二日和廿三日学习的。

唐代敦煌儿童逐日习字内容表

日期	习字内容
十七日	阳　云　腾
十八日	致　雨　露　结
十九日	为　霜　金　生
廿日	丽　水　玉
廿一日	出　昆　冈
廿二日	剑　号　巨　阙（推测）
廿三日	珠　称　夜（推测）
廿四日	光　果　珍　柰
廿五日	李　菜　重　芥
廿六日	姜　海　咸

在廿五日这一天的学习中，教师写了“李”字，也写了“柰”字。其中“柰”字是前一天学过的，这可能是由于“李”“柰”两个字写法近似，教师便让学生多加练习以区分，避免与新一天学的近似的字产生混淆。

廿六日这一天，教师写下了“李菜重芥休姜廿六日”。“姜”字是廿六日这一天即将学的字。按照之前每一天的格式，“姜”字应该写在“廿六日”后边，即写下日期之后，教师再写范例，学生再照着写。可能这一天教师忘了写新一天的日期，写完“休”字之后，随即写了“姜”字，随后又补上了这一天的日期。学生则直接在日期下开始这一天的习字。

可以看到,《千字文》在唐代敦煌地区已经成为儿童启蒙教育阶段学习写字的重要材料，儿童在教师的指导下，逐日对每个字进行反复抄写，逐渐变得熟练。

除了大英博物馆中收藏的这份《千字文》抄写材料之外，今天发现的敦煌文献中还有很多《千字文》抄写练习材料。法国国家图书馆所收藏的敦煌文献中也有《千字文》习字材料。比如法国国家图书馆藏敦煌文献P3369《千字文》习字残片为《千字文》“临深履薄，夙兴温凊”中的“夙兴”二字残片，也是学生在针对“夙兴”二字反复进行书写练习，将一个字书写多遍。

法国国家图书馆藏敦煌文献P.T.1166写卷也有《千字文》的内容。这篇文章的内容相对杂乱一些，正面内容为藏文的文书，右下角画着一个很原始的人物画像，以及一些藏文杂写。背面内容有藏文，也有汉文，其中汉文内容大多是《千字文》开篇部分。背面的左下角可能是习字的学生写下的一些人名，原文大致可以辨认为:“贤子阿子加上兴定子，是人张达，是人宋陆，是人王郎子，是人索文□，是人王专。”

《千字文》在唐代启蒙教育活动中十分流行。唐代时期，诗歌、韵文对我国启蒙教育有很大的影响，很多塾师主动教孩子学习诗歌。可能因为诗歌本身就是科举考试中的内容，而且与古奥的儒家经典相比，诗歌读起来更加朗朗上口，更容易被儿童接受。《千字文》虽不是诗歌，但却是一篇韵文，而且四字成句，也十分便于学生朗读。这可能是《千字文》在唐代广受欢迎的重要原因。

四、《上大人》——“孔乙己”的起源

《孔乙己》是鲁迅创作的著名短篇小说，主人公名叫“孔乙己”。“孔乙己”这个名字是怎么来的呢？小说中说:“因为他姓孔，

法国国家图书馆藏敦煌文献
P3369《千字文》习字残片

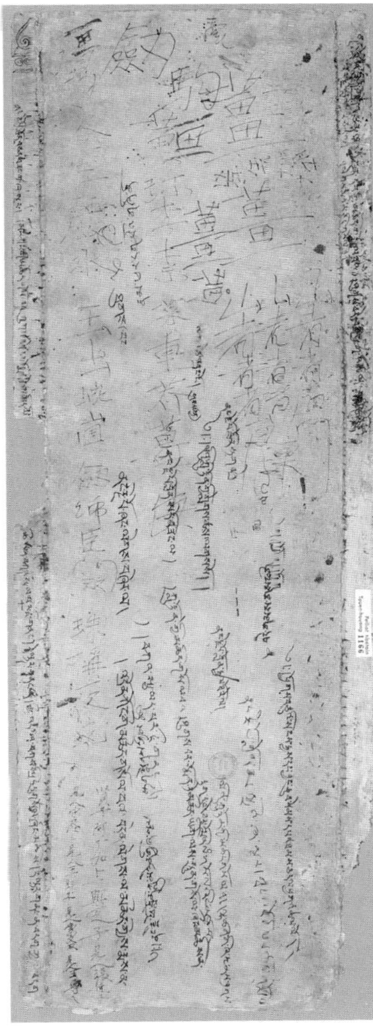

法国国家图书馆藏敦煌文献
P.T.1166（1）背面

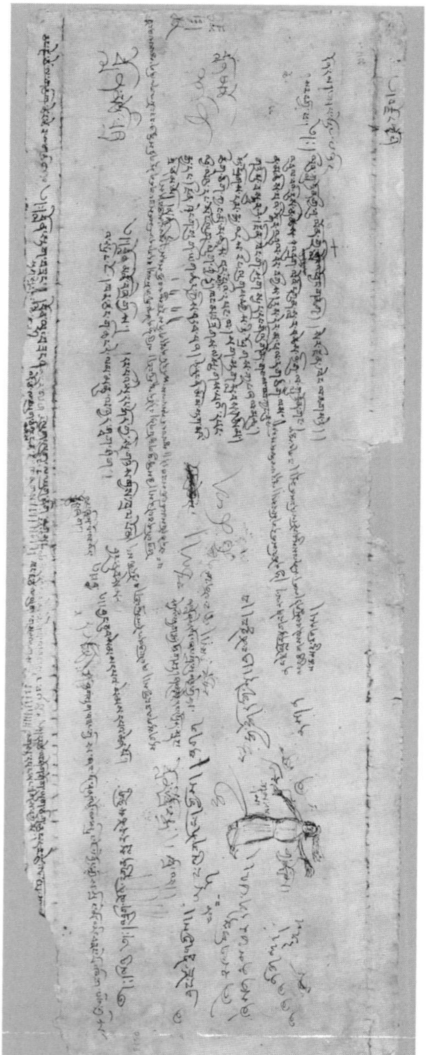

法国国家图书馆藏敦煌文献
P.T.1166（1）证明

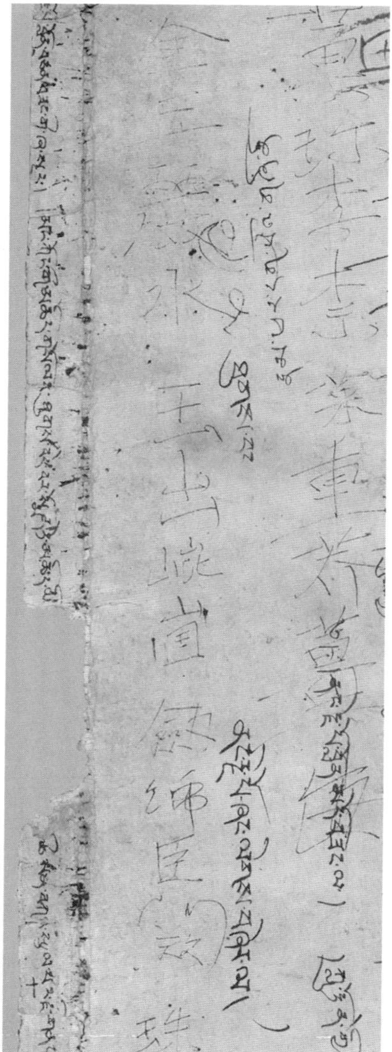

法国国家图书馆藏敦煌文献
P.T.1166（3）细节

别人便从描红纸上的‘上大人孔乙己’这半懂不懂的话里，替他取下一个绰号，叫作孔乙己。”①

鲁迅说的“描红纸”实际上是一篇在我国流传上千年之久的极短的启蒙读物，名为《上大人》，原文的开篇为“上大人，丘乙己”或“上大人，孔乙己”。当代学者张志公在《传统语文教育教材论》引述清代褚人获的说法：

> 小儿识字，必令书“上大人，丘乙己，化三千，七十士，尔小生，八九子，佳作任，可知礼”也。天下同然，不知何起。《水东日记》言宋学士晚年喜写此，必知所自。又，《说郛》中亦记之。大抵取笔画稀少，童子易于识认耳。②

这其中提到的儿童识字必用的读物就是《上大人》。《上大人》内容极短，只有25个字，可以说全文只有一句话，或者勉强可以称为一篇短文，实际上无法发挥识字功能，主要是用来帮助儿童练习写字的。《上大人》文字简单，适合初学者，这25个字基本上包含了不同类型的笔画，最初识字阶段的儿童通过练习写作这25个字，可以掌握汉字笔画的基本写法。

“上大人”是对孔子的尊称。孔子字仲尼，古人的名字经常按照伯、仲、叔、季来排序，“仲”即在兄弟中排行第二。古人也经常将“甲乙丙丁”用来作为排列顺序的字，第二即为“乙”。另外，古人认为，孔子的出生年份为鲁襄公二十一年（公元前552年），这一年按照干支纪年法为“己酉年”。这样说来，“孔乙己”三个字都指向孔子。

《上大人》这篇在基层启蒙教育机构中流传的短文是从何时开始起源并传播开来的呢？近代以来，敦煌文献中被发现有多篇《上

① 鲁迅：《鲁迅全集》第一卷《呐喊》，北京：人民文学出版社，2005年，第458页。

② 张志公：《传统语文教育教材论》，上海：上海教育出版社，1992年，第29页。

大人》文献，其中时间较早的是唐代文献。由此可以知道，从一千多年前的唐代时期开始，这篇名为《上大人》蒙学著作就开始在各地流传了。

近代以来，敦煌文献中发现的几篇《上大人》中，其中有多篇留下了时间，大部分为唐宋时期。

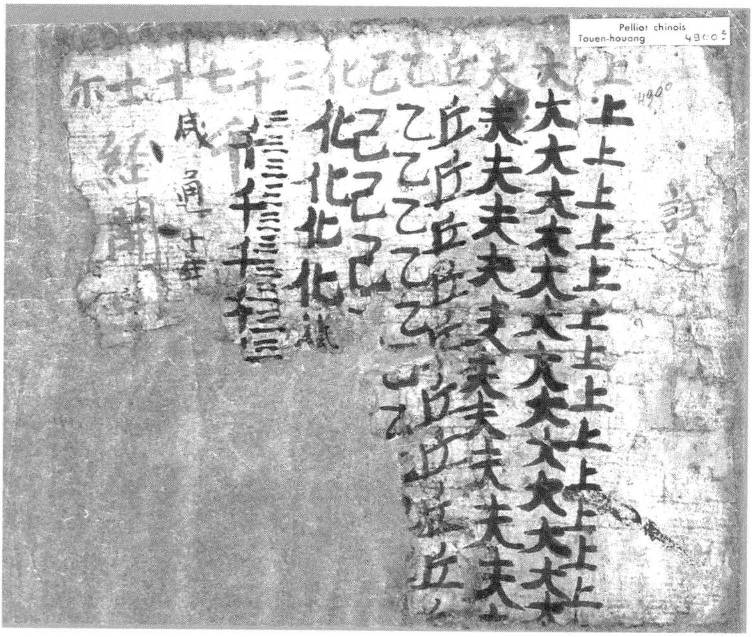

法国国家图书馆藏敦煌文献P4900《上大人》习字残片

在法国国家图书馆藏敦煌文献中有一篇“上大夫丘乙己”残片。这份残片上的文字有两种颜色：一种是红色，一种是黑色。从残片的内容来看，红色字应该为一位塾师所写，黑色字是学生的仿写。残片最右侧写有“试文”两个字，是指学生开始试着写字；左侧上方是红色字，为塾师自右向左写下的“上大夫丘乙己化三千七十士尔［下缺］”等文字；下方是学生写黑色字，每一竖行写的都是同一个字，比如第一行写的都是“上”字，这是学生在照着老师写的字进行练习。

这份残片只有这么几行保存至今，其中最可贵之处在于残片的左侧竟然留有标明时间的四个字："咸通十年"。咸通十年（869年）是唐代末年唐懿宗在位期间的年号，这意味着这份残片是唐代一位学生练习册的一部分。

也就是说，至少从唐代开始，《上大夫》就已经流传到各地，成为塾师们写字教学的重要材料了。敦煌地区位处我国西部边塞，当一份带有儒家内涵的文献流传到当地，并且为当地基层塾师普遍接受时，这份文献必然已经在内地流传很久了。

此外，还有一个有趣的情况。从这份残片中可以看到，至少从唐代开始就有了这样一种规矩：教师使用红色笔，学生使用黑色笔。这种传统一直延续到今天。在某种意义上来说，在学校教育中，使用红色笔批改作业、试卷仍旧是教师的一种专属"权力"，而这种"传统"已经有了一千多年的历史了。

目前敦煌文献中有时间信息的《上大人》写本[1]

保存地	编号	时间信息	公元纪年
英国	S.747V	申年八月廿八日上部落 申年十二月日故记之也，丙申年 酉年正月四日记	推测816年、817年
英国	S.1386V	维天福柒年壬寅岁十二月十二日永安寺学仕郎高清子书记之耳	942年
英国	S.5441	太平兴［国］三年戊寅岁四月十日氾孔目学仕郎阴奴儿自手写季布一卷	978年
英国	S.5631V	庚辰年正月十四日	推测980年
英国	S.6960V	乙酉年五月十五日	推测925年

① 任占鹏：《论唐代敦煌蒙书〈上大夫〉与后世〈上大人〉的关系》，《浙江师范大学学报（社会科学版）》2021年第46卷（03）期。

续表

保存地	编号	时间信息	公元纪年
法国	P.2564V	乙酉年足羊人程长奴之记耳	推测925年或985年
法国	P.2738V	咸通十年己丑六月八日男文英母因是	869年
法国	P.3145V	戊子年润（闰）五月	988年
法国	P.3369V	乾符三年十月二十日学生索什德书卷书记之也；咸通十五年五月八日沙州学郎索什德	876年 874年
法国	P.3795V	中和二年十二月	882
法国	P.3797V	开宝九年丁丑年四月八日王会 维大宋开宝九年丙子岁三月十三写子（此）文书	976年
法国	P.4900	咸通十年	869年
法国	P.3145V	戊子年润（闰）五月	988年

敦煌文献中有多份《上大人》文献保存。法国国家图书馆藏敦煌文献P.3145V的正面为一篇《社司转帖》，所谓“社司转帖”大概就是“基层社会各类信息通告”，这篇“社司转帖”的背面右侧开篇是：

上大夫，丘乙已，化三千，七十二，女（汝）小生，八九子，牛羊万。

可见《上大人》这篇习字文献在当时有不同的说法，这一篇最后是“牛羊万”。“牛羊万”这三字写法简单，也都是常用字。敦煌地区处于农耕与游牧交汇区，牛羊是基层社会最重要的财富，所以此处便选择了“牛羊万”的说法。

从敦煌文献来看，在唐末宋初时期，《上大人》在西部边塞地区的敦煌附近已经比较流行了。敦煌文献中留下的几篇《上大人》，文字记载各有不同，比如有的是“上大夫”，有的是“丘乙已”，差异比较大。可见通过《上大人》来练习写字，在唐宋时期可能

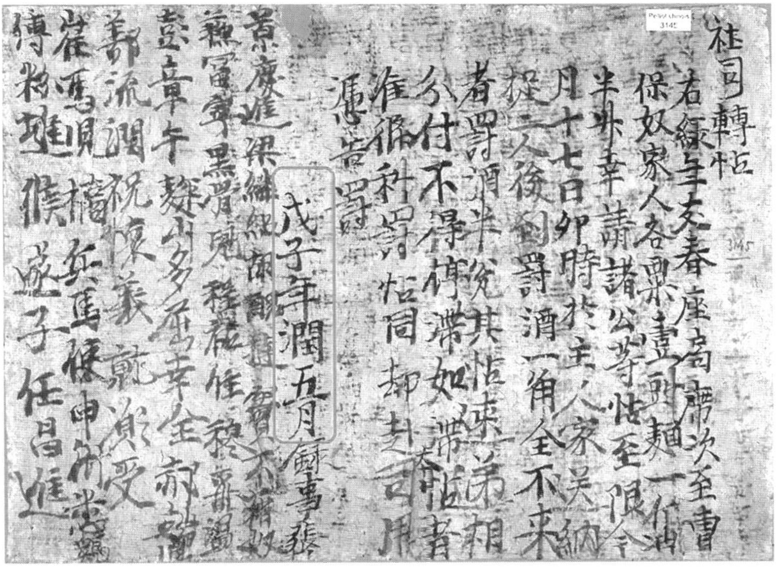

法国国家图书馆藏P.3145V《社司转帖》正面

法国国家图书馆藏P.3145V《社司转帖》背面

只是私塾中的一种习惯做法,《上大人》的内容主要靠塾师之间口头流传，所以各有不同，塾师们会根据学生的情况，大致按照自己记忆中的《上大人》的内容，安排一些笔画简单的字，供学生练习。

明代文献《说郛》记载:“孩提之童才入学，使之徐就规矩，亦必有方，发于书学是也。故‘上大人，丘乙已。化三千，七十士。尔小生，八九子。佳作仁，可知礼也’，殊有妙理。”①

清代梁章钜《归田琐记》卷六《上大人》上提及：

> 余流寓浦城，次儿、三儿、五儿及长女、三女，悉比户居，内外孙十余人，皆不过十岁上下，塾师延至四五人。有初学执笔者，每写“上大人”等字，辄询塾师以出在何书，如何讲解，多不能对。②

《上大人》的25个字在明清时期可能已经基本固定，偶有用字上的差异，比如清代钱大昭《迩言》中记载:“今童子初就傅，往往写‘上大人，孔乙已，化三千，七十二’云云，不过取其笔画少而便习耳。后读元（代）方回诗云:‘忽到古稀年七十，犹思上大化三千。’乃知由来已久。”③

可见，即使到清代，人们也并不知道这篇简短的文字到底起源于何时。敦煌文献的发展可以证明,《上大人》至少在唐代晚期已经开始流传了。根据隋唐五代时期我国启蒙教育发展的特点推测,《上大人》可能产生于唐朝初期，作者是我国的某位基层塾师。唐代初年，诗歌文化繁荣发展，人人争创诗歌，基层塾师在日常教学过程中，出于识字需要编写了这样简易的教学素材，后来逐渐流传开来，成为我国蒙学发展史上的重要文献。

---

① ［明］陶宗仪:《说郛》卷六十，明钞本涵芬楼藏版，原书无页码。
② ［清］梁章钜:《归田琐记》，清道光二十五年刻本，第16页。
③ ［清］钱大昭:《迩言》，清咸丰元年刻本，第15页。

五、“正能量”与抱怨并存：唐代的学生在想什么

1. 题写在书后的感受

1969年，我国新疆维吾尔自治区吐鲁番市东南部阿斯塔那村附近发现了一处唐代墓葬，墓葬出土的文物和文献中有一篇长长的《论语郑氏注》。《论语郑氏注》是指东汉郑玄为《论语》作的注。郑玄是东汉后期著名儒家学者，郑玄对《论语》的注解在汉代之后已经消失了，这份出土文献对于研究汉代人对《论语》的理解有重要作用。

这部《论语郑氏注》仅存《论语》原文的第二篇一部分，及三、四、五篇，即《论语》中《为政》的一部分，及《八佾》《里仁》《公冶长》三篇。在《公冶长》篇最后一章结束后写有时间、人名等信息：“景龙四年三月一日私学生卜天寿口（抄）”。景龙四年即

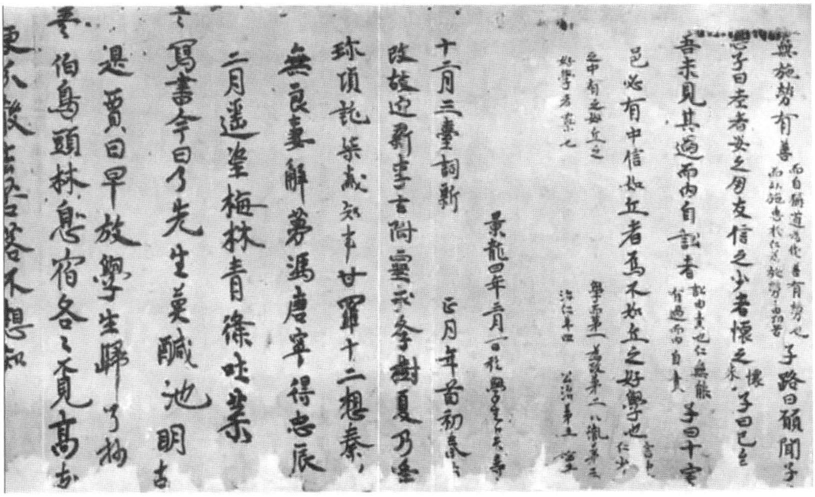

我国新疆出土卜天寿《论语郑氏注》抄卷结尾部分

公元710年，为唐中宗时期年号。私学生卜天寿可能是当时正在读书的学生，名叫卜天寿。

在这处时间和人名信息左侧是用同样笔迹写下的一些诗歌。这些诗歌是当时启蒙教育活动中儿童心理世界和学习生活的真实写照。

第一首诗歌名为《十二月三台词》，应该是关于12个月份的诗歌。其中“三台”是唐代朝廷音乐机构创作的曲子名称。不过卜天寿只写了正月一首和二月的一句半，正月原文为：

正月年首初春，
（万户）改故迎新。
李玄（理弦）附灵（抚琴）求学，
树夏（下）乃条□珍（调筝）
项讬七岁知书，
甘罗十二想（相）秦，
（若）无良妻解梦，
冯唐宁得忠辰（臣）

二月原文为：

二月遥望梅林，青条吐叶……

这几句诗歌中有多处错别字，可见抄写者的水平不高，对于这些诗歌不甚了解，他可能只是听说了这些十分流行的诗歌，却无法清楚地写出来，还处于接受教育的初期阶段。

随后，卜天寿可能是写不下去了，随即写了一首打油诗：

写书今日了，先生莫鹹池（嫌迟）。
明朝是贾（假）日，早放学生归。

接下来是另外一首打油诗：

伯（百）鸟头（投）林宿，各各觅高支（枝）。
[五]更分散去，苦落（乐）不想（相）知。

这些诗可能是当时流传于基层教育活动中的诗歌。卜天寿能写出其中相对简单一些的字，从卜天寿写下的诗歌来看，他甚至并不知道这些诗歌的内涵，只是会唱出诗歌中的句子。卜天寿的情况好比当代很多小学生学会了某支流行歌曲，却并不明白其中歌词的含义，这种情况在诗歌传唱过程中是很常见的。

法国国家图书馆藏P.2746《孝经》抄写的最后，自右向左，右侧是《孝经》的内容。《孝经》抄写完毕之后，文献末尾处，有一个翟姓学生的题记：

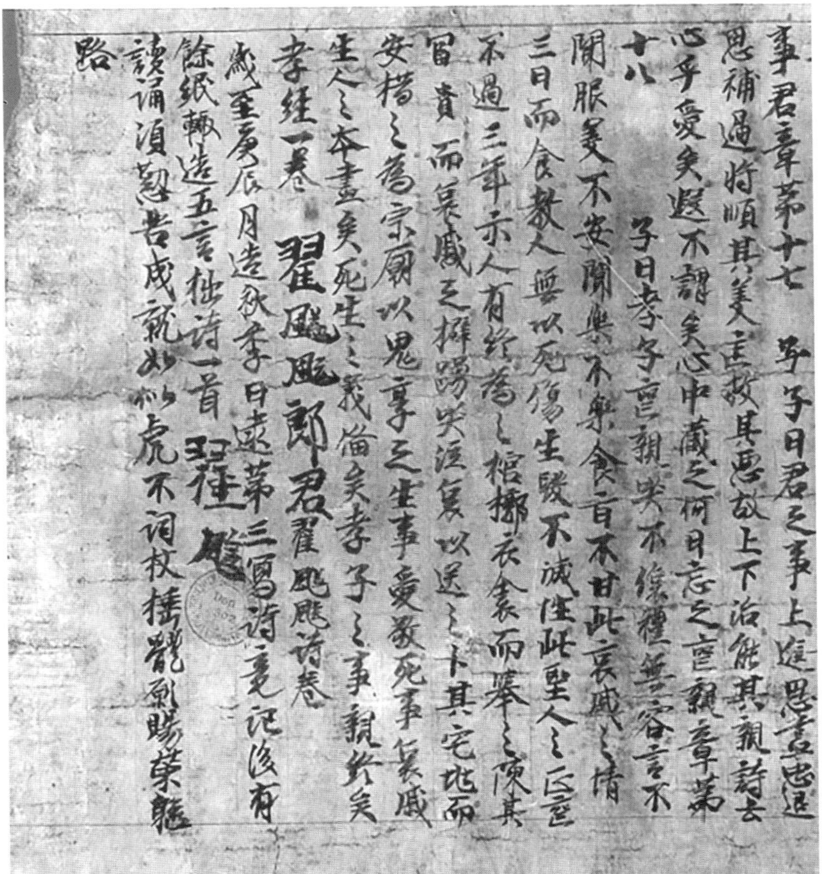

法国国家图书馆藏敦煌文献P.2746《孝经》一章末尾处

《孝经》一卷翟××郎君翟××诗卷

岁至庚辰，月造秋季，日逮第三，写诗竟记，后有余纸，辄造五言拙诗一首：

读诵须勤苦，成就如似虎。

不词（辞）杖捶体，愿赐荣躯路。

大部分文章著作中认为这位同学的名字是“翟飒飒”，实际上翟姓同学在这里题写的自己的名字在今天收字齐全的字典《康熙字典》《中华大字典》等字典中都查阅不到，一般字库也没有收录，因此无法呈现出来，此处只好用“×”来代替，第一个字写法为“风”与“盖”，第二个字为“风”与“云”。

这位同学在抄写完毕《孝经》后，所用纸张还有一点剩余，便在最后自创了一首诗，这首诗的意思是：

读书要勤奋，不怕受苦，将来才能有大的成就。

即使现在挨了打，对将来也是有好处的。

从这首小诗可以看到，当时的启蒙教育可能存在一些体罚现象。这位翟姓同学在受了体罚之后，仍写诗宽慰自己，今天的苦终将成为将来的基础。

2. 学生中的正能量

唐代末年，唐昭宗天复二年（902年），敦煌的一位学生在一本占卜书《逆刺占》的背后题写了三首诗，分别是：

三端俱全大丈夫，六艺堂堂世上无。

男儿不学读诗赋，恰似肥菜根尽枯。

躯体堂堂六尺余，走笔横波纸上飞。

执笔题篇须意用，后任将身选文知。

哽噎卑末手，抑塞多不谬。

嵯峨难遥望，恐怕年终朽。

第一首诗：生为大丈夫，要认真读书，否则就像是已经烂了根的菜一样，即使看起来很肥，很快就会枯萎。

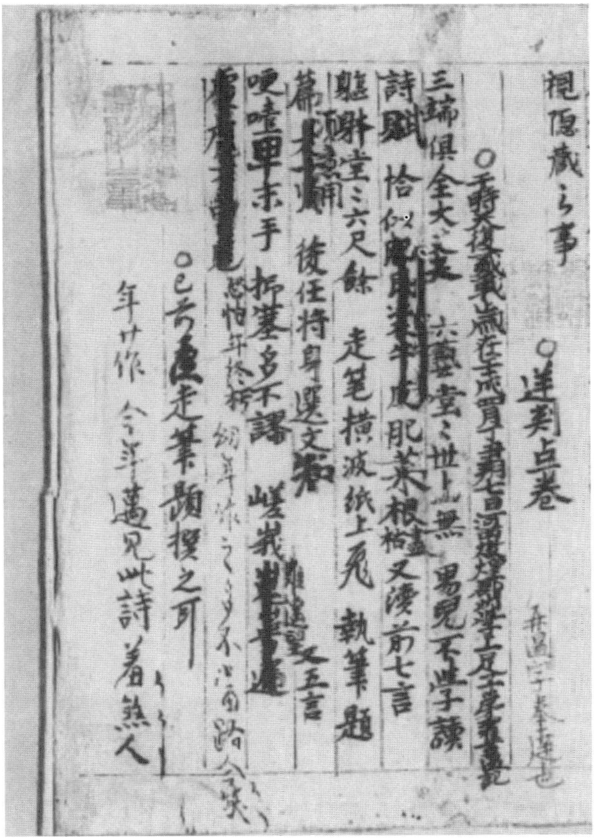

国家图书馆藏敦煌文献BD14636《逆刺占》

第二首诗：身高六尺的人，每天挥毫弄墨，将来能够成就一番事业。

第三首诗：对自己的未来感到担忧，可能是前途未卜，也可能是学业发展路上遇到了一些困难。

旁边写有“天复二年敦煌州学上足子弟翟奉达述志诗三首”。

这三首写在占卜书最后的诗歌随着这本占卜书被保存了很久。时隔多年，翟奉达已经长大成人，他又一次翻阅起了这本书，看到了自己儿时创作的诗歌，在一旁题写了“幼年作之，多不当路，今笑，今笑”等字眼。这写字笔迹的深浅与其他字有明显差异，显然不是同一时期所写，确实是作者年长之后再次看到自己儿时诗歌的真实感受。

3.生活的抱怨

法国国家图书馆藏敦煌文献P.T27正面是藏文佛经《过犯忏悔注》，背面写有十行汉字，可能是几首诗。据研究者们辨析，这十行文字的写作顺序并不像一般古籍版式一样自右向左，而是自左向右：

笔恶手弱，多有决（厥）错。
名人见者，好次正著。
人生一世只为逢，昨朝今日事不同。
但看后薗（园）桃柳树，花开能得几时红。
学郎汉，郭会昌，看看一似憨头狼。
世间薄酒总饮尽，一朝出来辱城隍。
阿师本是阎家儿，解甚不知得处书。
今朝遣人轻轻问，后问之时心莫疑。
先生本是□融歌，逐日书字甚要枇。
写经早料不得吃，三时趁食（时）费鞋靴。

这些文字用笔用墨都十分随意，字迹也比较潦草。前两行是说明文字，作者表示自己水平有限，写得不够好，等水平高的人看了，请予以纠正。接下来八行可能是四首诗，每两行为一首；也可能是一首长诗。

第一二行，作者表达了对人生不断变化的感慨。昨天与今天不同，就像园子中的桃树、柳树，每年都不一样，开花的时节总是有限的。

第三四行，作者进行了自嘲。这位作者名叫郭会昌，他说自己做人太老实，经常被人欺负，也就是经常饮“薄酒”，如今生

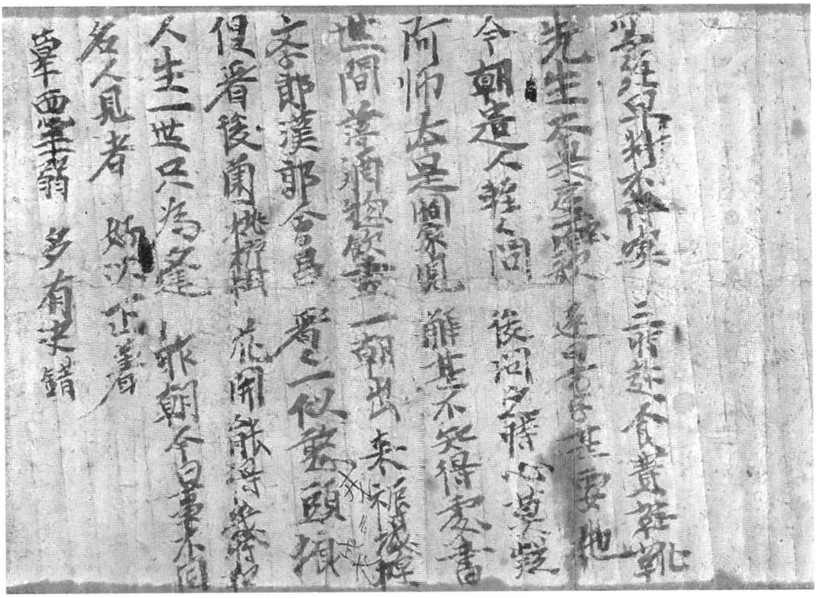

法国国家图书馆藏敦煌文献P.T27《过犯忏悔注》(背面)

活在世上，可以说是丢人现眼，辱没城隍。城隍是本地的保护神，作者在此处用辱没城隍来表示对自己人生的否定。

第五六行，作者表达了对自己塾师的不满。塾师像是阎王派来追命的一样，整天讲的内容不知所云，如今自己对老师没有那么尊重，希望塾师不要为此不高兴。

第七八行，作者表达了对现状和未来的担忧。如今每天读书写字，将来也许可以找一份抄书的工作，可是这份工作十分无聊，收入又低，是浪费生命。

4.借阅《论语卷第五》读者群体的多样人生感悟

法国国家图书馆藏敦煌文献P.3305《论语卷第五》留下有一些当时学生随意写下的心理感受。

这篇文献原是一位学生抄写的《论语集解》第五卷，即《论语》中“子罕”与“向党”两章，同时包含了三国时期何晏编写的对《论

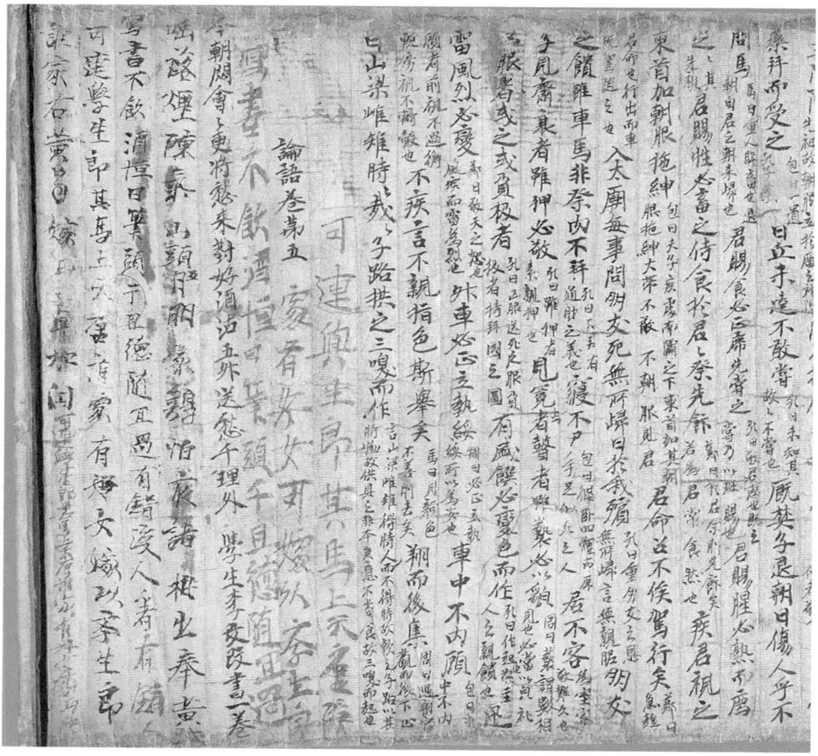

法国国家图书馆藏敦煌文献P.3305《论语卷第五》结尾部分（1）

语》的解读。一些学生阅读这一卷《论语集解》时，在卷尾的空白部分也写了其他的文字。

在文献原文中，紧跟着《论语集解》正文的是一首诗，与正文笔迹差异较大：

今朝闷会了，更将愁来对。

好酒沽五外，送愁千里外。

这四句诗都写在同一行，而且在这同一行内，紧接着注明了“学生李文改”。可能这是一位叫作李文改的学生写的诗，或者是李文改从其他地方抄来的诗。他最近可能遇到了一些烦心事，希望能借酒消愁。

在这篇文献的背面，也抄有上文这首诗，字体更大，颜色更深，也更潦草一些，在诗左侧还重重写了三个“敕”字，与李文改的笔迹明显不同。这可能是因为一本书有很多读者，不同学生读书时难免在书上乱写乱画，后来者看到前边乱写乱画的诗很好，也许说中了自己内心的感受，于是就把前边读者乱写的诗又抄写了一遍。或者可能这是当时学生们中间比较流行的一首顺口溜，因此不同的人都将其抄写在一些纸张的空白处，以表达自己的感受。

在《论语卷第五》这份文献正面卷尾部分，上文这首诗的左侧是另外一首诗，笔迹与前文不同，是另外一位同学写的：

写书不饮酒，恒日笔头干，

且作随宜过，有错没人看。

这首诗是一位正在抄书的同学写的，他对枯燥的抄写十分厌倦，因此希望喝点酒，刺激一下麻木的神经；也表示要得过且过，反正写错了也没人看。

在这首诗的左侧，还有一首诗，似乎是另外一位叫作“可连”的学生写的诗，原文为：

可连学生郎，即马上天唐。

谁家有好女，嫁以学生郎。

在这首诗的左侧和右侧的空白处，同时出现了某位同学用比较暗淡一些的字迹抄写的同一首诗。它也出现在这篇文献的背面。抄写者们的字都写得歪歪扭扭，笔迹与“可连”不同，应该是另外的同学写的。

显然，这首诗写出了学生们的心理感受。从内容来看，这并不是成熟的爱情观，只是青春萌动时的简单认知，抄写者年龄可能并不大。

当然，当时的学生也在这份文献中留下了积极的情绪，在文献最后还有一首这样的诗：

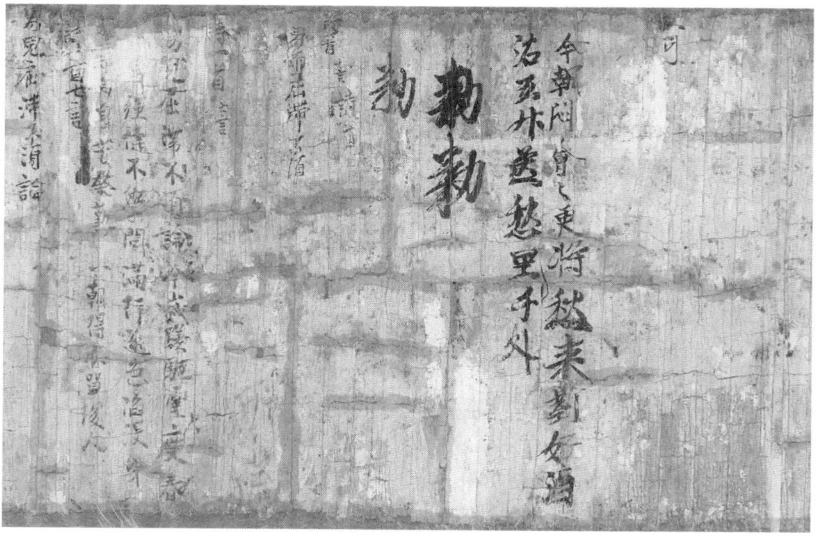

法国国家图书馆藏敦煌文献P.3305《论语卷第五》结尾部分（2）

男儿屈滞不须论，今岁蹉跎虚度春。
□身强健不学问，满行逐色陷没身。
□□自身苦教懃，一朝得胜留后人。

这位同学身上充满了正能量，他希望不再蹉跎岁月，而要努力改变自己目前的境况。

六、一本被多次借阅的书籍留下的启蒙教育痕迹

唐宣宗大中十三年（859年）四月初四日午时，一名抄书人员终于抄完了一本《吉凶书仪》，他在全书的最后写了一句话："《吉凶书仪》上下两卷，大中十三年四月四日午时写了。"随后，这本书被人买走，作为一所学校或者某个家庭里的学习生活参考书籍，很多孩子在学习之余都看了这本书，并在书中留下了不同的痕迹。

近代，这本书流传到了法国，成为法国收藏的敦煌文献的一部分。在流失到法国的敦煌文献中，有多篇文献是抄写的《吉凶书仪》。《吉凶书仪》是关于唐代婚丧嫁娶制度的内容，分上下两卷，原文很长。这份文献对于了解唐代的礼仪制度有重要价值。

当时，抄书是一份正式的职业，因为那时还没有发明印刷术，一本书要想复制、传播，只能依靠抄写。一个人想买书，只能买抄写本，没有印刷本。有一些书可能是年龄比较大的学生抄写的，抄写的过程也是学习的过程，大约相当于今天的实习。

这份文献卷末题记“大中十三年四月四日午时写了”的左侧，接着写有六行文字。

第一行：今照（朝）书字笔头干，谁知明振实个奸。向前许早则其信，交他人者不许欢。

第二行：山头壹队录（绿）陵（凌）云，白马红英（缨）出众郡（群），知如意气不如次，多应则个待河（何）人。

第三行：竹林清（青）郁郁，伯（百）鸟取天飞。今照（朝）是我（假）日，且放学郎归。

第四行：海岛无还，漫山云收。

第五行：其遮莫，千金与万斤，不如人意与人心。黄今（金）将来随手散，不如人意进（尽）长存。

第六行：寸步难相见，同街似隔山。苑（怨）天作河（何）罪，交（教）见不交（教）连（怜）。

这六行文字与《吉凶书仪》正文文字笔迹明显不同，而且错字很多，显然不是《吉凶书仪》的抄写者。《吉凶书仪》的抄写者是一位年龄较大、学习程度较高的学生，或者是一名专职抄书人员，而《吉凶书仪》最后这六行文字的作者则可能是学习程度较低的学生写的，这位学生刚刚学会简单的诗歌创作，正处于启蒙教育阶段，他在阅读《吉凶书仪》时，将正文最后的空白处利用起来，写上了自己的“涂鸦”。

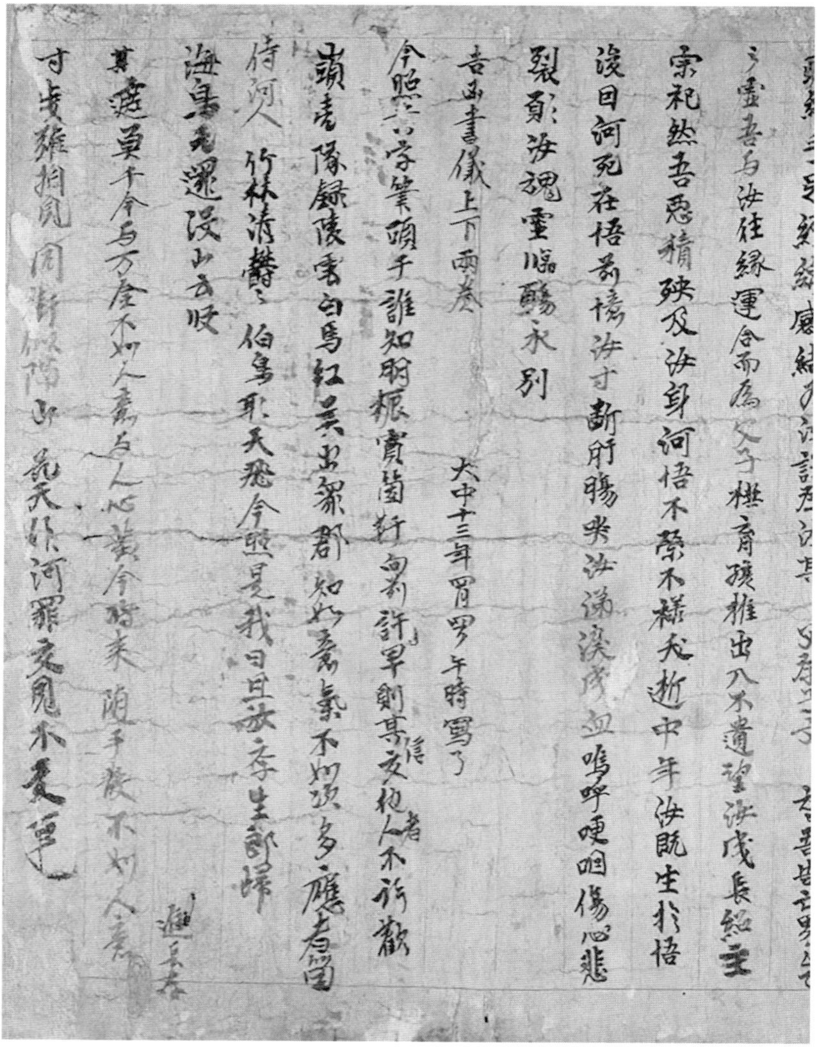

法国国家图书馆藏敦煌文献P.2622《吉凶书仪》正面最后部分

由于这六行诗的主题各不相同，可能是这位作者写好后誊录在这里，也可能是作者抄写的其他人创作的诗歌。不管怎样，这些诗歌均反映了当时处于启蒙阶段儿童的心理世界。

第一行诗歌，作者对一位叫明振的同学表达了憎恶之情。

第二行诗歌，描写了山中的飞鸟和积极向上的心理。

第三行诗歌，在放学路上看到鸟儿四处飞翔，联想到自己今天放假，不用上学，也像鸟儿一样可以自由活动了。

第四行诗歌，描写了海岛山云风景。

第五行诗歌，表达了黄金没有人心可贵的思想。

第六行诗歌，表达了对某个人的思念。

《吉凶书仪》本身不是蒙学文献，与启蒙阶段教育关系不是太大。不过在当时，由于纸张十分稀缺也十分珍贵，这本《吉凶书仪》的背面便被正在上学的孩子们（也可能是学习《吉凶书仪》的学生）利用起来了。

《吉凶书仪》背面可以看到有不少零星的文字和一些白描画。其中文字有的大，有的小；有的十分潦草，有的比较规整；有的是一段，有的是一行；有的是零星的字，书法水平一般，可能是小孩子练笔时的留下的痕迹。几幅图画十分简单，明显是刚刚学会画画的孩子画的。

背面留下的这些内容本不属于《吉凶书仪》正文。不过，这些并不正式的内容却最直观地反映了唐代儿童的学习生活。这些资料跨越一千多年的历史时空，一直被保存到今天，十分珍贵。下边，我们就来看看当时的孩子们到底留下了什么。

《吉凶书仪》背面自右向左：

第一部分：

最右侧一行倒着写的比较小的文字，仔细辨认一下，大概写的是："尚书读尚书读，坐在楼头，一双青龙在（繁体为：尚書讀尚書讀，坐在樓頭，壹雙青龍在）。"这大概是一个儿童在学习写

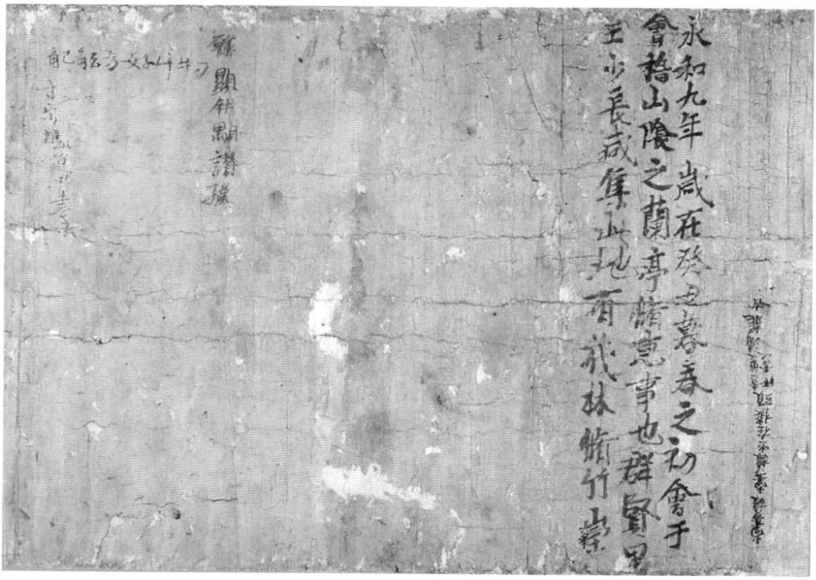

法国国家图书馆藏敦煌文献P.2622《吉凶书仪》背面（1）

这几个字，所以会出现重复写两次“尚书读”。

第二部分：

这一段话明显是王羲之的《兰亭集序》，写的是：“永和九年，岁在癸丑，暮春之初，会于会稽山阴之兰亭，修惠事也。群贤毕至，少长咸集。此地有茂林修竹，崇山峻岭。”其中，《兰亭集序》的原文应是“修禊事也”，此处写成了“修惠事也”；最后本应是“崇山峻岭，茂林修竹”，这里却写成了“茂林修竹，崇山峻岭”。这段文字的字体稍微大一点，具有《兰亭集序》书法的特点，可能是一位儿童在临摹书法作品，进行书法练习。这位儿童练习时可能不够专心，只临摹了这么一段就停止了，而且写错了一个字，并且把两个短句的顺序写反了。

第三部分：

《兰亭集序》左侧是一片空白，空白的左侧有一竖行六个歪歪扭扭的字，写的可能是："原显嵎讃孙"。与这一竖行六个字连接的左侧是一横行，可能是文字的部首，也可能是识字的拼读标志。再往左侧是一竖行模糊不清的文字，能辨认出大约是"寸尔雑遁甲書"，不清楚具体是什么意思。

第四部分内容较多，有两层内容，分为AB两部分加以分析：

A

其中字迹颜色较深部分是字体较大的几行字，可能是赤心乡拖欠作者账目的一些人名；颜色较浅部分是一些白描画和与之搭配的文字。

其中颜色较深、字体较大部分共四行：

（第一行）赤心欠何石粉□石清

（第二行）乇王替□李□藏□□

（第三行）莫焉欠

（第四行）龙王力王鹘子氾□遇供□□

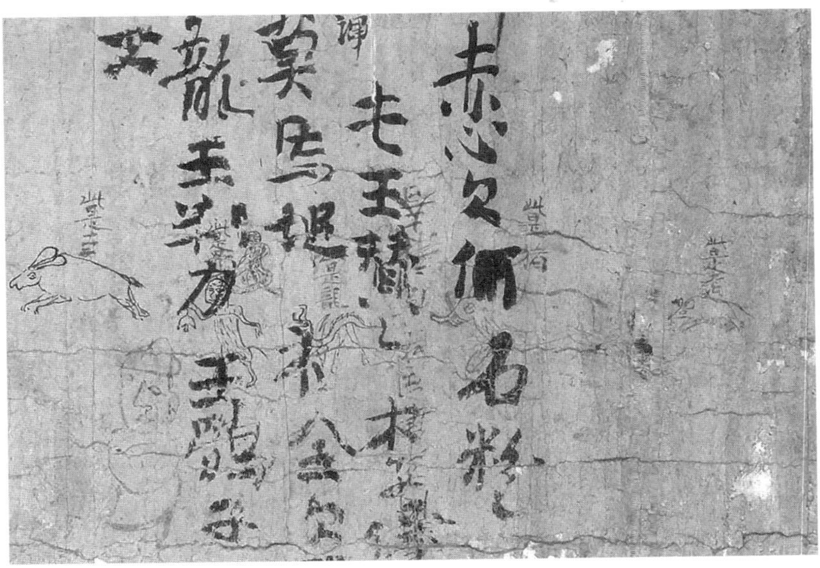

法国国家图书馆藏敦煌文献P.2622《吉凶书仪》背面（2）

法国国家图书馆藏敦煌文献P.2622《吉凶书仪》背面（3）

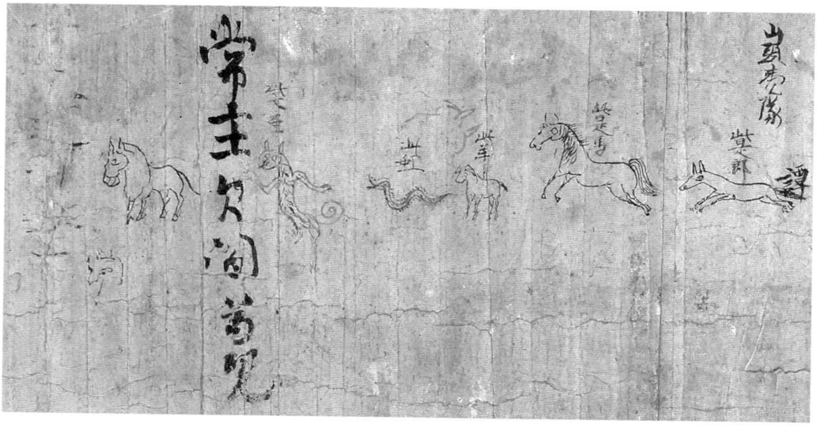

法国国家图书馆藏敦煌文献P.2622《吉凶书仪》背面（4）

其中第二行字中间还有一部分颜色较浅倒过来的文字，其中最上侧一个字“春”比较清晰。

再向左一些，还有一行颜色较深，字体较大的字大致可以辨认为“常主欠阎苟儿”。

B

其中字迹颜色较浅的部分主要是一系列简笔画，简笔画的旁边还有说明文字。据当代学者辨认，其中共有13幅画，各幅画自右向左说明文字分别是：

第1幅，“此是鼠”。

第2幅，“此是猪”。

第3幅，“此是”。

第4幅，“此是（猴）”。

第5幅，“此是（兔）子”。

第6幅，“此是狗”。

第7幅，“此是黄羊”。

第8幅，“此是牛”。

第9幅，“此是郎（狼）”。

第10幅，“此是马”。

第11幅，“此羊”。

第12幅，“此蛇”。

第13幅，“此（龙）”。

第14幅之后为一白画马，没有题字，风格与前十三幅不同，可能非同一人所画，其下还有一未完成的动物头像，当是马头。[①]

这篇《吉凶书仪》后边的其他位置还提到了几个人的名字。这些画可能是一位学长画了这些动物，并写了说明文字，教弟弟

① 参考刘全波：《敦煌文书P.2622V白画动物释读》，《艺术百家》2010年第26卷（02期）。

妹妹认识这些动物。另外，这些画的下边还画有一大一小两个带有帽子的人的简笔画。可能是某个人随手画的。

第五部分：

简笔画的左侧是一行多文字，辨认一下，这些字写的是：常山南至玄泉，季卷受刃刀，千君万马□□□□长乐中威远。开头可能是地理学习，后文则无法弄清。

第六部分：

左侧是一行零散的字，字的内容大致为：尚书州照察哀矜□乞□□。可能是一位同学在学习公文撰写。

第七部分：

左侧是两行字，从中间部分开始明显是一个时间信息，写的是：大中十三年三月日百姓张安□。大中十三年即正面《吉凶书仪》抄写者完成这份书稿抄写工作的时间。

第八部分：

尚书照察衷玲□先庆

第九部分左侧几行是几处文字，其中有人物信息：

赤心乡判官吕惠达

第十部分是对日常生活感受的描写：

日日延宾客，实胜孟常（尝）

第十一部分：

月日白□□无忧根□

第十二部分：

沙州判官邓骨□草书草判不须论

第十三部分左侧是“奉敕、敕”等几个字，“奉敕”是朝廷正式文件的开头，在今天大约等同于“中办发”这样的字眼，可能是当时的作者写着玩的。同时，旁边还写着一个人名李文进。一些人据此认为上述一系列简笔画的作者正是这位名叫李文进的人。

第十四部分似乎是一首诗，描写了战争带来的问题：

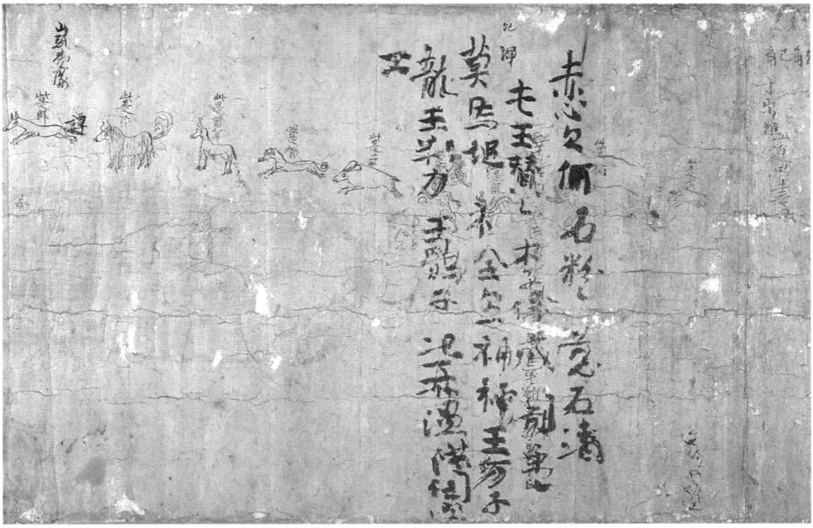

法国国家图书馆藏敦煌文献P.2622《吉凶书仪》背面（5）

法国国家图书馆藏敦煌文献P.2622《吉凶书仪》背面（6）

昔日象中富，门前车马多。

可中贱复去，朝不□□

日日三长战，李家数十年，

将军马上□，百性（姓）霜中□。

第十五部分右侧一行是：□见状如前谨□大中十三年三月日百姓石骨山□谨□。

接下来是很大的空白。

第十六部分是多种笔迹抄写的诗句：

笔迹A：

白玉非为宝，黄金我未□。

□竟千□数，心存万卷书。

麴尘溪上素红披，影逐溪流伴落时。

人自白鹤永闻先，欲归怜黄肠欲断。春浑

笔迹B：

大鹏壹点欲高飞，凤凰出对复相随。

今始闻名人未识，将军泪落卧贞□。

笔迹C：

琵琶金萨自禅造，宝马金安（鞍）络绿丝。

□暂对赛门禅。

笔迹D：

琵琶金萨

笔迹E：

□儿初新学□□

笔迹F：

琵琶金鲜自禅造，宝马金安绿丝

这部分可能是前边某位同学在此处题写或者抄写了某句诗词，后来借阅这本书的同学又补充题写或抄写了另外的诗句。再后来还有其他同学抄写前边同学写过的诗，但是并不完整，可见后边的同学学习程度较低，可能是刚刚开始读书认字的阶段。

第十七部分是模仿官员的批示：

□件状如前谨□

第十九部分：

李家有个子并子阿单是也了

之后是长篇空白。

第二十部分：

李此是李何草卷

李文进

这些文字和图画是唐代启蒙教育留下的痕迹。上述这些内容显然出自不同人之手，而且大部分应该是儿童在读书之初的写写画画。这大约有两种可能：一种可能是《吉凶书仪》这本书属于某个学校，不同儿童在借阅这本书之后，在书的后边随意写写画画。另一种可能是这本书属于某个家庭，让孩子把书籍背面当草稿纸来使用，孩子们平时会在这些草稿纸上写写画画，或者也曾借给别家孩子阅读。

这些零散、不成系统的文字、图画，是当时的孩子留下的只言片语，一些是练习书法时写的，一些是随意写下的零散文字。大部分文字有学习和练习的痕迹，有些没有清晰的内容指向，也存在着不少错别字。在读书的初级阶段，学习者对文字掌握还不熟练，对所学习的内容也还不甚清楚。

从学习内容来看，上述内容主要包括诗歌、公文以及书法练习，诗歌与个人情感表达能力有关，公文则与公共事务表达与交流有关，这可能是最具实用价值的学习内容。

第四章　唐代的“新编”启蒙读物

唐代流传着自先秦以来创作的启蒙读物，也流传着唐代“新编”的启蒙读物。先秦时期创作的《论语》《孝经》、南北朝时期的创作的《千字文》在唐代启蒙教育活动中十分流行，唐代诗人白居易创作的诗歌也在各地启蒙教育机构中广泛传播。除此之外，唐代学者也编写了专门面向启蒙教育的读物，其中流传至今的主要有《蒙求》《兔园策府》《太公家教》等。

一、《蒙求》及其流传

唐朝末年，天下大乱，许多地区处在兵荒马乱中。一位叫李镡的读书人在扬州附近的山中躲避战乱。他的好友杜荀鹤，曾写过一首诗《赠李镡》：

君行君文天合知，见君如此我兴悲。
只残三口兵戈后，才到孤村雨雪时。
著卧衣裳难办洗，旋求粮食莫供炊。
地炉不暖柴枝湿，犹把蒙求授小儿。

杜荀鹤为唐朝末年至五代时期人，曾在唐朝末年考中进士，在后梁时期为官。杜荀鹤在诗中表示：李镡的学识与品德之高，足以令上天知道，可是如今却连温饱都无法保证。在兵灾之后，家里只剩下三口人，躲避到乡下村中。家人的衣服不够穿，粮食无处可寻。家里甚至连柴草都没有了，在这种情况下，李镡仍坚持教孩子们学习《蒙求》。

《蒙求》是唐代晚期著名的启蒙读物。清代编写的《四库全书》收录了《蒙求》一书。《四库全书总目提要》说：

> 《蒙求集注》二卷（江苏蒋曾莹家藏本）晋李瀚撰。瀚始末未详。考李匡乂《资暇集》，称宗人瀚作《蒙求》，则亦李勉之族。又《五代史·桑维翰传》称：“初，李瀚为翰林学士，好饮而多酒过，晋高祖以为浮薄。”当即其人也。①

自《蒙求》创作时代到清代编写《四库全书》时已经有七八百年时间，保存下来的关于《蒙求》的信息已经不多。《四库全书总目提要》说《蒙求》的作者为“晋李瀚”，这里的“晋”为五代时期“后晋”，是唐代灭亡之后的朝代。《四库全书总目提要》引用了唐代晚期皇族成员之一李匡乂编写的《资暇集》，其中提到李瀚为唐朝皇族成员的后代。《四库全书总目提要》还引用了《（新）五代史·桑维翰传》中的内容，提到后晋时期一位叫“李瀚”的人，并认为此人即《蒙求》的作者，并以此为依据认为《蒙求》为后晋时期作品。

既然唐朝末年杜荀鹤的《赠李镡》中就已经提到了《蒙求》，这说明《蒙求》的产生时间是早于唐代末年的，不应该是五代时期的后晋，《四库全书总目提要》中的说法是有问题的。

实际上，自宋代开始，关于《蒙求》产生的时期一直有不同的说法，有人认为《蒙求》作者李瀚是唐代人，有人认为李瀚是唐末五代时期人。南宋时期，陈振孙（1179—1262年）编写的《直斋书录解题》“类书类”中提道：

> 《蒙求》三卷，有云：“唐李翰撰。本无义例，信手肆意，杂袭成章，取其韵语，易于训诵而已。遂至举世诵之，以为

---

① ［清］永瑢等：《四库全书总目》，北京：中华书局，1965年，第1144页。

小学发蒙之首。”[①]

清代初年编写的《全唐诗》收录了《蒙求》，题下注有“李翰（唐末五代人）”。[②]另外，《全唐诗》作者小传也说：“李瀚，后唐天成中，擢进士第，仕晋，为翰林学士，《丁年集》若干卷，今存诗一首。”[③]《全唐文》中保存有署名为唐代司封员外郎李华写的《〈蒙求〉序》。这份《荐〈蒙求〉表》注明时间为天宝五年（746年），为唐朝中期。这一发现证明《四库全书总目提要》所说《蒙求》作者为“（后）晋李瀚”的说法是错误的。既然《蒙求》在唐代中期就已经出现了，作者便不可能生活在唐代灭亡之后的后晋时期。

《荐〈蒙求〉表》原文如下：

> 臣良言：臣闻建官择贤，其来有素；抗表荐士，义或可称。爰自宗周、逮兹炎汉，竞徵茂异，咸重儒术。
>
> 窃见臣境内寄住客前信州司仓参军李瀚，学艺淹通，理识精究。撰古人状迹，编成音韵，属对类事，无非典实，名曰《蒙求》，约三千言。注下转相敷演，向万余事。瀚家儿童三数岁者，皆善讽读。谈古策事，无减鸿儒。不素谙知，谓疑神遇。
>
> 司封员外郎李华，当代文宗，名望夙著，与作序云：“不出卷而知天下，其《蒙求》哉！”汉朝王子泉制《洞箫赋》，汉帝美其文，令宫人诵习。近代周兴嗣撰《千字文》，亦颁行天下，岂若《蒙求》哉！错综经史，随便训释，童子则固多弘益，老成亦颇览起予。
>
> 臣属忝宗枝，职备藩捍，每广听远视，采异访奇，未尝遗一才，蔽片善，有可甄录，不敢不具状闻奏。陛下察臣丹

---

① ［宋］陈振孙撰：《直斋书录解题》卷十四《类书类》，徐小蛮、顾美华点校，上海：上海古籍出版社，1987年，第424页。

② ［清］彭定求：《全唐诗》卷八八一，北京：中华书局，1960年，第9960页。

③ ［清］彭定求：《全唐诗》卷七三七，北京：中华书局，1960年，第8412页。

诚，广达聪之义；令瀚志学，开奖善之门。伏愿量授一职，微示劝诫。臣良诚惶诚恐，顿首顿首，谨言。

天宝五年八月一日饶州刺史李良上表。（令国子司业陆善经为表，表未行，而良授晋，事因寝。）①

光绪六年（1880年），著名学者杨守敬受命担任当时中国政府驻日本公使的随员。来到日本后，杨守敬与日本学者开展了一些交流活动，并探访了流传于日本的中国古籍，发现有多种版本的《蒙求》。杨守敬于日本发现的《蒙求》版本中，有一些版本在卷首也保存了署名为唐代饶州刺史李良写的《荐〈蒙求〉表》。

在这篇表文中，李良清楚地提到，李瀚寄住在饶州，曾在信州担任过司仓参军，负责基层赋税和仓库管理。李瀚将编写的《蒙求》教给自己家孩子，取得了很好的效果。

同时，这篇表文还提到了李华为李瀚写的序文。李良认为，《蒙求》的价值可以与前代的《千字文》相提并论，应该由朝廷出面，面向全国公开颁布，以增加这部蒙学著作的影响力。

这份表文本来应该提交到朝廷中，可是因故没有完成提交流程，只作为序言保存在一些版本的《蒙求》中。

近代以来，我国敦煌研究院在整理所藏文献时发现了一份《蒙求》残篇，开头正是李良所写的《荐〈蒙求〉表》的一部分，之后则标明有“安平李瀚撰并注”，以及带有注解的《蒙求》开篇。

这份敦煌文献证明，杨守敬在日本发现的《蒙求》版本中的《荐〈蒙求〉表》在历史上是真实存在的，同时也更加清楚地证明，李瀚为唐代人，《蒙求》在唐代时期便已经流传各地，成为敦煌地区儿童启蒙读物了。

《蒙求》是关于历史的读物，内容自先秦开始，到南北朝时期结束，没有提到唐朝。此外，人们发现敦煌《蒙求》中“世”字

① ［清］董诰等：《全唐文》卷十九，北京：中华书局，1983年，第10574页。

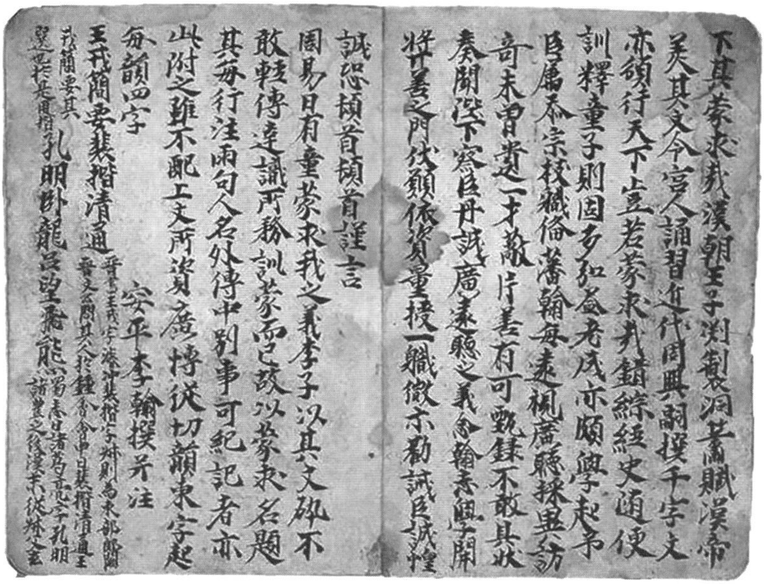

敦煌研究院藏“李翰自注《蒙求》”残卷

的写法均减少了笔画，这应该是对唐太宗李世民的避讳，《蒙求》可能在唐代前期就已经十分流行了。

这些证据都表明《蒙求》为唐代启蒙读物，产生时间可能为唐代早期，而不是唐代晚期或五代时期。

《蒙求》的内容均为四字一句，每句描写一位历史人物，用最简要的方式总结这个人物的性格，比如《蒙求》开篇为：

“王戎简要，裴楷清通。”王戎分析事情能抓住重点，裴楷则想得深远通透。

“孔明卧龙，吕望非熊。”诸葛亮隐居村野，姜子牙耽于市井，都是有才能的人。

“杨震关西，丁宽易东。”杨震被称为关西孔子，丁宽离开京城向东回到故乡，被认为《周易》的学问也东移了。

“谢安高洁，王导公忠。”谢安的品格高洁，王导对国家忠诚。

“匡衡凿壁，孙敬闭户。”匡衡凿壁借光，孙敬闭门读书。

二、《兔园策府》的历史

五代后唐天成二年（927年），冯道第一次担任宰相。冯道是五代时期名臣，他出生于唐朝末期，在唐朝灭亡之后，曾于后唐、后晋、后汉、后周几个朝代做过宰相。《旧五代史·冯道传》记载：

> （后唐）明宗曰：“此人朕素谙悉，是好宰相。”……
>
> 有工部侍郎任赞，因班退，与同列戏道于后曰：“若急行，必遗下《兔园策》。”
>
> 道知之，召赞谓曰：“《兔园册》皆名儒所集，道能讽之，中朝士子止看《文场秀句》，便为举业，皆窃取公卿，何浅狭之甚耶！”赞大愧焉。①

《新五代史·刘岳传》中也有记载：

> 宰相冯道世本田家，状貌质野，朝士多笑其陋。道旦入朝，兵部侍郎任赞与岳在其后。道行数反顾，赞问岳：“道反顾何为？”岳曰：“遗下《兔园策》尔。”《兔园策》者，乡校俚儒田夫牧子所诵也，故岳举以诮道。②

冯道一直熟读一本叫作《兔园策》的书。有一次，众人在朝中议事后，一起离开。冯道的两位同事任赞、刘岳走在冯道后边，两人边走边议论。任赞说：“冯道回头看什么？”刘岳说：“他走得太快，随身携带的《兔园策》掉了，要回去捡。”

《新五代史》中说，当时的《兔园策》是乡下塾师教孩子诵读的启蒙读物。任赞、刘岳觉得冯道担任宰相后，处理国事的能力不够高，大概是靠着《兔园策》中的一点知识来处理的，而且冯

① ［宋］薛居正等：《旧五代史》，北京：中华书局，1976年，第1655页。

② ［宋］欧阳修：《新五代史》，北京：中华书局，1974年，第632页。

道需要随身携带《兔园策》，以便随时参考。

对此，冯道表示："《兔园策》集合了著名学者的文章，正是最适合我们读的书。现在读书人只是看看《文场秀句》这样的格言摘编就参加科举考试，太过浅陋。"

《兔园策》到底是一本什么样的书呢？

在历代典籍中，《兔园策》也称为《兔园册》《兔园策府》《兔园册府》，对作者的记载也有所不同。据传说，"兔园"是汉文帝之子梁孝王所建的一处园子。梁孝王去世后，他的后代将这处园子变成耕地，出租给老百姓耕种，并制作了账本，记录出租的收益。这种账本使用的不是诗赋中的语言，而是民间口头俗语，后来人们把用口头俗语编写的书称为《兔园策》。再后来，私塾中简单的启蒙读物称为《兔园策》。"府"本是收藏文书、财务的地方，"册府"或"策府"即为文章汇编。

宋代编写的《旧唐书·经籍志》《新唐书·艺文志》均未收录《兔园策》，可见《兔园策》在学者眼中并不是特别重要的典籍。

南宋时期王应麟的《困学纪闻》中记载："《兔园策府》，三十卷。唐蒋王恽令僚佐杜嗣先仿应科目策，自设问对，引经史为训注。恽，太宗子，故用梁王兔园名其书。"①

王应麟认为《兔园策府》的作者为杜嗣先。杜嗣先是唐太宗之子李恽的僚佐，本书可能是奉李恽之命编写的。李恽在唐太宗时的地位大致相当于汉文帝时期的梁孝王，因此追寻梁孝王时期的典故，将这部书命名为"兔园"。《兔园策府》的内容主要为问答式短文，形式上模仿了当时朝廷科举考试的策论，因此称为《兔园策》。

清代学者翁元圻在整理《困学纪闻》时，引用了南宋时期藏书家晁公武在《郡斋读书志》的话："《兔园策》十卷，唐虞世南撰。

① ［宋］王应麟：《困学纪闻》，乐保群、田松青、吕宗力校点，上海：上海古籍出版社，2008年，第670页。

奉王命纂古今事为四十八门，皆偶俪之语。至五代时，行于民间村野，以授学童，故有‘遗下《兔园策》’之谓。”①晁公武认为，《兔园策》为唐代初年学者虞世南受朝廷委托编写的一部百科读物。到了五代时期，流行于乡下启蒙教育机构中。《郡斋读书志》中说的“遗下《兔园策》”就是《新五代史》中任赞、刘岳二人嘲笑冯道的故事。

在宋代之后，元代编写的《宋史·艺文志》中仍旧提到“杜嗣先《兔园策府》三十卷”②，之后便不见有关《兔园策》的记载。

幸运的是，近代以来，敦煌文献中发现了几种《兔园策》残篇。据我国台湾学者郑阿财研究，我国图书馆收藏有一种《兔园策》，编号为BD14491；英国国家图书馆中收藏有三种《兔园策》，编号S.614、S.1086、S.1722；法国国家图书馆收藏有一种《兔园策》，编号为P.2573；俄国圣彼得堡东方学研究所收藏有两种，编号为Дx.03901与Дx.19015。③

其中，法国国家图书馆收藏的《兔园策》残篇开头明确题写着“兔园策府卷第一杜嗣先奉教撰”。结合《宋史》的记载，杜嗣先更有可能为唐代《兔园策》的作者。在历史文献中，杜嗣先只是作为《兔园策》的作者存在，除了《困学纪闻》外，再无其他文献提及其生平经历。

1992年，我国台湾大学文学院教授叶国良在台北的一家古董店中见到了杜嗣先的墓志以及墓志原石，其中提及杜嗣先曾创作了《兔园策》，由此证实《兔园策》的作者即杜嗣先。叶国良教授抄写并整理了该墓志，原文如下：

---

① ［宋］王应麟，［清］翁元圻注：《困学纪闻注》，北京：中华书局，2016年，第1814页。

② ［元］脱脱：《宋史》卷一百六十二，北京：中华书局，1985年，第5408页。

③ 郑阿财，朱凤玉：《敦煌蒙书研究》，兰州：甘肃教育出版社，2002年，第180、256、267页。

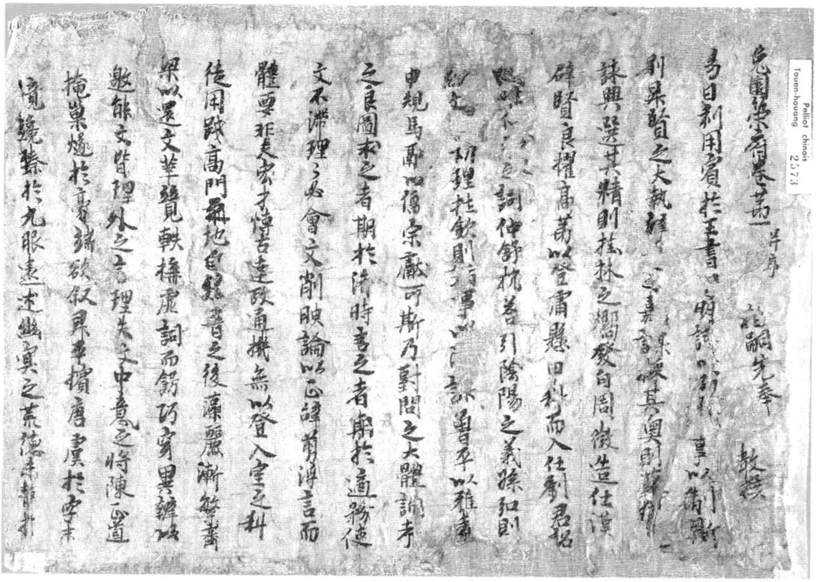

法国国家图书馆藏敦煌文献P.2573《兔园策》

杜嗣先墓志

原文	解读
公讳嗣先，京兆（今陕西省西安市）人也。	杜嗣先出生于唐太宗贞观八年（634年），祖上是京兆人。
高祖魏龙骧将军、豫州刺史惠公，讳遇，字庆期，晋镇南大将军、当阳侯预之六代孙。预生新平太守跻，跻生南阳太守胄，胄生燕郡太守嶷，嶷生中书侍郎、新丰侯铨，铨生中书博士振，振生遇。有赐田于洛邑，子孙因家于河南之偃师（今河南省洛阳市）焉，凡四代矣。	杜嗣先是西晋时期著名政治家杜预的后代，杜嗣先是杜预第十一世孙。杜预之子为杜跻，杜跻之子为杜胄，杜胄之子为杜嶷，杜嶷之子为杜铨，杜铨之子为杜振，杜振之子为杜遇，历代皆是朝中官员。杜遇为杜嗣先高祖父名，杜遇是杜预的第六世孙。杜遇家族自那时开始生活在洛阳。
曾祖周新城太守琳。	杜嗣先的曾祖父为杜琳。
祖隋朝散大夫行昌安县令歆。	杜嗣先的祖父为杜歆。

续表

原文	解读
考皇朝滑州长史业。	杜嗣先的父亲为杜业。
公少好经史，兼属文笔，心无伪饰，口不二言。由是乡闾重之，知友亲之。年十八，本州察孝廉。	杜嗣先在十八岁时，被本州推举为“孝廉”。
明庆三年（658年），释褐蒋王府典籤（qiān）。	唐高宗显庆（后为避唐中宗李显之名改为明庆）三年，杜嗣先在唐太宗之子蒋王李恽府中做文书工作。
麟德元年（664年），河南道大使左相窦公旌节星移，州郡风靡。出□辕之路，入许颍之郊，官僚之中特加礼接。时即表荐，驰驿就征，遂于合璧宫引见，制试《乾元殿颂》，即降恩旨，授昭文殿直学士，借马茾（qiān）人，仍令于洛阳城门待制。寻授太子左率府仓曹参军，又除国子监主簿。入芳林门内，与学士高若思、孟利贞、刘祎之、郭正一等供奉。	唐高宗麟德元年，杜嗣先受到推荐，正式进入朝廷中做官。 芳林门为唐长安城外城北侧门。
咸亨元年（670年），銮舆顺动，避暑幽岐，沛王以天人之姿，留守监国，遂降。敕日，驾幸九成宫，令学士刘之、杜嗣先，于沛王贤处参侍言论。寻授雍王记室参军，与侍读刘讷言、功曹韦承庆等参注《后汉》。	唐高宗咸亨元年，唐高宗本人到山中避暑，命令其第六子沛王李贤留守负责处理朝中事务。杜嗣先转至沛王处工作。之后，杜嗣先又转至唐高宗第四子雍王李素节府中工作。
上元二年（675年），藩邸升储，元良贞国，又迁太子文学，兼摄太子舍人。	唐高宗上元二年，沛王李贤被确立为太子。杜嗣先在太子府中工作。
永崇[淳]元年（682年），以宫僚故事，出为郓州钜野县（今山东省菏泽市）令，又除幽州蓟县令（今北京市）。还私，后除汝州（今河南省汝州市）司马，又除苏州吴县（今江苏省苏州市）令，寻加朝散大夫、简州（今四川简阳市）长史。入计，又除太子洗马、昭文馆学士，又迁给事中、礼部侍郎，以前数官咸带学士。	唐高宗永淳元年，杜嗣先因工作事务，被调离朝廷，之后多年一直辗转各地，在东部五地担任县令一级的工作。 之后，终于回到中央朝廷，逐渐升任为礼部侍郎。
其所撰《兔园策府》及杂文笔，合廿卷，见行于时。……	杜嗣先撰写了《兔园策府》。

续表

原文	解读
粤以先天元年（712年）九月六日，薨于列祖旧墟偃师之别第，春秋七十有九。以二年二月二日，与夫人郑氏，祔藏于洛阳故城东北首阳，原当阳侯茔下。礼也。	唐玄宗先天元年，杜嗣先去世，享年七十九岁，埋葬于洛阳。
孤子贝州司兵维骥，失其孝养，痛贯骨髓。伏念遗训，实录志云。①	撰写墓志的作者为杜嗣先之子杜骥。

《兔园策府》只有残篇保存，根据敦煌文献，正文均以问答形式出现，部分内容如下：

问：韩魏已来，人多侈竞，相嘲夸调，各尚资财，虽有其言，未睹其事，子之强识，并是何人。

对：某闻色声世界，富诞为先；豪贵矜夸，故其然矣。至如石崇锦鄣，五十里以霞生；吉甫粥枪，卅里而雷沸。况乎汉称金屋，周曰璧台，岂止羊琇娇豪，家然兽炭；前王孙傲岸，室累千金而已。谨对。②

这一道题目问的是“请谈谈你对富豪的看法”。原题目中说：“自战国时期以来，中国出现了很多富豪，他们高调地炫耀自己的财富，一些是传说，一些是真实的历史。请谈谈有哪些人。”

回答说：财富是人类实现感官享受的主要基础，所以富豪之人常常炫耀自己的财富。在西晋时期，石崇制作了50里地长的“锦鄣”，凡是自己出行的路上，均用锦缎围起来。周朝时期，尹吉甫用巨大的锅煮粥，声音传到30里地之外。在历史上，汉武帝

① 叶国良：《唐代墓志考释八则》，《台大中文学报》第七期，1995年4月。（修改后收入《石学续探》1996年第4期），转引自《敦煌写本类书〈兔园策府〉考证》，《唐都学刊》，2008年第4期。

② 刘波、林世田：《敦煌唐写本〈问对〉笺证》，《文津学志》第三辑，北京：国家图书馆出版社，2010年，第115—142页。

曾用金屋藏娇，周穆王曾大兴土木，建造高台。此外，西晋时期羊琇生活奢侈，连温酒用的木炭都要做成兽形。汉武帝时期的杨王孙家中财富价值黄金千两。

再比如：

问：气象初构，形质始萌，倚杵分高下之容，回轮表运行之数。然则驾云甄海，炼石补维，徒夸夸父之林，空纪大章之筭（suàn）。至若玄黄定体，珠璧连晖，列九野于躔（chán，运行）房，疏五潢（huáng，积水）于清浅。窥其正色，有惑于蒙庄；览其要终，多疑于郑灶。子既列华雕篆，采懿缃（xiāng，浅黄），对霄景以驰芳，概秋旻（mín，天）而发誉。登科入辟，必俟英贤；赜（zé，深奥）秘钩深，理宜昭晰！

对：窃以玄疑未辟，九变混其萌芽；素质爰分，四游定其升降。然则十端虚廓，九道交回，仰之者莫测其源，言之者罕详其要。或明其载水，或说以浮空，地若卵中之黄，天如山外之色。杨泉覆伞之谕，未穷广大之容；仲任倚盖之谈，距识周流之象……谨对。[①]

三、《太公家教》

唐代中期，李翱（772—841年）给一位朋友朱载言写过一封信，讨论文章创作理论，其中提到“用词”与“达意”的关系时说：

义不深，不至于理；言不信，不在于教劝，而辞句怪丽者有之矣，《剧秦美新》、王褒《僮约》是也。其理往往有是

① 郑阿财、朱凤玉：《敦煌蒙书研究》，兰州：甘肃教育出版社，2002年，第267页。

> 者，而词章不能工者有之矣，刘氏《人物志》、王氏《中说》，俗传《太公家教》是也。[①]

有的文章用词很美，但是道理讲得不透彻，不能发挥教化作用，这类文章以《剧秦美新》《僮约》为典型。这两篇都是汉代作品。也有一些文章道理讲得很透彻，只是用词没有那么优美，这类文章以《人物志》《中说》《太公家教》为典型。其中，《太公家教》为“俗传”文章，是唐代创作的启蒙教育文献。

南宋时期，王明清编写过一部名为《玉照新志》的笔记，其中提到“世传《太公家教》其书极浅陋鄙俚，然见之唐李习之《文集》”[②]。李习之即李翱。此处说《太公家教》为“世传”。

无论是李翱说的“俗传”，还是王明清说的“世传”，都是指这部书并不是真正意义上的学术著作。唐、宋两朝正史的“经籍志”“艺文志”中均没有提到过《太公家教》。

《太公家教》可能是当时民间某位塾师编写的“格言警句汇编”，在传播过程中经多人之手不断增补、改编，才逐渐形成相对确定的版本。“太公”并不是某个具体的人，而只是表示长者，“太公家教”即长者的家庭教育之意。

宋代之后，《太公家教》一直在民间流传。明代方孝孺诗文集中提及：“予始读《太公家教》，其辞俚杂可笑，自隋唐以来即传之，李翱大儒也，至与《文中子》并称，盖其言间有合乎理者故也。”[③]可见，《太公家教》并非只有儿童会阅读，一些学者也会阅读。

遗憾的是，自此之后，《太公家教》便消失了。直到清代光绪

---

① ［清］董诰等：《全唐文》卷六三五李翱《答朱载言书》，北京：中华书局，1983年，第6411—6412页。

② ［宋］王明清：《玉照新志》，嘉庆十年虞山张氏照旷阁刻学津讨原本，第21页。

③ ［明］方孝孺：《方孝孺集》，杭州：浙江古籍出版社，2013年，第142页。

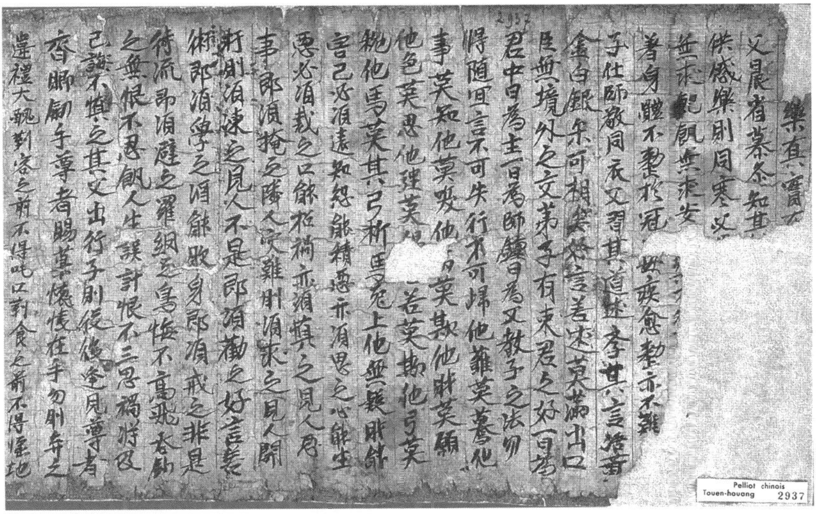

法国国家图书馆藏敦煌文献P.2937《太公家教》开篇部分

法国国家图书馆藏敦煌文献P.2937《太公家教》结尾部分

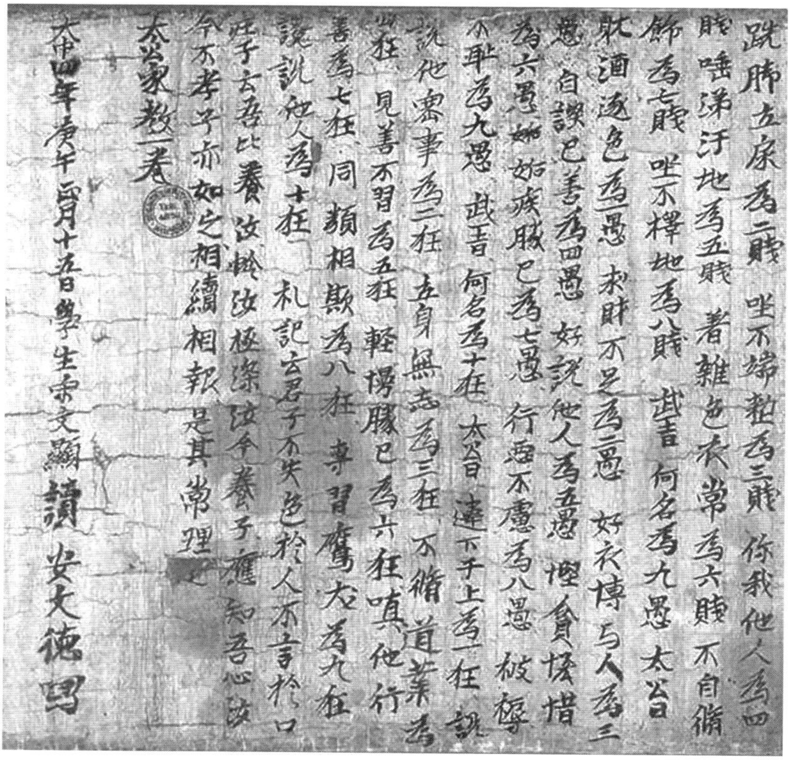

法国国家图书馆藏敦煌文献P.2825《太公家教》结尾部分

二十五年（1899年），敦煌石窟内发现了一些唐代文献，其中就有《太公家教》。后来，学者罗振玉四处搜寻敦煌文献，将所见珍贵敦煌文献编写成《鸣沙石室佚书》出版，其中第一编就收录有《太公家教》。此后，《太公家教》再次回归到了社会大众视野中。

目前，写有《太公家教》的敦煌文献中，英、法两国所藏最多，各有十几种，我国以及俄国、日本各有数种。在这些敦煌文献《太公家教》中，有多份标明了时间。

敦煌文献《太公家教》中有时间信息的文本[①]

国家	文献编号	文本内容
法	P.2825	大中四年（850年）庚午正月十五日学生宋文显读，安文德写。大顺元年（890年）十二月，李家学郎，是大哥尔。
英	S.479	乾符六年（879年）正月廿八日学士吕康三读诵记。
法	P.2937	维大唐中和四年（884年）二月廿五日沙洲敦煌郡学士郎兼充行军除解□太学博士宋英达。
法	P.3569	景福二年（893年）二月十二日莲台寺学士索威建记耳。
法	P.3764	天复九年（909年）己巳岁十一月八日学士郎张厶乙午时写记之耳。
法	P.4588	壬申年（912年）十月十四学士郎张盈信纪书之。
英	S.3835	庚寅年（930年）十二月口日，押牙索不子自手记耳。
英	S.1163	庚戌年（950年）十二月十七日永宁寺学士郎如顺进白自书记。
法	P.3797	维大宋开宝九年（976年）丙子岁三月十三日写子文书了。开宝九年丁丑年四月八日，王会长自手书记。学郎大歌（哥）李延。

上述《太公家教》的时间信息的主要集中于唐代晚期到北宋早期。这说明在唐代中期开始,《太公家教》就已经流传于敦煌地区了,《太公家教》创作的时间最晚为唐代中期。

① 朱凤玉:《敦煌本〈太公家教〉的传播及其对中国俗文化的展现》,《敦煌研究》2021年第6期。

第五章　宋代的启蒙教育制度

宋代（960—1279年）分为北宋与南宋两个时期，持续时间共约300年。宋代之后，印刷术广泛流行，对教育文化的发展起到了重要作用，尤其对基层社会的启蒙教育有至关重要的影响。宋代时期，政府财政收入较之汉唐时期有较大规模增加，但基层政府的力量仍十分有限，无力直接对基层启蒙教育投入更多资金。针对这一情况，地方社会开始建立学田制度，以维持启蒙教育运行。宋代，民间普遍重视启蒙教育的价值，一流学者将启蒙教育研究纳入自己的视野，许多学者编写了大量专门面向启蒙教育的读物，蒙学读物的编写与流传迎来了历史高峰，蒙学的发展也进入了新的阶段。

一、宋代的小学体系

1. 村落中的启蒙教育机构

宋孝宗乾道六年（1170年），陆游到四川盆地工作。在赶赴四川的路上，陆游把他途中的见闻用日记的形式记录了下来，编写为《入蜀记》这本书。乾道六年冬季，陆游经过三峡一带，《入蜀记》中说："十月一日，过瓜洲坝、仓头、百里洲，泊沱漗，皆聚落，竹树郁然，民居相望，亦有村夫子聚徒教授，群童见船过，皆挟书出见，亦有诵书不辍者。"[①]陆游的描述十分生动，他的船

① ［宋］陆游：《入蜀记》，郑州：大象出版社，2019年，第53页。

停泊在沱滥这处村落，他看到有老师在教孩子们读书，看到有客船经过，有的孩子十分好奇，带着书出来看；有的孩子不为所动，专心致志地读书。这则文献反映了南宋时期农村地区的启蒙教育情况。

除敦煌文献外，今天能看到的宋代之前中国基层教育的文献不多。到了宋代，随着印刷术的发展成熟，文献变得更加丰富，一些流传下来的文献反映了宋代基层启蒙教育的发展。

晚年的陆游生活在故乡山阴（今浙江省绍兴市）一带的乡下，他住的村子里有“冬学”。陆游写过多首《秋日郊居》，其中一首诗提到了当时的冬学：

儿童冬学闹比邻，据案愚儒却自珍。

授罢村书闭门睡，终年不着面看人。

农家十月，乃遣子弟入学，谓之冬学。所读《杂字》,《百家姓》之类谓之村书。[1]

诗后这句话是陆游给自己原诗作的注解。从这处注解可以看到，在当时，农闲时节开办的“冬学”越来越普遍了，在有的“冬学”里，孩子们的读物也开始固定下来，以《杂字》《百家姓》为主。

陆游家里有一处向北开的窗子，这扇窗可以避免夏季太阳直射，陆游其中一首名为《北窗》的诗歌中也提到了“冬学”：

北窗本意傲羲皇，老返园庐味更长。

犊健戴星耕白水，蚕饥冲雨采青桑。

俚儒朱墨开冬学，庙史牲牢祝岁穰。

从此鬓毛虽似雪，未妨击壤颂虞唐。[2]

① ［宋］陆游：《陆游全集校注》，杭州：浙江古籍出版社，2015年，第193页。

② 同上书，第76页。

2.“国子监附属小学”

在宋代官方文献中，朝廷创办的启蒙学校称为“小学”。当然，宋代人说的“小学”并不等同于当代义务教育阶段的小学。在宋代，国子监既是管理各地大小学校的教育管理部门，本身也是朝廷开办的学校（有时候国子监也称为太学），大致相当于今天的大学。国子监也设有供年龄较小的儿童就读的小学，在某种意义上来说，可以称为“国子监附属小学”。

学术界对国子监的研究主要集中在太学生以及国子监本身制度上，关于“国子监附属小学”的情况，很少有人关注。《宋会要辑稿》中提道：

> （宋徽宗）宣和二年（1120年）八月五日，中书奏：“（宋神宗）元丰（1078—1085年）法，在京小学，止有就傅、初篮两斋，无直学等。”于是罢二舍教谕，选太学生为之。①

宋神宗元丰时期，朝廷国子监开办的小学有两个班，分别称为“就傅”“初篮”。从中书省的这段话中可以看到，在元丰时期之前（或之后），“国子监附属小学”的这两个班各有一个“班主任”，称为“直学”，实际上每个班还有一名“教谕”。在元丰时期，朝廷对各级官制作出改革，裁撤了一批“冗官”，以减少朝廷财政开支，“直学”也就是“国子监附属小学”的“班主任”被裁撤了，但是每个班一名“教谕”的传统还一直保留着。

这样一来，“国子监附属小学”的老师就显得不够用了，因为学生越来越多，有学生，自然需要有足够的老师。对此，国子监的管理者便想出一个可以节省资金的办法，由国子监的学生（即太学生）来负责教“国子监附属小学”的儿童。

当然，命令国子监的学生从事教育工作，也需要给他们提供

① ［清］徐松辑，［清］缪荃孙重订：《宋会要辑稿》崇儒一，民国二十五年国立北平图书馆影印本，原书无页码。

收入，所以一些太学生在从事教育的过程中，便向学生家长收取一点费用作为自己的工资。

再后来，“国子监附属小学”的学生越来越多，一度达到近千人。《宋会要辑稿》中提道：

（宋徽宗）政和四年（1114年）二月三日，中书省言：“小学生见近一千人，入学者尚未已。今来只有贡士教谕十人，今欲分为十斋。小学教谕，增与月俸，给钱两贯，不许受束脩。”从之。①

也就是说，因为国子监有了如此多的小学生，自然要把这些小学生划分为更多的班级，此次是把1,000名小学生划分为十个班级，每个班级由一个“贡士”也就是已经毕业的优秀太学生，担任“教谕”。同时，“教谕”编入国家正式工作人员序列，“教谕”的工资正式纳入朝廷开支中，每个月工资为两贯。到此，从某种意义上来说，宋神宗元丰时期在国子监中开展的裁撤“冗员”的改革不仅没有完成，反而变本加厉了。

到了宋徽宗宣和二年（1120年），朝廷再次针对“国子监附属小学”进行改革，尝试恢复宋神宗元丰时期的做法，缩小“国子监附属小学”的办学规模，同时将“国子监附属小学”的“教谕”也就是教师从朝廷正式工作人员序列中裁撤掉。此后，国子监的太学生再度开始担任“国子监附属小学”的临时老师。可以说，“国子监附属小学”临时老师的工资需要向家长收取“束脩”来维持，“国子监附属小学”变成了“公办民助”性质。

3. 地方政府办的小学

在北宋后期，“国子监附属小学”的学生主要有两个来源。第一为在京城工作的各级官员家的孩子。在京工作的各级官员家庭

① ［清］徐松辑，［清］缪荃孙重订：《宋会要辑稿》崇儒二，民国二十五年国立北平图书馆影印本，原书无页码。

一部分在家中聘请教师教孩子学习，一部分人则把孩子送到“国子监附属小学”中去，其中送入“国子监附属小学”的学生是相对比较优秀的一部分。第二则为各地政府开办的小学中的比较优秀的学生被选拔进入“国子监附属小学”。

这意味着，宋代中央朝廷开办的“国子监附属小学”和地方政府开办的小学之间形成了相互联系的体系。北宋初年，部分地方政府就开始创办小学，比如《浙江通志》记载，宋仁宗宝元三年（1040年）：“（湖州）新学成，复立小学于东南隅。”[①]这是说，一些地方政府在创办本地学校时，会附设一个小学。

北宋时期，我国经历了几次教育改革，每次教育改革，政府都提倡各地创办学校，不过总体来说，小学处于相对边缘化地位，受到的关注并不多。

宋徽宗崇宁（1102—1106年）时期，朝廷推行教育改革，其中一项措施是要求各地开办小学，每个县至少开办一所小学，学生数量大约几人到几十人不等，凡进入小学的学生均可以免费读书、免费吃饭。同时，朝廷为小学“教谕”也就是教师发放工资。《宋会要辑稿》中说：

> 崇宁元年（1102年）八月二十二日，宰臣蔡京等言：“乞州县学并置小学，十岁已上皆听入学。小学教谕，仍量给俸料。”从之。[②]

《宋史·选举制》中说：

> 崇宁元年，宰臣请：天下州县并置学，州置教授二员，县亦置小学。县学生选考升诸州学，州学生每三年贡太学。[③]

---

① ［清］嵇曾筠修、陆奎勋纂：《浙江通志》，杭州：浙江书局，清光绪二十五年重刻本，第15页。

② ［清］徐松辑，［清］缪荃孙重订：《宋会要辑稿》崇儒二，民国二十五年国立北平图书馆影印本，原书无页码。

③ ［元］脱脱：《宋史》卷一百五十七，北京：中华书局，1985年，第3662页。

每个县都开办有一个小学，县属小学中的学生经过考试，进入州属小学学习；州属小学的学生经过考试，进入“国子监附属小学”学习。

《皇宋通鉴长编纪事本末》提到，崇宁四年（1105年），制曰：“朕闻先王成人有德，小子有造。今天下承平，休养日久，垂髫幼稚，在所乐育。仰学事司、州县长吏多方劝谕，令入小学，依大学例量舍支数，破与饮食。其考选校试之法，仰三省措置取旨，庶几有造之时。”①

可见，小学招收的学生虽然年龄小，享受的待遇与太学生是类似的，免费食宿，同时还能领取一定数额的补贴。朝廷总体上希望各地方政府能够多办学校，推动本地教育的发展。

到了崇宁五年（1106年）十二月，朝廷对各地的小学作出规定，要求各地小学均要制定学生考试评价办法，避免不符合要求的学生进入小学，同时明确了各地小学的管理归属。《宋会要辑稿》中提到，这一年十二月二十三日，朝廷学制局提交报告：

> 小学虽有置历诵经，随其长少，设为程课之制，仍依太学生例，量破饮食。尚虑推行不一，未能仰副德意之厚。今取会太学小学见行规矩约束，参酌修立到州县小学课试等法。②

随后，可能各地小学生数量迅速增加，朝廷财政负担过重，于是在大观四年（1110年）八月十二日，朝廷免除了各地小学生免费饮食的做法：

> “诏县学并州县小学，更不给食，愿陪厨者听。”③

---

① ［宋］杨仲良撰：《皇宋通鉴长编纪事本末》卷一一六，李之亮校点，哈尔滨：黑龙江人民出版社，2006年，第2122页。

② ［清］徐松辑，［清］缪荃孙重订：《宋会要辑稿》崇儒二，民国二十五年国立北平图书馆影印本，原书无页码。

③ 同上。

政和元年（1111年）正月二十九日，朝廷进一步明确：

> “县学并州县小学生，更不给食。县学长、谕、教谕、直学，系州学选差，内舍外舍生充，自合依条给食。县学钱粮官，罢月给食钱。”

与此同时，由于各地想要进入县属小学的人数过多，各地官员还在向朝廷请求增加本地县属小学学生的名额。

> 政和元年九月十一日，权发遣泉州郑南言：“窃观州县小学额，大州止五十人，其下三万户县四十人，其下止于五人，恐从学者众，额有定员。欲乞委学事司，或人材多、户口众处，增广旧额，量添教谕员数。”诏令诸路学事司相度闻奏。后梓州增十五人，共六十五人。温州增三十人，共七十人。[①]

明代嘉靖（1522—1566年）时期编写的《嘉兴府图记》中保存了一篇宋代绍熙四年（1193年）的碑刻文字，描述的是嘉兴府海盐县创办小学的过程：

> 三代之学，莫盛于周，里有序，乡有庠。序以明教，庠以行礼。
>
> 幼童八岁入小学，学六甲五方书记（计）之事，始知室家长幼之节；十五入大学，学先圣礼乐而后知朝廷君臣之礼。
>
> 呜呼，古之人所以教人者善矣。后世小学仅见于辟雍。今郡邑非惟不存，其实并其名失之矣。
>
> 海盐为秀支邑，维扬（今扬州）李君下车期年（即到任满一年），即修治学宫，罗致一邑之士而教之。一日，顾谓诸生曰：“小学之设，所以因其良心而启迪之，今独无有，宜其习俗日薄。此无他，失其良心也。”诸生奉教曰：“善。”
>
> 乃择教谕朱沆主之，其始进也，或通经或诗赋，选举而

---

① ［清］徐松辑，［清］缪荃孙重订：《宋会要辑稿》崇儒二，民国二十五年国立北平图书馆影印本，原书无页码。

公，师严以尊。于是里巷之间，经诵之声相接，无智无愚，皆以子弟入学为美。李君可谓善教人矣。

小学之兴，自李君始。[①]

这篇文字在其他文献中也有保存，名为《小学记》。从这篇文字中可以看到，在古人的观念中，上古时期是有“小学”的。在“尚古”的时代，这是开办小学的理论依据。扬州人李直养担任海盐县知县期间，创办了本地的小学，修建了学宫即校舍，聘请朱沆来主持学校工作。

李直养认为，小学的主要教育目标是启发每个人的“良心”，只有这样，一个地区的风俗才会变好。这是当时基层启蒙教育发展的基本情况。

宋代的社会政策总体上重视文化教育，一些地方官员在任期间主动推进本地启蒙教育发展。北宋英宗治平二年（1065年），思想家程颢担任泽州晋城县（今山西省晋城市）知县，“诸乡皆有校，暇时亲至，召父老而与之语，儿童所读书，亲为正句读”[②]。

在宋代，受到国家教育政策的影响，一些地区启蒙教育进入相对稳定发展时期。很多启蒙教育学校不再是随着某位塾师的情况随时开办、随时撤销，而是会稳定存在很长时间，各地的文献均提及过本地宋代启蒙教育学校的情况如下。

福建路（福建）：

明代编写的《（弘治）八闽通志》中说：“大留（福建省地名）社学，在旧沿江里。宋绍兴二年（1132年），里人校尉沈干、贡士张梦辰建讲堂、斋舍，为屋凡百，岁延师、聚徒，讲习于此。”[③]

---

① ［明］赵文华撰：《嘉兴府图记》，明嘉靖二十八年刻本，第14页。

② ［宋］程颐：《明道先生行状》，转引自《近思录集解》，中华书局，2017年，第236页。

③ ［明］陈道修、黄仲昭纂：《（弘治）八闽通志》卷四十五，明弘治三年刻本，第19页。

淮东路（江苏）：

清代康熙（1662—1722年）年间编写《扬州府志》中说："宋嘉泰二年（1202年）教授乔行简建，堂曰养正谈两序，东曰上达西曰幼仪。"①

清代乾隆（1736—1796年）年间编写的《高邮州志》中说："按邮邑旧有社学，始于宋政和二年（1112年），扬州仪曹恭军高公之粹，乞置州军小学生功课簿。"②

梓州路（四川）：

清代嘉庆时期编写的《四川通志》记载："社学一在白水村，宋令狐古建，一在闰国镇，宋徐德建，皆废。③

河东路（山西）：

清代乾隆时期编写的《高平县志》记载："宋晋城令程明道（即程颢）先生凡建社学七十余所，元大定（1369—1370年）中县令郭质修举之，后毁于兵。"④

广东路（海南）：

明清时期编写的地方志中在提及本地启蒙教育发展历程时，经常以宋代为开端。清代编写的广东《（道光）琼州府志》记载："附郭社学，宋庆元（1195—1201年）初，通守刘汉建，仁政（海南省地名）乡校在遵都（海南省地名），乡人捐建，元废。今故址

① ［清］崔华、张万寿续修，王方歧续撰：《（康熙）扬州府志》卷八《学校》，清康熙刻本，扬州：广陵书社，2015年，第398页。

② ［清］杨宜仑等：《（乾隆）高邮州志》卷五《学校》，《中国地方志集成·江苏府县志辑》，清嘉庆二十五年刻本，南京：江苏古籍出版社，1991年，第587页。

③ ［清］常明修等：《（嘉庆）四川通志》卷七九《学校·潼川府》，《中国地方志集成·四川府县志辑》，清嘉庆二十一年木刻本，成都：巴蜀书社，1992年，第10461页。

④ ［清］傅德宜等：《（乾隆）高平县志》卷八《学校·社学》，《中国地方志集成·山西府县志辑》，清乾隆三十九年刻本，南京：凤凰出版社，2008年，第323页。

尚存。”①

4.族学

宋代有一些家族创办启蒙教育机构，供本家族子弟就读。南宋后期，文学家刘克庄留有一部诗文集《后村集》，其中有一篇《赵氏义学庄》。这篇文章中说，当时横山县崇岳乡紫盖里的赵氏家族连续几代都有人在朝中担任高官。经过几代人的积累，赵氏家族拥有了多达数千亩土地的家族资产。他们以这些土地为基础，创办了义庄，主要用于资助家族内成员的日常生活和婚丧嫁娶等活动，并开办了一所义学：

> 乃立义学[于]中祠忠肃旁，辟四斋，岁延二师，厚其饩廪。
>
> 子弟六岁以上入小学，十二岁以上入大学。
>
> 课试中前列者有旌（即表彰）。发荐、擢第、铨集、补入者有赆（jìn，即资助）。
>
> 学规如岳麓、石鼓，而所以禁切其佻闼，纯纠其踰礼败度者尤严。②

赵氏家族创办的义学分为四个班级，有两名教师。其中包括六岁至十二岁的儿童就读的“小学”，以及十二岁以上儿童就读的“大学”。义塾对平时学习用功的儿童以及在毕业后参加科举考试获得好成绩的儿童均给予资助。同时，义塾对儿童的道德行为品质提出了严格要求。

以家族为单位建立的家塾，总是与家族的兴衰联系在一起，也离不开家族中关键人物的作用。当某个家族中有热心创办家塾

① ［清］明谊修等：《（道光）琼州府志》卷七《建志·琼山县》，清道光修光绪补刊本，《中国方志丛书·华南地方》十四，台北：成文出版社，1966年，第720—721页。

② ［宋］刘克庄：《刘克庄集笺校》卷九十二《赵氏义学庄》，北京：中华书局，2011年，第3925页。

的人时，家塾会发展起来；当家族中缺乏热心教育的人时，家塾难免衰落。

宋代洪迈编写的笔记小说《夷坚志》中有一则《界田义学》的文章，这篇文章提道：

> 李仲永侍郎居浮梁（今江西省）之界田，晚年退闲，于所居之东三里间，自立义学，且建孔子庙，塑像严事，工制精华，至用沉香为舌。以春秋致祀，招延师儒，召聚宗党。
>
> 凡预受业者逾三十人，捐良田二百亩以赡其用。每日暇时，躬往讲说《周易》。
>
> 族中子弟有荒于嬉者，翻译习诵繁绊为苦，乘其夜归，故撑拄所过野桥板，使之颠坠，李不为止。
>
> 绍兴庚辰（绍兴三十一年，1161年）下世，子孙益微，不能绍先志，学渐蓁芜，师生扫轨，或拆其屋庐，或取共木石，或据其地为居舍，沉香亦遭窃货。①

李仲永在退休之后，回到家乡创办了一所义学，主要是供本家族子弟读书。为了办好这所义塾，李仲永捐出二百亩土地，用于这所义塾的运转，并亲自担任教师。

这所义塾共有三十多名学生，可是其中不少人不想上学，因为每天要背诵晦涩的书籍。为了不上学，有的学生想出了歪主意，他们知道李仲永半夜回家必定要经过一座木桥，于是他们将其中一块桥板拆掉。李仲永在经过这座桥时，从桥上掉进了河里。尽管这样，他还是坚持办学。后来，李仲永家族的后代不再重视教育，这所义塾便慢慢荒废了，李氏家族的后代甚至将义塾的房屋拆掉，当初用珍贵的沉香制作的雕像也被偷走了。

政府和民间力量创办的学校共同构成了宋代启蒙教育体系。

---

① ［宋］洪迈：《夷坚志》，北京：中华书局，2006年，第1382页。

二、宋代小学教育管理

1.宋代政府的财政状况

开办学校需要经费。要了解宋代启蒙教育乃至整个中国传统启蒙教育的发展状况，需要先了解当时政府的财政收入、运行状况以及政府对教育的投入，进而才能知道启蒙教育管理的基础以及发展的基础。与唐代相比，宋代耕地粮食产量更高，商业贸易更为发达，因此宋代财政收入比唐代多很多。《宋史・食货志》记载：

（宋代早期）凡岁赋，谷以石计，钱以缗计，帛以匹计，金银、丝绵以两计，藁秸、薪蒸以围计，他物各以其数计。（宋太宗）至道末，总七千八十九万三千；（宋真宗）天禧五年，视至道之数有增有减，总六千四百五十三万。

天禧末，上供惟钱帛增多，余以移用颇减旧数，而天下总入一万五千八十五万一百，出一万二千六百七十七万五千二百，而羸数不预焉。①

宋仁宗时期，包拯在《论冗官财用等》中提道：

（宋仁宗）庆历八年（1048年），天下财赋等岁入一万三百五十九万六千四百匹贯石两，支八千九百三十八万三千七百匹贯石两；在京岁入一千八百九十九万六千五百匹贯石两，支二千二百四十万九百匹贯石两。②

庆历（1041—1048年）年间，北宋财政收入总额为1.03亿匹贯石两。其中“匹贯石两”就是当时一种常用的经济单位。北宋早期，中国的市场经济没有那么活跃，同一个物品的价值在征收

① ［元］脱脱：《宋史》卷一百五十七，北京：中华书局，1985年，第4205页。

② ［宋］包拯：《包拯集校注》卷一，合肥：黄山书社，1999年，第133页。

赋税的过程中不容易统计清楚。所以，当时的人只是从不同物品的实际应用价值来进行大致的折算。比如布的数量达到一匹，在实际生活中的价值大致就相当于一贯钱；米的数量达到一石，相当于一贯钱，即一两银子。这样的简单相加当然是不科学的，可能都不符合实际情况，但是为了清楚表达财政收入总额，只能勉强这样计算。

到了宋仁宗皇祐元年（1049年），仁宗皇帝要求有关部门对全国财政收入支出情况作出统计。《宋史·食货志》："诏翰林学士承旨王尧臣等较近岁天下财赋出入之数，相参耗登。（宋仁宗）皇祐元年，入一亿二千六百二十五万一千九百六十四，而所出无余。"① 可以看到，这一年，全国财政总收入1.26亿，收入与支出基本平衡，没有结余，也没有出现"赤字"。

南宋李心传《建炎以来朝野杂记》也提到了与财政相关的内容：

> 国朝混一之初，天下岁入缗钱千六百余万，太宗皇帝以为极盛，两倍唐室矣。（宋真宗）天禧之末，所入又增至二千六百五十余万缗。（宋仁宗）嘉祐间，又增至三千六百八十余万缗。其后，月增岁广，至（宋神宗）熙（宁）（元）丰间，合苗役易税等钱，所入乃至六千余万。（宋哲宗）元祐之初，除其苛急，岁入尚四千八百余万。②

根据记载，北宋初年的财政收入总额已经是唐代的两倍了，北宋后期的财政收入比前期多了几倍，比唐代多很多。

宋代的财政收入是唐代的几倍之多，开支自然也大。宋代主要开支为官员工资、军队费用。北宋初年，全国只有几千名官员，到宋真宗时期，官员数额增加到一万，宋仁宗时期增加到近两万。

---

① ［元］脱脱：《宋史》卷一百五十七，北京：中华书局，1985年，第4352页。

② ［宋］李心传：《建炎以来朝野杂记》，北京：中华书局，2000年，第289页。

《宋史·食货志》记载：

> 初，真宗时，内外兵九十一万二千，宗室、吏员受禄者九千七百八十五。（宋仁宗）宝元（1038—1040年）以后，募兵益广，宗室蕃衍，吏员岁增。至是（宋仁宗皇佑元年），兵一百二十五万九千，宗室、吏员受禄者万五千四百四十三，禄廪奉赐从而增广。①

北宋时期的各级官员之所以不断增加，原因十分复杂。其中，这一时期科举考试开始变得十分规范对此有一定的影响，比如糊名制实施后，阅卷无法看到考生姓名，基层社会不同身份的人拥有了相对平等的取得政治权力的途径，即使是宰相的儿子想要做官，也需要参加科举考试。科举考试的严格规范基本阻断了基层社会经济权力和政治权力“合流”的可能，汉代那种同时拥有地方政治权、经济权和文化的话语权的地方豪强很难再出现了。

在科举考试严格实施的最初时期，为了保持科举制度的公信度，政府一直严格组织考试，并且想方设法保证考中科举后人员的出路，不断增加政府官员，以维持地方社会的稳定。这是“冗官”出现的重要原因。

不过，历史文献中没有留下宋真宗到仁宗时期官员工资总体数额，这可以从侧面反映出当时“冗官”现象还不是特别严重，否则历史文献中便会留下记载。到了宋神宗时期，官员工资费用便有记载了。《梦溪笔谈》提道：

> 天下吏人，素无常禄，唯以受赇为生，往往致富者。熙宁三年（1070年），始制天下吏禄，而设重法以绝请托之弊。是岁，京师诸司岁支吏禄钱……岁岁增广，至熙宁八年（1075年），岁支三十七万一千五百三十三贯一百七十八。自后增损不常皆不过此数，京师旧有禄者，及天下吏禄，皆不预

---

① ［元］脱脱：《宋史》卷一百五十七，北京：中华书局，1985年，第4352页。

此数。①

这里提到的几十万贯只是京城官员的工资，并不是全国所有官员。宋神宗熙宁末年，“在京岁支宰臣已下百官料钱：五十二万九千九百五十七贯四百二十六文，诸路官员料钱二百二十五万六千八百六十七贯，而陕西一路支数最多”。②

也就是说，全国所有官员工资一共将近三百万贯，宋神宗时期全国财政收入大部分年份都在一亿贯以上，官员工资占的比例并不算太大。真正占据宋代财政大头是军队开支。《全宋文》中有这样的话：

> 养兵之费，禁军一兵之费以衣粮、特支、郊赉通计，一岁约费钱五十千，厢军一兵之费岁约三十千，通一百一十八万余人，一岁约费四千八百万缗。③

北宋中期，禁军的数量从宋真宗初年的三四十万增加到八十多万，所有军队总数量从七八十万增加到一百多万，每年“养兵”费用在宋仁宗时期达到4,800万贯，比北宋初年增加了一倍之多。

从宋真宗时期开始，北宋财政收入从宋太祖、宋太宗时期的七八千万贯，增加到上亿贯，增加额为两三千贯，主要的收入来源是商业类税收，而增加的开支主要用于军费。

总体上来说，北宋财政收入较之前代有了较大幅度提升，而军费开支、官员工资的开支也大幅提升，南宋时期的情况也类似。宋代政府较之前代更有力量组织各项活动，启蒙教育也受此影响。

2.宋代教育收入与开支

宋代中央朝廷之所以能够自信地要求各地开办小学，甚至允许各地小学生免费入学，主要是因为宋代建立起了规模可观的教育专项财政制度。宋代朝廷的教育收入和教育开支与当代义务教

① ［宋］沈括：《梦溪笔谈》，北京：中华书局，2016年，第278页。

② ［宋］方勺：《泊宅编》，北京：中华书局，1983年，第57页。

③ 曾枣庄、刘琳编：《全宋文》，上海：上海辞书出版社，2006年，第381页。

育的投入是无法相提并论的，不过在古代则具有鲜明的时代特点和开创性的历史贡献。所谓鲜明的时代特点是指宋代的教育收入和教育开支总体上是独立收支，不受宋代财政部门管理。

在宋代，国子监作为国家教育管理机构和中央朝廷开办的学校，是有国家专项拨款的，而且也有自己的专项收入。《宋会要辑稿》中记载，（宋神宗熙宁四年，1071年）十二月一月诏："每年益以钱四千贯赐国子监。"[①]也就是说国子监的预算每年增加4,000贯。

（熙宁九年，1076年）十一月二十五日，知谏院黄履奏称："国子监每岁赐钱一万四千贯，供赡外舍生及诸般支用。"[②]也就是说，国子监的预算每年为1.4万贯，可见在熙宁四年之前，国子监的预算为1万贯。

《宋史·选举制》中说，在宋神宗元丰二年（1079年），朝廷发布国子监的管理规定，其中提道："岁赐缗钱至二万五千（贯），又取郡县田租、屋课、息钱之类，增为学费。"[③]这里说的"学费"并不是指由学生向学校缴纳的费用，而是朝廷拨出的国子监办学资金。到此时期，国子监的预算增加到2.5万贯，实际拨付到位的资金可能是2.3万贯。

《宋会要辑稿》中说，到了元丰三年（1080年），"增国子监岁赐钱万五千缗（一缗即一贯）。以国子监言'岁费钱三万七千缗，而所入才二万三千缗'故也"[④]。

到此时，尽管朝廷拨出的国子监预算已经比熙宁时期增加了几倍，可是国子监还是存在亏空。

---

① ［清］徐松辑，［清］缪荃孙重订：《宋会要辑稿》职官二十八，民国二十五年国立北平图书馆影印本，原书无页码。

② 同上。

③ ［元］脱脱：《宋史》卷一百五十七，北京：中华书局，1985年，第3661页。

④ ［清］徐松辑，［清］缪荃孙重订：《宋会要辑稿》职官二十八，民国二十五年国立北平图书馆影印本，原书无页码。

实际上，国子监的工作人员数量很有限，国子监预算开支项目主要是针对太学生发放的补贴。国子监的学生分上舍、内舍、外舍三等，在宋朝初年，国子监每月向每名上舍、内舍生发放1,090文钱的补贴，外舍生则是850文。到了宋代中期，太学生的数量迅速扩大，而且朝廷同时提高了太学生的补贴数额，这导致国子监的预算不断扩大。在北宋初期，国子监的太学生只有二三百名，到了北宋后期，国子监的学生数量扩大到了几千人。同时，所有太学生都要免除食宿费，这也是一笔重要开支。

因为国子监的开支不断增加，所以朝廷也不断帮助国子监增加其他方面的收入，比如朝廷允许国子监通开展印书、卖书的商业活动，所得收入便纳入国子监，这笔资金独立收支，不受宋代财政管理部门干涉。《宋史·儒林传》提到，国子祭酒孔维“私用印书钱三十余万，为掌事黄门所发，维忧惧，退以家财偿之。”[①]北宋初年，一位名叫孔维的人在国子监担任国子祭酒，负责国子监的管理工作。当时的国子监获得了朝廷专门授权，可以印刷书籍并且出售。有一段时间，孔维为了补贴家用，悄悄贪污了国子监的印书资金共计三十多万钱，后来被朝中其他人发现，只好将这笔资金补上。

之后，国子监又先后获得一些土地。由国子监负责管理的土地前后加起来可能有上万亩，土地的租金主要用于国子监办学。总体来说，北宋时期的国子监在大部分时间内的办学资金一直是充裕的，因此国子监的学生总额才不断扩大，一度达到几千人的规模。

当然，国子监的财政拨款只是宋代教育财政的很小一部分。宋代政府一直在不断开辟多种路径，增加政府的教育类专项收入。比如，宋徽宗崇宁三年（1104年），“诏拨诸系官田宅、常平、户

---

① ［元］脱脱：《宋史》卷一百五十七，北京：中华书局，1985年，第12812页。

绝等田，以充学费”。[1]凡是某地某个家庭没有继承人，政府便收回其土地和家庭财产，变卖作为当年教育收入；比如，将本地空闲的公共房屋出租，租金纳入教育类收入；再比如，将盐酒等重要税收类目中划拨出专门部分作为教育类收入。这些都大大充实了北宋政府的教育收入。

北宋政府通过多种手段增加教育投入，北宋后期国家公共财政中的教育开支总额达到历代高峰。宋徽宗大观二年（1108年），负责国子监管理的葛胜仲向朝廷提交了一份名为《乞以学书上御府并藏辟雍札子》的报告，这是中国历史上第一份年度教育发展数据汇总，这一年：

> 总天下二十四路，
>
> 教养大小学以人计之，凡一十六万七千六百二十二；
>
> 学舍以楹计之，凡五万五千二百九十八。
>
> 学粮以缗计之，岁所入凡三百五万八千八百七十二，所用凡二百六十七万八七百八十七；
>
> 学粮以斛计之，岁所入凡六十四万二百九十一，所用凡三十三万七千九百四十；
>
> 学田以顷计之，凡一十万五千九百九十；
>
> 房廊以楹计之，凡十五万五千四百五十四。[2]

从这份报告中可以看到，北宋后期，全国在校学生为16.76万人。教育类财政资金为350.88万贯，粮食64.29万石，收入远高于开支。此外还有学田15.59万顷，也会带来大量教育资金。

北宋后期，全国财政每年收入资金总额大约六七千万贯，粮食约两千万石，其中教育类的收入约占财政总收入的3%。这笔费

---

① ［宋］梁克家：《淳熙三山志》，宋元方志丛刊本，北京：中华书局，1990年，第7886页。

② ［宋］葛胜仲：《丹阳集》卷一《乞以学书上御府并藏辟雍札子》，转引自汪圣铎：《两宋财政史》，北京：中华书局，1997年，第498页。

用看起来不算少，如果与中国古代其他历史时期相比，北宋时期公共财政中的教育支出是十分突出的。教育活动需要大量经费，面向基层的教育活动涉及人数庞大，需要巨额开支。大致计算一下，北宋后期，纳入朝廷开支体系内的学生人均费用约为每人每年几十文。对比一下，近几年，我国政府每年用于教育的投入约为五万多亿元，每年人均经费逾万元。即使这样，也有无数家庭还会另外支付不少费用用于孩子其他方面的教育。当然，当代我国各级财政超过三十万亿元，与古代不可同日而语。通过对比可以看到，北宋时期教育财政开支实际上并不算多，对于广大基层百姓的实际教育需要来说，可能还只是杯水车薪。

3.宋代的学田制度

为了满足基层社会普遍存在的教育需要，宋代政府在建立专项教育财政制度的基础上，还推进了另外一项开创性的制度，即学田制度广泛建立。

土地是传统社会的核心资产。学田是指由学校等教育机构或教育管理部门拥有的土地。有些情况下，个人或者地方政府会代表学校拥有或管理学田。一般来说，学校雇人耕种学田，所获产品归学校所有；或者出租学田，以租金的形式支持学校运行，保证学校长期稳定。

宋真宗乾兴元年（1022年），中央朝廷发布了一项措施："赐兖州学田十顷。已而，又命藩辅皆得立学。其后，诸旁郡多愿立学者，诏悉可之，稍增赐之田如兖州，由是学校之设遍天下。"[①]为了在不增加中央朝廷财政负担的基础上支持地方教育发展，便划拨一块十顷大小的土地作为该地教育专用土地。第一个试点地区是当时的兖州，后来逐渐扩展到更多地区。这项措施大大促进了地方教育的发展。

---

① ［元］马端临：《文献通考》，北京：中华书局，2011年，第1340页。

在宋代，除了朝廷划拨之外，不断有人愿意购买和捐赠数量不等的土地给本地的学校，以至于学田制度成为一种全国范围内普遍存在的土地制度。此外，也有人愿意捐出房屋等建筑用来支持教育发展。这些制度共同促进了地方学校的发展。

宋仁宗天圣（1023—1032年）年间，王曾在青州办学，朝廷按照规定划拨学田三十顷，但王曾认为这些土地不够用来维持学校运行，“患田少不足，又傍学作屋二十间，岁入于学钱三十一万。庆历（1041—1048年）年间，青州太守广公之意，去南城隙地，又作屋八十三室，别为钩盾六十二间，岁入于学，通六十七万”。[①]学校资产持续扩充，学校的规模也在变大。

在南宋时期，扩大学田的规模已经成为地方政府的共识。地方政府创办学校，不再像北宋时期可以一样从中央朝廷获得固定规模的学田，而主要靠各地自行想办法。

南宋时期编写的《景定（1260—1264年）建康志》中保存了一篇当时的名臣王遂于嘉熙四年（1240年）写的《建小学记》。这篇文献提到了当时建康（今南京）府创办小学的过程，其中说：

……

王公下车，兴崇惟谨，首辟西庑，建为小学，旋即学西，辟地为宫，合于虞庠，在西郊之制。成童而下，聚而教者二十人为率，赋诗属对，随力所进，课试有程，教导有师，表劝有式，弦诵相属。

先是公廪五百斛，不足以赡生徒，至是岁辍诸仓，月取诸税，犹惧不蔇（jì，来）。会永宁乡新筑之圩（wéi，此处是指圩田，即在地势低洼处修筑堤坝，开垦出的田地），租入七十石，可以毕小学之供。

① ［宋］石介：《徂徕石先生文集》之《青州州学公用记》，北京：中华书局，1984年，第19页。

天造地设，若有为而然。士风兴行，人材辈出，前之成者后继之今之进者来未已。小则蒸蒸而出，大则亹亹而升，还成周而陋汉唐，自兹始矣。[①]

从这处记载可以看到，建康府的小学只有二十名学生，规模很小，即使这样规模的小学，每年也需要最少五六百石的粮食开支，因为食物是免费的，而且前来就读的学生可以像太学生一样领取一定的生活补贴。

最初，建康府小学的开支主要是来自“公廪”。“公廪”是指宋代中央朝廷设置在各地的国家粮食储备仓库，粮食的使用要依据朝廷和各地需要，经各地或者有关机构向朝廷报告之后才能使用。“公廪”的粮食数额有限，不够使用的情况下，建康府地方官员便将本地新开垦的一部分土地租金拨给小学使用。这部分新开垦的土地可能本来属于地方政府，将租金拨给小学实际上就是将这部分土地变成了“学田”。

建康府虽然只是开办了如此小规模的一个小学，文献内容的撰写者却可以自豪地说“还成周而陋汉唐”，也就是这种制度是汉唐时期所没有的，到了宋代才开始建立起来。

在这篇《建小学记》中，王遂表达了自己对小学的看法：

小学之于大学，为序不同，其道则一而已。

大学者，因理以明天下之事；小学者，即事以观天下之理。

诚使幼学者用力乎孝悌、忠信之行，以及乎射、御、书、数之艺。

其长也，由格物、致知，以至于诚意，而理无不明；由正心、修身，推而至于治国、平天下，而事无不格。自塾庠，

① ［宋］周应合等：《（景定）建康志》卷三十儒学志三，引自曾枣庄、刘琳编：《全宋文》，上海：上海辞书出版社，2006年，第319—320页。

至于序学，而教无不成，人无不化。[1]

王遂认为，不能把小学作为大学的附庸，小学和大学具有同等重要的作用。虽然小学和大学学的内容有一些差别，但这主要是因为学生年龄有所差异，认知能力有所不同，学习的最终目的则是一致的。

在《两浙金石志》中也有一篇存在多处残缺文字的文献，提到山阴县（今浙江省绍兴市）为本地小学增设学田的情况：

山阴检籍吏产，得湖田、水田，井基［缺文］二百二亩有奇，计其所敛，与征布之入，佐工役费，其田尽归之小学，所以仰承圣天子崇重学校、嘉惠多士之意，可谓至矣。[2]

山阴县在核对本地公有田产时，发现多出了二百多亩土地，便把这二百多亩土地划拨给本地小学作为学田，以响应朝廷重视教育的号召。

南宋宝庆（1225—1227年）年间编写的《四明志》中提到了当时庆元府创办小学的过程：

嘉定四年（1211年），令崔端学乃创立四斋，曰"育英"、曰"养贤"、曰"升俊"、曰"达材"。米有廪，祭有库，叠石为泮水桥，设重门于桥之外防，门内新列两庑。

八年（1215年），摄守程覃捐缗钱四百，委主簿摄县事戴栩，于明伦堂之前护以仪门，后立直舍三间，辟小学斋，曰"求益"，环泮水之岸，皆甃（zhòu，砌）之。

十二年（1219年），赵珌夫宰邑，相继拨官产，以埤（pí）学租，旧租之湮没者覈实而附于石，养士始仅足矣。[3]

四明即当时的庆元，大致在今天的浙江宁波。从这处记录可以

① ［宋］周应合等：《（景定）建康志》卷三十儒学志三，引自曾枣庄、刘琳编：《全宋文》，上海：上海辞书出版社，2006年，第319—320页。

② ［清］阮元：《两浙金石志》卷十三，清道光四年李澐刻本，第1页。

③ ［宋］胡榘修、罗濬纂：《四明志》卷十八，宋元四明六志本，第9页。

看到，庆元府在最初创立的“四斋”并不是面向年龄很小的孩子的学校，直到几年后，才由下一任领导在学校附近扩建了小学，只有一个班级。在当时的人看来，创办学校，哪怕是面向年龄很小的孩子的小学，也是一种“养士”的做法，因此要想办法筹措经费，所以庆元府历任管理者都在想办法增加本地的学田。

根据《四明志》的记载，当时的庆元府下属的各个县都有自己的学田：

鄞（yín）县：田二千九百八十亩二十三步，湖田六百六十六方计七万四百亩有奇，地八十三亩三十八步有奇，河涂地二百一十三亩三角一步，水池一亩四十步，山一万一千七十二亩五十四步半。

奉化县：田四百一十三亩一角五十七步，地六亩一角，山一百八十九亩二角三十二步。

慈溪县：田六百七亩一角七步半，地二角一十三步，山八十三亩三角一十四步。

定海县：田池、地、山，共三百一十二亩三角三十二步有奇。

右（以上）除本学旧业外，系累任守仇悆、秦棣、李景和、程准、程覃、齐硕、胡榘，相继拨到没官物产，或辍钱买置。

建炎兵火（指南宋初年，金兵南下）之后，郡人林户曹玮尝捐私田半顷，入学养士。

昌国县（今舟山）石弄山砂岸。右皇子魏惠宪王奏请拨赐，令本学自择砂主。

秀山砂岸。右拘入徐荣等物产。[1]

可以看到，学田主要有以下几个来源：第一，地方官员将本

---

① ［宋］胡榘修、罗濬纂：《四明志》卷二，宋元四明六志本，第12—13页。

地一部分资产划拨到学田名下，大部分是地方政府没收的各类资产；第二，地方官员个人或组织的捐资；第三，地方官员向朝廷申请划拨得到的学田；第四，个人自愿捐资。

《四明志》中还提到了这些学田的收益如下：

白米：七百四十七硕（类似于石）八斗七升三合八勺。

湖田糙米：一千六百二石一斗五升九合。

谷：二千二百一十五硕二斗七升九合九勺。

河涂钱：二百二十贯五百九十一文。

租地钱：一百二十贯五百六十三文。

四明山租钱：二百八十贯文。

石弄山砂岸租钱：五千二百贯文。

秀山砂岸租钱：二百贯文。

东安乡屋钱：日掠三十九文。①

合计一下，庆元府一个地区一年学田收入有粮食近4,000石，钱大约7,000贯。这是地方政府办学的主要依托。

4.进入宋代公办小学需要什么“手续”？

宋代的公办小学在京城有“国子监附属小学”，在地方有府或者州县政府创办的小学。在北宋后期和南宋时期，大部分州县级别的行政区内都有一所政府创办的小学。

在宋代，普通百姓家的孩子很难进入中央朝廷开办的“国子监附属小学”，只有在京做官且官职达到一定级别的人家里的孩子才能进入这所学校。虽然宋代朝廷曾经规定，如果是长期生活在京城的人能够获得在京做官的人的“保任”，也就是担保信，也能够入学读书，但是实际上这种情况很少出现。

在地方上，一个县级行政区内少则几万人，多则几十万人，如果所有孩子都上学，每年要上学的适龄儿童最少有几百人。可

① ［宋］胡榘修、罗濬纂：《四明志》卷二，宋元四明六志本，第14页。

是州县级政府创办的小学一般只有二三十人的招生名额，而且并不是每年都要招收这么多人。这样看来，可以说绝大部分孩子都是没有资格进入地方政府创办的小学读书的。那么需要满足什么条件，履行什么手续才能进入这些学校读书呢？

第一，“举人委保”，即请人开具担保信。《宋代科举资料长编》中说：“初入郡学人，须有到省举人二人委保，是本乡人事或寄居已久，无不孝不悌、逾滥之行，即不曾犯刑责或曾经官司罚赎、情理不重者，方得入学。”① “到省举人”，也就是已经考中举人的人。在宋代，一个县里可能只有几十名举人，对于普通人家的孩子来说，要获得这些举人的担保并不是那么容易的。

第二，“投家状”，即向学校提交家庭情况介绍。需要个人和家庭成员简历及情况说明。清代王昶编写的《金石萃编》中收录了一篇《京兆府小学规》。北宋时期的京兆府主要是指现在西安及附近地区，这篇《京兆府小学规》的第一条就规定了本地小学入学流程：“一应生徒入小学，立须见教授，投家状，并本家尊属保状（其保状内须声说，情愿令男或弟侄之类入小学听读）。委得令某甲，一依学内规矩施行，申学官押署后，上簿拘管。”② “教授”为本地学校的负责人，“家状”即家庭情况介绍，大致类似于今天全家人的简历。

第三，“试义”，即入学考试。《宋会要辑稿》中说：“（宋徽宗大观二年，1108年）三月二十四日，开封府学博士郁师醇言：‘检会御笔，自今应于乡村、城市教导童稚，令州县自陈，赴所在学试义一道，文理不背义理者，听之。虑有假名代笔，诈冒之人，欲乞依大观学令，初入学生结保之法。仍乞试日，依试法差官，

① 诸葛忆兵：《宋代科举资料长编》，南京：凤凰出版社，2017年，第413页。

② ［清］王昶：《金石萃编》卷一三四，北京：中国书店出版社，1985年，第23页。

封弥、试卷、送考校官。’从之。诸路依此。”①也就是说，考试地点为报考学校，考试内容为“义”一篇，考试流程与科举考试“补试”阶段的考试类似，考生交卷之后，要“弥封”，也就是把填写有考生姓名的“卷头”封起来，这样阅卷人就无法看到考生的信息了，以确保公平。“弥封”是宋代人的发明，一直沿用到今天。

第四，后期增加了“面试”环节。随着时间的推移，小学的管理制度不断完善。《宋会要辑稿》中提道：

> 政和四年（1114年）十二月四日，尚书省言：“诸小学，八岁以上听入。若在家、在公有违犯（违谓违父母尊长之训，犯谓犯盗窃伪滥之类，皆迹状者。）若不孝不悌，不在入学之限。即年十五者，与上等课试。年未及而愿与考，听。食料各减县学之半。愿与额外入学者，听，不给食。州教授、县学长总之，训导较试，教谕掌之。”②

为了让入学考试更加规范，北宋后期，地方政府公办小学的入学考试增加了“面试”环节。在当时，一些有钱人家为了获得进入地方公办小学的资格，便出钱请人替考，《文献通考》中说：“（宋徽宗政和七年，1117年）给事中毛友言：‘比守郡见诉，役者言，富家子弟初不知书，第捐数百缗钱，求人试补入学，遂免身役，比其岁升不中，更数年而始除籍，则其幸免已多矣。请初试补入县学人，并帘试，以别伪冒。’从之。”③毛友向朝廷反映，地方官从学校服务人员的口中获知，很多富人家庭的孩子出大笔钱请人替考，虽然这些孩子读书的水平不行，在后续的学习中无法考进国子监的太学，但是在地方公办小学中学习的几年也已经获得很多好处了，所以地方官学的入学考试应该增加“帘试”环节。

---

① ［清］徐松辑，［清］缪荃孙重订：《宋会要辑稿》崇儒二，民国二十五年国立北平图书馆影印本，原书无页码。

② 同上。

③ ［元］马端临：《文献通考》，北京：中华书局，2011年，第1345页。

“帘试”也就是今天的“面试”。

5.小学的管理

北宋初，宋仁宗至和元年（1054年）制订的《京兆府小学规》是中国现存最早的小学管理规定，比较具体地反映了宋代小学生的学习活动。这份“小学规”在当时被刻在了一块石碑上，竖立在京兆府公立学校外边，后来，碑文被收录在金石文献中，一直保存了下来。《京兆府小学规》原文如下，共有六条（序号为本书所加）：

府学榜，准使帖于宣圣庙内置立小学，所有合行事件须专指挥。

一、应生徒入小学，立须见教授，投家状，并本家尊属保状（其保状内须声说，情愿令男或弟侄之类入小学听读）。委得令某甲，一依学内规矩施行，申学官押署后，上簿拘管。（这一条是关于入学手续的，上文已有解读。）

二、生徒内选差学长二人至四人，传授诸生艺业，及点检过犯。（在全班学生内，选拔2～4人作为“班干部”，负责协助老师教育和管理督促其他学生。）

三、教授每日讲说经书三两页，授诸生所诵经文句、音义，题所学书字样，出所课诗赋题目，撰所对属诗句，择所记故事。（老师每天做的事情包括：（1）讲解要读的书2～3页，（2）帮助学生解读要读的书的字音、字义，（3）帮助学生在书上做出标记，（4）把要读的诗歌，要练习写作的诗句、对联题目公布出来，（5）选择一篇要学习的历史故事。）

四、诸生学课分为三等：

第一等：每日抽签，问所听经义三道，念书一二百字，学书十行，吟七言古律诗一首，三日试赋一首，或四韵，看赋二道，看史传三五页（内记故事三条）；

第二等：每日念书约一百字，学书十行，吟诗一首，对属一联，念赋二韵；

第三等：每日念书五、七十字，学书十行，念诗一首。（所有学生每天都要念书，一等到三等每天念书的字数要求从高到低不同。所有学生每天都要学“书”，也就是学习书法，共十行。所有学生每天都要读诗最少一首。其中一、二等学生每天还要练习对一道对联，读二篇赋。其中一等学生还要每三天试着写一篇小文章，看历史故事并做笔记。可以看到一等与三等之间的差异很大，一等学生要求很高，三等学生要求则比较低。这主要是因为当时的做法是，所有在读的学生都分在同一个班级内，不像现在这样是按年龄分年级的。虽然进入地方公立小学学习的学生一般只在这里读书1～3年，但是学生入学时的年龄存在差异，所以不同学生的学习能力也存在很大差异，必须做出不同安排。）

五、应生徒有过犯，立量事大小行罚，年十五以下，行扑挞之法；年十五以上，罚钱充学内公用，仍令学长上簿，学官教授通押。行止逾违，盗博关讼，不告出入，毁叶书籍画书壁，损坏器物，互相往来，课试不了，戏玩喧哗。（这一条列举了学生犯错的处理方式，对于年龄比较小的孩子以体罚为主，年龄比较大的孩子以罚款为主。犯错主要包括：行为不当，小偷小摸，旷课旷学，乱写乱画，损坏公物，无法完成考试，在学校内喧哗等。）

六、应生徒依府学规，岁时给假，各有日限。如妄求假，告及请假，违限，并关报本家尊属，仍依例行罚。（这一条是关于请假的规定。在宋代，官方机构有充足的休假制度。固定假日为“旬假”，每十天里休息一天；此外，在春节、冬至、寒食分别放假七天。在上元、中元、夏至、冬至，以及皇帝生日，分别放假三天；此外，还有“十八小节”，每个节日放假一天。一年内休假总和比当代学校还多。学校的假期是比较多的。）

右事须给旁小学告示，各令知委以前件如前。

至和元年（1054年）四月日

权府学教授蒲宗孟

府学说书兼教授裴凄

秘书丞通判军府、兼管内劝农事、提举府学韩绎

尚书比部员外郎、通判军府、兼管内劝农事、提举府学薛俅

忠武节度使、特进、检校太尉、知军府事文、本学教授、兼说书革泽任民师

三峰进士李邵管句立石

丰邑樊仲刻①

从这则“小学规”可以看到，京兆府小学共有两名专职人员，分别为“权府学教授”和“府学说书兼教授”，其他三名人员均是兼职人员，可能是在京兆府工作的官员，兼职在京兆府小学担任老师。

在宋代，中央朝廷针对国子监附属小学也制定了测评办法。《宋会要辑稿》中保存了政和四年（1114年）六月由国子监提交的《检承小学令》的一部分内容：

诸学并分上、中、下三等。

能通经为文者，为上；

日诵本经二百字、《论语》或《孟子》一百字以上，为中；

若本经一百字《论语》或《孟子》五十字者，为下。②

在当时，国子监分为“外舍”“内舍”“上舍”三个级别，三个级别又各自分为“上等”和“下等”，不同级别的学生享受的待遇

① ［清］王昶：《金石萃编》卷一三四，北京：中国书店出版社，1985年，第24—25页。

② ［清］徐松辑，［清］缪荃孙重订：《宋会要辑稿》崇儒二，民国二十五年国立北平图书馆影印本，原书无页码。

不一样，级别越高，领取的政府补贴越高，大致相当于今天不同等级的奖学金。

宋徽宗大观三年（1109年），朝廷规定："小学能通经为文者，为上等；既不犯罚，又五次合格，令更不赴本贯县学试补。在学半年，升本学外舍生。"[①]

政和四年十二月，当时的中央朝廷又专门颁布了《小学条制》，对小学生测评办法做了细化，明确不同水平的学生的等级划分：

> 小学生八岁，能诵一大经，日书字二百，补小学内舍下等。
>
> 诵二经，一大一小，书字三百，补小学内舍上等。
>
> 十岁，加一大经，字一百，补小学上舍下等。
>
> 十二岁以上，又加一大经，字二百，补上舍上等。
>
> 即年未及，而能书诵及等者，随所及等补。[②]

通过这样的措施，不同年龄、学习程度不同的学生就有升级的办法，这样可以督促学生不断提高自己的学习能力。

---

① ［清］徐松辑，［清］缪荃孙重订：《宋会要辑稿》崇儒二，民国二十五年国立北平图书馆影印本，原书无页码。

② 同上。

第六章　元代的社学

元朝于公元1279年统一全国，之后全国统一的局面维持了大约90年时间。在此期间，元朝在基层社会推行“社学”制度，基层政府与民间力量开始形成合力，共同推动启蒙教育的发展。我国蒙学发展进入新的阶段。

一、元代前期的“社学”计划

元代至元十六年（1279年），在今天珠江口一带，元军与南宋最后一支正规抵抗力量展开决战，陆秀夫身背南宋小朝廷最后一任皇帝跳海自杀，南宋灭亡，元朝最终统一中国。至元二十三年（1286年），各地基本进入稳定局面，为了加强对基层社会的控制，元代中央朝廷中书省颁布《农桑十四条》，其中有这样的规定：

诸县所属村疃（tuǎn，村），凡五十家立为一社，不以是何诸色人等，并行立社，令社众推举年高、通晓农事、有兼丁者立为社长。

如一村五十家以上，只为一社，增至百家，另设社长一员。如不及五十家者，与附近村分相并为一社，若地远人稀，不能相并者，斟酌各处地面，各村自为一社者，听。

或三村、五村并为一社，仍于酌中村内选立社长，官司并不得将社长差占，别管余事，专一教劝本社之人。[1]

实际上，在元朝统一全国之前，北方一些地区的地方政府就开始在本地建立“社”这样的基层组织。至元二十三年（1286年）后，“社”成为中国基层社会最小的组织单位，每“社”有50～100户，每社选一人担任社长。

“社”作为一级社会组织，主要任务是帮助基层社会更快恢复生产秩序，在社会稳定下来之后，则负责赋税征收、基层社会教化。在儒家思想看来，社会稳定、人口增加之后，便需要建立学校、发展教育。《农桑十四条》之第十一条提出在“社”一级社会组织中建立社学的计划：

今后每社立学校一所，择通晓经书者为学师，于农隙时分，各令子弟入学，先读《孝经》《小学》，次及《大学》《论》《孟》、经史，务要各知孝悌忠信，敦本抑末。

依乡原例，出办束脩。

如自愿立长学者，听。

若积久学问有成者，申覆上司照验。[2]

根据规划，“社学”的主要学习内容先是《孝经》《小学》，随后是《大学》《论语》《孟子》以及经、史，其中《小学》为南宋时期朱熹编写的启蒙读物。此处的“乡原例”是指依照民间习惯，向教师支付工资。这意味着“社学”中教师的工资是由学生支付，而不是来自政府。大部分“社学”为临时性学校，是在农闲时节开办的。如果愿意常年开办“社学”也是可以的。

在朝廷的建议之下，一些地区建立了大量“社学”。元至元二十八年（1291年），刘事义担任禹城（今山东省德州市）县尹，重视本地教育的发展，“建社学八十区，额外佐吏悉资遣入学为生员，

① 陈高华等点校：《元典章》卷二十三《户部九・劝农立社事理》，天津：天津古籍出版社；北京：中华书局，2011年，第916—917页。

② 同上书，第920页。

率僚属朔望会集，敦劝后进，风俗为之一变，去州治几六百里，凡督责期会之事，靡不办集”。[①]

但是，元代初期在《农桑十四条》中提出的建立社学的计划在基层执行力可能并不高。至元十年（1273年），有基层官员向朝廷提出：

> 各路、府、州、司、县，在城关厢已设长学外，据村庄各社请教冬学，多系粗识文字之人，往往读《随身宝》《衣服杂字》之类，枉误后人，皆宜禁约。
>
> 今后止许遵守已降条画，训以圣经，教其句读音义。学师比及受请以来，宜于州县学官处预将各经校正点读句读，音义归一，不致讹舛，如此庶免传习差误。
>
> 已明经史不拘此例。仍令府、州、司、县官提点农事去时，亦宜学师处以理奖劝。
>
> 大司准拟。[②]

从这处记载来看，在城区已经设立了“长学”，即常年维持的学校，主要设置在县级单位以上；同时在乡村地区设置“冬学”，主要设置在县级单位以下。“冬学”的学习内容并不是《农桑十四条》中提到的《孝经》《小学》等，而主要是《随身宝》《衣服杂字》，是当时基层社会识字读物。“冬学”的学习条件很差，塾师甚至经常教错。这位官员提出，塾师应该先到城里教育管理部门那里，确定所有字的读音、写法、断句没有问题后，才能教学生，以免出错。

① ［清］李桂廷等：《（嘉庆）禹城县志》卷七《县尹刘事义去思碑》，清嘉庆十三年刻本，第21页。

② 方龄贵校注：《通制条格校注》，北京：中华书局，2001年，第250页。

二、元代中期“小学”创办模式

元代重要教育文献《庙学典礼》中有一篇《成宗设立小学书塾》，以政府公文来往的形式记录了当时江浙省建康路等地设立小学的过程。成宗即元成宗，为元朝第二任皇帝，1295年至1307年在位。

为了更清楚地从当时政府视角呈现小学设立的过程，此处将《成宗设立小学书塾》原文呈现，并加以解读。

元代《成宗设立小学书塾》解读[①]

原文（本书做出分节）	解读
江浙等处儒学提举司，大德四年（1300）六月指挥该：承奉江浙等处行中书省札。付该。	元代行政区划大致为省（行省）、路（或府、州）、县（或州）。 江浙为元代省级行政单位（即行中书省、行省）。 儒学提举司为元代行省下设教育管理机构。这份文件的层次为： 大德四年，江浙行省教育管理部门收到该省公文。
据建康（今江苏省南京市）路申：勉励学校，拟于请粮儒人内遴选堪为师范之士，于各乡每都创立小学书塾一处，训习生徒。 申奉。	儒学提举司收到行省政府转发：收到本省建康路地方政府提交的报告，希望在本路内每个乡设置一处小学。教师从“粮儒人”中选拔，即从当时专门的儒户中选拔。
行御史台札付该：化民成俗，莫善于学，若准儒学提举司所言，各路一体设立，实为盛事，仰就申合干上司施行，乞照验事。 得此。 会验。	“行御史台”意见。此事经本省“行御史台”讨论后进一步提出：本省不只建康路应这样做，其他路均应该共同推进。（“行御史台”为江浙省监察机构，所有公文均要经御史台讨论并联署发布。）

① 王颋点校：《庙学典礼》，杭州：浙江古籍出版社，1992年，第134—136页。

续表

原文（本书做出分节）	解读
钦奉圣旨条画内一款节该：今后每社设立学校一所，择通晓经书者为学师，于农隙时分，各令子弟入学，先读《孝经》《小学》书，次及《大学》《论》《孟》、经史，务要各知孝悌忠信，敦本抑末。 依乡原例，出办束脩。 如自愿立长学者，听。 若积久学问有成者，申覆上司照验。 钦此。 今据见申省府：除外，合行仰照验，依上施行。 奉此。	儒学提举司补充中央朝廷文件。儒学提举司收到行省下发文件后，提出补充：依据之前至元二十三年（1286年）朝廷发布的文件规定，确定各社学教育内容体系为：逐次学习《孝经》《小学》以及四书、经史等书。 这些是之前朝廷下发的规定。 特此将中央朝廷的文件汇报给行省，行省表示：应该仍旧遵照实施。 以上流程均已完成。
照得近准建康路牒：准本路总管廉中议关：学校乃作养后进之地，除路、州、县学、书院，各设小学教谕教习生员，外据请粮耆、儒人内，遴选真材实学、前辈典型、堪为师范之士，在城八隅各设小学书塾一处，训习生徒，作养后进，在塾生员，晨昏便于修读。 或能担簦负笈，不远千里而来者，皆所不拘。 若夫束脩，如其父兄有乐教子弟之心，随宜多寡供送，各从其便。 为师尊者，常体教不厌、诲不倦之意，如遇朔望，令各塾师儒率领诸生，前诣学、院观礼，使知学校规绳，期成远大之器。 其余州、县，拟于各乡每都，依上创设立小学书塾，近者每月赴学，乡村远者，不须赴学。仍开坐设立书塾去处、员数，申覆照验，庶几将来可有稽考。 准此。	转述建康路建议。根据建康路提交的建议：本路内的小学主要设置方案为，在本路、州、县的书院开设附属的“小学”。同时，在城内设置八处小学。 廉中议即廉希哲，官级为中议大夫，相当于正四品，所以称为廉中议，类似于今天“廉市长”这样的称呼。 对于学生，凡是愿意就学的都欢迎入学。 对于塾师的工资，主要由学生缴纳，学费多少由学生家长根据自己的力量，自由确定。 教师在每月应该组织学生举行一定的仪式活动。 各州、县的乡、都也应该创立“小学书塾”，作为微型“小学”。凡要设立“小学书塾”的，需要向本地政府提交申请作为备案。

续表

原文（本书做出分节）	解读
行据本路儒学并各州、县儒学各状申，依上于请粮儒人内选择，设小学书塾训习生徒。 外，今将各州司、县设立书塾去处开坐前去，请照验施行。 准此。	儒学提举司拟定批准意见。 批准建康路提交的申请。 各路可以根据本路的情况设立学校，聘请教师。 另外，各州县书塾开设方案，也一并遵照执行。 特此批准。
儒司参详：古者家有塾，党有庠，术有序，所为作养后进，莫先于此。今建康路坊隅乡都拟设书院，似为相应。	儒学提举司正式批复。提出的进一步意见如下： 健康路的申请与上古时期的教育理想十分相符。
申奉省府□该：照得钦奉圣旨节该：应设庙学、书院，作养后进，严加训诲，讲习道艺，务要成材。本路总管、提举儒学、肃政廉访司宣明教化，勉励学校，凡合行事理，照依已降圣旨施行。 钦此。 除钦遵外，今据见申，除已札付建康路就便申覆行御史台，行下廉访司讲究拟议可否施行外，仰照验施行。 奉此。	江浙省正式批复。依据中央朝廷的文件，各地均应设立庙学、书院。各路政府，省级教育管理部门，以及其他相关部门，均应关注教育发展。 总管为路级政府主要负责人，提举儒学为省级教育管理机构儒学提举司主要负责人，肃政廉访司为省级监察机构。
已经移牒建康路，并行下本路儒学，依奉省、台事理施行。	下发文件到建康路。上述文件均已经经本省监察机构讨论核验后下发建康路。
去后，今奉前因，儒司：除外，合下仰照验，于本处请粮儒人内，遴选真材硕学、堪为师范之士，并合设去处，拟定官吏保结，申司施行。	儒学提举司补充建议。建康路得到江浙省文件后，下发本路相关机构实施，尤其要注意师资选拔。

可以看到，元代基层教育事务的处理流程为：

（1）“路”一级政府向上级行省政府提出建议，大致相当于今天地市级政府向省级政府提出建议。

（2）行省政府收到文件，经讨论后下发本省教育管理部门儒学提举司，其中需要经过监察机构“行御史台”讨论并联合署名。

（3）行省教育管理部门儒学提举司收到行省政府下发的文件，参考此前中央朝廷中的有关文件规定，提出进一步具体意见，上报至行省政府批准，行省教育管理部门儒学提举司也要在行省批准后作出进一步批复。

（4）行省教育主管部门儒学提举司将批准意见以及补充意见下发到“路”一级政府。

（5）“路”一级政府参照实施。

《成宗设立小学书塾》的原文以行省教育管理部门为主体。本书将其划分为十个层次，具体为：

（1）儒学提举司收到行省下发的文件。

（2）儒学提举司收到行省政府转述。行省政府转述“路”级政府的提议，表示收到了建康路提交的建议，现转发给儒学提举司。

（3）行御史台意见。行省监察机构行御史台的意见为：支持“路”级政府的建议。

（4）行省教育主管部门儒学提举司补充了中央朝廷的文件。依据此前中央文件，“路”及政府的建议符合中央朝廷的政策精神。

（5）转述建康路建议。儒学提举司引述之前“路”级政府提交上来的具体建议。

（6）儒学提举司拟定批准意见，上述文件汇总提交行省政府。

（7）儒学提举司正式批复。建康路的建议符合上古教育思想精神。

（8）江浙省正式批复。建康路的建议符合中央朝廷的思想精神，有关建议已经由两级监察机构讨论核准。

（9）文件下发到建康路。

（10）儒学提举司最后补充建议。

具体来说，元代中后期的启蒙阶段学校常称为“小学”，与前期的“社学”略有区别。相比之下，“社学”更为广泛、灵活，也更不稳定，常常是民间某位塾师自行设立，也随着塾师的离开而宣告结束。而“小学”则完全由基层政府提出设立，主要位于各府、州、县等基层政府所在地的城区。

乡下启蒙教育机构称为“小学书塾”，设置在乡一级区划（或乡级区划下的都级区划）中。元代的“乡”大致类似于今天的“乡镇”，而“都”类似于今天乡镇中的次中心。相比之下，元代的“社”只相当于今天的“居民点”，为村内区划，涉及人口数量远小于“乡”“都”。

元朝时期，建康路所在地区为我国经济相对发达地区，教育发展比其他地区也好，因此建康路可能较早关注到基层启蒙教育的需要。遗憾的是，《成宗设立小学书塾》缺乏基层更具体的文献佐证，如今已无法了解这份文件在当时产生的具体影响。

三、元代后期的“社学”与教育发展

自至元十六年（1279年）元朝统一全国，到至正十一年（1351年）时，我国南方便爆发了大规模起义。1368年明朝建立，元代统一全国的局面维持的时间不长，前后不足一百年时间。

从文献记载来看，元代后期，我国一些地区的基层社会建起了完善的社学体系。元至正二十四年（1364年），杨彝担任吴县（今江苏省苏州市）尹，他对教育十分重视，对推动本地教育发展做出了重要贡献。元末明初时的文献《夷白斋稿补遗》中有一篇杨彝所写的《吴县修学记》，其中说：“吾欲俾（bǐ，使得）若里有社，社有学，学有师，以教若子弟。……居无何，百里之内，弦颂相闻，口诵诗书而身践儒行者，相属于道。”[①]这类记载可能有夸张的成分，但至少说明当时的社会出现了较好的发展。

① ［元］陈基：《夷白斋稿补遗》，《吴县修学记》，四部丛刊三编本，第33页。

元代末年，社学的创办和运行有几种模式。

第一种模式为民间主导创办的社学。

元顺帝后至元元年（1335年），汤阴县道明乡郱城村（今河南省安阳市）的郑居仁创办了本村的社学。据清代编写的《汤阴县志》记载，郑居仁不仅创办了义学，而且将自己家中的二百亩土地捐出来，将土地的地租作为社学日常运行的费用，以保证社学的维持。①

元顺帝至正二年（1342年），奉化（今浙江省宁波市）社学由本地儒家学者捐资创建。当时编写的地方志记载："学在奉化州三十七都大步头。至正二年，儒人余伯瑀与其兄伯璋，愿将自己房屋一所凡一十间，四围园地一十余亩，以创社学，延师训诲子弟。本路提调学校官王总管准设下学照验。"②从此处可以看到，社学拥有房屋十间，占地达到十多亩，已经与当代一些小学的规模差不多了。民间创办社学之后，需要得到官方下发办学牌照作为认可。

第二种模式为官方主导创办的社学。

元武宗至大四年（1311年），一位阎姓官员担任修武县（今河南省焦作市）尹。一位基层教育管理人员李天秩撰写了《元晋宁路霍州儒学正李天秩修武县县学记》碑，记录了修武县社学创办的过程：

> 至大己酉（1311年）夏四月，晋宁（今大致位于山西省南部）阎公承事来尹是邑，于兹三载，公务之暇，锐意斯文，交游耆德，奖拔士流，穷性理之渊源，览经文之蕴奥，是以庙学文教粲然作新。公尝曰："农亦吾民也，何膏馥之未及？慨然因乡社之有庠舍者，悯其卑洿（wū，多水）垫隘（困苦），

① ［清］张大猷：《（乾隆）汤阴县志》，《中国地方志集成·河南府县志辑》第二十五辑，上海：上海书店出版社，2013年，第412页。

② ［元］王元恭：《（至正）四明续志》，《宋元方志丛刊》第七册，北京：中华书局，1990年，第6556页。

迁徙无常，而欲改作之。”

越明年，冬十月，俾各乡之长劝率农民，□瓴甓（líng pì，砖块），备梓材，均力役，择爽垲（kǎi，干燥）之地而葺黉（hóng，学校）舍。各以三楹，规模适可，户牖（yǒu，窗）咸备，筑垣墉（yōng，墙）以围之，树门楣以扃（jiōng，关闭）之。使师儒有藏修游息之归，衿佩有讲肆弦诵之所。三余之隙，延儒之有道者主领传授，朝夕相与，讲明正学，庶可开颛（zhuān，愚昧）蒙，化薄俗，彬彬然有齐鲁之风。既落成之民亦乐其乐，而利其利，是中外共沾洙泗之余波也。①

阎县尹到任之后三年，于始关注本地社学的发展。他注意到本地的社学硬件设施简陋，一些学校甚至四处迁徙，于是，他要求“各乡之长”带领本地百姓对所属之地的社学进行修正，保证社学拥有完整的基础设施。每处社学都要有“三楹”房间，有门有窗，同时有围墙和大门。从这处记载可以看到，修武县的社学是以县政府名义提出并发动本地百姓共同修建的。

第三种模式为官方倡导，官民共建的社学。

元末明初时期，学者戴良在《上海横溪义塾记》中记载了当时上海附近横溪社学创办的过程：

横溪在上海西，去县治百余里。一日，县主簿陈君以公事至其地，偶见颓垣废址，隐隐荆棘中，进父老而问焉，则前县尹何君缉所建社学也。盖规制将完，而荡然于兵火。

又北行若干里，复见所谓孔宅者，宅已墟，而先圣人之庙独存。愚民以异端土偶杂祠庙中，祷禳（ráng，祭祀）祈禬（guì，祭祀）必于是乎在。

君曰：“噫！吾其可以继何之志矣。”遂撤土偶，投诸水，

① 薛垂义：《（民国）修武县志》卷十《元晋宁路霍州儒学正李天秩修武县县学记》，《中国方志丛书·华北地方》四八七，台北：成文出版社，1961年，第787页。

迁圣人像于向所建学处，徙其庙为礼殿，以居之，而益之以四配，仍设两斋，栖师弟子，具祭器，严春秋二丁之祀事，且劝慕义之士，出田二百五十亩，以供祭祀、教养之费。

亦既毕事矣，乃言于其尹，揭之为“横溪义塾”。①

这篇文献记载了横溪义塾的创建过程。横溪位于上海县治西一百余里。元代中期，在上海担任县尹的何君缉创办了社学，后来被毁。在社学的北边，还有一处已经废弃的孔庙，被当地百姓改为了求神之处。元代晚期，担任上海县主簿的陈姓官员召集本地人士，将孔子神像迁往社学旧地，捐资重建了该所社学，并且将其命名为“横溪义塾”。

从上述文献记载来看，“横溪义塾”是官民共建的。在“横溪义塾”的创办过程中，上海县的主簿只是起了倡导的作用，在他的倡导下，本地人士捐出二百五十亩土地，这是“横溪义塾”运行的主要资金来源。

明代张以宁的文集《翠屏集》中有一篇《天长县（今安徽省滁州市）兴修儒学记》，是他代替当地官员所写的，记载了该地教育发展的过程：

淮安郡泗州之属邑曰天长，背淮腋湖，面大江而履平楚，弥数百里，有前代为朔南交地，事会助勷（xiāng，助），文教率未遑。

我朝统四海而一家，兴学设科，励精为治。至正纪元之六年（1346年），寔河间郝侯称宰是邑之明年。政孚声着，废举滞，兴顾瞻，邑黉独圮（pǐ，倒塌）弗治，大愳（jù，惧）无以称上旨意，亟图新之。

会金陵孙尚忠主文学，力以是请，担任其劳。侯慨然谋之官联而合，乃捐已之餐钱以倡，蠲（juān）籍儒之力役以

① ［元］苏天爵：《滋溪文稿》卷七，民国适园丛书本，第6页。

劝，众志胥悦，景从响应，攄志陈力，鸠材庀（pǐ，备办）工，化腐而坚易挠，而隆礼殿、仪门、论堂、斋庐、东西之庑，丹碧黝垩（è，白色），举以其度，复建文昌之祠于庑之左。

始九年夏，迄秋落成，为工五百缗，以五千先。

是县为社三十有六，社有学，鞠为蔬圃，具文相治，侯始择民之童子可教者，立宫置师，弦诵相闻。

又东乡氓有某者佃田一十二顷四亩，有畸碑（不正常）坏籍去，奄为已物，租入于学，仅三之一强，贪弱慑久莫能正，侯躬率僚吏，暨文学履畎（quǎn，土地）亩覈隐，匿出田为顷者七，为亩一十有九，而赢遂籍于版，用垂永规。[1]

天长县的启蒙教育在元代开始发展，一位郝姓官员在此地担任县尹时，关注到学校房屋倒塌的情况，于是请一位名叫孙尚忠的人负责重建。在重建过程中，县尹带头捐出了一笔资金，之后本地人大量捐款，重建了本地的学校。郝县尹在任期间，共三十六处社学得到恢复，而在此之前，社学所在地已经变成了菜园子，没有发挥教育功能了。此外，郝县尹还组织收回了一部分有争议的土地，这部分土地可以作为基层教育运行所需资金。

从这处记载来看，在重建学校的过程中，县尹只是以个人名义捐出了一部分资金，真正出力的是民间力量。

与此类似的情况也存在于其他地区。元代末年的延祐三年（1316年），靳孟亨担任雩（yú）都（今江西省赣州市于都县）县尹，“延祐丙辰（1316年），迁承事郎雩都县尹，思欲作新其俗，首捐已资，大修学宫，士民胥劝，又建三皇祠宇，命乡社皆立义塾，择士之高年有闻者，为之师，教以孝弟”。[2]

---

① ［明］张以宁：《翠屏集》卷四《天长县兴修儒学记》，明成化六年张淮刻本，第14页。

② ［元］苏天爵：《滋溪文稿》卷七，民国适园丛书本，第6页。

可以看到，在雩都县学校建设的过程中，县尹只是带头以个人名义捐资，后续则主要依靠本地民间人士来完成，类似于天长县的情况。这种模式可能是当时广泛存在的模式。

从历史文献来看，元代后期我国基层启蒙教育似乎有了比前期更大的发展。不过，这未必是真正的史实，而更可能是文献记载所致。今天看到的关于元代晚期基层启蒙教育发展的文献大部分来自明清时期的地方志和文集，这些文献普遍将本地的教育发展历程上溯到元代后期，这便给今天的人留下了一些印象，似乎元代晚期基层启蒙教育有了很大发展。

总的来说，元代的启蒙教育是在不断发展的。在元代初期，担任社学教师的人甚至无法准确地读出基本典籍的字音，地方官员提出需要先进行简单培训，然后才从事教育。到了元代晚期，全社会开始对基层社学教师有了明显的尊重。据记载：

> 丁未（元大德十一年，1307年）夏四月三日，淞岛兵变，祸挻（shān，延及）城邑，邑士沈腾氏挈妻孥走草野，二子雍、穆守，家庙不去。悍卒排闼入，二子走，发二矢，穆中臂，雍中左髀，仆户外。卒复引刃，击其项背，穆以身障雍，跪诉曰："吾兄儒者，为乡社师，不可杀，某不才，请以代兄死。"兄亦诉曰："吾弟力田养吾亲，不可杀，宁杀吾儒懦儿"卒感而止曰："弟义兄友。杀之不祥。"遂两舍去。[①]

元代还留下一份《社举聘章》的文献。元代社学聘请教师时，会使用专门的聘书，以表达对教师的尊重。《社举聘章》原文如下：

> 用党庠术序之良规，学开乡社；求蒙养圣功之成效，职在师儒。
>
> 赖琴堂为择范模，使编户得从规矩。

① ［元］王逢：《梧溪集》卷五《赠沈氏雍穆伯仲》，清代知不足斋丛书本，第67页。

文风聿盛，化雨俱沾，恭惟官学，有渊源眼空淮海。

一斑窥见，早遊风纪之词；千仞翱翔，远避烟尘之境。

适张公为江海之客，知伯牙有山水之音。

将欲修鹗荐之书，先请坐皋比之席，姑鸣教铎，以俟征车。

愿云龙以相随，睹星凤而为快；敬将聘币，亟往招旌，设绛帐于张林，采青衿于郑校。与洁与进，勿谓互乡难与之言；于勤于思，即若国子先生之诲。①

元代启蒙教育继承了宋代启蒙教育的基本做法，并在宋代基础上有一定的发展。元代著名儒家学者许衡曾说："当其幼时若不先习之于小学，则无以收其放心，养其德性。及其年长，若不进之于大学，则无以察夫义理，措诸事业。先之以小学者，所以立大学之基本，进之于大学者，所以收小学之成功也。"②在元代思想家看来，"小学"的是价值是未来"大学"的基础。"小学"在个人的成长过程中具有重要的作用。许衡的思想属于儒家教育思想的基本内容，也与当时蒙学的发展形成呼应，是元代蒙学的一部分。

① ［元］谢应芳：《龟巢稿》卷十七《社举聘章》，清代武进盛氏恩惠斋刻，第11页。

② ［元］许衡：《许衡集》，王成儒点校，北京：东方出版社，2007年，第52—54页。

第七章　宋元时期的启蒙教育活动

宋元时期，我国留下了比前代更为丰富的蒙学文献。其中一些文献反映了当时蒙学活动的细节。学生的学习，塾师的教学，以及塾师的生活、思想都有了更具体、更清晰的记录，反映了当时蒙学教学的发展进步。

一、学习活动

1.学生的入学学习

入学仪式：

南宋时期编写的福州地方志《（淳熙）三山志》保存了一篇描述当时启蒙阶段“入学礼”的文献。原文及说明见下表。

南宋“入学礼”文献①

原文	说明
每岁节（即春节）既五日，各遣子弟入学，或须卜，则以寅、申、巳、亥吉，亦不过三二日止。	入学时间。
凡乡里，各有书社。岁前一二月，父兄相与议，求众所誉学识高、行艺全、可以师表后进者某人。即一、二有力者，自号为“纠首”，以学生姓名若干人，具“关子”敬以谒请，曰：敢屈某人先生，来岁为子弟矜式，幸甚。	由某位家长牵头，向老师递交聘书。

① ［宋］梁克家：《（淳熙）三山志》，《钦定文渊阁四库全书》第四百八十四册，上海：上海古籍出版社，1987年，第581页。

续表

原文	说明
既肯可，乃以是日备礼延致，诸弟子迎谒再拜，惟恐后。	获得老师应允，上门拜访。
远近闻之，挈箧就舍，多至数百人，少亦数十人，间有年四、五十，不以老为耻。	很多年龄很大的人也前来学习。
月率米、钱若干，送为司计，为掌膳，给瞻饮食。	给老师发放工资，负责老师的饮食。
先生升堂，揭立规矩，有轻、重罚，至屏斥，凡五等，曰：不率者，视此。	教学管理。
诸生欲授何“经”，乃日就讲席唱解敷说。旬遇九日，覆问之。常以岁通一经。若三日、八日，则习诗赋。若“经义”与“论策”讲题命意有未达，点、削、涂、改，俾自入绳墨，风俗如是，盖旧矣。	教学流程。

这篇文献当然只是理想状态中聘请老师授课的一般做法。在这篇文献中，老师被尊称为“先生”，对聘请老师提出了基本规矩。

识字法：

识字是蒙学教育的重要内容。在识字的最初阶段，练习写字十分重要。在敦煌文献中有很多明显是当时的儿童练习写字的内容。

此外，中国古代还有一种练字的方法，称为“摹朱”，把规范的字做成雕版，印刷出来，一般印刷成红色，练习写字的儿童对着规范的字进行练习，即练习写字的过程。晁补之的《胡戢秀才效欧阳公集古作琬琰堂》一诗中提道：“长年囊褚况易掷，儿作摹朱妇遮壁。”①

学习场景：

在一些家庭中，孩子们开学后，长辈会写一些鼓励性的话。南宋诗人李涛写过一首给家塾中弟子的诗，名为《新年开义馆教族属子侄作诗勉之》：

① ［宋］晁补之：《鸡肋集》第九，明崇祯八年吴郡诗瘦阁仿宋刻本，原书无页码。

日与圣贤居，其中乐有余。
但存三寸舌，读尽五车书。
学问胜金璧，功名特土苴。
先当分义利，毋作小人儒。①

宋元时期的孩子们读书普遍比较辛苦。南宋思想家魏了翁曾在《杜隐君希仲墓志铭》一文中提到他小时候在私塾读书的场景："予自幼与内外群从兄弟，皆从杜德称先生（即杜隐君希仲）游。虫飞而兴，日三商而罢，夜窗率漏下二十刻，受馆十余年犹一日也。"②"虫飞而兴"出自《诗经》"虫飞薨薨"，指天刚亮。"日三商"的"三商"指古代用来计时的刻漏过了三刻，"日三商"即太阳落下后"三商"。魏了翁的这段话是说，他小时候每天在私塾中的学习时间是从日出到日落后三刻，回到家后，则要复习功课到二十刻，十多年里每天都是这样。这样的话在墓志铭里出现，主要是为了体现魏了翁的老师十分勤奋，可能有一些夸张的成分在。

2. 塾师教学场景

文学家曹元宠生活在北宋向南宋过渡时期，他曾留下一首名为《题村学堂图》的诗：

此老方扪虱，众雏争附火。
想当训诲间，都都平丈我。③

这首诗题写在一幅描绘"村学堂"的画上。诗中说，学堂的塾师正在抓虱子，孩子们争相烤火，想必塾师正在教孩子们读"都都平丈我"。

其实，这首诗说的是当时一则有名的笑话。《论语·八佾》中

① ［宋］陈起：《江湖小集》卷八十三《新年开义馆教族属子侄作诗勉之》，清文渊阁四库全书补配清文津阁四库全书本，原书无页码。

② ［宋］魏了翁：《鹤山全集》卷八十三《杜隐君希仲墓志铭》，上海：商务印书馆，民国半年影印四部丛刊景宋本，第9—10页。

③ ［民国］陈衍：《元诗纪事》卷二十七，民国十五年排印本，第17页。

说："周监于二代，郁郁乎文哉！吾从周。"[1]周代综合了夏、商两代的制度和思想，社会机制已经发展得比较完善了，所以孔子认可周代的制度。在宋代，一些乡村的塾师学问不精，在教学过程中将"郁郁乎文哉"读成了"都都平丈我"。

明代文学家冯梦龙在《古今谭概·谬误部》中专门记载了这一笑话，并将其命名为《五字皆错》，原文说："曹元宠《题村学堂图》云：'此老方扪虱，众雏争附火。想当训诲间，都都平丈我。'昔有宿儒过村学中，闻其训'都都平丈我'，知其讹也，校正之，学童皆骇散。时人为之语曰：'都都平丈我，学生满堂坐；郁郁乎文哉，学生都不来。'"[2]

明代画家仇英创作过一本《摹宋人画册》，共十五幅，其中一幅为《村童闹学图》。这些画作只是艺术创作，并不绝对等于历史，不过能够在一些细节中反映了当时人对私塾教学活动的感受。

［明］仇英：《村童闹学图》

① ［清］刘宝楠：《论语正义》，北京：中华书局，1990年，第103页。
② ［明］冯梦龙辑：《古今谭概》卷五谬误部，明刻本，原书无页码。

《村童闹学图》画了一位塾师，八位儿童。在这幅画中，塾师正趴在桌上睡觉，八位儿童则正在忙碌着。近处有两位儿童，其中一人蹲在地上，手持毛笔，回头看着塾师，地上是一方纸，他正在画塾师的肖像。另一人头上顶着一个茶壶，嘴上粘有假胡须，脖子上披着写字的纸张，手中拿着戒尺，像是商朝的笏板一样，假扮一位上朝的大臣。

塾师身后有一位儿童，双手摘下了塾师的帽子。塾师左手侧有一位儿童，右手拿着毛笔，左手则招引伙伴。这位同学身旁坐着一位身穿红色衣服的儿童，右手拿毛笔，刚刚写下“上大人”等几个字，是当时十分流行的习字作品。

远处的三位儿童，一人躺在桌子上，双脚顶起凳子，表演着“杂技”，身旁的一位儿童高兴地观看、喝彩，另一位儿童表情有些怒气，似乎因为什么事生气了。

自宋元时期开始，“村童闹学”成为中国文人绘画的重要题材，明清时期有多幅“村童闹学图”保存至今，均反映类似的主题。直到清代，一些小说如《醒世姻缘传》中也有很多类似的描述，比如：

> 一日夏天，先生白日睡了晌觉，约摸先生睡浓的时候，他把那染指甲的凤仙花敲了一块，加了些白矾，恐那敲湿的凤仙花冷，惊醒了，却又在日色里晒温了，轻轻的放在先生鼻尖上面，又慢慢的按得结实。①

宋代的教育思想与教育实践并不完全一致。宋代教育思想逐渐有了浓厚的理学氛围，对家庭伦理关系十分重视，而教育实践则仍处于相对宽松的氛围中。

元代洪希文写过一首《教小儿书》②，原诗及解读如下：

---

① ［清］西周生：《醒世姻缘传》卷五，民国石印本，第4页。

② ［元］洪希文：《续轩渠集》卷五七言律诗上，引自《全元诗》，北京：中华书局，2013年，第161页。

原诗	解读
懒诵吾伊教小童，之无百指奈无功。	白居易儿时习字，练习了上百次，从未出错。
晴蛙阁阁鸣枯泽，春鸟哑哑啭碧丛。	阁阁，gé gé，青蛙叫。
杕杜荒疏诚可笑，楞严艰涩几时通。	传说唐代的李林甫分不清“杕杜”两字。
安知来者非今日，刮眼毋轻吴下蒙。	这句诗说的是三国时期吴国的吕蒙所说的话：“士别三日，当刮目相待。”

塾师群体广大，既有优秀的塾师，也有那种存在很多问题的塾师。

南宋时期的一位叫周煇的学者，写过一部笔记性质的书，名叫《清波杂志》，其中主要是一则则短小的故事，其中一则名为《家塾》的短篇提到一位蒙师：

> 张无垢子韶云：某见人家子弟醇谨及俊敏者，爱之不啻如常人之爱宝，唯恐其埋没及伤损之，必欲使之在尊贵之所。故教人家子弟，不敢萌一点欺心，其鄙下刻薄，亦为劝戒太息而感诱之，此平生所乐为者。今教子弟乃以主人厚薄为隆杀，亦可笑矣！浑然忠厚之气可敬而仰之。①

从这则故事中可以看到，这位塾师对于聪明好学的学生十分喜欢，像一般人对待宝贝一样。在这样的境界之下，他平时教书也遵循教育规律，不会以欺骗、刻薄的态度对待学生。这是一位在乡村地区从事教育的普通塾师，他凭借自己对教育的热爱尽心竭力地从事教育活动。

古代的私塾存在体罚现象。北宋时期，京城开封有一位塾师体罚学生导致学生死亡，构成了严重的刑事案件。宋代笔记小说《枫窗小牍》中记载：

> 开封民聚童子教之，有因夏楚死者，为其父母所讼。府

① ［宋］周煇：《清波杂志》卷五《家塾》，郑州：大象出版社，2019年，第56页。

上具狱，当抵死。宰相以为可矜，帝曰："情虽可矜，法亦难屈。"命杖脊赦之。九重之上，亦能究极民情如此。[①]

案件由开封府提交到中央朝廷，以至于宋仁宗亲自参与处理，最后并没有判处这位塾师死刑，而是在杖责之后，做出了特赦。

二、塾师的生活

北宋时期，刘斧编写的《青琐高议》中有一篇《李生白银》，写了一个荒诞不经的故事：

李秀才者，亮州人。家贫，置小学教童蒙，日止十人，朝夕供给常不足。

一日，遇疾暴卒，二日乃苏，谓其妻曰："我死地下见姚状元，主判人间衣食簿，与我昔日有同场之好，谓我曰：'甚贫矣，宜早归。衣食某之本职，不敢私，特为君添学生一十人，赠银一笏，是某之私羡也。'"

其后，人忽送儿童上学，比旧果加十人，生展修其屋，果获白银一挺。[②]

李秀才本来只有十个学生，家庭生活困难，有一天生病去世了。两天后，李秀才奇迹般地活了过来，他对妻子说，这两天做了梦，梦见他的一位功成名就的同学负责人间的物质资料分配，准备再分配给他十名学生，同时送给他一锭银子。之后，李秀才所办私塾果然新来了十名学生，并在翻修房屋时发现了一锭银子。

从这个故事中可以看到，塾师所教学生数量的多少与塾师的收入是直接相关的。学生数量越多，塾师的收入越高。当一位塾师只有十名学生时，家庭温饱都会出现问题。当一位塾师的学生

① ［宋］袁褧：《枫窗小牍》卷下，郑州：大象出版社，2019年，第275页。

② ［宋］刘斧：《青琐高议》卷下，郑州：大象出版社，2019年，第262页。

超过二十名时，塾师家庭的生活条件就大为改善了。

宋代叶梦得的笔记小说《避暑录话》中提及一位名叫“乐君”的塾师，这位塾师就是叶梦得的启蒙塾师，其中提到了不少细节：

乐君，达州（今四川省达州市）人，生巴峡间，不甚与中州士人相接，状极质野，而博学纯至。先君少师特爱重之，故遣吾听读。今吾尚略能记六经，皆乐君口授也。

家贫甚，不自经理，有一妻、二儿、一跛婢，聚徒城西，草庐三间，以其二处诸生，而妻子居其一。

乐易坦率多嬉笑，未尝见其怒。一日过午未饭，妻使跛婢告米竭。乐君曰：“少忍，会当有饷者。”妻不胜忿，忽自屏间跃出，取按（案）上筒，击其首。乐君袒而走，仆于舍下，群儿环笑，掖起之。

已而先君适送米三斗，乐君徐告其妻曰：“果不欺汝。饥甚，幸速炊。”俯仰如昨日，几五十年矣。

每旦起，分授群儿经，口诵数百过不倦。少间，必曳履，慢声抑扬，吟讽不绝。蹑其后听之，则延笃之书也。群儿或窃效，靳侮之，亦不怒。①

叶梦得的启蒙塾师名为乐君，样貌比较丑陋，不过为人质朴，学问渊博，叶梦得的父亲便让叶梦得追随乐君读书。

乐君家里很贫困，住在城外的三间草房中，其中一间用于生活，两间作为教室。

有一天，中午已过，乐君的妻子让婢女前来说家里没有米了。乐君乐观地说：“等一会儿，会有人送米来的。”这样的话显然不可信，他的妻子十分恼火，拿起竹简就打乐君。乐君赶紧跑，不小心摔在地上，上学的孩子纷纷大笑。

不一会儿，叶梦得父亲派人送来三斗米，乐君开心地请妻子

① ［宋］叶梦得：《避暑录话》，北京：中华书局，2017年，第365页。

做饭。这样的场景已经过去五十年了。

每天早上，乐君起来挨个教孩子们读书。随后便拖着鞋在教室里边走边吟诵着书中的内容。孩子们即使说了一些不中听的话，他也不会生气。

这段话生动地描写了一位普通塾师的细节。

南宋时期，权臣秦桧年轻时曾经担任塾师，他写了这样的诗句："我若有道路，不做猢狲王。"明代郎瑛编写的《七修类稿》中有一篇《嘲学究》，其中间接提到了宋代时塾师的情况。"近世嘲学究云：'我若有道路，不做猢狲王。'本秦桧之诗也，秦盖微时为童子师，仰束脩自给，故有'若得水田三百亩，这番不做猢狲王。'"[①]其中提及的诗句本是秦桧年轻时担任塾师所感，担任塾师对于很多人来说只是一份临时性、过渡性的工作，如果有了其他更好的出路，便会放弃这份工作，离开塾师的岗位。

南宋时期，林季仲在《辞赵参政荐举书》提及自己做塾师的场景："含辛茹悲，艰苦万状，迫于寒饿，傍人门馆，授儿童章句，觅斗升粟以活其家。"[②]由于林季仲是"傍人门馆"，也就是依附于别人的私塾从事教学活动，可能受了不少委屈。对他来说，担任塾师只是一份养家的工作，没有什么乐趣，也没有什么价值可言。

南宋末年，诗人丘葵编写了一部诗集，其中有一首诗名为《村学》，描写了诗人担任村学塾师的感受：

矛头淅米未途难，活计僧梳刖（yuè，砍掉脚）屦间。
老去欢悰（cóng，欢乐）如泼水，向来愚见欲移山。
身穿犊鼻朝朝冷，眼见蝇头字字艰。

---

① ［明］郎瑛：《七修类稿》卷二十六辩证类，上海：上海书店出版社，2009年，第281页。

② ［宋］林季仲：《竹轩杂著》卷五《辞赵参政荐举书》，引自曾枣庄、刘琳编：《全宋文》，上海：上海辞书出版社，2006年，第112页。

扶病来为村学究，始知穷乏累清间。[1]

这首诗说：身处穷途末路，为了生活不得不放弃一些东西。过去的欢乐已经难找回，自己的天分又不高。如今身穿劳动者的衣服，整天与文字为伴。在村里带病坚持担任塾师，生活十分困顿。

也有一些塾师名望甚高。南宋时期，一位名叫葛潨（cóng）的人是一位优秀的塾师。周必大为他写的墓志铭中说："（葛潨年轻时）甲族竞以书币延致，亦尝不鄙，过予家塾。晚即所居讲授八邑，暨傍郡，秀民著录盈门。先生迪以行谊，非但章通句解而已。后多登第，游宦、荐春官不论也。"[2]本地大族争相聘请他做塾师，晚年曾在附近八个县担任塾师。他的学生遍布各地，很多人长大后在科举考试中取得优异成绩，成为一方官员。

有的塾师本身就是本地著名学者。一位叫黄济叔的塾师在教学过程中管理严格，受人尊重，后人所写《黄提干行状》中说：

先生姓黄氏，讳某，字济叔，隆州井研人……某之大父雪溪公、先人存斋公尤敬之，奉书币延至家塾先生。先生以师道自处，诲诸生有法，每讲诵过夜分，未尝假以词色，诸生一笑语稍哗，一步趋稍异，一容止稍慢，先生辄厉声呵责之。[3]

有时候，一些著名的思想家也会受邀来到一些普通的私塾，面对年龄很小的孩子讲课。南宋理宗绍定二年（1229年），思想家真德秀曾邀请一位名叫包敏道的人到他的家塾中讲课。包敏道

---

① ［宋］丘葵：《钓矶诗集》，引自《全元诗》，北京：中华书局，2013年，第278页。

② ［宋］周必大：《文忠集》卷七十二《平园续稿三十二》之《葛先生潨墓志铭》，清道光二十八年瀛塘别墅刻本，第15页。

③ ［宋］牟巘：《陵阳集》卷二十四《黄提干行状》，引自曾枣庄、刘琳编：《全宋文》，上海：上海辞书出版社，2006年，第79页。

是陆九渊、朱熹的学生，真德秀认为包敏道传承了他老师的思想，因此邀请他给自己家的孩子讲一讲。在真德秀的文集中有一篇《跋包敏道讲义》，记录了当时的情况：

(宋理宗)绍定己丑(绍定二年)之孟夏，盱(xū)江包君敏道过予粤山之麓，县尹宋侯闻其名，延致庠校，发挥孟氏要旨，予亦陪末坐焉。是日，邑官洎学子会于堂上者九百数十人，闻君讲说，莫不耸动，叹未尝有越。

翼日，予复屈致家塾，君首以夫子之志学孟子之尚志，为儿辈言之，次论人性之善，所以可为尧舜者明白切至，听者欣然忘倦。盖君早从朱陆二先生游，得诸传授者既甚的而家庭伯仲自相师友，切劘(mó，切磋)讲贯，壮老如一故，其所造益以超诣，今年七十有八矣，浩然之气，略不少衰，稠人广坐，音吐清畅，随问响答，往往破的。

昔晦庵先生(朱熹)尝讲于玉山县学，发明四端之旨，幸惠学者至深。象山先生(陆九渊)亦尝讲于庐山白鹿之书堂，分别义利，闻者或至流涕。

某生晚，不及拜二先生(即朱熹、陆九渊)，而获闻君(即包敏道)之名，论亦足以识其师传之所自矣。

学长吴千兕等将以君讲义刻于学，俾书其后不得辞君名逊敏道字也。[1]

可以看到，包敏道本身是到浦城县拜访真德秀，本地的政府官员知道后，便邀请包敏道去浦城县公办学校做一次讲座，真德秀陪同前往。在这次讲座中，有九百多人到场，场面十分壮观。在包敏道演讲结束后，真德秀又邀请包敏道前往自己家的家塾中，对家塾中的孩子讲一讲，包敏道针对私塾中年龄较低的孩子降低

---

① [宋]真德秀：《西山文集》卷三十六《跋包敏道讲义》，引自曾枣庄、刘琳编：《全宋文》，上海：上海辞书出版社，2006年，第235页。

了难度，深入浅出地侧重讲了“人性本善”。讲座结束后，包敏道的讲座内容被刻印出来，真德秀专门为讲座内容写了一篇序，就是这篇短短的文章。

实际上，大部分塾师都是普通人，他们就像今天的很多普通教师一样，努力完成本职工作，过着平凡的日子。南宋时期，陈起写过一首《村学究》，收录在他编写的《江湖小集》中：

> 八九顽童一草庐，土朱勤点七言书。
> 晚听学长吹樵笛，国子先生殆不如。①

这首诗描述的是乡村塾师相对惬意的生活。每天陪伴几位儿童，为儿童批改作业。放学后，听一听孩子们的笛声，比中央朝廷之下国子监中的先生还惬意。

宋代王明清编写的《玉照新志》中有一条记载：

> 元祐三年（1088年，据《宋史·苏轼传》可能为元祐四年，1089年），东坡先生自翰苑出牧钱塘，道由毘陵之洛社。时孙仲益之父教村童于野市茅檐之下，仲益方七八岁，立于岸侧。东坡望见，奇之，呼来前与语，果不凡，询其所学，方为七字对矣。与之题云“衡茅稚子璠玙器”，仲益随声应之云：“翰苑仙人锦绣肠。”大加赏叹，赠之以缣酒，嘱其父善视之，后来果为斯文之主盟。②

苏轼担任杭州刺史时，路过毘陵（今江苏省无锡市）一带，遇到一位七八岁的孩子，名叫孙仲益。从交谈中得知，孙仲益已经开始学习作“七字对”，也就是七个字的对联，于是，苏轼便出了上联“衡茅稚子璠玙器”，表示“简陋的房屋中有一位孩子，像美玉一样”。孙仲益对出的下联是“翰苑仙人锦绣肠”，“在朝廷翰

---

① 引自姜国钧：《中国古代大学的教学组织形式》，《大学教育科学》2008年第6期。

② ［宋］王明清：《玉照新志》卷一，出自《宋元笔记小说大观》，上海：上海古籍出版社，2007年，第3902页。

林院工作的仙人拥有满腹才华”，“翰苑仙人”即指苏轼。孙仲益的才华受到了苏轼的称赞。这可能并非真实的故事，不过从侧面反映了当时启蒙教育十分重视对联教学。

三、塾师与东家的关系

南宋洪迈的《夷坚志》中有一条《陈秀才游学》，其中有一首诗：

今日天色恶，酒壶恰已空。

何来进童子，挈撞问主翁。

主翁正对客，兀坐书堂中。

诸生功课毕，鼓瑟歌醉翁。①

这首诗描写的是一位塾师上完一天的课之后，到了傍晚与东家一起聊天的场景。当时一些塾师住在东家的家中，经常与东家一起聊天、接待其他客人。

当然，并不是所有的塾师与东家的关系都是这么好，有些是面和而心不和。洪迈的《夷坚志》中有一篇《林氏馆客》中记录了两起塾师与东家产生矛盾的案件。

第一件：

平江（今江苏省苏州市）林氏兄弟，邻居东西两宅，各邀士人处书馆。

居东者建安（今福建省建瓯市）陈希黯，赋性诚直，兄虽加敬礼，而待之与常时客无异。

弟所招闽中黄生，巧逢迎，胁肩谄笑，能得主人欢心，故相得极厚。束脩之外，遇有干求，亦应之不靳。

陈君每叹羡，谓己不如。

黄忽抱病，浸浸困剧，弟过意拯疗，不能愈，发如蓬葆，

① ［宋］洪迈：《夷坚志》，北京：中华书局，2016年，第1273页。

而不可运栉。主人使仆为梳理，数拒却之，遂至死。

主悼惜无已，躬为治丧。方洗沐之次，见髻中有短纸一小卷，漫取视，盖其抄录主家事状及言语疵瑕，巨细不遗，仍谨志月日，以备或失欢时为讦诉具也。主人大怒，亟令舁（yú）其尸置于空室，但置松棺殓葬。[①]

林氏兄弟两家是邻居，他们分别住在东西两处院子，哥哥住在东边，弟弟住在西边，两家人都邀请了家塾教师。

在东边哥哥家中担任塾师的是陈老师，他性格耿直，与东家之间关系客客气气。

在西边弟弟家中担任塾师的是黄老师，他性格圆融，常常拍东家马屁，与东家之间关系很好。为此，林氏弟弟会在基本的束脩之外给黄老师送一些礼物。

对于这种情况，陈老师感到自愧不如。

有一天，黄老师生病了，而且病情越来越重。林氏弟弟请医生精心治疗，但病情仍没有好转。黄老师的头发乱蓬蓬的，长时间没有梳理，林氏弟弟几次请人为他梳头，黄老师屡次拒绝，直到去世时，头发也没有再梳理。

黄老师去世后，林氏弟弟十分悲痛。在整理黄老师遗体时发现他的头发中有一些纸条，上边记录了东家的一些言语过失，每处都标明了时间。当时人的头发很长，所以能够藏得下纸条。这样做大概是为了在有朝一日可以向官府举报，或用以威胁东家。林氏弟弟为此十分生气，但是出于礼貌，仍为黄老师买了一副普通的棺材下葬。

第二件：

予因忆在婺州（今浙江省金华市）日，义乌县下巡检馆客曰全璧，以学课不如期，陈状并告其它过，时淳熙十三年

① ［宋］洪迈：《夷坚志》，北京：中华书局，2016年，第1389页。

（1186年）四月。

问其授馆以何时，曰："去岁五月二日入学，及冬则不肯偿月给，愤其无礼，故具所闻见达于使君。"

予视其条目二十余项，本末历历。语之曰："所言果实乎?"曰："不敢一事相罔。"

乃出一横册呈示，则是去岁五月四日：命寨兵伐木作胡床；及五日，擅用音乐等事。

予曰："汝方以初二日就馆舍，两日之间便密疏其不法，何也?"使诣曹供对，杖之二十，而荷项令众于寨门。郡人皆传笑，谓全璧遂成碎璧。①

洪迈想起，在婺州工作时，婺州所属义乌县有一位基层官员，家中请了一位塾师，名叫全璧。这位塾师到衙门状告他的东家，无法按约定时间开课。

洪迈在此地任官，问这位塾师何时开始开课，塾师回答："去年五月初二开课，到了冬天，东家不肯再继续付给束脩，因此才状告东家。"

洪迈看到这位塾师提供的诉讼状中列举二十多条东家的问题，问："这些都是实情?"答："没有一件不是实情。"

随后，这位塾师拿出一本小册子，上边写道：五月初四，这位基层官员擅自动用所辖兵丁伐木为自己家做床；五月初五日，违规使用音乐。

洪迈说："你五月初二日才到东家授课，两天时间里就开始大肆记录东家的违规做法，这样就是为了今天到官府举报吗?"洪迈对于这种做法很看不惯，于是没有受理他的诉状，责罚二十杖棍，并让他戴上枷锁在城门外示众。本地人都把这件事当成了笑话，纷纷说"全璧"变成了"碎璧"。

① ［宋］洪迈：《夷坚志》，北京：中华书局，2016年，第1389页。

在宋元时期，上述情况可能并不多见。在整体环境下，一般家庭都是尊师重教的。宋代有一些与反映乡村启蒙教育画作有关的诗词，如南宋陈鉴之的《题村学图》反映了南宋时期乡村启蒙教育场景：

田父龙钟雪色髯，送儿来学尚腰镰。

先生莫厌村醪（láo，酒）薄，醴（lǐ，甜酒）酒虽家有楚钳。[①]

这首诗所题写的画作已经失传，诗歌中描写了一位胡须花白的父亲送儿子上学的场景。这位父亲的腰间系着一把镰刀。与此同时，他还想向塾师赠送一些乡间的薄酒。

南宋时期，有一位名叫王安的孩子，他的母亲为了让他接受教育，便为他聘请了一位名叫姜庆的塾师。这位塾师生活十分贫困，自己带着两个女儿生活。王安的母亲为了让塾师能安心教书，便帮助王安照顾两个女儿。两个女儿长大后，甚至出资帮助其置办嫁妆。《鄱阳王安母程氏墓志铭》中说："吾母佐吾父，缩衣节食，聘士教子。塾师姜君庆贫甚，独与二女居，吾母亲为拊养，已而皆资遣之。姜君有消渴疾，每讲罢，索巨觥（gōng，容器）引满，如奉漏瓮沃焦条，少辽缓，则殆不济。阅数年，吾母终无倦色。"[②]塾师姜庆患有"消渴症"，可能类似于今天的糖尿病，容易口渴，每次讲课完毕，必定要喝很多水，而王安的母亲每次都及时为姜庆准备好足够的水，多年来从未耽误过一次。

南宋时期，一位名叫汤干（字伯升）的学者曾担任塾师，不幸在东家的家中染病去世。后人为他撰写的《汤武康墓志铭》中说："君善交际，为邦人所爱。寓公之贤有俞公建者，尤为金石交，君既通朝籍，往谒焉。疾遽作，遂没于俞氏之馆，将属神采清明

---

① ［清］厉鹗：《宋诗纪事》，杭州：浙江古籍出版社，2019年，第2413页。

② ［宋］吕祖谦：《东莱集》卷十三《鄱阳王安母程氏墓志铭》，杭州：浙江古籍出版社，2017年，第182页。

如常，时六月五日。弟中，护其柩以归，自棺及敛费多出俞氏。”①汤干在俞建家中去世，俞建家族为其丧礼出资很多。

在南宋思想家吕祖谦为家塾制定的《宗法条目》中对家塾中塾师的待遇作了一些设想：

居处

屋宇损漏，户牖破缺（如门无关或窗纸破之类）与凡日用之未备者，谓面盆、浴汤，及洒扫之类，在塾诸生告于掌事者，以时修整。掌事者亦时一检校。

饮食

尊长月一具食延塾之师。在塾诸生佐掌事者检校每日二膳。冷暖失节，在塾诸生告于掌事者，随轻重行遣。掌事者亦时一检校。药物准此。师疾，诸生侍粥药。

衣服

以家之有无，诸生之众寡为之节。

束脩

以家之有无，诸生之众寡为之节。②

可见，族学的后勤工作由家族中的“掌事者”负责，在塾就读的学生也参与其中。家族不仅负责族学的硬件维护，而且负责塾师的生活所需。家族每个月宴请塾师一次，平时则负责塾师每天两顿饭，随季节变化调整。如果遇到塾师生病，家族负责照顾塾师求医问药。此外，家族还依据经济状况为塾师提供衣服和固定薪金。

对于族学中日常后勤问题，家族的“掌事者”负责日常巡查，在塾学生遇到问题，需要及时汇报给“掌事者”。

---

① ［宋］刘爚：《云庄集》卷十九《汤武康墓志铭》，明祁氏淡生堂钞本配清钞本，原书无页码。

② ［宋］吕祖谦：《东莱集》别集卷一《宗法条目》，民国十三年永康胡氏续金华丛书刻本，第16页。

从吕祖谦的设计中可以看到，塾师不需要操心族学的后勤问题，甚至即使在出现问题时，也是由学生向家族中的“掌事者”报告，而不是塾师本人。从这样的细节设计可以看出当时的人对塾师专业性的尊重。在吕祖谦的观念中，塾师的工作主要是传播知识，而不必负责学生的生活，不必关心族学的后勤；反过来，塾师的生活应该得到学生的照顾，只有这样，塾师才能更专心地从事教学工作。这不只是吕祖谦的观念，而且是自先秦以来中国启蒙教育活动一直传承的基本观念。

中国古代的塾师生活在基层社会，他们有着各式各样的人生经历，采取各种各样的办法来完成教学活动。宋代王暐（wěi）《道山清话》中说：

> 顷行役陕府，道间舍于逆旅，因步行田间，有村学究教授二三小儿，间与之语，言皆无伦次。忽见案间有小儿书卷，其背乃蔡襄写《洛神赋》，已截为两段，其一涂污，已不可识。
>
> 问其何所自得，曰：“吾家败笼中物也。”问更有别纸可见否，乃从壁间书夹中取二三十纸，大半是襄书简，亦有李西台川笺所写诗数纸，因以随行白纸百余幅易之，欣然见授。
>
> 问其家世，曰：“吾家祖亦尝为大官，吾父罢官归死于此。吾时年幼，养于近村学究家，今从而李姓，然吾祖官称姓名皆不可得而知。顷时如此纸甚多，皆与小儿作书卷及糊窗用矣。”会日已暮，乃归旅舍。①

蔡襄是宋代著名书法家，塾师的教学材料中竟然有蔡襄书写的三国时期曹植的名篇《洛神赋》，这不能不让人大为惊讶。经过询问后才得知，这位塾师祖上也曾担任高官，因此才保存有这

① ［宋］王暐：《道山清话》，《影印文渊阁四库全书》第1037册，台北：台湾商务印书馆，1983年，第660页。

些材料。这位塾师从小被邻村一位李姓塾师养大，后来改姓为李，长大后便从事塾师工作，已经不知道祖上的名字，只知道小时候家里有很多这类的纸张，大部分都用作启蒙教育的参考资料了，有的干脆用来糊窗户了。

宋元时期的塾师们用以作为教学内容的素材多种多样，有的一时间无法获知来源，直到机缘巧合下才终于知道。宋代叶梦得的《避暑录话》中有一则关于宋代启蒙教育的文献：

> 村校中教小儿诵诗，多有"心为明时尽，君门尚不容。田园迷径路，归去欲何从"一篇，初不知谁作，大观（1107—1110年）间三馆曝书，昭文库壁间有弊箧（qiè，箱子），置书数十册，蠹烂几不可读，发其一曰：《玉堂新集》载此篇，乃（刘）幽求咏怀作也，岂非迁杭、郴州刺史时耶？然幽求岂是安田园者，姑怼而云尔。①

宋代乡村启蒙教育机构教育内容中有一首诗，这首诗流传于民间，却不知道作者，后来在宋代朝廷藏书库发现，这首诗是唐代刘幽求遭遇降职时所作。

元代耶律楚材《思亲二首》说：

> 老母琴书老自娱，吾山侧近结蘧（qú，驿站送信的车）庐。
>
> 鬓边尚结辟兵发，箧内犹存教子书。
>
> 幼稚已能学土梗，老兄犹未忆鲈鱼。
>
> 谁知万里思归梦，夜夜随风到故居。②

这首诗中说的"教子书"可能就是当时长辈用于教育后代的专门书籍。

---

① ［宋］叶梦得：《避暑录话》，北京：中华书局，2017年，第1199页。

② ［元］耶律楚材：《湛然居士集》卷六《思亲二首》，谢方点校，北京：中华书局，1986年，第132页。

四、启蒙教育思想简述

南宋时期，学者王日休编写过一部《训蒙法》，是宋代启蒙教育理论著作。这部著作在历史上没有单独流传，只是保存在后人编写的日用常识类书中，传承较少，十分珍贵，是宋代启蒙教育思想的重要体现。王日休精通医学，因此也关注儿童学习时间与健康的关系。《训蒙法》中说：

> 六岁，且令早晨上学，食后不上学，勿困其精神。
>
> 读书须是且从《开宗明义》章第一起，不可便读《蒙求》、《孝经》序，为字太难。
>
> 且令每日见小字经三两次，每日常见，则识得牢固，不可贪多，且读三两句。
>
> 半岁之后，食后亦上学。①

从六岁开始读书，每天只在早上起床后学习一段时间，吃完饭之后便不再学习了。这是考虑到刚开始读书的儿童可能不太适应枯燥的学习生活，读书时间过长容易对身心产生负面影响。

“《开宗明义》章第一”是指《孝经》的开篇部分。王日休认为不必读《蒙求》和《孝经》的“序”，因为“序”的难字太多，不适合初读书的儿童。这说明当时《蒙求》《孝经》是儿童启蒙教育阶段的常用读物。

对于识字的读物，应该每天多读几遍，但是读的内容不宜多，只读两三句即可。待读书半年之后，渐渐适应读书的生活，每天上午饭后也可以继续读书了。

王日休的《训蒙法》中说了很多启蒙教育方法的细节，比如对于“说书”，王日休举出了《孝经》开篇“仲尼居，曾子侍”的

---

① ［元］佚名：《居家必用事类全集》甲集，明刻本，第16页。

例子，在启蒙教育阶段，这六个字应该这样解释：

小儿止可说句语义理，又须分明直说，不可言语多。如说：

“仲尼居”，则言“仲尼者，孔子字也；字，是表德也；居，坐也。”

“曾子侍”者，“曾子乃孔子弟子也，侍，谓侍奉也，叉手立于其侧也。”

“子曰”者，子，谓“孔子，乃弟子称师曰子也，曰，说也。”

此言孔子坐，曾子侍奉，而孔子说也。如此，则分明，而稚子易晓也。①

《训蒙法》中还举出了《论语》开篇“不亦说乎”的讲解方法：

可令口记所读书上训释字三两个，如“不亦说乎”，“说”，喜也。“不亦乐乎”，“乐”，甚喜也。若不能晓得“甚喜”，则以方言教之，如云“大故欢喜”。

“人不知而不愠”，“愠”，怒也，若不能晓得“怒”字，则以方言教之云“怒，是恶发也”。

如此记时，则读过《论语》，记得《论语》上训释了，七岁便可说书。②

读书方法：

若初四句，不必多教遍数，且以教识字为上，既识字，则可令其自读。若未能尽渎，且读两句，其两句识得字，又读得稍熟，则令识后两句字。读后两句，又稍熟，然后令通读四句，既读得四句尽熟，则放归。似此数日，则又可添一两句。须是熟，即便放归，小儿贪其归，则用心读，而渐可添。若其后授得字多，其初则分三两授读，俟其口熟，则通

① ［元］佚名：《居家必用事类全集》甲集，明刻本，第19—20页。

② 同上书，第18—19页。

读，若其中有甚难读者，则特读数十遍，如甚易者，则分读时不须读。直待通一授读，然后读其易者，此亦读书省力省功之良法也。①

写字方法：

写字，不得惜纸，须令大写，长后写得大字；若写小字，则拘定手腕，长后稍大字，则写不得。予亲有此病也。写字时，先写上大，二三日，不得过两字，两字端正，方可换字。若贪字多，必笔画潦草，写得不好。写得好时便放归，午后亦可上学。②

自宋代开始，我国蒙学发展开始进入有理论总结的时代，上述王日休编写的《训蒙法》体现了当时从事启蒙教育工作的人对启蒙教育方法体系的总结提炼。理论著作的出现意味着启蒙教育机构的广泛发展，意味着教学体系已经开始形成共识，建立起教学的文化传统了。这是我国蒙学的进步。

① ［元］佚名：《居家必用事类全集》甲集，明刻本，第16—17页。

② 同上书，第18页。

第八章　宋代启蒙读物简介

宋代是我国启蒙读物“大爆发”时代。唐代以前留下的启蒙读物数量有限，内容单一。自宋代以后，随着经济社会发展、印刷术的传播，书籍编写人员变得多起来，教育飞速发展的同时，一大批优秀学者参与到启蒙读物编写中来，促进了我国启蒙读物繁荣发展，也为后来中国教育留下一大批优秀的文化瑰宝。

一、宋代启蒙读物概述

宋末元初，戴表元曾在江浙地区从事地方教育管理工作。他是当时著名的文学家，曾为许多人的著作写过序言。有一次，一位名叫于景龙的晚辈请戴表元写了一篇《于景龙注朱氏小学书序》。在这篇序言中，戴表元曾回忆幼时私塾中的学习内容：

> 余儿童时，闻乡里老儒先生以《小学》教授者才四五家，每讲课罢，杂试《河图》《洛书》之数，若《尧典》《闰法》《禹贡》《赋则》《周礼》《兵制》之类，又少暇则都讲口授《颜氏家训》《少仪外传》等小书。故诸生略有姿性者，自未冠以前，而诸成人之事皆已概举。①

这里提到，在戴表元小时候，也就是南宋末年，在他的故乡

① ［元］戴表元：《剡源集》卷七序《于景龙注朱氏小学书序》，清道光上海郁氏刻宜稼堂丛书本，第5页。

开办私学，将《小学》作为教学内容的人并不多。从戴表元的这篇序可以看到，当时的启蒙学校不只教学生学习基本的蒙学读物，而且会提供一些“补充读物”，在基本蒙学读物学习之余，还会学习不少其他著作。

这段话中提到多种宋元时期的启蒙读物：

《小学》：宋代朱熹编写的启蒙读物，主要为接人待物等礼仪常识。

《河图》《洛书》：宋代理学家的著作，包含一些数学知识。

《尧典》：为《尚书》中的一篇，记录了中国上古时期的历史。

《闰法》：可能为天文学常识。

《禹贡》：可能为赋税或者地理常识著作。

《赋则》：可能为文学常识著作。

《周礼》：可能为《周礼》的简化版本。

《兵制》：可能为军事常识著作。

《颜氏家训》：南北朝时期的著作，我国第一部家训专门著作。

《少仪外传》：南宋时期吕祖谦所著的启蒙著作，主要为日常礼仪常识。

宋代编写了很多蒙学读物，戴表元提到的是他记忆中的情况，一些私塾使用朱熹编写的《小学》作为读物，同时以其他的读物作为辅助。宋代学者以之前的儒家经典为基础整理编写了这些读物，有的是选编，有的是改编，有的是简化。

在宋元时期的目录文献体系中，这些启蒙读物还没有被作为单独一类文献对待，不过与前代不同的是，宋代对启蒙读物的认识有了更高的自觉性，更多的学者注意到启蒙读物的重要性，并主动编写了很多启蒙读物。这些读物散见于不同的目录文献学著作中，近代以来，研究者整理其中共有宋代启蒙读物一百多种，其中大约有五十种流传至今，而其他的则只是在历史文献中被提及过，读物的内容已经散佚。其中存留至今的宋代启蒙读物情况见下表。

宋代创作并流传至今的蒙学作品[①]

类别	作者	书名	创作时间	主要内容	可见较早版本
综合	区适子/王应麟	《三字经》	南宋末年	常识、历史	明代赵南星《三字经注》刻本
识字	佚名	《百家姓》	约960—974年	常见姓氏用字	清代徐士业《徐氏三种》刻本
	欧阳修	《州名急就章》	1057年	常见地名用字	《欧阳修全集》之《居士外集》卷八
	侍其玮	《续千文》	约1084—1086年	仿照《千字文》重新编写常见字	清钞本
	胡寅	《叙古千文》	早于1156年	仿照《千字文》格式的历史知识	清代《斐然集》卷三〇
	葛刚正	《重续千文》(《三续千文》)	1248年	再次仿照《千字文》重新编写常见字	清代海源阁丛书本
	王应麟	《姓氏急就篇》	南宋末年	常见姓氏用字	元代《玉海》附刻本
	王应麟	《补注急就篇》	南宋末年	补充《急就篇》常见字	元代《玉海》附刻本
	佚名	《新编对相四言》	南宋年间	看图认字	元代刻本
诗歌	真德秀	《对偶启蒙》	早于1235年	对联写作	清代六委斋刻《分韵四言对偶启蒙》本(1606年)
	邵雍	《训蒙诗》	早于1077年	常见启蒙诗歌	清代弥善堂木活字印本(1911年)
	吕祖谦	《诗律武库》	早于1181年	常见典故、俗语等写作材料介绍	清代《金华丛书》本

① 本表参考了周扬波:《知识社会史视野下的宋代蒙书》,《厦门大学学报(哲学社会科学版)》2018年第2期,并有一些修改。

续表

类别	作者	书名	创作时间	主要内容	可见较早版本
	刘克庄	《分门纂类唐宋时贤千家诗选》	南宋年间	唐宋诗人名作千余首选编，又称为《后村千家诗》	明代抄本
	谢枋得	《增补重订千家诗批注》	南宋年间	对《后村千家诗》的重新选编	清代南京李光明庄刻本
道德	吕祖谦	《少仪外传》（辨志录）	早于1181年	历史上名人道德故事简编	清代文渊阁四库本
	陈淳	《启蒙初诵》（经学启蒙）	1199年	三字一句伦理、礼节格言	近代《芋园丛书·养蒙大训》本
	陈淳	《小学诗礼》	约1199年	以诗歌形式编写的日常礼仪	近代《芋园丛书·养蒙大训》本
	陈淳	《训蒙雅言》（《初学经训》）	1199年	将传统经典名言以四字一句形式汇编	近代《芋园丛书·养蒙大训》本
	朱熹	《小学》	1187年	日常行为礼仪典籍汇编	元代夏煦《文公先生小学资讲》刻本
	朱熹	《童蒙须知》（训学斋规）	早于1200年	日常行为礼仪简介	听雨何时轩刊《东听雨堂刊书·儒先要训》本
	涂近正	《明伦集》	1213年	伦理常识分类介绍	《钦定四库全书总目》卷九五《子部五·儒家类存目一》
	胡继宗	《书言故事》	早于1272年	历史道德故事集，篇幅很大	日本刻印本
	史浩	《童丱须知》	1181年	以诗歌形式编写的伦理社会常识	清乾隆四十二年（1777年）史益三刻本
性理	朱熹	《训蒙绝句》	约1190年	（附黄惟寅《注朱文公训蒙诗》）	清代朱玉《朱子文集大全类编》刻本（1730年）
	吕本中	《童蒙训》	1126—1127年	理学家名人名言故事集	明代刻本

续表

类别	作者	书名	创作时间	主要内容	可见较早版本
	王柏	《伊洛精义》	早于1274年	北宋理学思想简介	近代《芋园丛书·养蒙大训》本
	程端蒙、董铢	《程董二先生学则》	1187年	读书学习细节规则	清代1866年刻《西京清麓丛书》本
	程端蒙	《性理字训》（《小学字训》）	早于1191年	理学思想分主题介绍	清代1866年刻《西京清麓丛书》本
	程端蒙	《毓（yù）蒙明训》	早于1191年	理学知识启蒙	近代《芋园丛书·养蒙大训》本
文章	程俱	《班左诲蒙》	宋徽宗政和三年（1113年）	以《左传》《汉书》中的文章选编作为初学者写作示范可参考	清代抄本
	吕祖谦	《古文关键》	早于1181年	文章写作方法	明代嘉靖十一年（1532年）李成刻本
历史常识	吕祖谦	《东莱制度详说》（《历代制度详说》）	早于1181年	各类历史制度介绍，可作为儿童启蒙教育阶段参考资料	明代刻本
	钱讽	《史韵》	早于1199年	历史典故介绍	宋代刻本
	王令	《十七史蒙求》	约1073年	四字一句的名人名事介绍	岳麓书社1986年赵与伦点校本
	南宫靖一	《小学史断》（《十七史断》）	南宋	中国简史介绍	明代刻本
	陈葆光	《群仙蒙求》（《三洞群仙录》）	1154年	宗教常识汇编	明代正统《道藏》本
	徐子光	《补注蒙求》	南宋年间	《蒙求》的解读	宋代刻本
	黄继善	《史学提要》	南宋末年	四字一句的中国简史	明代抄本

续表

类别	作者	书名	创作时间	主要内容	可见较早版本
常识	朱熹	《易学启蒙》	1186年	周易启蒙知识	清吕氏宝诰堂《朱子遗书》本
	僧灵操	《释氏蒙求》	1129年	宗教知识分类汇编	1741年日本刻印本
	周守忠	《历代名医蒙求》（附释音）	1220年	医学常识分类汇编	近代《天禄琳琅丛书》本
	方逢辰	《名物蒙求》	约1240年	自然与社会常识分类介绍	清代《小四书》本
	王应麟	《小学绀（gàn）珠》	南宋末年	篇幅较长，儒家思想制度常识的分类汇编	元代《玉海》附刻本
	佚名	《家山图书》	约1221年	家庭生活仪礼常识为主	清代文渊阁四库本

宋代流传至今的著作众多，有的著作性质没有特别清楚的界限。比如其中一些著作在名称上看似是蒙书，实际上可能是当时人编写的字典性质的著作，并不是真正的蒙书。一些学者编写的著作面向启蒙教育阶段的儿童，篇幅很长，字数达到几十万字，内容复杂，无法真正在启蒙教育阶段供儿童阅读使用。还有一些著作内容全部都是关于启蒙教育的，但只是对启蒙教育内容资料的一种汇编，并不是供儿童阅读的，缺乏对教育场景的考量，只是资料整理。也有一些著作是用于家庭教育环境的家训、家范，是作为家族文化传承而编写的，不是供本家族儿童阅读的启蒙教育读物，也不应用于专业启蒙教育机构中。

古今教育模式差异很大，如果完全以当代儿童读物编写使用标准来“框定”宋代启蒙读物，那么大部分宋代编写的启蒙读物都会被认定为不符合标准，无法作为启蒙读物。所以，一般来说，研究者主要依据编写者编写有关著作时的目的来判断，只要宋代学者们在编写某种著作明确为面向儿童在教育机构中使用，那么这些著作便被认定为启蒙读物。

在宋代编写且流传至今的启蒙读物中，有一些已经不再广泛流传和使用，而只是作为历史文献存在了；有一些则流传较广泛，在当代仍有一定影响，或者仍在由各个出版社不断出版，或者在教育活动中使用。

本章选择其中一部分加以简单介绍，主要包括以下几种。

综合读物:《三字经》。

识字读物:《百家姓》、新编的《千字文》。

杂字:《新编对相四言》。

诗歌启蒙读物：新编的《千家诗》。

常识读物:《名物蒙求》。

伦理道德读物:《小学》。

二、综合类：以《三字经》为例

宋代编写且流传至今的启蒙读物中,《三字经》是对后代影响最大的读物之一。现存最早的《三字经》版本是明代赵南星注本。在此之前,《三字经》已经在各地流传开来，但是各个版本均没有保存下来，赵南星在注解刻印《三字经》时并没有标明《三字经》的作者，他说:“世所传《三字经》《女儿经》者，皆不知谁氏所作。”①

《三字经》的作者到底是谁呢？清初康熙（1662—1722年）年间，从事书籍编写和出版工作的王相编辑刻印了《三字经训诂》一书，他在这本书的序言中说:“宋儒王伯厚先生作《三字经》以

① ［明］赵南星:《家教二书序》,《味檗斋文集》卷五，上海：商务印书馆，1936年，第175页。

课家塾。”[①]王伯厚即南宋时期的王应麟（1223—1296年），字伯厚。

王相的说法被后来很多人接受，比如清代著名学者戴震在《三字经笺注》中说：“宋王伯厚以《曲礼》诸书，读应《尔雅》，非可使少儿闻语晓贯。因比类谐声，成《三字经》一册。”[②]

但也并不是每个人都这样看待《三字经》。比如清代学者陆以湉认为：“童蒙所诵《三字经》，相传为王伯厚作，此俗流之说也。”“周公时无六经之名，不当云‘著六经’。大、小戴《礼记》乃大、小戴所撰，不当云‘注礼记’。《困学纪闻》尊蜀而抑魏，其所叙述，蜀先于魏，亦不当云‘魏蜀吴，争汉鼎’。经史之大者，疏舛若此，其他可无论矣。”[③]《三字经》中有很多在当时看来的常识性错误，而王应麟是南宋时期著名学者，是不可能出现这些常识性错误的。比如《三字经》原文说“我周公，作周礼”，实际上周公生活在西周初年，“六经”的说法是从东周时期孔子之后才开始的。再如《三字经》原文说“大小戴，注礼记”，“大戴”指戴德，为《大戴礼记》的编写者；“小戴”指戴圣，为今天说的《礼记》的编写者，两人为叔侄关系，因此称为“大小戴”，两人是《礼记》的编写者，并非注解者。再比如，《三字经》中说“魏蜀吴，争汉鼎”，这是把“魏”放在前边，与王应麟将“蜀”作为正统的思想是矛盾的。

实际上，在明代之后，一直有文献提到《三字经》的作者是另外的一位名叫区适子的人。比如明代文献《粤大记》记载：

> 区适子，字正叔，登洲（今广东省顺德市）人。父仕宋，为德庆（今广东省肇庆市）参军，廉介有声。
>
> 适子幼爽迈能文词，经史皆通大旨。及长，厚重寡言笑，

---

① ［清］王相：《三字经训诂》序，出自陆林：《三字经辑刊》，合肥：安徽教育出版社，1994年，第12页。

② ［清］戴震：《戴震文集》，北京：中华书局，1980年，第209页。

③ ［清］陆以湉：《冷庐杂识》，北京：中华书局，1984年，第334页。

以博学多闻称，学者多从之游。所居乡名蛇洲，而适子号“登洲”，乡人因以其号名其乡曰“登洲”云。

适子抱道不仕，或问之，曰：“吾南人，操南音，安能与达鲁花赤俯仰耶？”元法：南人不得长治郡县，皆蒙古、色目之人制之，谓之“达鲁花赤”，故云。

刘与子序适子文曰：“君，德人也，余以文士目之，浅矣。扶胥之南，粤台之下，宁复有斯人哉！”故老传今训蒙《三字经》适子所撰也，童子多诵之。[①]

这里明确提到《三字经》的作者为区适子。区姓是分布于我国珠江三角洲及附近的姓氏，据传源自“欧”姓。从这处记载来看，区适子为广东人，他的父亲曾在宋代末年担任过基层官员。区适子生活于宋末元初。元代统一全国后，向各地派出的管理人员称为“达鲁花赤”，均为蒙古人、色目人，汉人不能担任这一官职，只能作为“达鲁花赤”的辅助人员。区适子对这一制度不满，因此拒绝担任任何官职。但实际上区适子只是一名普通的基层学者，并非当时知名人士，《三字经》可能是他在担任塾师期间编写的。

清代广东学者屈大均在《广东新语》一书中说：“其童蒙所诵《三字经》，乃宋末区适子所撰。”[②]清代学者恽敬的《大云山房杂记》提道：“《三字经》，顺德区适子所撰。适子字正叔，宋末人，入元不仕。”[③]

从这些记载可以看到，《三字经》的作者实际上是生活于宋代末年的广东人区适子，而并非王应麟。为什么清代初年的王相在书中将《三字经》的作者标为王应麟呢？这可能主要是因为当时的人知道《三字经》是宋代作品，而王应麟是同时期著名的学者

① ［明］郭棐：《粤大记》，广州：中山大学出版社，1998年，第678页。

② ［清］屈大均：《广东新语》，北京：中华书局，1985年，第329页。

③ ［清］恽敬：《大云山房杂记》卷二，北京：中华书局，1991年，第27页。

之一，把《三字经》的作者认定为王应麟更有助于这本书的销售和传播。可能也是出于这种心理，当代一些喜爱《三字经》以及从事《三字经》传播推广的人仍愿意认为《三字经》的作者为南宋时期的王应麟。

《三字经》为三字一句的综合性启蒙读物，开篇为："人之初，性本善。性相近，习相远。苟不教，性乃迁。教之道，贵以专。"之后为一些社会伦理常识，如"三才者，天地人。三光者，日月星。三纲者，君臣义。父子亲，夫妇顺。曰春夏，曰秋冬。此四时，运不穷。曰南北，曰西东。此四方，应乎中。曰水火，木金土。此五行，本乎数"。这些内容更加贴近儿童日常生活，因此广受欢迎。

元代之后，《三字经》出现了多种"增编"的版本。比如今天看到的明代赵南星注本，实际上也是在原《三字经》版本的基础上增加了一些内容。《三字经》原文在日用常识之后，主要内容为传统经典学习次序、中国历史朝代变化，以及勤奋学习的历史故事。《三字经》编写于南宋时期，其关于我国历史朝代变化部分自然只能写到宋代，不可能出现明代及之后的内容，但明代赵南星注本的《三字经》出现了这样的内容："炎宋兴，受周禅，十八传，南北混。辽与金，皆称帝，元灭金，绝宋世。尽中国，为夷狄，明朝兴，再开辟。"

到了清代初年，《三字经》这部分变成了这样："炎宋兴，受周禅，十八传，南北混。辽与金，皆称帝，元灭金，绝宋世。莅中国，兼戎狄，九十年，国祚废。太祖兴，国大明，号洪武，都金陵。迨成祖，迁燕京，十七世，至崇祯。权阉肆，寇如林，至李闯，神器焚。清太祖，膺景命，靖四方，克大定。"

在民国之后，《三字经》还在继续扩充，甚至开篇关于生活伦理常识的部分也增加了不少内容，以至于当代出版社也开始出版一些增编之后的《三字经》版本。

与《论语》《孝经》《千字文》等启蒙读物相比,《三字经》为三字一句，而且《三字经》的内容与接受启蒙教育之初的儿童生活、学习更贴合，因此自明代之后,《三字经》便开始广泛流传。

明代王世贞所作的《徐文贞公行状》里提道：

> 今上为皇太子时，甫五龄，遇公等于御道西，召公谓曰："先生每辛苦。"
>
> 公等顿首谢因谓："殿下茂龄，宜读书进学。"
>
> 皇太子顾公而曰："我已读《三字经》矣。"
>
> 又曰："先生每请回。"如是者再，睿音琅然，不摄不骤。
>
> 公出而以手加额曰："宗社万世庆也，老臣即归死瞑矣。"①

徐文贞公即徐阶，谥号为"文贞"。有一次他在朝中遇到了五岁的皇太子，皇太子主动向徐阶问好，徐阶则说希望皇太子多读书，皇太子表示已经读过《三字经》了。

清代,《三字经》《百家姓》《千字文》成为基层启蒙教育的主要读物。清代文学家蒲松龄曾长期在基层社会从事塾师工作，他在工作之余创作了一部反映启蒙教育活动场景的戏剧作品，名为《闹馆》，其中一幕为：

> 外（白）：听我道来—（唱）初上学《三字经》口教口念，《百家姓》《千字文》随念随添，上下《论》共两《孟》五经三传，详训诂明句读作文三篇。②

自清代以来,《三字经》一直流传不衰，仍旧被从事基层教育的人广泛关注。

---

① ［明］王世贞:《弇州续稿》卷一百三十八《文部·行状》,《徐文贞公行状》(下),《影印文渊阁四库全书》第1284册，台北：台湾商务印书馆，1986年，第26页。

② ［清］蒲松龄:《蒲松龄全集》，上海：学林出版社，1998年，第2415页。

三、识字类：以《百家姓》为例

赵钱孙李，周吴郑王。

冯陈褚卫，蒋沈韩杨。

朱秦尤许，何吕施张。

孔曹严华，金魏陶姜。

这是我国宋代启蒙读物《百家姓》的开篇。《百家姓》每四字一句，全文每个字都是姓氏。《百家姓》在南宋时期就已经流传开来了。南宋诗人陆游写过多首《秋日郊居》，其中一首为：

儿童冬学闹比邻，据案愚儒却子珍。

授罢村书闭门睡，终年不著面看人。①

陆游为这首诗作了一个注："农家十月乃遣子入学，谓之冬学。所读《杂字》《百家姓》类，谓之'村书'。"这说明在南宋时期，《百家姓》已经开始在基层启蒙教育中流传了。《百家姓》全文并不长，可能一直在基层社会流传，在宋代以后的一些文献中偶尔会被提到，但没有明代以前的版本流传至今，今天能看到的最早的《百家姓》为清代刻印本。遗憾的是，《百家姓》的作者至今不知道是谁。

南宋学者王明清在《玉照新志》中说："市井间所印《百家姓》，明清尝详考之，似是两浙钱氏有国时，小民所著。何则？其首云'赵钱孙李'，盖钱氏奉正朔，赵乃本朝国姓，所以钱次之，孙乃忠懿之正妃，又其次，则江南李氏。次句云'周吴郑王'，皆武肃而下后妃，无可疑者。"②《百家姓》的开篇为"赵钱孙李"，为什么要把"赵"排在第一位呢？这是因为"赵"是宋代皇室的姓氏。

① ［清］吴之振等编：《宋诗钞》之《剑南诗钞》，北京：中华书局，1986年，第1883页。

② ［宋］王明清：《玉照新志》卷三，郑州：大象出版社，2019年，第105页。

“钱”是当时一直将宋朝作为正统，之后又正式归属宋朝的吴越国王的姓氏，所以排在第二。“孙”是吴越王钱俶（谥号忠懿）妻子的姓氏。“李”为“江南李氏”，即当时南唐国王的姓氏。“周吴郑王”四姓为吴越国自开国之后历代国君妻子的姓氏。《三字经》的作者可能是生活在吴越国地界的一位读书人，所以开篇几个姓氏特别侧重吴越国皇室。

清朝康熙年间，王相编写出版了一本《百家姓考略》，他在该书中说：“《百家姓》出《兔园集》，乃宋初钱唐老儒所作，时钱俶据浙，故首赵次钱，孙乃俶妃，李谓南唐主也。次则国之大族。随口压韵，挂漏实多，识者訾（zǐ）之。然传播至今，童蒙诵习，奉为典册。”①

中国的姓氏繁多，《百家姓》只涵盖了几百个姓氏，还有很多没有被纳入。只是这本书既然已经流传开来，各地便都习以为常了。王相编写的《百家姓考略》对《百家姓》提到的每个姓氏的渊源都作了解读，成为今天看到的《百家姓》的主要底本。

在宋代编写《百家姓》之后，明清时期也分别出现了新编的类似启蒙读物。明代，吴沉、刘仲质两人编写了《皇明千家姓》，开篇为：

> 朱奉天运，富有万方，圣神文武，道合陶唐，学弘周孔，统绍禹汤。荡平胡狄，混一封疆，爰革夷习，树立典常，尊崇仁义，劝勉农桑。

很明显，明代《皇明千家姓》开篇用很长的篇幅介绍明代皇室“朱”姓。

清代初年，康熙皇帝主持编写了《御制百家姓》，并没有把清代皇室的姓氏作为第一个，也没有列出满族其他姓氏，而只列了

① ［清］王相：《百家姓考略》序，上海：华东师范大学出版社，2010年，第1页。

汉族姓氏，把孔、孟作为前两个姓氏，并为姓氏列出了最重要的发源地。其开篇部分为：

孔师阙党，孟鬲齐梁，鬲山詹仰，邹鲁荣昌。冉季宗正，游夏文章。

不过，明清时期续编、再编的《百家姓》都没能流传开来，明清至今流传的一直都是宋代编写的《百家姓》。

四、《千字文》新编

宋代流传至今的新编《千字文》有三种。

第一种为侍其玮创作的《续千文》。侍其玮，字良器，侍其为复姓。《续千文》大约创作于北宋晚期，在元代以后伴随着书法作品流传开来。

第二种为胡寅创作的《叙古千文》。大约南宋初年，胡寅因在朝廷中触怒当政者，被降职到江州（今江西省九江市），并在江州待了五年。在此期间，胡寅开始关注教育，他依照一直流传的《千字文》，创作了一版新的《千字文》，称为《叙古千文》。后来，这一新编《千字文》受到朱熹的关注而得到刊刻出版。在元之后有人陆续作了分节、注解。

第三种为南宋学者葛刚正创作的《重续千文》。在今天可以看到的宋代学者新编《千字文》中，这是第三次新编，因此也称为《三续千文》。相对来说，葛正刚新编的《千字文》没有前两者流传广。

“千字文”作为一种创作体例，是将一千个常用字编写成一篇四字一句没有重复字的文章。这对人的创作有很大的挑战，如果处理不当，很多句子会变得不知所云。

清代学者蒋超伯评价：

胡致堂（胡寅号致堂）《叙古千文》，语多费解，如“贼

> 莽窃玺，冠佩豭（jiā）豣（jiān），白水龙翔，荣取青毡”，其意以“莽”比“豭”“豣”，而“青毡”，隐语为旧物也，小儿诵之，如何能晓。总之,《千字文》以周兴嗣为第一，次则许鲁斋，次则侍其良器，词采皆有可观，即卓珂月“膳枇素木”“夫男秉杷”，究欠自然之妙。①

这里提到几位曾经重新编写《千字文》的人。许鲁斋即元代许衡，号鲁斋，创作有《稽古千文》。卓珂月为明代学者，曾编写过《千字大人颂》。

蒋超伯认为，胡寅新编的《叙古千文》，过于古奥，初学者并不明白很多句子在说什么，比如“贼莽窃玺，冠佩豭豣，白水龙翔，荣取青毡”这句，是说王莽窃取了汉代的传国之玺，穿上衣服，却像是野猪一样丑陋。豭、豣，均指野猪。对于正处在启蒙教育阶段的儿童来说是读不明白其中含义的。

为此，蒋超伯认为胡寅新编的《叙古千文》不够好，还是周兴嗣编写的《千字文》最为简单、自然、典雅。以下为几种《千字文》开篇部分的对比。

宋代新编《千字文》开篇部分与原《千字文》对比

周兴嗣《千字文》	侍其玮《续千文》	胡寅《叙古千文》	葛刚正《重续千文》
天地玄黄， 宇宙洪荒。 日月盈昃， 辰宿列张。 寒来暑往， 秋收冬藏。 闰余成岁， 律吕调阳。	混沌开辟， 乾坤刚柔。 震兑巽坎， 角亢奎娄。 雷迅雹激， 风凛雪稠。 苦毒荼堇， 芬臭熏莸（yóu）。	太和梦缊， 二仪肇分。 清浊奠位， 乾坤为门。 品物流形， 睿哲超群。 维河出图， 显道之原。	太朴肇判， 胚浑已萌。 穹然旻昊， 渺奕寰瀛。 乌晞濛汜 蟾透沧溟。 数稽衍历， 荚秀祥蓂。

① ［清］蒋超伯：《南漘（chún）楛语》卷一，清同治十年两廧（yàn）山房刻本，第11页。

续表

周兴嗣《千字文》	侍其玮《续千文》	胡寅《叙古千文》	葛刚正《重续千文》
云腾致雨， 露结为霜。 金生丽水， 玉出昆冈。	麰（móu）麦配蕒， 含桃荐羞。 皙枣霁荔， 潘柿骞榴。	伏羲画卦， 爰始斯文。 俨垂衣裳， 下臣上君。	维参躔（chán）度， 晷仄昏昕， 春晨渐燠（yù）， 品汇咸亨。

五、杂字类：以《新编对相四言》为例

民国时期，英国学者李约瑟一直从事中国古代科技史研究，他在《中国科技史》（第三卷）数学卷中提到，中国的算盘有悠久的历史，一些历史文献可以证明，算盘在中国已经有上千年的历史。李约瑟提供的文献证明是一部启蒙教育著作，名为《新编对相四言》，这部著作收藏于美国哥伦比亚大学东亚图书馆。

后来，有人将这部《新编对相四言》全文翻录，并于2015年由上海书店出版社影印公开出版，这部已经有几百年历史的启蒙读物开始变得广为人知。所谓“对相”是指每个字、词都对应着“相”，“相”即图片。“四言”是指每四字一句。

美国哥伦比亚大学东亚图书馆所藏《新编对相四言》共计十六页，没有标明作者，只在首页标题下题写有“祝氏藐园所藏”，是这部书的收藏者。

古代典籍自上而下、自右向左阅读，《新编对相四言》每页五纵行，每纵行有八横格，右侧是文字，左侧是相应的图片。比如前四个字分别为“天云雷雨”，分别对应着图片。

这部读物前边部分是单字，共224个；后边部分为两字的词语，共82个词语，大部分都是日常生活所见事物。其中在词语部分有一个词是“算盘”，并配了算盘的图片，与今天看到的算盘一模一样。以此为依据，可以证明中国的算盘至少有上千年的历史了。为什么这样认为呢？因为这部《新编对相四言》的最后有一

段这部书收藏者题写的话，原文是：

此宋本课儿书，看图识字，当时已用此法。共八页，三百八十八字，三百零八图。传留至今，完全无缺，颇不易得。内中不惟“筐”字缺末笔，所取材料皆有时代关系，颇堪令人玩味也。时壬戌秋七月既望，荫庭志于藐园。

荫庭即收藏者名字，祝椿年，字荫庭，生活于清末民初时期。藐园可能是祝椿年的书室或者居室，也即开篇“祝氏藐园所藏”中“藐园”所指。祝椿年认为，他收藏的这部书是一部“宋版”书籍，即宋代时期刻印的书，实际上可能不是“宋版”，只是宋代人编写的启蒙读物，这部书是元代时期刻印本。祝椿年说书中有308幅图也是收藏者数错了，实际上只有306幅。

实际上，有“新编”的“对相”读物，自然便会有“新编”之前原本的“对相”读物。在宋代时期，我国已经出现有多种配有插图的启蒙读物，其中有明代刻印的《对相四言杂字》流传至今。相对来说，《新编对相四言》是今天可以看到的最早的插图版识字读物，距今已经有七八百年历史，而其编写者所生活的年代可能更早。

《新编对相四言》实际上是“新编对相四言杂字”，在传统蒙学读物体系中属于“杂字”的一种，上文已提到“《杂字》《百家姓》类，谓之‘村书’”。当时还有一些其他文献提到“杂字”。南宋理宗宝祐二年（1254年），南宋文学家方岳在度过五十五岁生日时，写过一首《满庭芳·甲寅生日》，其中提道：

一念人间尘土，为雏孙、留醉茅柴。
今而后，村书杂字，尽有老生涯。①

这是这首词的最后部分，提到“村书杂字”，表达作者想要回到故乡，每天教小孩子们学习“村书杂字”的想法。

---

① 孔凡礼编：《全宋词辑补》，北京：中华书局，1981年，第83页。

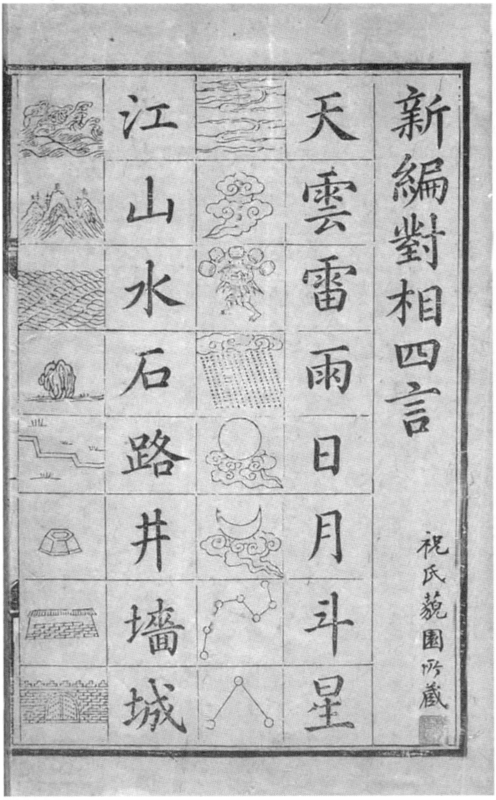

明代刻印的《新编对相四言》

在宋代，杂字虽然已经广泛存在，但是并没有得到主流学者的认可。南宋学者黄震在文集《黄氏日钞》中记载了他对于当时杂字的评价，黄震认为：

文所以载理，安有不关义理，而可以言文者哉。往岁尝过村学堂，见为之师者授村童，书名《小杂字》，句必四字，皆器物名，而字多隐僻，义理无关，余窃鄙之。然本其所由作，特以识器物之名，于世尚为有用。①

① ［宋］黄震:《黄氏日钞》，郑州：大象出版社，2019年，第212页。

也就是说，最好的文章一定要表达出充分的价值观。村塾中的杂字只是单纯为了认字而认字，没有体现出价值观，没有传播当时一些学者所认为的“理学”思想，因此算不上好的文章。当然，黄震的观点过于简单化了，儿童识字的过程固然要注意识字的内容与价值观培养的关系，要将价值观养成纳入识字的过程中，但是儿童教育内容不仅需要考虑这方面的因素，更要考虑社会现实、儿童的接受能力、儿童的日常生活环境。如果儿童所在家庭并没有充裕的时间和资金支持儿童接受长期、完整的教育，当务之急自然是提高识字的效率，而且要把识字的内容与儿童日常生活联系起来。当务之急是儿童在完成识字之后也能继续开展价值观的培养。

六、诗歌类：以《千家诗》为例

“三百千千”是中国明清时期最流行的启蒙读物，其中“三百千”分别是指《三字经》《百家姓》《千字文》，而第二个“千”字是指《千家诗》。清代晚期刘鹗所写的《老残游记》中，一位书商说：“所有方圆二三百里学堂用的‘三百千千’都是在小号里贩得去的，一年要销上万本呢！”①一个小小的书店，每年在一两个县里就能卖出上万本“三百千千”，可见这几种启蒙读物在当时的受欢迎程度。

《三字经》《百家姓》《千字文》在前文都已经介绍，其中《千字文》为南北朝时期作品，而《三字经》《百家姓》均为宋代作品，最早的《千家诗》也是宋代作品。

今天能看到的最早的《千家诗》为南宋学者刘克庄（1187—1269年）编写的《分门纂类唐宋时贤千家诗选》。刘克庄字潜夫，

---

① ［清］刘鹗：《老残游记》卷七，民国天津日日新闻排印本，第6页。

号后村，人称后村先生，他编写的《分门纂类唐宋时贤千家诗选》也被称为《千家诗选》《后村千家诗》等。

《千家诗选》全书共二十二卷，收录古诗1281首，这些诗根据主题分为十四类，分别是：时令、气候、节候、昼夜、百花、竹林、地理、宫室、天文、器用、音乐、昆虫、禽兽、人品，每一门类下又以唐贤、宋贤、时贤这样的顺序排序。

《千家诗选》的篇幅很长。对比一下，当代部编版语文教科书在小学阶段六年学习时间里共选择了古诗一百多首，而《千家诗选》则选择了一千多首，显然不是启蒙阶段学生能读完的。可能正因为此，《千家诗选》在编写完成之后流传并不广泛。

在刘克庄《千家诗选》之后，南宋末年的学者谢枋得（1226—1289年）以《千家诗选》为基础，重新编写了《增补重订千家诗批注》，也称为《重订千家诗》。《重订千家诗》虽然名字仍叫“千家诗”，实际上只选了一百余首古诗，而且并不完全是对《千家诗选》的删减，谢枋得也增加了一部分诗歌。

清代学者黎恂（1785—1863年）编写的《千家诗注》序言中说：

> 宋刘后邨（cūn）《千家诗选》，世弃家闾尚有其书，顾未见之也。俗间行者为诗汉百二十五首，作者仅八十人，而亦称《千家诗》，不知钞自何时何人。其所录，率律绝明易无艰棘之作，以故城郭邨僻，书儿自诵四子以上，题不读者，即妇人女子，亦往往都能倍记。诗选之在南中，盖未有脍炙如此本者也。然其，于唐宋名大家，载不及小半，当读之诗，更不及百分之一。①

从这段话可以看到，刘克庄编写的《千家诗选》流传并不广，而谢枋得编写的《重订千家诗》虽然已经没有了“千家”的实质，

① ［清］黎恂：《千家诗注·序》，《黎氏家集》丛书，清光绪十四年活字本，第1页。

但是流传广泛，以至于妇人、儿童，人人都能背诵几首。在当时的南方，这已经是最流行的古诗选编版本了。但这并不是最理想的版本，因为《重订千家诗》所选的诗歌太少，喜欢诗歌的人当然会认为只读一百多首诗歌太少了。

到了清代初年，王相对刘克庄《千家诗选》进行了补注，名为《增补重订千家诗注解》。考虑到《千家诗选》篇幅过长，而谢枋得编写的《重订千家诗》只有七言诗歌，于是王相在《千家诗选》的基础上编写了一本《新镌五言千家诗》，主要选择了他最喜欢的盛唐时期的五言诗歌。此后，王相将谢枋得的《重订千家诗》与他编写的《新镌五言千家诗》合并在一起出版发行，就是今天看到的《千家诗》的版本。

王相编选的《千家诗》对每首诗都进行注解，大致解释诗歌内容，并进行一些赏析。比如王安石《元日》这首诗为：

爆竹声中一岁除，春风送暖入屠苏。

千门万户曈曈日，总把新桃换旧符。

王相注解为：

爆竹，山家以除夕烧竹，竹爆裂之声，山魈闻声畏惧而远避。屠苏，美酒名。曈曈，日初出貌。桃符，以桃木刻符于门，以御鬼也。岁去春来，春风吹暖，以助酒力之醺也。一岁之始，换却桃符，以贺新正。此诗自况其初拜相时，得君行政，除旧布新，而始行已之政令也。①

王相的注解成为后世《千家诗》注解的主要参考，一直影响到当代出版社出版的《千家诗》版本。

① ［宋］谢枋得、［清］王相选注：《千家诗》，杭州：浙江人民出版社，1980年，第3页。

七、常识类：以《名物蒙求》为例

南宋淳祐二年（1242年），二十二岁的方逢辰（原名方梦魁）到建康府（今江苏省南京市）担任教授，负责基层教育管理工作，他在这一职位上工作了三年。在此期间，他创作了一本名为《名物蒙求》的启蒙读物。这部启蒙读物不是传统意义上的以人伦道德为主要内容，而是以介绍自然和社会常识为主要内容。后来，他为这本书写了一篇序来说明他编写这本书的初衷：

童蒙未识宇宙内事，虽此身不识其所从来，况同胞同与者乎，法当从事物上起。

予弱冠时业书馆，苦于初学聪明不开，为作《蒙求》一卷，教之以天高地下，万物散殊，人物之大原，人伦之大本，次及其饮食、衣服，切己日用处，使之先识其名，次通其义。积习既久，虽木石之愚者，亦豁然为之开明。然后知天地间无不可教之人。

伊川程先生曰：今日格一物，明日格一物，然后当脱然有贯通处。初学之学，虽与大学之格物不同，然太极之冲漠无朕者，岂在万象森然之外哉。此之所教特先其近者、小者，而所谓远者大者，亦不离乎此而已矣。

丙子后，有朋友拾得此本于兵革煨烬之余者，持示予，问所为作之意，遂为道其所以然。①

此处说的“丙子后”是指丙子年之后，丙子是干支纪年，为公元1276年。这一年，元代大军南下，南宋灭亡。方逢辰五十五岁，他在元代生活了十多年，但他一直拒绝为元代政府工作，直

① ［清］严可均：《全宋文》第三百五十三册，上海：上海辞书出版社，2006年，第222页。

至去世。

宋代灭亡之后，方逢辰的朋友在兵灾中保存了他年轻时编写的这本小书《名物蒙求》，问方逢辰："为什么编写这样一本书?"方逢辰于是写了一篇简短的说明。他表示，自己在年轻时曾经从事塾师工作，深感儿童对一切知识都充满了兴趣，因此才编写了这本书，将日常生活中所接触的常识按类别编写在一起。这样做是符合伊川先生的思想的。伊川先生即北宋著名学者程颐。方逢辰认为，了解这些常识，是儿童理解更深刻、更抽象道理的基础。

元末明初，学者朱升将宋元时期编写的四种启蒙读物汇编在一起，称为"小四书"，作为儿童学习"四书"前的准备。这四种读物分别是：宋代方逢辰编写的《名物蒙求》、宋代程若庸编写的《性理字训》、宋代黄继善编写的《史学提要》（二卷）、元代陈栎编写的《历代蒙求》。

遗憾的是，元代和明代版本的《名物蒙求》均没有流传下来。直到清代中期雍正十一年（1733年），当时锡邹氏恒德堂再次将"小四书"合并在一起统一印刷，才流传到今天。《名物蒙求》是分主题的，各主题的开篇部分如下（主题名称为本书所加）：

（天地）天尊地卑，乾坤定位。轻清为天，重浊为地。丽乎天者，日月星辰。润以雨露，鼓以风霆。云维何兴，以水之升。雨维何降，以云之烝（zhēng，火气上行）……

（人）中于天地，惟人最灵。耳目鼻口，具人之形。得其清者，圣人贤人。得其浊者，愚夫凡民。读书为士，耕田为农。行商坐贾，技艺百工。是谓四民，各有所业……

（教化）人生而群，不可无教。君仁臣忠，父慈子孝。别而夫妇，信而友朋。长幼有序，是谓人伦。出而交际，师友主宾。入而亲睦，伯叔弟兄。诸姑姊妹，皆父党亲……

（万物）民物之初，同一太极。全者为人，偏者为物。物有知者，鸟兽之属。物无知者，为草为木……

（植物）园林富贵，桃李秾华。清明杏雨，寒食梨花。海棠夸蜀，牡丹盛唐……

（粮食果蔬）孰如五谷，能养万民。黍稷菽麦，与稻则均。种之曰稼，敛之曰穑。其穗曰颖，其实曰粒。可酿者秫（shú，高粱），可炊者粳（jīng，稻）……

（树木）木身为干，别为枝条。木末曰杪（miǎo，末端），枝杪曰梢。方苞为蕊，下承为萼。结子为实，陨叶为萚（tuò，落叶）。始生曰茁，再生曰蘖（niè，新芽）。复命归根，勾伸甲坼（chè，裂开）……

（鸟兽）草木之外，鸟兽虫豸（zhì，虫子）。彼虽微物，亦有天理。蜂蚁君臣，虎狼父子。慈乌反哺，羔羊跪乳。雎鸠有别，鸿雁有序……

（虫鱼）羽毛之外，又有介鳞。天池之鲲，龙门之鲤，曰鲸曰鲵（ní），鳜鳜（guì）鳣（zhān）鲔（wěi），凡此之类，谓之鳞虫……

（四季）天地之初，既有民物。苟无四时，何以作息？春生夏长，秋收冬藏。春为木德，盛于东方。草木甲坼，鸟兽孳（zī，繁殖）育……

（农业）生民之初，未有火食。始自庖牺，教民炮炙。生民之初，未有粒食。始自农稷，教民稼穑……

（衣服）生民之初，未有衣服。或衣羽皮，或衣草木。中古圣人，易以衣裳。自朴而文，由略而详。冠曰弁冕（biàn miǎn，帽子），屦曰履舄（xì，鞋）……

（房屋）生民之初，穴处巢居。中古圣人，易以室庐。以御风雨，上栋下宇。以御冬寒，塞向墐（jìn，关闭）户……

（器物）太古之初，未有用器，圣人始教，创物以智。为网为罟（gǔ，渔网），教民佃通。为耒（lěi，一种像木叉

的农具）为耜（sì，类似铁锹的农具），教民菑畲（zī shē，耕耘）……[1]

八、道德类：以《小学》为例

南宋淳熙十年（1183年），江西人朱熹（1130—1200年）五十五岁了，这一年，他在武夷山九曲溪畔大隐屏峰脚下（位于今福建省南平市武夷山风景区内）创建了一处名为武夷精舍的书院。此时，朱熹已经完成了《四书章句集注》这部重要著作。《四书章句集注》是对《大学》《中庸》《论语》《孟子》等四部文章典籍的解读。朱熹认为，“四书”是儒家思想的精华，是学习五经的基础。此后，中国儒家经典开始形成以“四书五经”为核心的经典体系，自元代之后的科举考试也开始将“四书”作为最核心的内容。

朱熹在《大学章句序》中说：

> 人生八岁，则自王公以下至于庶人之子弟，皆入小学，而教之以洒扫、应对、进退之节，礼乐、射御、书数之文；及其十有五年，则自天子之元子、众子，以至公、卿、大夫、元士之适子，与凡民之俊秀，皆入大学，而教之以穷理、正心、修己、治人之道。此又学校之教，大小之节所以分也。[2]

这段话是朱熹教育思想的集中体现。朱熹认为：一个人从八岁开始，要先接受“小学”教育，这一阶段学习的是“事”，依靠生活中的具体事务学习人生之礼。到了十五岁之后则接受“大学”教育，学习相对抽象的理论。《四书章句集注》是朱熹对“大学”思想的集中反映。在完成了“大学”思想阐述后，朱熹也开始集

① ［元］朱升：《名物蒙求》，《小四书》，明嘉靖二十六年楚府武冈王朱显槐重刊本，第1—25页。

② ［宋］朱熹：《四书章句集注》之《大学章句序》，北京：中华书局，1983年，第1页。

中关注“小学”了。

在武夷山居住期间，他先是编写了名为《小学》的启蒙读物的大纲，交给自己的学生刘清之。刘清之看到后，以朱熹所编大纲为依据，初步完成了《小学》的内容编写，向朱熹汇报编写思路。随后，朱熹向刘清之提出了修改意见。淳熙十年（1183年）七月，朱熹给刘清之写信，仍在讨论《小学》的修改。朱熹在信中说：

《小学》书曾为整顿否？幸早为之，寻便见寄，幸幸。昨来奉报，只欲如此间所编者。

今细思之，不若来教规模之善。但今所编，皆法制之语，若欲更添“嘉言”“善行”两类，即两类之中，自须各兼取经史子集之言，其说乃备。但须约取，勿令太泛，乃佳。

文章尤不可泛，如《离骚》忠洁之志固亦不尚，然只正经一篇，已自多了，此须更仔细决择。

《叙古》《蒙求》亦太多，兼奥涩难读，恐非启蒙之具。却是古乐府及杜子美诗意思好，可取者多，令其喜讽咏，易入心，最多有益也……[①]

《小学》最初的大纲可能只是今天所见到的“内篇”，包括《立教》《明伦》《敬身》和《稽古》四部分。朱熹在信中说，这些内容大部分都是“法制之语”，即规定人应该怎么做的“条目”，缺乏更具体生动的内容，于是提出应该增加《嘉言》和《善行》两部分，即在今天所见“内篇”的基础上，增加一些类似于“个案”说明的内容，列出古来有关的名人名言和名人故事。

朱熹在信中催促刘清之要继续对《小学》作出修改，在选择古代文章原文时尤其需要注意，尽量选择那些“易入心”的内容。

---

① ［宋］朱熹：《晦庵先生朱文公文集》卷三十五《答刘子澄》，出自朱杰人等主编：《朱子全书》第二十一册，上海古籍出版社、安徽教育出版社，2002年，第1540页。

朱熹举《离骚》为例，认为篇幅过长，而汉魏乐府诗和杜子美（杜甫）的诗歌有很多可取之处，这些内容更适合作为启蒙教育的内容。

不过，刘清之考虑到当时的政治局面，没有继续按照朱熹的思想修改。淳熙十一年（1184年），刘清之将《小学》正式出版。朱熹对已经出版的《小学》并不满意，他给刘清之写信说：

> 《小学》惜乎太遽，又不蒙润色耳。近略修改，每章之首，加以本书或本人名字，又别为题词韵语，庶便童习。今漫录去一观，他时有暇，终望为补故事之缺也。[①]

《小学》出版得太仓促了，还没有来得及作进一步修改。现在已经又作了一点修改，把每一章开篇部分标明出处，拟出标题，以便于儿童学习使用。将来有了闲暇，希望能再作一些修改。

一年之后，淳熙十二年（1185年）七月九日，朱熹给刘清之写信，他表示自己对《小学》作了新一轮的修改：

> 《小学》见此修改，益以古今故事，移首篇于书尾，使初学开卷便有受用。而末卷益以周、程、张子教人大略及《乡约》《杂仪》之类，别为下篇，凡定著六篇。[②]

朱熹调整了原书中一些篇目的顺序，增加了不少内容。此后两年，朱熹可能还对《小学》作了一些小的修改，并于淳熙十四年（1187年）为《小学》写了一篇序，形成了《小学》最后的版本，这就是今天能看到的《小学》。其开篇部分如下：

> 立教第一
>
> 子思子曰："天命之谓性，率性之谓道，修道之谓教育。"则天明，遵圣法，述此篇，俾为师者知所以教，而弟子知所

---

① ［宋］朱熹：《晦庵先生朱文公文集》卷三十五《答刘子澄》，出自朱杰人等主编：《朱子全书》第二十一册，上海古籍出版社、安徽教育出版社，2002年，第1546页。

② 同上书，第1548页。

以学。

《列女传》曰：古者妇人妊子寝不侧，坐不边，立不跸（bì，倾斜），不食邪味，割不正不食，席不正不坐，目不视邪色，耳不听淫声。夜则令瞽诵诗，道正事。瞽盲者，乐官也。如此则生子，形容端正，才德过人矣。言妊子之时，必慎所感。感于善则善，感于恶则恶也。[①]

可以看到，《小学》的内容主要是从早期典籍中摘编适合启蒙教育阶段儿童阅读的内容，并分类排列，供启蒙教育阶段儿童学习。上述第一段话摘录了《中庸》开篇一句并加以解读；第二段话摘编了汉代《列女传》中描写周文王母亲等人的一段话，其中的一些话出自更早时期的《论语》等典籍中。

在元代之后，《小学》开始成为政府认可的启蒙读物。清代张伯行编写了《小学集解》，成为比较权威的研究解读《小学》的著作。

九、“二十四孝”故事

在宋元时期，我国开始流行“二十四孝故事”。今天看到的最流行的“二十四孝”版本是由元代郭居敬整理编写的《二十四孝诗选》。这部书将“二十四孝”编写为二十四则短故事和二十四首诗。比如第一则为：

虞舜，瞽叟之子，性至孝，父顽，母嚚，弟象傲。舜耕于历山，有象为之耕，鸟为之耘，其孝感如此。

帝尧闻之，事以九男，妻以二女，遂以天下让焉。

诗曰：对对耕春象，纷纷耘草禽。

① ［宋］朱熹编，［明］陈选集注：《小学集注》，清代光绪二十三年金陵书局刻本，第1页。

嗣尧登帝位，孝感动天下。[①]

实际上，“二十四孝”的说法可能在唐宋时期已经开始流传了。在敦煌文献中有一篇《故圆鉴大师二十四孝押座文》，一般认为其中说的“圆鉴大师”为唐或者五代时期人，“押座文”是指佛教僧人在正式讲解佛经之前的开场语，用于吸引观众，往往编写得比较生动。其中已经提到后世“二十四孝”中涉及的多个故事，比如“万代史书歌舜主，千年人口赞王祥”“郭巨愿埋亲子息，老莱欢着彩衣裳”“泣竹笋生名最重，卧冰鱼跃义难量”“正酷热天须扇枕，遇严凝月要温床”等，其中“舜”“王祥”“郭巨”“老莱”和“泣竹笋生”（孟宗），“扇枕、温床”（黄香）等均是后代“二十四孝”中的内容。这些故事在唐代可能就已经渐渐形成了相对固定的体系，在宋元之后慢慢稳定下来。

宋元时期，我国仍并行着几种不同的“二十四孝”系统，从今天可以看到的文献中分别有元代郭居敬整理而成的《二十四孝诗选》，元代虞韶整理而成的《日记故事》中包含的“二十四孝”故事，宋元时期流行的《孝行录》，他们分别对身边流行的“二十四孝”故事作了整理，三个版本记录的“二十四孝”略有差异。

宋元时期的“二十四孝”体系

文献	故事
《日记故事》	帝舜、曾参、闵损、郯子、老莱子、董永、丁兰、郭巨、杨香、姜诗、蔡顺、陆绩、孟宗、王祥、汉文帝、黄香、王裒、吴猛、庾黔娄、唐夫人、黄庭坚、朱寿昌、子路、江革
《二十四孝诗选》	帝舜、曾参、闵损、郯子、老莱子、董永、丁兰、郭巨、杨香、姜诗、蔡顺、陆绩、孟宗、王祥、汉文帝、黄香、王裒、吴猛、庾黔娄、唐夫人、黄庭坚、朱寿昌、张孝张礼、田真

① ［元］郭居敬《二十四孝诗选》，引自周殿富主编：《中国历代绘刻本名著新编》，合肥：安徽教育出版社，2013年，第1页。

续表

文献	故事
《孝行录》	帝舜、曾参、闵损、晐子、老莱子、董永、丁兰、郭巨、杨香、姜诗、蔡顺、陆绩、孟宗、王祥、田真、鲁姑抱长、伯俞泣仗、刘殷天芹、孝娥抱尸、元觉警父、赵宗替瘦、鲍山负筐、明达卖子、义妇割股

“孝”文化在古代具有很高的社会共识，以故事形式呈现的“二十四孝”在民间受到广泛欢迎。元代戏曲家将“二十四孝”故事改编为多种戏剧故事，进一步促进了“二十四孝”故事的传播。在“二十四孝”故事中，有一些体现了亲子之间的情感，有一些从当代来看是违背一般人性的，这些内容已经不适合当代启蒙教育的环境了。

第九章 明代启蒙教育机构政策

明清时期，启蒙教育机构主要有几种，分别是由国家倡导建立的学校，当时一般称为社学；由民间力量创办，具有公益性质的学校，一般称为义学；还有私人创办的各类私塾等。这些学校类似于今天的初等教育，都是受教育的最初阶段。

实际上，明清时期大部分启蒙阶段的学校都是由民间力量创办并维持运行的，这些学校在古代文献中有不同的名称，有些情况下，社学和义学没有特别清晰的界限。在一些文献中，启蒙阶段的学校也称为“小学”，与启蒙阶段学校相对应的是书院，称为“大学”。

相对来说，各地更重视书院，启蒙阶段的学校是教育的“末梢”，只有在各地政府和民间力量有“余力”时才会受到关注，因此启蒙阶段的学校没有严格的制度，没有统一的规定，一直以相对自由的形式存在和发展着。

一、明代中央朝廷的社学政策

明代建立之初，在社会秩序刚有所恢复时，中央朝廷就发布命令，要求各地开办社学。洪武八年（1375年）中央朝廷发布诏令:“宜令有司其更置社学，延师儒，以教民间子弟，导民善俗，称朕意焉。”[1]

这一政策没有其他配套措施，没有拨款，也没有专门机构负责，于是各地方政府只能虚报政绩，这给地方教育带来一些问题。

洪武九年（1376年），天象出现一些异常，朝廷为此发布声明，请各地对朝廷近来的工作提出意见。这种做法是汉代以来常有的事，在隋唐之后已经成为一种象征性的工作安排，不再具有实际意义。当时，有一位名叫叶伯巨的人刚从国子监被派往山西平遥主持地方教育工作，他接到向朝廷提意见的通知后，便认真写了一份长长的《奉诏陈言疏》，将他所看到的地方社会的情况如实写在了这份《奉诏陈言疏》中，认为当下的朝廷工作“分封太侈，用刑太繁，求治太速”，其中要求地方创办社学属于“求治太速”：

> 朝廷切切以社学为重，教民之急务，故屡行取勘师生姓名、所习课业，如是之详细。
>
> 今之社学，当镇城郭，或但置门牌，远村僻处，则又屠具其名耳。守令亦未以教养为己任，徒具文案以备照刷而已。
>
> 及至宪司分部按临，亦但循习故常，依纸上照刷。亦未尝差一人巡行点视兴废之实。上下视为虚文，如此小民不知孝悌忠信为何物，争斗之俗成，奸诈之风炽，而礼义廉耻扫地矣，此守令未知所务之失也。[2]

叶伯巨的这份《奉诏陈言疏》写得十分尖锐。对于朝廷要求地方上开办社学的这项工作，叶伯巨认为，朝廷要求各地向朝廷汇报本地社学开办的情况，甚至要各地列出教师、学生的姓名，学生学习的内容。即使这样也无法改变地方虚报政绩的情况，各地社区往往只是在一处建筑外边挂上社学的牌子来应付检查。上级派出人员前来检查，也只是照着地方政府报告中列举的社学名

---

① ［明］杨士奇：《明太祖实录》卷九三，洪武八年（1375年）正月丁亥，台北：“中央研究院”历史语言研究所，1962年，第1655页。

② ［明］陈子龙：《明经世文编》卷八，北京：中华书局，1962年，第397页。

字、地点，挨个看一遍，从未有人真正到社学里边看一眼，地方社学的创办基本上只是“虚文”。

叶伯巨在《奉诏陈言疏》中不只是批评社学，而且对朝廷上下各部门的工作都进行了尖锐的批评，上至朝廷分封皇室成员，下至地方政府的税收、司法，以及人才选拔。对于朝廷分封皇室成员的做法，叶伯巨认为“恐数世之后，尾大不掉，然后削其地而夺之权，则必生觖望，甚者缘间而起，防之无及矣”。

明太祖朱元璋坚持要亲自阅读各地提交的意见，在看到叶伯巨的《奉诏陈言疏》后，对叶伯巨批评朝廷其他部分的工作并没有太多说法，只是对叶伯巨提出的反对分封皇室成员的做法十分愤怒。明太祖朱元璋认为，叶伯巨是受人指使，要挑拨他与诸子的关系。最后，叶伯巨被朝廷逮捕，死在了监狱中。

叶伯巨因言获罪。朝廷经过调查，也更清楚地了解到各地社学存在的问题。洪武十八年（1385年），明太祖朱元璋亲自主持编写并颁布了《御制大诰》，其中提到了社学，认为创办社学是“好事难成”。中央朝廷并没有提及社学创办所需的资金来源，而是关注了更复杂的地方治理中的问题。地方政府以朝廷要求创办社学为名，对愿意读书的人收取高额的学费，对不愿意、不适合读书的人也强制其去社学读书。有的不适合读书的家庭只好出钱购买“免除上学”的资格，类似于出钱以免除徭役一样，导致了地方治理中的混乱。社学创办不只存在叶伯巨所说的徒有虚名的情况，而且存在着以创办社学为名欺压百姓的情况。《御制大诰》的原话是这样的：

> 好事难成。且如社学之设，本以导民为善，乐天之乐。奈何府、州、县官不才，酷吏害民无厌。社学一设，官吏以为营生。有愿读书者，无钱不许入学。有三丁四丁不愿读书者，受财卖放，纵其愚顽，不令读书。有父子二人，或农或商，本无读书之暇，却乃逼令入学。有钱者，又纵之；无钱

者，虽不暇读书，亦不肯放，将此凑生员之数，欺诳朝廷。

鸣呼难哉！天灾人祸，若不灾于此官此吏，载在祀典之神无凭可敬。似此善道难为，惟天可监，智人详之。

朕恐逼坏良民不暇读书之家，一时往罢。复有不知民艰、茫然无知官吏害民者，数言社学可兴。

吁！古云：为君难，诚如是；为臣不易，果然哉！间有忠良，同凶顽之徒联衔，日被所污，终不能清，不易哉甚矣。呜呼！惟天可监。凶顽之徒，何父母所生，造恶以陷人，终化不醒，神明监焉，祸有日矣，迟疾焉。①

洪武二十一年（1388年），明代中央朝廷面向普通百姓发布了《教民榜文》，其中在第二十三条表示不再要求各地创办社学：

元朝天下，乡村人家子弟读书者多。

洪武初年，命各处乡村设立社学，教训子弟，使为良，善其不才。

有司里甲人等，倚此作弊，将有丁子弟，本有暇读书，却受财卖放，不令儒学。无丁子弟，无暇读书，却逼令入学，致以民人受害，所以革去社学。

今后民间子弟，许令有德之人，不拘所在，亦不拘子弟名数，每年十月初开学，至腊月终罢。如丁多有暇之家，常读常教者，听其。有司、官吏、里甲人等，敢有干与搅扰者，治以重罪。②

到此，明代中央朝廷不再把创办社学作为地方政府的任务，而变成一种由百姓自行选择的事务。凡是愿意读书的家庭，可以自行开办学校，可以灵活采用“冬学”的方式，也可以常年读书。这样的社学政策等于恢复到“没有政策”的阶段了。

---

① 杨一凡：《明大诰研究》，南京：江苏人民出版社，1988年，第229—230页。

② 《教民榜文》第二十三条，《古代乡约及乡治法律文献十种》第一册，哈尔滨：黑龙江人民出版社，2005年，第188页。

正统元年（1436年）八月，河南布政使李昌祺的奏疏就提到，在其所辖境内：

城市乡村，旧时俱有社学，近年废弛。即今各按察司添设佥事，专督学政，乞令府州县正官衡量所辖人户多寡，创修社学，延师训之。遇儒学生员名缺，即于社学无过犯、高等子弟内选补，庶得学业易成。[①]

这份建议提交到朝廷，明英宗十分重视，交给内阁讨论，随后发布诏令：

各处提学官及司、府、州、县官，严督社学，不许废弛。其有俊秀向学者，许补儒学生员。[②]

这份诏令中说的“许补儒学生员”对于基层读书儿童来说有一定的吸引力。当时，生员身份的获得途径有很多，还不像后来那样有很严格规范的考试（即童试）。一名学生在社学读书之后，可以经推荐获得生员身份，这对于提高社学的吸引力有很大帮助。

不过，在此之后，明代的童试制度逐渐建立起来。读书的儿童要想获得生员（秀才）资格，必须参加童试，经层层考试选拔后才行，在社学中读书已经失去了获得生员资格的路径。对于读书的儿童来说，社学与普通私塾已经没有什么不同了。

弘治八年（1495年），时任兵部尚书马文昇针对社会道德问题提出建议：“近年小民罔知礼义，风俗日浇，子詈其，父弟殴其兄，恬不为异。究其所由，社学久废，人不读书，以致于斯。宜修举社学，慎选教读之人，凡民子弟，俱令入社学，读《孝经》《小学》并《大诰》，俾知孝弟之道与当代之法。”[③]马文昇认为各地社学荒废，基层教育缺失是社会道德问题的根源，应该重视创办社会，

① 《明英宗实录》卷二一，台北：“中央研究院”历史语言研究所，1962年，第407页。

② 同上。

③ 同上书，卷一〇五，第1920页。

以《孝经》《小学》《大诰》(《大诰》是明朝初年编写的社会法律文件简编）作为社学的学习内容，以提升社会道德水平。

二、明代的社学为什么发展不起来？

从明代财政收支状况的考察中可以形成对当时社会政策更加清楚的认识。明代中期，王鏊写过一篇《论食货》：

正统（1436—1449年）以前，天下岁征税粮，凡三千六百三十二万一千余石。

（收入的类别包含：）内三百二十万九千石折银八十一万四千余两；户口商税折米外并船料钞折银，可得四十三万九千余两；两淮盐场盐课银岁不下数千万两；各处税银折征共一百三万余两。云南闸办三万余两，各钞关船料四万余两，马草折征三十三万余两，盐课折征二十余万两，每年入数共二百四十三万。

（开支的类别包含：）送内府预备成造等项十余万两，或二十万两；官军俸银三一三万余两，官军折俸三十三万六千五百余两，宣府大同辽东陕西年例共四十万两，若有声息紧急奏讨加添四五十万或二三十万；圣诞千秋节用三十九万二千八百余两，亲王王妃公主及上用及天下王府银盆水罐仪仗等用，共一十三万七千三百余两，每年出数共百余万两。

正德（1506—1521年）以来亲王三十郡王、二百十五镇国将军，至中尉二千七百、文职二万四百余员、武职十万余员、卫所七百七十二、旗军八十九万六千余名、廪膳生员三万五千八百二十名、吏五万五千余名，各项俸粮约数千万。浙江等十三布政司，并南北直隶额派夏税秋粮，大约二千六百六十八万四千五百五十余石，出多入少，故王府久缺禄米，卫所缺月粮，各边缺军饷，各省缺廪俸。①

明代中期之后，几项事务的变化导致财政开始变得紧张，这包括官员的增加、教育费用的增加、宗室开支的增加等。

《明史·食货志》记载，嘉靖二年（1523年），当时的御史黎贯说："国初夏秋二税，麦四百七十余万石，今少九万；米二千四百七十余万石，今少二百五十余万。而宗室之蕃，官吏之冗，内官之众，军士之增，悉取给其中。赋入则日损，支费则日加。请核祖宗赋额及经费多寡之数，一一区画，则知赋入有限，而浮费不容不节矣。"②

从这处记载可以看到，直到明代中期的嘉靖年间，明代政府的收入一直没有根本性的增加，财政收入主要消耗在"宗室"（即明太祖朱元璋的所有后代）、"官吏"（即各类政府机构）、"内官"（即皇宫内消耗）、"军士"（即军费）四个方面。

第一，明代与之前的各个朝代相比，存在着一个巨大的问题是，这便是宗室开支过大。明代政府规定，凡是明太祖朱元璋的后代，即皇帝的宗室，均可以领取一定的俸禄。本来在最初阶段，皇帝宗室人口数量很少，但是到了后期，宗室人口已经达到了十几万人，比全国所有官员数量加起来还多，这些人都要领取俸禄。嘉靖年间（1522—1566年），御史林润上疏：

天下之事极弊而大可虑者，莫甚于宗藩。天下财赋岁供京师粮四百万石，而各处王府禄米凡八百五十三万石，不啻倍之。即如山西，存留米一百五十二万石，而禄米三百一十二万石；河南，存留米八十四万三千石，而禄米一百九十二万石。是二省之粮借令全输，已不足供禄米之半，况吏禄、军饷皆出其中乎。③

---

① ［明］王鏊编：《震泽长语》卷上，北京：中华书局，2014年，第30页。

② ［清］张廷玉等：《明史》卷七十八，北京：中华书局，1974年，第1898页。

③ ［清］张廷玉等：《明史》卷八十二，北京：中华书局，1974年，第2001页。

意思是说，嘉靖年间，山西、河南两地的粮食产量，已经不足以负担两地的宗室俸禄。

第二，明代官员的数量比前代要多。嘉靖年间，刘体乾上疏：

以历代官数，汉七千八百余员，唐万八千员，宋极冗至三万四千员。明代文职官数在国初五千四百有余，武职官员，在国初为二万八千余员，自宪宗五年（1469年），武职已逾八万，全文武官数盖十余万。至武宗正德年间（1506—1521年），文官二万四千六百八十三员，武官十万，卫所七百七十二，旗军八十九万六千，吏五万五千，其俸禄粮约数千万，全国夏秋粮大约二千六百六十多万石，出多入少。[1]

明代官员俸禄的总额没有明确的历史记载，根据之前汉唐时期官员俸禄总额在财政收入中的占比推算，明代官员俸禄总额可能也会占到农业类赋税的一半，可能要1,500万石。

第三，皇室开支很大。明代皇宫内人员众多，皇帝及身边人生活奢侈，皇宫及陵墓建设耗费大量资金。大致计算，皇室每年开支有200多万两白银。皇室、宗室以及官员的开支占了整体财政收入的大部分。剩下的一小部分，用于公共工程、灾荒救济、教育补贴等活动。

大致以明代中期来看，以上三个方面，即宗室、官员、皇室的开支就已经占了明代财政收入的80%以上了，剩下的收入是军费，以及公共工程建设、教育、救灾等开支。明代早期的军事组织形式相对特殊，当时的财政收入没有给军费留下能由财政控制的开支空间，这是明代财政最大的问题，也是明代后期一切问题的总根源。

明代中晚期万历年间（1573—1620年），面对日益严峻的财政形势，大学士朱赓曾在《备陈边饷揭》一文中提出疑问：

---

① ［清］夏燮编：《明通鉴》卷六十一，清同治十二年宜黄官廨刻本，第38页。

旧岁所欠已百二十余万，岁甚一岁，将何以支？细稽饷额，在隆庆（1567—1572年）初年至二百余万，渐次加增，至于今日，遂几四百万，而各边一有事端，又辄求增兵增饷，不知隆庆以前，虏未款贡，塞下多事，饷何以少，今日安宁，饷何以多，有饷有兵，及至有事，何以又不足用？①

这段话是说，在隆庆之前，明代北部比此时更加不稳定，用兵更加频繁，为什么那时候军饷用得那么少，到了此时，边境总体上是安宁的，可是军饷却用得这么多，财政已经无法支持了。

在这样的财政局面之下，明代政府是不可能真正顾及社会的健康发展的。

三、明代各地的情况

在明代，由于中央朝廷对各地社学并没有形成实质性的支持政策，所以各地社学发展存在不同的情况。明代初年各地普遍“虚报政绩”，于是在“统计数字”上有较大差异。明代中期之后，各地普遍根据自身情况形成了不同的社学发展道路。

1. 南直隶模式：由地方官主导

明代南直隶的范围大约为今天的上海以及江苏、安徽的大部分，是当时经济比较发达地区。其中苏州一带为南直隶的经济中心。明代苏州教育发展较好，共有六所书院，均有学田作为维持运行的经费来源，运行十分稳定，但社学则不像书院这样受到优待。明代苏州社学一直依赖于地方官员的推动，人存政举，人亡政息，运行并不稳定。据《（正德）姑苏志》记载：

洪武八年（1375年）诏：府州县每五十家设社学一，本

① 南炳文、吴彦玲辑校：《辑校万历起居注》，天津：天津古籍出版社，2010年，第2501页。

府城市乡村，共建七百三十七所，岁久渐废。正统十二年（1447年），朱守胜乃总建一所于清嘉坊东雍熙寺桥西，堂五间，西斋一十二间，左立朱文公祠，堂外立升俊、育英二坊，选长（洲）、吴（县）二县民间俊秀子弟三百余名教之。[①]

从这处记载可以看到，在明代初年，苏州府为了完成朝廷任务，共创办了737所社学。实际上，地方政府不可能一下子就能创办如此多的社学，可能有的只有空名，有的是把其中一些规模很小的私塾都算作社学。这些社学缺乏用于维持运行的固定资金支持，有塾师，社学便维持；塾师离开了，社学便停止了。到了正统十二年，在本地担任知府的朱胜将当时仍存在的社学资源汇总到一起，合并为一所社学。到此为止，整个苏州府只剩下一所社学。

这所社学开办在府城中，主要面向苏州府驻地附近的长洲县、吴县两地的儿童前来就读，而离府城远一些的其他各县儿童便没有了社学。之所以出现这种变化，主要是因为地方政府缺乏用于创办社学的资金，社学也缺乏固定的学田来维持运行，仅有的一处社学用地也是来自当地人的捐助。苏州府社学用地本是私人土地，土地主人在了解到地方政府想在此建立社学后，主动表示愿意将这块土地捐出来，这才有了苏州府的社学。

明代朱胜创办的这所苏州府社学规模较大，有学生300名，斋房12间为学生生活空间，堂5间为学习空间。社学在建成后，于成化二年（1466年）进行了维修，到嘉靖末年逐渐荒废，维持时间大约为100年。

此外，苏州府在明代中期之后也陆续建立了其他几所社学。这些社学都是由地方政府或负责教育管理的官员主持创办。

① ［明］王鏊纂：《（正德）姑苏志》卷二十四，明正德刻嘉靖续修本，第128页。

明代南直隶苏州府属社学情况简表[①]

社学	地址	创办时间
普济社学	普济桥西	明初苏州卫奏建，以教官军子弟。成化二年（1466年），提学使陈选修兼育民间俊秀。隆庆元年（1567年），知府蔡国熙、知县魏体明重修。
丽泽社学	府西丽泽坊内	—
崇正社学	华严寺东	成化二年提学使陈选建，隆庆元年蔡国熙、魏体明修。
利济社学	南濠利济寺左	成化二年提学使陈选建，内有顾野王祠。隆庆元年，蔡国熙、魏体明修。崇祯三年（1630年），知府史应选重修。
义慈社学	阊门外义慈巷内	—
盘门社学	在吴门桥下	成化二年提学使陈选建，蔡国熙、魏体明修。
范氏义塾	天平山文正公	成化二年提学使陈选建，以教族中子弟，后增建文正公祠。
孔氏义塾（旧名阙里分祠）	二十七都塘桥	孔氏子姓肄业其中。宋绍兴（1131—1162年）间建，以祀先圣。明万历四十年（1612年），裔孙孔贞成修。至康熙二年（1663年），六十五世孙孔引安重修。

与苏州府类似，南直隶常州府江阴县的社学创办和运行过程也主要依赖地方官员的推动。自成化（1465—1487年）年间开始，历任地方官员依靠个人力量，陆续在江阴县城以及周围的村庄创办了一些社学，并不断进行重修（详见下表）。

① ［明］王鏊纂：《（正德）姑苏志》卷二十五，明正德刻嘉靖续修本，第23—32页。

明代南直隶常州府江阴县社学创办过程[①]

时间	人物	事件	出处
成化初（1465—1487年）	提学使陈选	创办中街社学（中街）、东门社学（东门里仁坊）	—
成化十一年（1475年）	知县谢宁	修复东门社学	—
弘治七年（1494年）	知县黄傅	修复中街和东门两社学	—
弘治十五年（1502年）	知县涂祯	建立西门社学	—
正德十年（1515年）	知县万记	建立四大镇社学	—
正德十三年（1518年）	常州府推官王钧	重修东门社学，改火星庙为虹桥社学	《（道光）江阴县志》卷五
万历二十八年（1600年）	知县郝敬	修复东门社学	—
万历四十六年（1618年）	知县宋光兰	改东门社学为推官行署	—
崇祯十二年（1639年）	知县冯士仁	重修东门、西门二社学	—

明代中期，苏州府下属其他县也陆续建设了本县的社学。清代编写的苏州府吴江县地方志中有一篇《同里社学记》，记载了明代吴江县“同里社学”的创办过程：

吴江之东有市曰同里，旧设征商之署。

邑大夫金侯请诸朝罢之，因其址以建社学。

弘治八年（1495年）春，命里人顾宽董其役，越三月学成。壬子，侯率博士诸生与大夫士之仕而归、造而进者，释奠于先圣先师礼也。

事竣，大合乐，以落成之。[②]

① 参考韩术：《明代江南地区社学与地方社会》，东北师范大学硕士论文，2020年；［清］陈延恩修、李兆洛纂：《（道光）江阴县志》卷五，清道光二十年刻本，第34—35页。

② ［清］陈荀纕、丁元正修，倪师孟、沈彤纂：《（乾隆）吴江县志》，卷五三《撰述八集文三》，清乾隆十二年修民国年间石印本，《中国方志丛书·华中地方》第一百六十三册，第1522—1523页。

从这处记载可以看到，社学用地的前身是政府办公用地，处于荒废中。一名叫金侯的人向政府申请，将这块地用来修建一所学校。这一想法得到了政府的支持，随后委托专人负责修建，用了三个月建设完工。

吴江县这处社学的修建过程实际上主要是靠地方乡绅的推动才得以完成，修建过程所需要的经费大部分也是来自地方乡绅的捐资。实际上，这位倡议修建社学的人是一位进士，本来在外地做官，官职比本地的知县还要高，只是暂时回到故乡生活，自然在地方有很大的话语权，他的倡议也才能得到广泛支持。

在明代后期以后，各地也都像吴江这样，乡绅在社学创办和运行过程中开始发挥着更重要的作用了。

光山县（今河南省信阳市）社学始建于明代成化年间（1465—1487年），也可能是扩建了之前荒废已久的一所义学。据县志记载：

> 成化丁酉（成化十三年，1477年）之冬，于旧学之后，设一义学，戊戌之春告成，易地之高明者，经营新之，旧为斋一，今增为三，曰洒扫，曰应对，曰进退。旧为间三，今益为五。中有门，题曰养正，外有门，题曰社学。①

这所义学的兴建从前一年冬季持续到第二年春季。此次扩建，将之前的一处教室扩充到三间，分别命名为“洒扫”“应对”“进退”；将仅有的三间房屋扩充为五间。内门额题写着“养正”，校外大门额题写着“社学”。

2. 东南模式：家族和学田发挥作用

在福建地区，当地社学发展并开辟出了依靠学田和宗族的道路。社学要维持运行，必须有一定的资金，在地方政府没有资金支持的情况下，只能依靠其他的办法来变通。

① 《（嘉靖）光山县志》卷二《光山县社学记》，明嘉靖刻本，原书无页码。

根据民国《南平府志》记载，明代福建省延平府南平县（延平府驻地为南平县）的社学有专门的学田，地方政府对社学的发展起到了积极作用。

> 延平故有社学四，布列郡城内外。先任存斋徐公，以馆职出为郡理，修复建置焉。至今父老犹能述其教举，其事津津不释口。自公之去，浸淫废为民居者五十余年。
>
> 丁亥之秋，余承乏此邦，睹先贤之余风，览民生之既庶，窃以为政首教化，学先蒙养。
>
> 先是，南平县有炉峰及西崇寺田各若干亩，往往为豪民隐占，讼于公庭，无虚日。余以为占于民，与夺而归之僧，无当也。曷入官以充社学之费？牒请于分守吾候公、督学双台耿公，咸报可。
>
> 于是岁得租银四十两有奇。议以三十有二两，分给社师束脯，而已其盈余，食饮诸生之课文者。秋成之期，佃民赋县，县赋府，社师各诣府请给，岁以为常。①

从这处记载可以看到，福建南平本来共有四处社学，后来逐渐荒废，变成了民居，持续五十年没有社学。后来，到了万历十五年（1587年），本地官员将一处在地方上有争议的土地收归国有，确定为社学的专用学田，每年可得租金四十多两。这笔钱每年由承租方交给县衙门，县衙门再交给府衙门，府衙门以专项资金的方式管理、使用，固定将其中三十二两作为塾师工资，剩余资金作为学生补贴。实际上，这笔钱只是一名塾师及以十多名学生的学习用费，可以维持一个最小规模社学的运行。

明代福建省泉州府惠安县的社学主要依靠社学所在地的宗族力量维持，实际上既是社学，也是族学。这些比较大的宗族有族

---

① 《（民国）南平府志》卷十四《艺文志》，《中国地方志集成·福建府县志辑》，上海：上海书店出版社，2003年版，第121页。

田等宗族公共财产，因此有经济实力来维持社学的运行。惠安县社学情况详见下表。

明代福建省泉州府惠安县社学情况简表

社学名称	社学地址	社学主持人
厚俗社学	坊龙津菴	知县莫尚简建
南门社学	坊南门	陈氏、吴氏主之
龙盘社学	三四都后坑	陈氏主之
香山社学	三十一都张坑	张氏主之
马龙社学	十七都	胡氏主之
鳌塘社学	六都前黄	黄氏主之
北坝社学	七都	连氏主之
上杜社学	二十二都埕边	骆氏主之
苏坑社学	二十六都	苏氏主之

惠安县行政区划为县—乡—里—都—图，县下为乡，惠安县共有四个乡；乡下为里，里下为都（城区为坊），都下为图，图下为甲。都大约相当于今天的“行政村”，具有一定的商业活动，图大约相当于今天的“自然村”，人数多少不等，大部分为一个聚落。

“主之”的意思是“主持”“主办”，即社学的创办者和运行者，主办者负责聘请塾师，向塾师发放工资，维持社学的运行。虽然名义上是社学，实际上大部分社学都是由各家族主持的，由家族出面维持社学的运行，具有族学性质。

明代《（嘉靖）惠安县志》中说：“诸乡村皆有社学，然其合拆、违异、俚亵不足观，惟此数家，岁择教读，以教族人子弟，其礼意尚知殷勤，异于挟社学以为市者，故著之。”[①]当时每个村子都有

① ［明］莫尚简修、张岳纂：《（嘉靖）惠安县志》卷九，明嘉靖九年刻本，第9页。

社学，只是水平不够高，或者是以开办社学为名而谋利。

实际上考察明代地方志等文献中列出的社学数量和名称没有意义，大部分地方志在提及本地社学时都存在“浮夸”的现象。为了体现本地“文教发达”，一般来说，凡是“存在过”的学校都可以被记录下来，所以社学的数量看起来很多。实际上，大部分社学都是只有一名教师，十多名学生，有的则只有几名学生。这些社学时而开办，时而停止；或者大部分时间不开办，只在个别农闲时候开办几个月；或者在主持社学的家族正好有了几个孩子就开办，孩子长大了就停止开办了。所以，社学的数量多并不一定就意味着该地在当时教育已经十分发达了。

到了明代晚期，福建省泉州府的社学已经名存实亡，有的社学只是在各村的祠堂外边加挂一块社学的牌子，实际上这些地方并不是教育场地，而且经常会有一些人在这里举行宴会，甚至赌博活动。明代《泉州府志》中说：

> 社学之名，即三代时小学遗意。国朝洪武（1368—1398年）初，令有司立社学。正统（1436—1449年）初复提学官及府州县官于各处社学，严督劝课，不许废弛。然郡城学无专设，皆匾其额于各乡丛祠，为延师教子弟之地。今习俗遨放而慱戏酣饮者，皆以丛祠为薮穴，城以外则豪姓主之，非行贿不可得教。道废而师道贱也久矣。①

这是社学过度依赖于各大家族的弊端。家族对教育的重视程度并不稳定，而且家族有自身的利益和需要。一些家族在最初阶段十分重视教育，于是将族学与社学合二为一，之后，这些家族有可能不再愿意承担维持社学运行的任务，或者本家族中正好没有适龄儿童，在这种情况下，社学就很快荒废了。

---

① ［明］阳思迁修：《（万历）泉州府志》卷九《学校》，台北：台湾学生书局，1987年，第389页。

第十章　政府与民间合作的“清代模式”

清代中国基层启蒙教育发展形成了相对多样的模式。当时的基层政府没有正式财政收入，管理人员很少。在这种情况下，基层政府依托基层管理官员个人影响及基层政府的信誉，采取多种力量为启蒙教育机构寻找办学空间，鼓励民间力量捐资促进启蒙教育发展，对启蒙教育起到了良好推动作用。

一、清代中央朝廷的启蒙教育政策

在元代以及明代早期，中央朝廷曾大力提倡各地兴办社学，在“社”这样一个最基层的单位创办启蒙教育机构，社学作为一个名词开始进入地方教育系统中。在明代中后期，政府不再主导社学的兴办，此后，“社学”在某种意义上成为地方启蒙教育的一般称谓。清代初年，中央朝廷仍旧希望各地能兴办社学，不过由于各级政府并没有对社学提供实质性的支持，所以中央朝廷的政策并没有得到真正执行。

据《清实录》记载，关于清代面向全国的社学政策，主要有以下内容：

> 顺治九年（1652年），题准：每乡置社学一区。
>
> 康熙二十五年（1686年），议准：社学近多冒滥，令提学严行查革。
>
> 雍正元年（1723年），照顺治九年例，州县于大乡巨堡

各置社学，择生员学优行端者补充社师，免其差役，位给廪饩。凡近乡子弟，年十二以上、二十以内，有志学文者，俱令入学肄业，仍造名册，于学臣案临之日，申报查考。如社学中有能文进学者，将社师从优奖赏。如怠于教习，钻营充补，查出褫革，并该管官严加议处。①

可以看到，清代初年，中央朝廷提出全国各地设立社学，但这一政策没有具体的配套措施。各地为了完成任务，可能只是胡乱将一些私塾作为社学上报给上级政府。朝廷在了解到这一情况后，便停止了要求各地设立社学的做法。

到了雍正时期，朝廷提出要恢复顺治九年（1652年）的政策，但仍旧没有配套措施。雍正时期提出的“免其差役，位给廪饩”政策针对的是担任社学塾师的生员。实际上，按照当时的政策，生员即使不担任社学塾师，本身也是可以免除差役的，一部分生员（廪生）也拥有政府补贴，所以这一政策对各地并没有形成实质上的吸引力。

据《（乾隆）震泽县志》记载：

社学之在旧吴江各乡、都者，共一百二十七所，明成化（1465—1487年）中建，后皆废，其遗址当半属今震泽地。

今按本朝会典，顺治九年题准：每乡置社学一区；康熙二十五年（1686年）奉文查革。雍正元年（1723年），又覆准：仍照顺治九年例，州县于大乡、巨堡，各置社学一区。然当时未闻有建立社学者。②

震泽县（今江苏省苏州市）的社学始于明代中期。到了清代，虽然中央朝廷提出了兴办社学的想法，但震泽县并没有按照规定

① ［民国］朱寿朋撰：《东华续录（光绪朝）》卷三十二起五年十二月止六年正月，清宣统元年上海集成图书公司刻本，第7页。

② ［清］陈和志修、沈彤纂：《（乾隆）震泽县志》卷七，清光绪重刻本，第16页。

建起社学。震泽县所在的太湖平原是当时中国经济最富庶的地区。在清代，即使在经济发展较好的地区社学也没有发展起来，其他一般地区的社学就更没有什么发展了。

清代中央朝廷不只是提出了社学，而且提出了义学政策。所谓社学是指建在“社”这一基层社会组织中的启蒙教育机构；所谓义学，是指可以供学生免费就读的启蒙教育机构。清代中央朝廷的义学政策主要面对京城和边疆地区，义学兴办的经费由省级财政负担。

清代京师及边疆地区义学政策[①]

时间	地区	义学开设情况	资金来源	出处
康熙二十一年（1682年）	全国	通行府州县卫，饬令建设义学，择人司教	—	《大清会典》卷四百三十六礼部
康熙五十二年（1713年）	全国	各省府州县令多立义学，延请名师，聚集孤寒生童，励志读书	—	《大清会典》卷三百九十六礼部
康熙五十四年（1715年）	顺天府	畿辅之地，王化所先，宜穷乡僻壤皆立义学	—	《大清会典》卷三百九十六礼部
康熙四十一年（1702年）	顺天府	崇文门外设立义学，颁赐御书“广育群才”匾额。五城各设一小学，延塾师教育，有成材者选入义学	义学、小学每年廪饩共三百两，于府县（顺天府及所属县）按月支给	《大清会典》卷三百九十六礼部
康熙四十四年（1705年）	贵州	贵州省各府州县设立义学，将土司承袭子弟送学肄业，以俟袭替。其族属人等并苗民子弟愿入学者，亦令送学	—	《大清会典》卷三百九十六礼部

① ［清］昆冈修、刘启瑞纂：《钦定大清会典事例》卷三百九十六礼部，卷四百三十六礼部，卷一百七十户部，清光绪石印本，原书无页码。

续表

时间	地区	义学开设情况	资金来源	出处
康熙五十九年（1720年）	广西	土属共十五处，各设义学一所	—	《大清会典》卷三百九十六礼部
雍正三年（1725年）	云南	威远地方设立义学	—	《大清会典》卷三百九十六礼部
雍正五年（1727年）	云南	云南省东川府土人设立义学	—	《大清会典》卷三百九十六礼部
雍正八年（1730年）	四川	四川省建昌府僻处边隅，复有熟番杂处其中，蛮童不解官音，塾师不能译语。嗣后于汉境内择大村大堡，令地方官照义学之例捐建学舍，选择本省文行兼优之生员，延为塾师，令附近熟番子弟来学，日与汉童相处，熏陶渐染，宣讲圣谕广训，俟熟习之后，再令诵习经书	应需经书食用等项，由该抚（四川巡抚）照例备办，毋得派累里民	《大清会典》卷三百九十六礼部
雍正十年（1732年）	湖南	永绥六里，每处设立义学二所，令苗童入学肄业	立学舍，及塾师每年应给廪饩等项，即于本省（湖南省）公费粮两内酌量动支	《大清会典》卷三百九十六礼部
雍正十三年（1735年）	广东省	凡有黎瑶之州县，悉照连州之例，多设官学。广东省潮属地方于设立约正直月之外，照黎瑶设立官学之例，多设官学	令管理厅员督同州县，于内地生员内，选择品行端方、通晓言语者为师，给以廪饩	《大清会典》卷三百九十六礼部

续表

时间	地区	义学开设情况	资金来源	出处
乾隆元年（1736年）	顺天府	令顺天府尹转饬大兴、宛平两县，清理义学旧址，酌量扩充，葺旧建新，俾无力读书之士得以聚处	建修房屋、师生膏火等费，即于存公银两内酌量奏请。并令该府尹查勘所属官地，货拨数顷，以资逐年之用	《大清会典》卷三百九十六礼部
乾隆四十一年（1776年）	热河等七厅	每厅各设义学一处，延师训课	每年酌给束脩粮一百两，膳金六十两，夫役工食粮二十两，其银一百八十两，统计热河等七厅每年应需银一千二百六十两，在该处新垦地粮，及各厅征存粮内通融支给	《大清会典》卷一百七十户部

从上表中可以看到，清代中期以后，中央朝廷的义学政策主要针对的是各边疆地区少数民族聚集区。其中，康熙年间（1662—1722年）针对贵州的义学政策没有规定经费来源，而其他时期的义学政策均规定了义学经费由省级税收余额负责拨付。

二、地方政府资金视角的义学

当代世界各国基础教育主要由政府公共财政资金出资兴办、维持运行，在古代则不是这样。在古代，我国基层政府公共财政力量十分薄弱，政府人员也很少。明清时期，我国地方政府收入很少，没有独立的财政预算。举例来说，以临朐（qú）县（今山东省潍坊市）为例，根据《（光绪）临朐县志》记载：

同治（1862—1875年）时，临朐县共有户三万八千一百九十三，口二十九万四千七百有三。

雍正四年（1726年）丁银摊入田亩，每田赋一两加银一钱一分，而除其丁册。

地分四等，共七千六百一十九顷一十六亩多，以上地丁，共征银四万九百九十八两三钱五分有奇，加上历年摊征，统计征银四万一千九十八两七分二厘有奇。

起解之数通共三万九千五百二十四两六钱四分三厘，存留一千五百七十三两四钱二分八厘。

其在俸工者，银一千一百八十八两四钱三分四厘，知县俸银二十九两二钱五分九里，其属七十三人，共费银五百八十八两九钱二分六厘。

其余四百多两共有十八项杂支。①

对于临朐县来说，人口大约29.47万，耕地面积约76.19万亩，每年征收赋税约4.19万两白银，其中上缴中央朝廷约3.95万两，存留本地约1,573两。留存经费即本县全部财政开支，除去各类人员工资之外，只剩下400多两是可供杂项开支的经费，这部分钱数量很少，而地方事务众多，实际上很难被用于义学的运行。

当然，地方志中记录的只是写在市面上的财政数字，县衙门在实际运行过程中有许多灰色地带的资金，不过总的来说，清代县级政府每年财政余额很少，由政府出资来创办并维持义学的运行是不现实的。

因为清代地方政府财政资金很少，所以文献中极少出现各地方政府直接拨款创办义学的情况。清代同治年间，戴肇辰担任琼州府知府。在任期间，他考虑到之前义学已经停办，需要尽快恢

① ［清］邓嘉辑、蒋师辙纂:《（光绪）临朐县志》卷六，清光绪十年刻本，第4页。

复义学，便向广东省学政提出：

惟经费必须有资，方可持久不废，查前升守贾棠建义学于府署大门内，置北冲田二十五亩，后义学废，田归琼台书院，为日已久，未便取回，自应另行筹款，禀请立案，以垂永远。

卑府现查府中闲款，存银五百五十两，即发典生息，作府义学经费，从此小子有造，由小成而大成，实为振兴文教之基，较之一切善举尤关至要。①

琼州府有550两白银是财政余额，戴肇辰便向上级申请将这笔钱的利息用于义学运行。这是由政府直接拨款的做法。这种情况很少见，因为义学是整个教育的“末梢”，财政资金很难照顾到处于“末梢”的教育需要。

那么，创办一处义学，并维持其运行，到底需要多少资金呢？

道光五年（1825年）正月，周凯在襄阳（今湖北省襄阳市）担任知府，他亲自起草了《劝谕襄阳士民设立义学告示》，其中提道：

今本府特与合属绅耆、士庶约：凡大小村庄集镇可以设立义学者，各就该处共相集议，或一家好善乐施，或众人集腋成裘，无论银钱地亩捐输之多寡，合计每处以四五百金为率，至少亦须二三百金，其能捐至千两以上者听。②

周凯认为，创办一处能维持正常运转的义学，一般需要四五百两白银，最少需要二三百两白银。实际上，周凯说的这笔钱不是指修建一所义学建筑的费用，也不是指一所义学每年所需的运行费用，而是指这笔钱的利息可以维持义学运转。

---

① ［清］戴肇辰撰：《从公录》三录《禀请提款作府义学经费由》，戴氏杂著本，第1页。

② 舒新城：《近代教育史资料汇编》，上海：华东师范大学出版社，1961年，第319页。

具体来说，创办并维持一处义学主要有两类资金，第一类资金为创办过程中建设义学所需的建设资金；第二类资金为维持义学运转所需资金，这部分资金主要是用于支付塾师的费用。

但周凯并没有提及第一类资金，这主要是因为建造一处义学的建筑需要很高的费用，这笔巨额经费会抬高义学开设的门槛，导致很多地方没有能力再开办义学，所以很多地方的义学都是通过变通的方法获得办学空间。清代晚期慈善活动章程汇编《得一录》中收录了《粤东议设启蒙义学规则》，从其中的一些记录来看，当时的办学者普遍认为应该先关注运行经费，而不是建设义学建筑的费用：“倘先建塾，以土木之功耗费正项，恐财力已竭，而开塾经费反致不足。宜先就地方公所，或乡约，或庵观，或庙宇，打扫空屋几间，附设义学，以公济公，实为两便。”①

据清代编写的地方志记载，陵川县（今山西省晋城市）义学创办过程所需资金情况如下：

> 义馆每年应用银两，除现需典备房屋，该银八十两；制办考桌四十张，该银二十两；凳四十条，该银十两；炉灶器具等项，该银五两，共该银一百一十五两。②

这一百一十五两白银中并不包含义学房屋建设资金，所谓每年八十两白银“典备房屋”是指义学每年租用他人房屋的费用。专门建造义学办学所需房屋应是这笔租金的数倍，此外还需要单独购买土地，所以所需费用很高。

晚清时期，李德林在担任西平县（今河南省驻马店市）知县时，曾经写过一篇《立义学详文》，介绍本地义学创办过程。其中提道：

---

① ［清］余治：《得一录》卷十，引自舒新城：《近代教育史资料汇编》，上海：华东师范大学出版社，1961年，第349—351页。

② ［清］雷正：《（乾隆）陵川县志》卷十四《学校》，《中国地方志集成》，南京：凤凰出版社，2005年影印本，第318页。

> 书院所以育成材，而义学乃以端蒙养也……士民亦皆踊跃向义，欣然东从，计典捐输银七百两，钱六千七百五十五千缗，田地四顷八十三亩七分零，房二处，共添立义学三十七处。
>
> 每处以所捐之钱、地，取租、息为经费，令各乡公举妥人，专司其事，计其所入之息，除每年延师脩脯，有无赢余，有无捐增，只许用息，不许提本，年终报县查核，造册详报存案。①

西平县只是一个很普通的县，在本县知县的倡议之下，士绅捐资所含银两、铜钱、土地、房屋合计折算超过一万两白银。李德林明确规定，这笔钱只允许将其中的利息作为义学运行资金，而不允许动用本钱。具体来说，这笔钱的利息可以供三十七处义学日常运行。平均下来，每处义学的可用资金大约为三四百两白银。

清代唐鉴在《兴立义学示》中说：

> 即本乡村中生监及童生之有品者，公为聘延，每年束脩薪水以二三十金为约。则设一义学，捐资多不过四五百金，少即二三百金亦可。②

这一数据与上述襄阳府周凯在《劝谕襄阳士民设立义学告示》中所说的差不多。

清代乾隆时期编写的《娄塘志》收录了一篇《娄溪小学记》，其中提到了这所启蒙教育机构的年度开支。娄溪小学所在地属于南直隶嘉定县（今上海市）：

> 东至徐元岭，西至王合，南至盛恩，北至顾泾渭，卖主王铁王涧，田证王赞异旦，每岁除纳过粮米课银外，余净银二十五两八分。

① 舒新城：《近代教育史资料汇编》，上海：华东师范大学出版社，1961年，第321页。

② 同上书，第325页。

岁用：

每月：生儒一名，廪米一石，价钱五钱，柴炭银一钱六分六厘；教读两名，各廪米八斗，价银四钱，柴炭银一钱。

每季：生儒、教读，各用卯簿一扇，每扇中夹纸一十五张，价银一分五厘。

每岁：考试赏励纸笔价银八钱二分。

春秋圣贤里社二祠祭仪，每祭用羊一羫、猪肉七斤、鸡二只、鱼二尾、帛一段，时果面食、汤粉、酒、米、油、盐、酱、醋、薪水等项，该银一两。

通共享银二十三两。

存银二两八分积余，以备学祠修理之费。

每岁春秋二仲月诹日，行释奠礼，祀先师孔子及四配，并宋周程张朱五儒，以司簿者为主司日者为介，祭举设具延请镇内有齿德父老，会享而散。

每岁终，及三岁终，将用过各余存银两数目开报查启。学中立明经一人，句读二人，司田一人，司簿一人，簿各有曰“岁入”、曰“岁需”。

季试之外，有乡约、有月课。

修葺学舍之外，更有盈余，以给贫乏亦掌以里中之贤者。①

清代嘉定县娄溪小学年度开支表

人员（员额）/用处	项目	价格折算	年度总额
生儒一人	每月廪米	一石，价钱五钱	0.5×12=6两
生儒一人	每月柴炭银	一钱六分六厘	0.166×12≈2两

① ［清］赵宏恩修：《（乾隆）江南通志》，卷一百一十五《太仓州》，清文渊阁四库全书本，第10931页。

续表

人员（员额）/用处	项目	价格折算	年度总额
教读共二人	廪每月米	八斗，价银四钱	2×0.4×12=9.6两
教读共二人	每月柴炭银	一钱	2×0.1×12=2.4两
生儒、教读共三人	每季度卯簿一扇，每扇中夹纸一十五张	银一分五厘	3×4×0.015=0.18两
生儒、教读共三人	每年考试赏励纸笔价	银八钱二分	3×0.82=2.46两
圣贤里社祭仪	春、秋二祠，每祭用羊一羜、猪肉七斤、鸡二只、鱼二尾、帛一段，时果面食、汤粉、酒、米、油、盐、酱、醋、薪水等项	银一两	二祠，春秋各一次，共计4两
学祠修理	—	二两八分积余	23两，预存2.8两
			29.44两

从表格中可以看到，该小学全年总开支大约为29.44两白银，其中预存可能存在的维修费用2.8两，在不需要维修的情况下，全年费用为26.64两。其中主要费用项目为塾师的工资以及办公用费、祭祀仪式活动开支。

大致来说，一所启蒙阶段的学校全年运行费用可能只有二三十两。按照明清时期大约10%的利息来计算，要维持一所义学的运行，最少需要二三百两白银作为本钱。这一数字与上述襄阳、西平两地的义学资金规模相比较吻合。这可能是当时一般的情况。

一些义学还涉及义工的费用。比如清代济南府新城县（今山东省淄博市桓台县）的义学，专门列出了用于义学校工的费用：

置田二十八亩三分（内一十一亩坐落东关，价银一十三两；内六亩坐落新庄，价银二两四钱：内一十二亩三分坐落昝家庄，价银七两），以其租为看守香火之费。[1]

张原炜《张氏家塾原定规约》也提道：

塾中雇工每年听辛工钱八千文，又伙食钱十千文，闰月在内，另听茶叶、灯油、草纸、盘香等钱二千文。[2]

此外，部分义学会为学生提供一定的奖励。比如清代晚期，湖南巡抚周召南在《建义学檄》中提道：“州县官酌捐供给，务须丰洁，每月有各生，或谅给灯油之资，兼备纸笔、赏赉，以寓鼓舞。”[3]

清代晚期慈善活动章程汇编《得一录》中收录了《粤东议设启蒙义学规则》，其中提到，义学应该尽量负责塾师的餐食，而在经费充裕的情况下，也应同时免费为学生提供每日两餐，甚至可以允许学生将饭带回家孝敬长辈，也可以为学生提供一部分衣服。原文如下：

经费稍裕，则生徒自可在塾留膳，每日两餐，宜从俭约。每月给食猪肉三次，略润肠胃。如不愿吃者，照数折钱。

如有欲将猪肉怀归奉其父母者，亦见孝思，听其自便。

至塾师，暨司事同餐，菜肴亦不妨从俭。

如经费未足，生徒固不能留膳，即塾师司事亦不妨包膳，听各人自便。

入塾生徒，皆系贫寒之家，衣衫鞋帽，多恐不周，褴褛情形，亦堪悯恻。如经费稍充，宜每人为置衣衫鞋帽一套，

① 袁励杰、王棠廷纂修：《重修新城县志》，济南平民日报社民国二十二年铅印本，原书无页码。

② ［清］张原炜：《张氏家塾原定规约》，引自陈德惠：《清代浙江宗族义学研究》，苏州大学硕士论文，2020年。

③ ［清］吴兆熙等：《善化县志》卷十九，湖南师范大学图书馆藏，清光绪三年刻本，第37页。

以示鼓舞。①

清代晚期，咸丰五年（1855年）常州一个大族创办了一所“恤孤家塾”，专门收养家族中的孤儿，或失去父亲的孩子前来就读。光绪三十年（1904年），该家族后代族长在族谱中记录了这所义塾创办和发展过程。这所“恤孤家塾”的创办者曾制定了《恤孤家塾规条十则》，其中事无巨细地规定了学生享受的种种物质待遇，比如：

> 如遇阴雨，每生给雨帽一顶，蒲鞋一双，晴霁即行缴塾。
>
> 茶：夏麦冬蓬春秋常茶三伏日，师及生徒送给西瓜三次。
>
> 冬日入塾寒冷，满粥以驱寒。由塾盛桶送塾，并给酱姜小菜，生徒各给绿布书包一个，凡字块书本纸墨笔砚，皆按名发给，无庸节妇购买。②

这所“恤孤家塾”不只是免除学生的学费，而且会担负孩子日常生活需要，具有明显的慈善性质，因此这所“恤孤家塾”的开支显然比其他一般义学的开支要多很多。根据记载，这所“恤孤家塾”在创办之后不久就受到太平天国起义的影响，在战争中被破坏。

总的来看，义学建设费用很高，地方政府财力有限，甚至连提都不敢提，一般地方政府提及的都是义学的运行费用。在义学已经有了办学空间、办学物质材料的基础上，维持一所义学的运行，每年大约需要几十两白银，这笔费用主要是作为塾师的工资使用。

---

① ［清］余治：《得一录》卷十，引自舒新城：《近代教育史资料汇编》，上海：华东师范大学出版社，1961年，第349—351页。

② 引自李学如：《近代苏南宗族祠产与生活救助》，《福建江夏学院学报》2018年第16期。

三、义学运行注意事项

办好义学需要做好哪些方面的事项呢？办学资金只是办好一所义学的条件之一，一所义学的发展，还有其他多个方面的注意事项。

道光四年（1824年），永平府（驻地为卢龙县，今河北省秦皇岛市）知府王开云在前人基础上创办了一所义学，名为永平府义学，义学设在卢龙县。办学者制定了一部《义学章程》，涉及义学的办学经费、学堂塾师、招生工作、硬件建设、课程建设、学生名额限制、学校管理和学校服务人员等方方面面的注意事项，相当于一篇义学“办学指南”。这篇《义学章程》被收录于民国时期编写的《卢龙县志》中，原文如下：

永平府《义学章程》原文及解读

永平府《义学章程》原文	解读
一、义学经费期垂永久也。所有捐资八百两，访交卢龙、昌黎二县各银四百两，转发盐当商人承领，每月以二分生息。自道光四年秋季为始，案季批解府署，每岁共银一百九十二两，遇闰加增，取具商人。如地方官提用本银，情甘加倍赔补归，俟切实领结，通送存案，以杜亏挪之弊。	1.办学经费。该义学获得捐资共计八百两白银，这些白银以借贷形式交给本地盐商负责管理，利息为每年24%，即每年一百九十二两。如果地方政府需要使用这笔款项，需要做好备案，利息加倍。
二、义学塾师修金宜酌予加增也。蒙童为养正之始，师资实化导之源。必采访本郡之岁贡生员中品学优长者，方可饬监院教职，下关敦请。以二人为定，按季分送修金各二十两，每岁各八十两，共银一百六十两。如有始勤终怠，不善教读者，由监院密禀辞退另延。	2.塾师及工资。义学内聘请塾师二名，塾师必须拥有本地生员身份。塾师的工资为每人每季度二十两，每年八十两，二人共计一百六十两。 塾师聘请和辞退均由监院负责。

续表

永平府《义学章程》原文	解读
三、义学蒙童宜广为收录也。无论旗、汉军民之家，凡无力从师者，准其由监院处报名入馆，塾师不许收受丝毫，以示优恤。	3.招生。凡本地贫寒弟子，均可以在监院处报名。塾师不允许向学生收费。
四、义学人才宜严加甄别也。蒙童中有资性敏捷，及沉潜可以造就者，令监院随时查看禀明，另加鼓励。如年长无成，或顽劣不驯者，令其改图，无致良芬杂处，以端士习。	4.学生培养。对于优秀的学生要给予奖励。对于就读时间已长，年龄较大，仍没有进步的学生，应劝其改做他事。
五、义学馆舍宜有专所也。自道光三年（1823年）创始以来，系借居敬胜书院闲房。今书院居斋生童日众，难以借居。因查太公庙岁久倾塌，劝令绅董修葺一新，即魁星门外隙地两旁，捐建瓦房六间，颇觉宽敞，名曰“端本”，于（道光）四年九月迁入，所有桌凳、什物均经制备完全。其各童应用书籍以多购就。若不敷用，随时置给。	5.办学空间。义学本来借用敬胜书院闲置房屋，现敬胜书院学生增加，已经没有空闲处。现在太公庙附近空地修建六间瓦房，已经完工，所有桌凳也已经搬过去，并增加一些书籍。
六、义学课程宜移易陋习也。塾师每晨必敬讲《圣谕广训》数则，俾童蒙早知迁善，不致将来流于匪僻。读四书五经者，务令精熟句读，讲究义理；学诗律者，必先知音韵，勿错平仄；初作文者，必以清真雅正为宗，理法词气是务，毋事涉略抄袭，毋监习坊刻浅陋文字，以正风教。	6.教学事务。每天早上，应该为学生讲解几段《圣谕广训》。读四书五经的学生，应该逐字逐句理解其中的含义。学习写诗的学生，应该先学习音韵。学习写作文的学生，要注意文字表达清雅。
七、义学人数宜有限制也。两馆现共有六十余名，后即以此为率。若蒙童过多，塾课师读不及，转恐荒废。去岁每节系自行捐资奖赏，今既有欵（款）生息三节，每人酌给钱数百文，以为添补纸笔之费。如以后再有经费，可以扩充多取，必加请塾师，听其随时享办。	7.办学规模。现在义学内分为两个班，共计六十人，将来就以此为标准，学生不能太多。每年应拿出一部分经费，对学生做一点奖励。
八、义学监院无庸另设也。每岁于府县学官内遴选妥员，委监敬胜书院即可监管义学，向例监院设有公费，亦可无庸再筹。	8.义学管理。不必单独聘请监院，本地教育管理人员中有负责管理敬胜书院的监院，可同时负责管理义学，以节省经费。

续表

永平府《义学章程》原文	解读
九、义学**供给**宜稍为添设也。蒙童茶水自难携带，每月发给钱六百六十文，饬监院派人备办应用。	9.学生补贴。每位学生每月发放六百六十文茶水费，作为学生日常开支，由监院负责发放。
十、义学人役无庸多派也。书院本有夫役即可分用，每月工食酌加制钱三百文。①	10.后勤。义学不必单独聘请工人，可就在书院现有工人基础上每月增加三百文钱，请其到义学帮忙即可。

从这份《义学章程》来看，卢龙县的这处义学在运行中有以下特点。

第一，这处义学有比较充裕的运行资金，有来自民间力量捐助的八百两白银为本钱，每年可得一百九十二两白银作为利息。有了这笔钱，义学坚持要求聘请有生员身份的人做塾师，付给的工资也很高。

第二，相较于办学空间，这处义学更重视资金运行。这处义学最初没有独立的办学空间，是借用本地书院的空闲房屋，之后则搬迁到太公庙中，新建了六间房屋作为办学空间。

第三，这处义学与本地书院有紧密联系。最初依附于书院办学，在搬出书院后，仍与书院共用管理人员、后勤人员。由于义学规模不大，不必单独聘请管理人员、后勤人员，这样就可以节省开支。

第四，在义学中就读的学生数量限制在两个班，共六十人。每位学生每月能领到一定的补贴。这得益于义学有比较充裕的经费。

---

① 董天华等：《卢龙县志》卷九，台北：成文出版社，民国二十年铅印本，第204—205页。

四、办学空间如何筹措

1.政府筹措办学空间

义学并不需要很大的办学空间，但即使这样，地方政府也无力出资建设，因此各地普遍采取一些变通的方法，通过鼓励、倡导的方式，帮助基层协调一些可用的公共空间，用于创办义学，促进各地启蒙教育的发展。

清代初年，山西巡抚噶礼希望各地积极创办义学，向各地表示："乡村多寺庙可居，即添置购葺，费不甚大。"①

作为对上述呼吁的响应，定襄县（今山西省忻州市）甚至一度提出僧道应全部还俗，以对兴办教育起到一定的作用：

> 各城市、乡村寺院内，僧道其年少壮者，概使还俗。即至四十余岁，虽有恶迹者，亦勒令还俗。其年甚少还俗而无所依者，即使其本乡乡官，于义田中酌养之。其旧日僧道无可留者，则举寺中财产全入为义田、义学之资。②

受到这一思想的影响，山西省内的很多义学都是依托寺观改建。比如阳曲县（今山西省太原市）有六所义学，都是依托旧有的寺观建设而成：

> 东路义学在地藏庵内，中路义学在皇帝庙内，南路义学在白公祠内，南关义学在狄梁公祠内，今移设南关马站口关帝庙内，西路义学在忠烈祠内，北路义学在普光寺内。③

---

① ［清］张坊等：《（乾隆）曲沃县志》卷九《学校·义学》，《中国地方志集成》，南京：凤凰出版社，2005年影印本，第65页。

② ［清］郑继修等：《（光绪）定襄县补志》卷十二《艺文》，《中国地方志集成》，南京：凤凰出版社，2005年影印本，第480页。

③ ［清］李培谦等：《（道光）阳曲县志》卷八《礼书》，《中国地方志集成》，南京：凤凰出版社，2005年影印本，第281页。

从这些记载可以看到，这些义学均是开设在祠堂、寺观内。

在南方也有很多类似的情况，比如清代晚期，湖南省澧州义学便将一处尼庵改造成义学：

（澧州义学）在州城金川门内，原系准提（"准提"为佛教中一位菩萨的名称）尼庵，嘉庆十六年（1811年），州牧谢攀云因尼不守清规逐出，易庵为义学，通详上宪批准遵行。①

除了寺观之外，公所这样的基层办公空间，祠堂这样的宗族公共空间，都被认为可以用于创办义学。道光五年（1825年）正月，襄阳（今湖北省襄阳市）知府周凯在他亲自起草的《劝谕襄阳士民设立义学告示》中说：

义学房屋，如有力建盖固善，否则于各村庄适中之地，或以公所权作馆舍，或于庙宇暂借空房，先行延师授读，俾贫民子弟皆得就近赴馆，早知礼义。

……其旧日地方业已设有义学，或族中自设义学于祠堂者，亦俱随时禀明存案，庶几此唱彼和，遂成淳朴之风，家塾党庠，共艰弦歌之化。②

清代唐鉴在《兴立义学示》中也说："择乡村中之庙宇寺观以及大族公祠，通戡一二间可容师徒者，作为书屋，即可举行。"③

可见，地方政府没有资金可以用于修建义学，只能通过各种变通的办法，寻找一些公共空间用于办学。

2.民间力量捐助办学空间

清代笔记资料《清稗类钞》中有一条"王子江设义塾"，原文如下：

---

① ［清］魏世增等：《直隶澧州志》，湖南师范大学图书馆藏，清同治七年刻本，第36页。

② 舒新城：《近代教育史资料汇编》，上海：华东师范大学出版社，1961年，第320页。

③ 同上书，第325页。

> 王子江，顺天人，自少业攻木之工，沉毅敏捷，长于决断，同侪咸敬服之。未几，即长其曹，因集资自设木厂。
>
> 时值咸同兵燹之后，陵寝、园囿大兴土木，木厂发达，而王之才识又为同业冠，不数年，遂拥巨资。因慨自幼失学，未能大展抱负，立誓捐产设学，普收贫寒子弟。
>
> 京城内外，先后设立义塾数十所，各为置产生息，以给脩脯，费逾巨万。而其终日孜孜筹划扩充推广之法，十余年如一日。①

王子江从小没有接受过教育，一生都在从事木工行业。得益于他的努力，王子江积累了很多财富。由于自己儿时没有接受教育，王子江对此感到十分遗憾，他发誓将自己的全部积蓄都用来开办义学，十多年如一日，捐资开办了几十所义学。在这个故事中，王子江把一生全部积蓄都用在义学教育中，以一己之力推动了本地义学发展。这可能是一个比较极端的案例，因为建设一处义学所需费用较多，绝大部分人都不可能将自己全部资产用于创办义学。

清代编写的《商城县志》（今河南省信阳市）中提到了多处本地生员为义学捐助房屋的情况：

> 监生王耀玉，武生王自珍、王炳等公捐瓦房八间，菜园一处，坐落胡太寺保石鼓墩街，以作学舍。
>
> 岁贡生洪启堂请捐瓦房十二间，坐落武下保，土名英窝，以为本保学舍。
>
> 生员何毓珖捐草房六间，坐落东关保何家店，以作学舍。②

监生、岁贡生都是生员的一种。当时的科举考试分为文、武两科，武生是武科生员。可见，生员是创办本地义学的中坚力量。

---

① 徐柯：《清稗类钞》教育类，北京：中华书局，1984年，第571页。

② ［清］武开吉等：《（嘉庆）商城县志》卷六《学校志下·义学》，清嘉庆八年刻本，第4b—17a页。

在历史上，一些家族利用本家族的公共资产创办了义学。元末明初，东阳县（今浙江省金华市）画溪王氏的后代王宗远了解到，看守王氏家族坟茔的人与王氏家族之间产生了矛盾。原来，在王宗远的曾祖父去世后，王氏家族后代在坟茔周围修建了一些房屋，用以供养僧人，寄托对先人的思念。在坟茔周围，王氏家族还购买了一些土地作为“墓田”，“墓田”的产出作为坟茔祭祀活动开支的来源。随着时间的推移，负责看守王氏家族坟茔的人认为自己长期耕种“墓田”，应该拥有“墓田”的全部产出，与王氏家族的后代有了矛盾。

对于这些情况，王宗远认为自己所在的家族一直重视教育，于是利用之前修建的房屋，创办了一所义学，将所有“墓田”转变成义学的“学田”。这样，一所义学就创办起来，而且有了比较稳定的运行资金。

五、政府筹措义学运行经费

1.建立学田

义学的运行需要经费支持，很多义学拥有学田，以维持运行。土地是古代社会最重要的资产，一些地方政府想方设法帮助义学筹集到一部分土地，土地出租后，租金用于维持义学的稳定运行。地方志中留下了各地的做法，地方政府充分利用各类不同性质的土地，想尽办法增加义学学田，维持义学运行。

第一种，将未纳入国家管理的土地收归管理体系，移交义学使用。

清代编写的《阳曲县志》中保存的《义学赡田记》记载，阳曲县本地政府将未登记在册的非法用地纳入土地管理体系，并移交给本地义学：

查城西北赵庄屯有先报隐地二顷四十四亩八分五厘，

新开隐地一顷五十八亩，尽归义学，以正赋输官，以余租入学。[①]

这些土地共计四百余亩，纳入国家管理后，按照国家规定向国家缴纳赋税，地租则归义学所有，成为本地义学持续发展的重要支持。

类似的情况在定襄县（今山西省忻州市）也有。清代编写的《定襄县志》记载，该地的地方政府经申请，将本地没有登记入册的土地纳入义学的学田中管理，将这部分土地收入作为义学日常开支："岁壬辰（康熙五十一年，1712年），适有奸民隐匿上地六十亩载粮八斗八升余，详明府宪（忻州府知府）赵蒙批准拨入义学，以助生徒日用。"[②]

第二种，将新开垦的无主荒地移交给义学使用。

清代编写的《马邑县志》记载，马邑县（今山西省朔州市）将"久荒无主田地，招垦租种，以充社学廪饩之用"。[③]再比如清代编写的《榆社县志》记载："榆社县义学，其学田来历，或云外户遗地。"[④]"外户"及户口及人员迁走后留下的土地，是无主土地。

第三种，将一部分寺观宗教用地、寺观庙产、有争议土地捐入义学，归义学使用。

各地都广泛存在着一些庙宇道观，其中一些寺观出现问题，地方政府便将其改造为学校，一些学校甚至需要由寺观提供经费。

据清代《雪桥诗话》记载，当时闽县（今福建省福州市）有

---

① ［清］李培谦等：《（道光）阳曲县志》卷十五《文徵》，《中国地方志集成》，南京：凤凰出版社，2005年影印本，第409页。

② ［清］王会隆等：《（雍正）定襄县志》卷八《艺文志》，《中国地方志集成》，南京：凤凰出版社，2005年影印本，第157—158页。

③ 霍殿鳌等：《（民国）马邑县志》卷二《官师志·社学》，《中国地方志集成》，南京：凤凰出版社，2005年影印本，第38页。

④ ［清］王家坊等：《（光绪）榆社县志》卷九《艺文志》，《中国地方志集成》，南京：凤凰出版社，2005年影印本，第631页。

一位读书人名叫林青圃，曾担任河南学政，在任期间，河南“有三教堂五百余所，奏请尽改为义学”。[①]“三教堂”是当地民间的祭祀场所，这些“三教堂”全部被政府改建为义学。

清代山东省济南府长清县两所义学的创办都是依托地方没收充公问题的土地：

城内将军庙义学，乾隆四年（1739年）寺僧不规，邑令张公若谷逐僧，查取寺地一百二十亩，留四十亩为寺内香火费，发八十亩入将军庙义学内。

石保娄峪庄义学，道光八年（1828年）葛占鳌等呈领道人互控，案内归公，庙树变价京钱二百二十六千三百文，典地十六亩五分。[②]

2. 房租收益

一些基层政府通过出租房屋的方式获得一定收益，维持义学运行。乾隆三十四年（1769年），沁州（今山西省长治市）知州，将本地官府所属房屋租金划拨给义学：

思延乡之宿学主讲其间，而费无所出，适有官房租，课岁计可得青蚨六十二贯，除礼相规礼二十四千外，尚余三十八千有奇，刺史以为此公项也，充此为（义学）脩脯费。[③]

一般来说，并不是每个地方政府都有多余出来的可用于出租的房产。即使有可以出租的房产，也往往有很多更紧急的需要，很难被用于义学运行。总的来说，地方政府依靠房产租金维持义学运行的情况并不多。

3. 依托寺观办学

① ［清］杨钟羲：《雪桥诗话》，民国求恕斋丛书本，原书无页码。

② ［清］成瓘、冷烜等编纂：《（道光）济南府志》卷十七，清道光二十年刻本，原书无页码。

③ ［清］张彬等：《（光绪）平定州志》卷十《艺文志》，《中国地方志集成》，南京：凤凰出版社，2005年影印本，第443页。

有的地方政府依托本地寺观来办义学，主要分为两种：

第一种：义学在寺观中办学。湖南省益阳县（今湖南省益阳市）义学经本地知府捐资后，有了一定的经费，但是缺乏建造学校的经费，只好依托于祠堂、寺庙中办学：

> 咸丰六年（1856年），知府林廷式捐置田亩，复设义学两处，然以租入无几，不能修复学舍，而假馆于各祠、庙，以所得谷，供馆师束脩。①

第二种：义学运行经费依托寺观资金。光绪（1875—1908年）年间编写的《太平县志》中说：

> 太平县（今山西省临汾市）义学：城鼓楼西南寺旧存银二百两，每年生息二十两以为学师束脩。②

4. 书院经费转拨

明清时期，各地书院都有学田维持运行，有的地方为了义学发展，选择在书院学田中设置义学专项费用。比如山东省德州府陵县（今山东省德州市）：

> 陵县地瘠民稠，贫寒之家无力延师，子弟每多废业，今将书院地租设法加增，饬令司事在于北门里、东门外关帝庙内，先后添设义学两所，俾童稚得以入学习业。
>
> 每学由司事访延塾师各一人，每人每年各送脩膳京钱六十千文，三节节礼京钱六千文，二共京钱一百二十二千文，均由书院经费项下按季支送。③

清代编写的《善化县志》记载，善化县（今湖南省长沙市）

---

① ［清］姚念杨等：《益阳县志》卷六，湖南师范大学图书馆藏，清同治十二年（1873年）刻本，第62页。

② ［清］朱光绶等：《（光绪）太平县志》卷三《学校志》，《中国地方志集成》，南京：凤凰出版社，2005年影印本，第176页。

③ ［清］沈淮等：《陵县志》书院章程，清光绪元年刻本，转引自徐海峰：《清代山东义学研究》，华东师范大学硕士论文，2011年。

义学在最初阶段由本地书院资金负责维持运行：

同治十一年（1872年），（李）概等公同商议设立义塾二所，其塾师脩脯、火食，及生徒纸笔、奖赏杂用，即由恤无告堂经费项下，及城南书院、李刘二公祠岁修项下各提钱一百串，遴绅经理。①（恤无告堂是当时民间养老机构。）

清代《重修临颍县志》中记载了临颍县（今河南省漯河市）义学经费的情况。该县义学本来有一些学田，但到后来，义学逐渐荒废，这些学田便划拨给了颍川书院使用。

大户陈家庄有义学地一顷一十亩，系前仨黄宣捐置，每年麦租十六石，秋租二十四石。先在大石桥、小商桥、三家店五处设立义学，每年每处银八两，系出课租之内。近年三处义学久废，所收稞租归入书院。②

一般来说，书院为一地高等学府，而义学为一地启蒙性质的教育机构。书院与义学均是不收学费的，其运行资金均是靠学田以及本地政府、民间力量等多种手段筹措而得。相对来说，书院规模较大，所属的学田一般比较多，运行更稳定、更规范，而义学则规模比较小，运行不规范，也常常不够稳定，很多义学存续时间很短。在个别情况下，书院和义学是办在一起的，有时候书院的资金会划拨给义学，而义学在出现问题后，义学所属财产也会划拨给书院。

5. 杂税余额等拨款

由于基层政府财政资金有限，在清代晚期，为了支持义学运行，有的基层政府会将一些其他项目中的资金拨给义学使用。光绪（1875—1908年）年间，山西巡抚编写的《晋政辑要》提出了几种模式，分录如下。

---

① 吴兆熙等：《善化县志》卷十一《学校》，湖南师范大学图书馆藏，清光绪三年刻本，第16页。

② 《（民国）重修临颍县志》卷四《教典志》，民国五年铅印本，第26a页。

第一种：晚清时期，地方政府在农业类赋税的基础上，面向各类商业活动设置了多种杂税，并经常在规定数额基础上多征收一些，多征收形成的余额产生的利息有时会拨给本地义学使用，比如：

> 曲沃县（今山西省临汾市）义学。每岁，捐清徭局生息钱一百四十四千，捐作经费。①

在清代晚期，山西省负责征收各种杂税的机构称为差役局，后来更名为清徭局。清徭局征收的赋税能产生不少利息，其中约一百四十四千文（约为一百多两白银）划拨给义学作为运行经费。

再比如临晋县（今山西省运城市）："添设城乡八处，每岁共需束脩银六十四两，在田房税契盈余项下支给。"②"田房税契"是当时是一种房屋买卖税收，其中一部分划拨给义学使用。

第二种：将本地其他机构节省出的费用，或即将裁撤机构中的一部分费用拨给义学使用。比如：

> 黎城县（今山西省长治市）义学。由骡柜节省项下，岁提钱七十千。又有马署，令将各行每岁应支钱一百三十三千，捐作经费。③

清代晚期，邮政体系做出改革，其中有一部分费用节省出来划拨给义学，以维持义学的运行。

第三种：在其他教育类费用中节省出一部分，划拨给义学使用。比如：

> 长治县（今山西省临汾市）。每岁在考棚节省等款项下动支二百千，以资脩脯。④

---

① ［清］刚毅：《（光绪）晋政辑要》卷二十三《礼志·学校七》，《中国华北文献丛书》，北京：学苑出版社，2012年影印本，第433页。

② 同上书，第432页。

③ 同上书，第428页。

④ 同上书，第428页。

考棚是本地用于组织基层科举考试的场地。一般来说，参加科举考试的人员众多，所以考棚的规模很大，有的考棚可以容纳上千人同时参加考试。考棚维护费用较多，其中有一部分可以节省下来，拨给义学使用。

6.政府官员个人名义捐资

在义学的创办过程中，地方官员往往是以个人身份参与其中。比如地方官员是以捐献个人工资的方法来支持义学的筹备、创建和运行，山东省济南府长山县的淦水义学创办和运行过程是这样的：

> 知县王业盅、县丞蒋天寅捐俸倡建，义民贾文彩、韩景范等施地一亩一分，建大门一间，讲堂三间，书房三间，住房二间，门房一间，厨房一间。乾隆五十四年（1789年），邑绅贾维楷捐地官亩二十四亩，以为膏火资。①

这处义学的创办过程中，知县、县丞都是捐献了个人俸禄，之后由地方乡绅捐出土地、建造校舍。学校建成后运行过程中依靠民间的捐助维持。在大部分情况下，义学的创办都是由政府倡议，甚至由政府官员以个人名义带头捐资，并引导本地士绅捐资，才能获得所需资金。

有的地方官员在任职过程中，本地已经有了比较完备的义学体系，比如在清代道光六年（1826年），舒化民在山东省济南府长清县（今山东省济南市）担任知县时，该县已经有九所义学了，相对来说，数量已经不少了，所以即使他对地方教育十分热心，也并没有再创办义学，而是以个人名义为现有的每所义学各捐资二十两银子。②

---

① ［清］倪企望等：《长山县志》卷二《学校》，嘉庆六年刻本，第9页。

② ［清］舒化民等：《长清县志》卷二《学校》，道光十五年刻本，转引自徐海峰：《清代山东义学研究》，华东师范大学硕士论文，2011年。

六、民间参与筹措义学运行经费

清代人常说："义田不如义学，义仓不如义田。"这是说一个人要做慈善，为义仓捐粮食，不如捐出土地作为义田，这样可以让贫苦之人获得更长久的好处；而捐出义田不如捐出义学，这样可以让贫困儿童接受教育，对社会健康发展有更深层次的作用。

为了支持义学发展，一些人在生前便立下遗嘱，表示要将自己的一部分遗产用于教育，暨阳（今浙江省绍兴市）紫岩蔡氏的族谱中收录了该家族一位前辈留下的话："今不幸疾渐进，既弥留，所虑者学产不立……今将垣字二百三十一号田一亩七分七厘五毫，二百三十八号田一亩六分八厘八毫，永为学产。"①

清代中期，山东德州府武城县（今山东省德州市）共有五处义学，每处义学都由民间捐助的学田维持运行。

> 祝官屯义学，邑人周子抡输地五亩六分，又僧明有捐地三十五亩五分三厘有奇；
>
> 李家店义学，监生李庸、廪生李序公置膏火地七十三亩；
>
> 饶阳店东街义学，高姓族人公置膏火地二十亩；
>
> 祖获寨义学，祖云兰等公置膏火地三十五亩；
>
> 三官庙义学，廪生刘应明置膏火地十八亩。②

从捐资人的身份来看，主要以地方乡绅为主，其中拥有生员身份的人（包括监生、廪生）是捐资的重要群体。

清代山东省长清县的多处义学均由政府与民间力量捐资维持运行：

---

① ［清］蔡金彪等：《浙江诸暨暨阳紫岩蔡氏宗谱》，清光绪二十四年承启堂木活字本，《中国家谱资料选编・教育卷》，第632页。

② ［清］厉秀芳等：《武城县志续编》卷四《学校志》，道光二十一年刻本，第4页。

> 潘保姚官屯义学，邑人进士于绍舜设立，捐有田三十亩。道光六年（1826年），知县舒化民捐银二十两。
>
> 石保石涧铺义学，本庄王国太捐制钱二十千，交看宾岳斌生息，历年积制钱六百五十余千，买地盖房共十七间，以作学舍，并捐钱置田十五亩。
>
> 庄中公项制钱十千，历年生息，制钱四百五十千，置坡地三十亩，以作学田。每年首事具领官捐制钱十千文。
>
> 马南三合庄义学，旧有地二十余亩，公议一般发入义学，房承平妻李氏又捐地三亩，傅光辉捐宅基一所，众捐钱共八十余千修葺学屋。自道光七年（1827年）起，每年首事具领官捐制钱十千文。①

根据上述记载可以看到，每一处义学自创办到运行过程中，都有来自多个不同方面、不同身份人的捐资、捐物。有的人捐资较多，有的人捐资较少；有的人是一次性捐资，有的人是持续性捐资；有的人捐资较少，便不断积累利息，待资金额达到一定数量后，则开始修建；有的人在义学已经开始运行后专门捐资用于修缮房屋。依托这些不同方面的支持，义学才能得以稳定运行，如下表：

长清县义学资金来源

义学	捐资来源	捐资数量	备注
潘保姚官屯义学	进士于绍舜	田三十亩	—
	知县舒化民	捐银二十两	—
石保石涧铺义学	王国太	捐制钱二十千，捐钱置田十五亩	历年积制钱六百五十余千，买地盖房共十七间
	庄中公项	制钱十千	历年生息，制钱四百五十千，置坡地三十亩，以作学田

① ［清］舒化民等：《长清县志》卷八，道光十五年刻本，第12页。

续表

义学	捐资来源	捐资数量	备注
马南三合庄义学	—	旧有地二十余亩	—
	房承平妻李氏	捐地三亩	—
	傅光辉	宅基一所	—
	众人	捐钱共八十余千修葺学屋	—
	首事具领官	每年制钱十千文	自道光七年（1827年）起

有学田的义学可以发展得更稳定、更持久。据清代武邑县（今河北省衡水市）编写的《武邑县志》记载，该地在清代初年建立了多所义学，但是只有一所义学因为有学田支持，一直运行到清代晚期，最初创办的其他义学均已停办。

> （清代中期创办的义学）一在沈婆集，一在白塔集，一在李店，一在圈头集，一在赵桥集，一在马回台，俱雍正六年（1728年）建。
>
> 今惟圈头集义学存，膏火地十五亩，张姓捐；宅基一所，孙、赵两姓捐。
>
> 新增王孝村义学，膏火粮地二十一亩，左良才、袁自励等捐置；相城存义学，膏火地十二亩，李奈捐。①

这里说的“膏火地”，即归义学所有的学田。该县圈头义学只有十五亩学田，数量很少，但仍旧对这处义学的运行起到了关键作用。有学田的义学，意味着有相对稳定的经费，可以长时间连续办学。在学田的保障之下，该义学一直从清代雍正（1723—1735年）年间运行到了清代晚期，至少持续了一百五十多年。

有的地方，民间人士向政府申请将本地的一些宗教用地划拨为义学用地。其中最典型的为沙河县（今河北省邢台市）义学

① ［清］彭美：《武邑县志》卷四学校，同治十一年刊本，第21页。

的建设和运行。据《畿辅通志》记载，沙河的义学均有学田维持运行：

一在城三元庙，庙有腴田十一亩，邑人马汝霖等呈请改为义学，额曰“二元”；

一在显德王村窑神庙，道光十七年（1837年）邑人宋颜舜呈请改为义学，额曰“显文”，即以庙地百亩，作为脩脯；

一在东葛村，邑人张荣等呈请以寺地亩作脩脯，额曰“崇文”；

一在上申庄，邑人方正直呈请以庙地亩作脩脯，额曰“宏文”。①

沙河县的义学，学田均来自庙田，将本属于本地寺观的土地划拨给义学所有，将其租金用于支持义学运行。

为了更好发挥民间力量，清代一些地方成立了专门支持义学发展的民间组织。在清代晚期，安邑县（今山西省运城市）乡下成立了“兴贤会”，以“兴贤会”名义，公开募集捐款，支持临近几个村子创办社学。据本地《兴贤会义学碑记》记载：

嘉庆丁卯（嘉庆十二年，1807年）岁，余馆侯生万柄家言及兴贤会，写一传单，候生走相告语，纠合七村。七村同志又变告各村，凡会中之人，罔不慕义乐输，遂集百余金，以为兴贤会之用。②

从碑文的记录可以看到，安邑县一名叫作侯万柄的学生的家长筹备成立了“兴贤会”。学生家长写好了成立“兴贤会”的传单，由侯万柄发给他的同学，他的同学再将消息传给各自的家长，进而传到临近的七个村子。很多人积极加入其中，筹集到了上百两

---

① ［清］黄彭年等《畿辅通志》卷一六《沙河县义学》，清代光绪十年，第5页。

② 张培莲、刘泽民等：《三晋石刻大全》（运城市盐湖区卷），《兴贤会义学碑记》，太原：三晋出版社，2010年，第325—326页。

银子。对于七个村子来说，这笔钱不算多，即使这样，他们也没有一次性花完这笔钱，而是将其借贷给附近的商人，每年将利息拿来用于补贴义学塾师的工资。

在清代，这样的民间组织还有很多，用来维持义学运行的组织只是各地千百种组织的一个。在这些组织中，有的筹集资金用于养育孤儿，有的筹集资金用于每年元宵节庆祝仪式，有的筹集资金用于建设和维护本地某座桥梁，有的筹集资金用于本地灌溉用水渠的建设和维护，有的筹集资金专门用于维护本地某个祠堂的运作。在一些地区，每一项活动、每一座桥梁、每一道沟渠都有一个专门组织在负责维护。有时候，一个人会同时加入多个组织，甚至同时负责多个组织的运行。这些组织规模并不大，组织所有的公共资金数量也不大。由于这些组织只专门针对某个具体的建筑或者活动，并不经常开展活动，甚至一年内只开展那么一两次活动。不过，很多人都会在不同时候积极参与到与个人利益息息相关的某个组织中，在不同组织中发挥着自己的特长，也寻找着自己的人生价值。这些多样化的组织成为地方社会保持健康运行的骨干力量。

在民间力量积极支持本地义学发展过程中，地方政府会为相关人员颁发牌匾，作为奖励。比如《(道光)阳曲县志》记载：

> 此即村庄中现成之义学也，本户果能独力承担，一二户兼任，行之三五年，即报名地方官给匾奖赏。又如一村一镇有通经儒士肯捐空闲功夫，以兴一方之教者，亦即报名给匾奖赏。①

再比如《(乾隆)陵川县志》记载：

> 乐输之人宜分别量加奖励也，士民捐资设学，成就子弟，

① [清]李培谦等:《(道光)阳曲县志》卷八《礼书》,《中国地方志集成》,南京：凤凰出版社，2005年影印本，第282页。

本分所宜。而仗义疏财亦属善举，从优奖励，足以鼓舞人心。拟绅士捐银五十两以上，乡耆捐银三十两以上，详请饬令有司给与“慕义”字样匾额。[①]

有时不只是捐款之人在行善做好事，义学的塾师也在行善，有的地方义学塾师主动免除学生的费用，义务工作。比如《（民国）临县志》记载，清代临县一位塾师“因创立学堂无资可集，于本村设帐五载，不收修金，循循善诱，师范可钦，知县李嘉其赠匾曰‘望隆山斗’”。[②]

七、地方政府与民间合作创办义学的例子

清代同治（1862—1875年）后期，戴杰任山东陵县（今山东省德州市）知县。在任期间，他十分重视义学发展，重修了鸦虎寨义学，创建了赵王寺义学。后来，戴杰编写了他自己的文集《敬简堂学治杂录》，保存了他在陵县担任知县期间起草的《劝设义学示》《重修鸦虎寨义学禀》《创建赵王寺义学禀》三份文献，其中《劝设义学示》为写给本县士绅百姓的，主要目的是倡议推动义学发展，《重修鸦虎寨义学禀》《创建赵王寺义学禀》两份文献是写给山东省教育管理部门的工作报告。

其中《重修鸦虎寨义学禀》提到鸦虎寨义学的重修过程、管理办法，原文如下：

① ［清］雷正：《（乾隆）陵川县志》卷十四《学校》，《中国地方志集成》，南京：凤凰出版社，2005年影印本，第317页。

② 胡宗处：《（民国）临县志》，《中国地方志集成》，南京：凤凰出版社，2005年影印本，第506页。

《重修鸦虎寨义学禀》原文及解读

原文	解读
窃惟郅治以教学为先，义塾实养蒙之本。卑县自兵燹（xiǎn，火）后，昔有义学率皆废弛。卑职莅任之初，整理书院为生童肄业之所，复在城内添设讲堂义学，并酌议规条，剀切劝谕各乡绅民广设义学，俾僻壤穷乡，寒素子弟，幼读诗书，长知礼义，于风俗、人心不无裨益。	兵火是指清代晚期北方出现政府与捻军之间的战争。 战争中，所有义学都不得不停止了办学。
兹查养贤乡鸦虎寨庄，距城四十里，旧有义学一座，在该庄天齐庙之东，所有田地系乡民许弼君倡捐，创建于乾隆四十七年（1782年），赵珍等道光（1821—1850年）年间重修。 本年因义学司事与天齐庙司事互相争讼。卑职查庙地与义学地亩均系绅民捐输，本是合而为一，当即按照县志碑文，体察实在情节，秉公讯断，将原捐地亩按段丈量分劈为二，半归庙宇，半归义学，其划拨义学官亩地十九亩二分六厘，因租谷太少，不敷经费。	养贤乡鸦虎寨位于陵县东约40里处，是华北平原上的一处普通的小村庄，今属山东省德州市陵城区郑家寨镇。 鸦虎寨村本来有一处义学，始建于乾隆年间，道光年间曾进行重建。 鸦虎寨义学位于天齐庙附近，天齐庙为供奉泰山之神的庙宇。 鸦虎寨义学与天齐庙之间一直有土地纠纷。实际上义学与天齐庙的土地都是本地士绅捐赠，是合在一起的。 戴杰在核查了县志中收录的碑文之后，确定将庙田、学田平分为二，其中义学获得19.26亩作为学田。
又经赵珍等续捐官亩地五亩八分六厘，统计义学宅基地亩共二十六亩一分八厘有奇，每年应完钱粮银一两一钱九分五厘，漕粮七斗二升九合三勺。	后来，本地士绅赵珍捐赠了5.86亩，义学的学田达到26.18亩。每年应缴赋税也登记在册。
若仍取给于地租，深虑塾师脩脯尚难宽裕。卑职即将该义学应完钱漕，自本年秋季起仿照卑县书院旧章，由地方官捐廉完纳，以免纷扰，而垂久远。	考虑到鸦虎寨义学的学田数量很少，除去赋税后，每年地租十分有限。戴杰便决定该村学田的赋税由地方官员负责代为缴纳，这些应交赋税便转拨给本村义学使用。
至义学房屋年久失修，诸多渗漏，已由卑职捐廉，饬令修理，复整规模。 嗣后收支租谷及延请塾师，派司事赵珍、邢涟、许长荣、栾玉藻、孙阶升妥议章程，秉公经理，总期事归实济，不致日久废弃。	义学房屋已经年久失修，房顶漏雨，戴杰已经捐款委托人进行修理。 义学的学田收入，由捐资者赵珍等人负责管理。

续表

原文	解读
除各乡续立义学，另行禀报外，所有鸦虎寨庄义学地亩、房屋逐一丈明，理合开折绘图，禀呈鉴核。[1]	鸦虎寨义学的学田地块、房屋另行绘图提交。

从上述文件可以看到，知县在义学与本地寺庙产生纠纷的过程中提出了处理办法，同时，知县对恢复义学提供了重要帮助。戴杰以个人名义捐资修理房屋，并对义学的学田免除了赋税，对于促进义学的快速恢复、维持健康运行起到了重要作用。

其中《创建赵王寺义学禀》提到创办赵王寺义学的过程以及管理办法，原文如下：

《创建赵王寺义学禀》原文及解读

原文	解读
窃卑县前因养贤乡鸦虎寨庄义学废弛，当将查清原有地宅，并续捐地亩，逐一整理缘由，禀陈宪鉴，在案。	之前已汇报过鸦虎寨义学的情况。
惟是蒙以养正，教育不闲于富贫，僻在穷乡，延师多苦于无力，义学之设，固宜随时兴举，广为劝增，俾遂贫者向学之心，借启富者愤发之志，或可为敦本善俗……	义学主要作用在于帮助贫困无力就学的孩子读书。
卑职于城内书院及城乡向有义学，均已次第整理，复酌将《劝立义学章程》发给绅民，令其随地剀切劝导，大以成大，小以成小，务在不抑勒、不分派，各听其便，俾成善举。	目前，城内的书院以及各处已有的义学已经逐渐恢复。接下来，准备将《劝立义学章程》发放各乡，希望各乡能在不增加百姓负担的情况下，根据情况开设义学。

①［清］戴杰：《敬简堂学治杂录》卷二《重修鸦虎寨义学禀》，出自《官箴书集成》第九册，合肥：黄山书社，第53—54页。

续表

原文	解读
旋据居仁乡王四衙庄廪生王秀山，阎家店监生孙安，凤凰店监生曹遇春等，以该里适中之地，有公庙赵王寺一所，内有闲房，可立义学为请。 即派该生等专司其事。	王四衙庄、阎家店、凤凰店三处村落位于陵县县城东南大约三四十里处，是华北平原上的几处村庄。三村各有一位生员，三人提出，三村中间位置有一处赵王寺，寺中有一些闲置房屋，可以用于创办一处义学。 戴杰接到申请后，随即委托几位生员负责筹备。
先由卑职捐发一年脩脯、节礼，共京钱六十六千文，于同治十三年（1874年）正月起延师开馆，仍倡捐廉银二十两，以为一篑之覆。	戴杰捐出66千文作为一年的塾师工资予以支持。 1874年正月，赵王寺义学正式开学，戴杰再次捐资20两白银作为支持。
该生等亦首先乐输业地，并先后劝据绅富人等捐资，连卑职捐发银两，置买田地共三十四亩二分七厘有零，岁收租价，京钱六十八千文。以六十六千文为延师脩脯节礼之需，下余二千文存备义学零用各项。	几位生员主动捐出一些土地，并倡议本地士绅一起捐资购买土地，最后一共获得34.27亩土地，作为学田，每年土地租金68千文，其中66千文作为塾师工资，2千文作为义学日常费用。
并由该生等拟定条规、呈验地契前来，卑职督饬，逐一丈量，绘具段落、四至、地图，同各契一并存卷。	戴杰委托几位生员制定义学管理办法，将义学的学田丈量清楚，将土地契约提交县衙门核实，并据此画出学田的地图。这些资料存入县衙门备案。
仍将各地每年应纳钱粮正银一两五钱八厘，漕粮正米九斗一升八合四勺，拨入义学。	同时，赵王寺义学的学田每年应缴赋税也划拨给义学使用，大约价值十多两白银。
并谕令该司事王秀山等将一切事宜妥为经理，不得始勤终懈，以期垂诸久远。	戴杰委托几位生员作为义学管理者。
其义学地内钱漕，仿照书院旧章，及鸦虎寨义学之案，自光绪元年（1875年）春季为始，均由地方官捐廉代纳，俾义学多得一分地租，即多济一分实用，于寒儒不无稍有裨益。①	赵王寺义学的学田每年应缴赋税仿照本地一贯做法，由本地官员代为缴纳，这样义学就能多获得一点经费。

① ［清］戴杰：《敬简堂学治杂录》卷二《创建赵王寺义学禀》，出自《官箴书集成》第九册，合肥：黄山书社，第53—54页。

从这份文件中可以看到，赵王寺义学的创办主要由本地生员提出。几个村的生员提出了设想，找到了办学空间，筹措了义学运行所需的学田，并对义学进行管理。基层政府在义学创办过程中只是起到了辅助作用。义学的相关资料由县衙门备案，经过知县确认后的义学管理人员可以获得更加正式的义学管理身份。基层政府免除义学学田的赋税、知县以个人名义带头捐资等对义学的创办发挥了积极作用。

在清代义学发展过程中，地方政府与民间力量之间形成了相对默契、灵活多样的合作方式。在义学创办过程中，政府从自身力量出发，通过多种路径帮助义学筹措办学空间，筹措运行经费，也充分利用民间力量参与义学管理。在这个过程中，民间力量积极响应政府的倡导，积极参与义学的建设和运行。

（1）清代中期以后，中央朝廷不再鼓励创办一般意义上的社学，而积极支持各边疆和拥有少数民族的省份创办义学，并鼓励民间力量在内地基层社会创办义学。在这种模式下，清代形成一种贫寒子弟在义学中就读，家庭条件较好的弟子在私塾或家塾读书，健康平衡发展教育的道路。

（2）政府与民间力量共同参与义学的创办与运行，采用多种灵活方式筹措资金。在义学运行过程中，政府倾向于发挥备案、联络、倡导、表彰作用，具体运行以民间力量为主。这种模式大大节省了地方政府的精力，保证地方政府以最精简的人员、最少量的经费维持义学运行。

（3）以学田制度维持学校运行。学田主要由民间力量捐助，由专人负责管理，在一些情况下政府以自身公信力参与学田管理，保证学田的稳定，进而保证义学的稳定。

（4）生员发挥了关键作用。在清代地方社会中，生员既是积极捐资创办义学的最重要群体，也是参与义学管理的最重要群体，还是义学塾师中的优秀分子，生员在各地义学发展中起到了关键作用。

第十一章　清代启蒙教育机构的运行与学习生活

清代留下的关于启蒙教育机构的资料十分丰富，包含义学和各类私塾在内的教育机构都是启蒙教育阶段的教育机构。这些教育机构是如何设立的，空间格局如何，有多少学生在里边学习，学习的生活又是怎样的？本章将回答这些问题。

一、清代启蒙教育机构的运行

1.蒙学的设立

清代晚期的光绪五年（1879年），王庭祯在施南府（今湖北省西南部）担任知府。有一天，王庭祯到施南府所辖利川县（今湖北省恩施土家族苗族自治州）办事，利川县官员请他到当地有名的石龙寺（今利川市团堡镇）参观。石龙寺是当地最古老的建筑，始建于明代，到此时已经有几百年的历史了。王庭祯在众人陪同下，欣然前往。走到石龙寺门口时，王庭祯发现一件奇怪的事，石龙寺的门额上竟然题写着“义学”两字，这本来是一处寺庙，为什么会题写着“义学”呢？待问明缘由后，王庭祯不禁勃然大怒。当时到底发生了什么事呢？

石龙寺本是此地有名的寺庙，因寺庙中有像龙一样的奇石。本地居民多次在天旱时在此举行祈雨仪式，随后便会迎来降雨，于是取名为石龙寺。

同治四年（1865年），利川县知县何蕙馨为了更快促进本地基层启蒙教育的发展，便将石龙寺改为义学，于是寺庙大门上题写有“义学”两字，寺庙中的一些土地等资产也转归义学所有。这一做法引起寺庙僧人的不满。

清代编写的《施南府志》中保存了王庭祯在利川县所写《重修团宝市石龙寺记》，其中说：“见寺门额曰‘义学’，深异之，入寺，睹石龙蜿蜒有之而状，土人备诵其灵应，为之肃。然徐登阁，见神像森列，座前奉至圣暨诸贤木主，不禁勃然斥其谬妄。”①

王庭祯作为上级领导，在了解情况后，坚持将石龙寺恢复为寺庙，将之前转归义学的资产重新划归寺庙，并以个人名义率先捐资在他处另建一处义学。几年后，光绪八年（1882年），王庭祯倡议修建的义学竣工。

从这则故事可以看到，清代中期之后，我国一些地区在建设义学时，出于节省建设成本的需要，便占用了本地已有的建筑，比如一些寺庙、宗祠等。

清代徐栋编写的《牧令书》中有一篇《义学条规》，其中提到，希望每一个村子都能设立一处义学，这样可以方便儿童就近入学。

> 童子艰于远涉，其本村富户公捐者，即在本村立学，虽束脩无多，较之每保每社设一大学者，再为妥便。且义学设在本村，则捐输之家得沾实惠，民间闻风向义，有不观感兴起者乎？②

在每个村子都设立一所义学，这可能只是一种理想，目前已知的文献无法证明当时是否每个村子都有义学。一些清代县志列举了本地义学的数量和分布，但不同地区之间差异很大。

---

① ［清］雷春沼，尹寿衡纂：《施南府志续编》卷二，清代光绪十一年，第21页。

② ［清］徐栋：《牧令书》之《义学条规》，清道光戊申年刊本，第33页。

从地方志中可以看到，一些人口并不多的县内设有十几所义学。据清代编写的地方志记载，山西省曲沃县（今山西省临汾市）的义学有以下十几所，见下表。

清代山西省曲沃县义学表[①]

所在地	数量	建筑空间
蒙城镇	一所	房屋三间
高县镇	一所	房屋五间
候马镇	一所	房屋五间
隘口镇	一所	屋十二间
东庄	一所	房屋三间
张少村	一所	房屋三间
西庄镇	一所	房屋三间
宋郭村	一所	房屋三间
虒（sī）祁村	一所	房屋七间
曲村镇	一所	房屋七间
万户村	一所	房屋三间
东张寨	一所	房屋三间
北辛店	一所	房屋七间
东马庄	一所	房屋三间
南林交	一所	房屋三间
东阎镇	一所	房屋三间
褚村	一所	房屋五间
金沙村	一所	房屋六间

① ［清］胡元琢、徐储等:《（乾隆）新修曲沃县志》卷八《学校志》，清乾隆二十三年，第26—28页。

清代中期曲沃县十八所义学分布于该县各个重要的居民点，清代后期，曲沃县人口大约为几万人，平均每五千人拥有一所义学。

相比之下，一些地区的社学分布普遍没有这样密集。比如清代中期，宁夏地区（清代中期属于甘肃省宁夏府）人口规模上百万，而宁夏地区的义学共有十所，见下表。

清代中期宁夏地区社学分布情况①

所在地	数量	学田
本城	一所	学田一百一十六亩
宣和堡	一所	学田一方岁收租银十两
白马滩	一所	学田六十亩
广武堡	一所	原任湖广提督俞益谟捐建学田四十二亩
镇罗堡	一所	学田七十五亩
恩和堡	一所	学田八十亩
永康堡	一所	学田租银八两，市铺租银五两五钱
鸣沙州	一所	学田六十亩
枣园堡	一所	学田五十七亩
宁安堡	一所	学田二十亩，市铺三十二间收租银二十两

清代中期山西省曲沃县平均每五千人就拥有一所义学，而宁夏地区平均每十多万人才拥有一所义学。之所以会出现如此大的差异，主要是因为记载义学的地方志可能存在一些问题。由于大部分义学规模都很小，很多义学只有一名塾师，几间房屋，只是一处很普通的小院落，常常不能稳定运行。有的私塾也托名为义学，实际上是收费的。有的义学在运行一段时间后便不了了之了。编写者在编写地方志时为了凸显本地文化教育发达，可能记录了

① ［清］张金城等：《（乾隆）宁夏府志》卷六，清嘉庆刊本，第26页。

一些并不稳定存在的义学，导致记录在册的义学数量较多。这些记录无法确定所提及的义学仅是昙花一现，还是多年一直稳定运行。

2.蒙学的环境

义学作为基层启蒙教育，在不同的地域有很大差异。有的义学设施简陋，只是两三间房屋；有的义学环境优美，规模较大。

道光六年（1826年）正月，周凯在襄阳府担任知府，他十分重视教育，亲自起草了《义学章程十条》，其中第一条便规定了义学的选址：

> 各乡村择于适合之地，或庙宇，或祠堂公所，约计可坐童蒙二三十名者为一学。上悬本府亲书“某处义学”匾额，中供至圣先师牌位，旁挂义学规则，木榜一块，师傅桌椅一副，各蒙童桌凳饭食自备，旁设师傅卧房一所。其有力建盖房屋为义学者亦照此式，能为各蒙童备桌凳者听。外贴府县告承各一道，以禁闲杂人等。①

明清时期，大部分社学或义学的规模都不大。有的义学只有一间教室，有的还建有塾师的寝室、厨房等基本的设施。如永兴县（今湖南省郴州市）的金陵义学：“前设大门，中讲堂，左右房舍为生童肄业所。”②这处义学只有一间教室，两间自习室。

明清各地义学(社学)建筑设施情况

义学(社学)所在地	地址	建筑设施
馆陶县（今河北省邯郸市）	后街府馆东	草房三间
高密县（今山东省潍坊市）	—	草房三间，瓦门一座

① 舒新城：《近代教育史资料汇编》，上海：华东师范大学出版社，1961年，第335页。

② ［清］朱惺、朱昭谋：《郴州总志》卷十一《学校下》，清光绪十九年刻本，第5页。

续表

义学(社学)所在地	地址	建筑设施
恩县（今山东省聊城市）	—	（房）三间
金乡县（今山东省济宁市）	儒学东南	正厅三楹，门楼一座，有兴礼、稽古二斋，共六楹
泰安州（今山东省泰安市）	城东南隅	堂五楹，东西厦房各三楹，门楼一座，周围环筑以石
武功县（今陕西省咸阳市）	—	内舍三间，南北斋各一间，讲堂三间，高门一，碑二，南号舍十七间，井房一间
宜川县（今陕西省延安市）	瑞泉义学	南向五楹，北向厅三楹
寿阳县（今山西省晋中市）	城内	房六间
定襄县（今山西省忻州市）	察院前西	正房三间，大门一座，规置半顷
崞县（今山西省忻州市）	原平镇	正房三间，厨房一间，牌坊一座
太原县（今山西省太原市）	—	宅一所，东西各两楹，南北各四楹
岳阳县（今湖南省岳阳市）	关帝庙	正庭三间，门楼一间，围一墙
永兴县（今湖南省郴州市）	—	前设大门，中讲堂，左右房舍为生童肄业所
海丰县（今广东省汕尾市）	府馆旁	书舍三间，门一间

有的义学附设在本地知名书院中，可以依托书院的环境和硬件设施，因此条件较好，甚至成为本地的重要名胜。

清乾隆三年（1738年），沔阳州（今湖北省仙桃市及附近）知州禹殿鳌主持在州城东门外的玉带书院增设义学馆，招收年龄较小的儿童前来就读。禹殿鳌曾为此写下一首诗，保存在清代晚期编写的地方志中：

东南一水抱州城，玉带蟠迴淑气盈。

凸岸虎蹲增磊落，层楼晕焕倍峥嵘。

凭高极目嵩云远，把酒联吟夜月生。

新辟讲堂敷圣化，书生燎亮乐群英。[①]

这首诗中说，玉带书院的义学馆地理位置优越，附近有河流环绕，又有山脉相拱卫。本地士绅董智也写了一首诗，与禹殿鳌相和，名为《登文昌阁望莲池荷花和禹公原霞诗》：

烟光万倾获鱼城，带水潺湲碧浪盈。
柳暗书堂花绮丽，池涵虚影阁峥嵘。
芙蓉媚向风前笑，菡萏香从静里生。
夜夜芒寒奎璧皎，端资贤守育群英。[②]

从诗中可以看到，这所义学及所在的玉带书院既有楼阁、池塘，也种满了荷花，环境幽雅，适合读书。

光绪《当阳县补续志》
卷首《玉阳小学书屋图》一

清代同治十二年（1873年），经当阳县（今湖北省宜昌市）知县谢家兰倡议，本县县城的北门附近修建了一处玉阳小学书屋。这处小学是一处三间的楼房。一年后，当阳县继任知县周鸿英继续捐资二百两白银，在楼房前院子两侧修建了厢房，形成了一处环境优美、设施完备的启蒙教育机构。根据本地地方志记载，玉阳小学背靠玉阳山，“左襟沮水，右带玉泉，群峰环绕，烟树万

① ［清］葛振元等：《（光绪）沔阳州志》卷五《学校·书院》，《中国地方志集成》，南京：凤凰出版社，2005年影印本，第213页。

② 同上。

家，诚一邑之伟观”。[①]

清代时期，北直隶涿州孙家庄（今河北省保定市孙家庄乡）有一处义学，始建于清代乾隆（1736—1796年）年间。据清代《畿辅通志》记载：

州西孙家庄有义学，系康生斌，字宪周所建也。

自嘉庆丁卯（嘉庆十二年，1807年），于庄之西南隅，购地三亩，前临溪水，砌石成桥，筑土为墙，环墙植柳，设大门，序二门。

建正屋三楹，为先生讲艺之所；左边别院又建屋三楹，作馆师榻所；厨房三间，馆役一人；门庆、井窖，以及诸器用皆备。

置膏火地七段，共一顷四十六亩七分，尽为学师馆谷及月课供给之需。

附近旗、民子弟概许来学，束脩、膏火全无取焉。[②]

这处义学位于孙家庄西南侧，由本县的一位名叫康生斌的人捐资创办。这处义学占地三亩，前边有一条小溪，小溪上建有一座石桥。义学四周有围墙，围墙旁边种满了柳树。义学有一处大门，两处校门。这样看来，这处义学的环境十分优雅。

进入义学后，有三间正房，作为教室使用。左侧有一处小院子，也有三间房屋，是塾师生活办公的地方。义学内还有三间厨房，由一人负责，设施比较完备。

此外，为了保证义学的正常运行，这处义学还拥有七处田地，共计146.7亩。这些田地的租金作为塾师的薪金以及义学内日常开支。有了资金保障，这处义学可以供周围的孩子免费前来就读。

① ［清］沅恩光等：《当阳县志》卷二《方舆志下·山川一》，《中国地方志集成》，南京：凤凰出版社，2005年影印本，第1页。

② ［清］黄彭年等：《畿辅通志》卷一百十四《涿州义学》，清光绪十年本，第47页。

这是一幅清代江浙地区启蒙阶段学校的平面图。这所学校名为“僊溪小学”，位于今天上海北部。这所小学布局结构十分严整，整个小学应该是坐北朝南，呈东西对称结构，连大门都是对称结构。进入大门后，中间为圣贤祠，可能是学校祭祀、展览用房。圣贤词后边为一个小院子，院子北侧为养正堂，可能是学校的办公用房；东西两侧分别为“订顽”“贬愚”两斋房，可能是学校的教室。

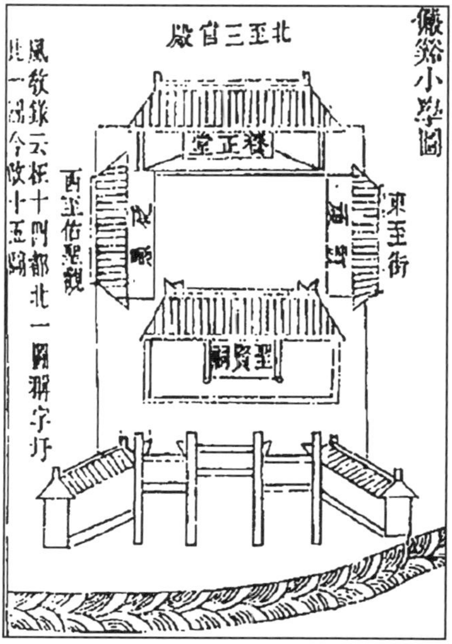

清代《淞南志》中僊溪小学平面图

从平面图上看，僊溪小学北侧为三官殿，西侧为佑圣观，均是宗教活动场所，可能处于城内一处文化宗教建筑比较密集的区域，小学南侧门外有一条小河，东侧是马路。

一般来说，一处相对理想的义学包括用于教学活动的教室，用于学生自习的学习室，用于塾师生活起居的房屋及厨房等。湖南省醴陵县知县陈九畴在城北购买了一处空地，建设了一所义学。据记载，这处义学“为屋三重，前后有堂，堂左右有室，室后有厨”。[1]

中国古代教育建筑中往往题写着对联，一些义学中也有对联，清代笔记《冷庐杂识》中提及：

联杭城义塾立法甚善，仁和费辛桥方伯丙章题联云：“莫

① 刘谦等：《陵县志》，长沙：湖南人民出版社，2009年，第121页。

谓孤寒，多是读书真种子；欲求富贵，须从伏案下工夫。”激励寒畯，辞意肫切。

又许畲（jī）生教授题严州义塾联云：“虽非千万间，居然广厦；为语二三子，慎厥初基。”①

费丙章，为浙江仁和（今浙江省杭州市）人，号新桥，曾在广西、山东、河南、湖北等地担任按察使、布政使等职务，被尊称为“方伯”，他为故乡杭州义塾题写的对联表达了对义塾中学子的期待。在义塾中就读的学生大多出身贫寒，义塾的教育是一生教育的起点，只有基础扎实，未来才能走得更远。

许畲生曾在浙江等地担任教授，负责地方教育管理，他为严州（今浙江省杭州市）义学题写的对联也表达了对在义学中就读学生的期待。义学一般空间不大，但这里却是一个人开始了解广大世界的基础。《尚书》中说：“慎厥终，惟其始。”②一个人应该从起点开始，始终保持积极谨慎的姿态，方能有所成就。

3. 蒙学的办学规模

由于古代启蒙教育机构中的教学模式并不是像当代这样班级授课制，不是集体进行统一教学，而是针对每位学生制订单独的学习方案，所以一般每位塾师所能教的学生数量是很有限的。这决定了大部分社学的规模都很小，一般只有几十名学生，少者不足二十人，多者达到一百余人。比如清代编写的地方志记载，湖北省麻阳县（今湖南省怀化市）的两所义学：“一在子孙宫，一在玉华观，每馆学徒不得过二十四人。”③比如清代编写的地方志记载，龙江县（今黑龙江省齐齐哈尔市）：“义学学徒多或二十人，少

---

① ［清］陆以湉：《冷庐杂识》，北京：中华书局，1984年，第62页。

② ［清］阮元校刻：《十三经注疏》之《尚书正义》，北京：中华书局，2016年，第324页。

③ ［清］吴兆熙等：《麻阳县志》卷四《学制》，湖南师范大学图书馆藏，同治十二年刻本，第13页。

或十余人，不须自备束脩，须尊师敬上，听受训教。”①具体来说，每名塾师大约能负责二十位学生的教育任务，如果学生人数增加，则需要多名塾师。

清代各地社学人数表

地区	文献记载	人数	出处
龙江县（黑龙江省齐齐哈尔市）	义学学徒多或二十人，少或十余人。②	10—20人	《龙江县志》卷十一学校
承德府（河北省承德市）	道光八年知府海忠详定内舍生十八名，童十二名。③	12人	《承德府志》卷十三
卢龙县（河北省秦皇岛市）	义学人数宜有限制也，两馆现共有六十余名。④	两处共60人	《卢龙县志》卷九
淮安府（江苏省淮安市）	义学止生徒数人，亦无膏火，虚应故事而已。今将学旁空屋赎回，拓宽修盖，在书院课取诸生二人教读，酌定生徒六十名，每月每名给银二钱，以为纸笔之费。⑤	几人扩展到60人	《铁保年谱》卷一
通城县（湖北省咸宁市）	每学文童以三十名为率。⑥	30人	《通城县志》卷十

① ［清］盛庆绂等:《龙江县志》卷十一《学校》，湖南师范大学图书馆藏，同治九年刻本，第30页。

② ［清］盛庆绂等:《龙江县志》卷十一学校，湖南师范大学图书馆藏，同治九年（1870年）刻本，第30页。

③ ［清］海忠等:《承德府志》卷十三，台北：成文出版社，光绪十三年廷杰重订本，第13页。

④ 董天华等:《卢龙县志》卷九，台北：成文出版社，民国二十年铅印本，第19页。

⑤ ［清］铁保:《铁保年谱》卷一，清道光二年石经堂刻本，第15页。

⑥ ［清］郑茭等:《通城县志》卷十下，清同治六年本，第10页。

续表

地区	文献记载	人数	出处
黄冈县（湖北省黄冈市）	每学文童以二十八名为率。①	28人	《黄冈县志》卷五
麻阳县（湖南省怀化市）	一在子孙宫，一在玉华观，每馆学徒不得过二十四人。②	24人	《麻阳县志》卷四学制
未注明地区	生徒约以二十人为率。③	20人	《得一录》卷十
未注明地区	塾师一人，课徒以十人为率。④	10人	《设立社学札暨章程》

清代一些蒙学著作中提及每位塾师的学生数量时，也多是希望学生数量少一些为好。比如《庄塾规条》中说每位塾师只教十名儿童：

现在止请一师，弟子不能太多，定以十人为率，有缺则补之，六节解馆，各家领回。⑤

清代唐彪在《家塾教学法》中说：

塾师教授生徒，少则工夫有余，精神足用，自然训诲周详，课程无缺；多则师之精力既疲，而工夫亦有年不及，一切皆苟且简率矣。

故生徒以少为贵也。虽然生徒既少，必当厚其束脩，使

① ［清］戴昌言等：《黄冈县志》卷五，清光绪八年本，第10页。

② ［清］吴兆熙：《麻阳县志》卷四学制，湖南师范大学图书馆藏，同治十二年刻本，第13页。

③ ［清］余治：《得一录》卷十，引自舒新城：《近代教育史资料汇编》，上海：华东师范大学出版社，1961年，第349—351页。

④ ［清］丁日昌：《抚吴公牍·设立社学札暨章程》，引自舒新城：《近代教育史资料汇编》，上海：华东师范大学出版社，1961年，第328页。

⑤ ［清］陆锦烺：《庄塾规条》，《陆氏葑门支谱》，清光绪年间刻本，原书无页码。

先生有以仰事俯育，始能尽心教诲，不至他营矣。[①]

《家塾教学法》中认为，学生尽量要少，塾师的工资尽量要高，这当然是理想的状态。

4. 管理模式

义学是基层学校，大部分义学规模很小，运行事务相对简单，往往也缺乏严密的制度保证。义学作为一个机构，其管理主要分为两部分，分别是资金管理和人员管理。其中资金管理尤其重要，义学的学田和其他运行经费是义学的主要资金来源，如果管理不善，很容易出现问题。具体来说，义学的管理主要有几种模式。

第一种，有的基层政府会直接管理本地义学的经费。具体来说，一般是由基层教育管理机构即县学负责管理。比如《畿辅通志》记载："清苑县义学：一在文昌宫，一在南大寺，一在子母宫，一在将军庙，四处经费均由府署发交儒学经理。一在杨公祠，经费由藩库大使经理。城外四关各一，经费均由府署发交儒学经理。"[②]这些学校主要由基层政府委托"儒学"及本地县学负责管理。

再比如清代编写的《吴桥县志》(今河北省沧州市)记载："义学，旧县志邑城乡皆有义学，年久尽废，惟城内义学尚存，地一顷十二亩，每年租息京钱一百二十千文，官为经理。"[③]

第二种，在一些情况下，基层教育管理机构会将义学的学田的管理职责委托给本地士绅。一般情况下，本地生员是较为合适的人选。比如山西省河曲县（今山西省大同市）的义学经费，"学官委派生员经管，县吏、学书俱不得经手，以防侵蚀"。[④]"学官"

① 引自徐梓：《蒙学要义》，太原：山西教育出版社，1991年，第197页。

② ［清］黄彭年等：《畿辅通志》卷一一四《清苑县义学》，清光绪十年刻本，第66页。

③ ［清］倪昌燮等：《吴桥县志》卷二，台北：成文出版社，清光绪元年刊本，第98页。

④ ［清］金福增等：《(同治)河曲县志》卷六《艺文类》，《中国地方志集成》，南京：凤凰出版社，2005年影印本，第195页。

即地方教育管理人员，委托本地的生员（即秀才）管理，县衙门的人员不能干预，以免有限的经费被克扣。

有时候，本地政府会出面核查义学学田。乾隆四年（1739年）八月，陵川县（今山西省晋城市）知县对本县义学学田进行核查，《清查义学田亩详文》中记载：

> 查得学碑勒载：县属青山底，有徐津故祖徐晁于顺治十二年（1655年）捐助义学田六十二亩九分。徐津故父徐法枝混作祖业，变卖与生员牛天青十一亩，秦萝麟六亩，民王景法三亩零，王和四亩零，张礼富四亩零，傅万智一亩零，伊叔徐广恩三十二亩零。
>
> 据生员牛天青、秦萝麟情愿输地，仍归义学，并将原契呈缴。其王景法等愿让原价一牛于徐津名下，追给惟徐广恩价五十四两。[1]

山西省陵川县徐津的祖父曾将62.9亩土地捐给本地义学。之后，徐津的父亲认为这项捐赠无效，这62.9亩土地是他自己家的，因此将这块土地分别卖给了几户人家。经调查后，这些土地被陆续收回。

负责义学经费管理的人员在管理过程中也会依托地方政府，以保证经费规范使用。清代编写的《五台县志》（今山西省忻州市）记载了当地义学经费的管理措施："每年会长将通年经理过钱项清开，四柱张贴书院门首，并禀缴礼房，以便造册申报。同善会卷案、县卷，并公同钞算，过流水账八本，义学外歀合清等账三本，俱存户房。"[2]每年在书院张贴经费收入和使用情况，对经费进行公示，同时将经费流水账上交县衙门保存，保证经费使用公开透明，

① ［清］雷正：《（乾隆）陵川县志》卷十四《学校》，《中国地方志集成》，南京：凤凰出版社，2005年影印本，第323页。

② ［清］徐继畬等：《（光绪）五台新志》卷一《治所》，《中国地方志集成》，南京：凤凰出版社，2005年影印本，第48页。

合理合规。

第三种模式为委托书院管理。有的义学是书院附属学校，义学的管理由书院派出人员负责。

不管哪种模式，最后总要由某一位具体的人来负责义学的管理，大部分为某位本地有名望的士绅。清代唐鉴在《义学条规》中说："捐有成数，即典买田地，公定殷实公正之人管理。"①

一些文献将负责义学管理的人士称为"首士"。清代道光初年，周凯在湖北襄阳担任知府，他写过一篇《义学章程十条》，被保存在一些地方志中，其中提到义学的管理问题，应重视"首士"，同时提及一些其他方面的问题：

> 夫首士者，即经管义学之人也，必得公正殷实者方为有济。各义学首士即以所捐银地之人为主，如不能兼管，再请乡村中清直公正一二人董理其事，随时于册内注明姓名备查。
>
> 每学计出息之多寡，以定师傅之修膳。
>
> 学童以二十余名为定。
>
> 其学童父母能自送束脩节敬者，轻重听其自便，贫者勿论，师傅毋得有意索取。
>
> 首士时至义学稽查，倘有童蒙不遵规矩过于顽劣者，师傅责罚不听，首士再行从严训饬，不从者撵逐出学。如有无知愚民在义学喧哗闲谈，许该首士撵逐，不遵者，禀官究治。②

一般来说，"首士"就是为该处义学捐款最多的人，如果此人不愿意同时参与义学的管理，那么可以委托其他人管理。义学塾师的薪资多少主要根据义学经费多少决定，如果学生父母自愿缴

① ［清］唐鉴：《唐确慎公集》卷五，四部备要本，第25—26页。

② ［清］承印修，黄定镛纂：《（同治）谷城县志》卷二《学校·义学》，出自舒新城：《近代教育史资料汇编》，上海：华东师范大学出版社，1961年，第335—337页。

纳学费也是可以的，但是不允许塾师向家长索要学费。“首士”的职责是需要经常到义学内稽查，主要是针对扰乱教学秩序的行为开展一些辅助活动，比如针对一些过于顽劣的学生进行专门训导，驱逐一些外来无关人员。

报捐银钱者，交何典当生息，报明在案。每年支取息银若干两，殷实之首士经理，随册注明报销，无得侵蚀。

其报捐地亩者，将地亩段落、时值价银若干两，书立捐契，呈明府县用印，将钱粮拨入该处义学户下。

每年钱粮即由该营首士完纳，将一年用过银钱，遵照现颁册式，放次年正月底，随师徒姓名册一并造具四柱清册，报销其他地亩。

该管首士及子孙永不许当卖，违者照盗典、盗卖例，追出入官。

另举殷实之首士经管，如有他人知情盗当、盗卖者，追价入官，并治以应得之罪。勘勒碑石，竖立义学，以垂永久。

招课、招佃皆由该管首士经理。

欠课棵者，享官究追。倘遇丰年，除义学脩脯、纸笔、度用外，其赢余随时生息，交放何处，或再行置买地亩，亦放册上登明备查，契约送府县用印过拨。

如有首士侵蚀、典卖，许该处绅者、保甲随时具察查究。①

可见，“首士”或者相当于“首士”的义学管理人员是义学顺畅运转的重要保证。

清代中期，四明县（今浙江省宁波市）张原炜曾为本家族的家塾编写管理方案，主要包括以下几个方面（序号为本书所加）：

---

① ［清］承印修，黄定镛纂：《（同治）谷城县志》卷二，《学校·义学》，出自舒新城：《近代教育史资料汇编》，上海：华东师范大学出版社，1961年，第335—337页。

一、公举忠实正直一人为塾正，主理塾中事务，纠察整顿，俱须认真，毋令废弛。

二、公举端正谨慎一人，专司塾中账目及收租、粜谷、完粮、出纳等事。每值会期，公同稽查揭算，岁酬劳金四千文。

三、立堂薄一式两本，一存塾中，一交塾正，将规约并所置田亩器用什物尽行开载，如有紊规失物等情，惟司事是问。

四、本塾只置田六十亩，每年除粜粮外，所入有限，故规模处处从约，宁使有余，不可暂亏，庶得永久。

五、塾中供奉文帝、魁星，理宜洁净，以昭诚敬。除开馆课读外，毋许工作及寄顿家小、堆放对象、并借用厨灶等项，如违重罚。

六、塾中所置桌椅板凳及应用器皿，详载堂薄内，以便查核。公禁借用，违者重罚。如司事徇私，从重倍罚。①

上述内容包含了义学或者相当于义学类学校运行的基本管理方案。在一所义学内，塾师是负责教学的人员，在塾师之外，需要有至少一名专门人员来负责学校的各类硬件设置、资金来往的管理。管理过程最好能做到规范、透明，使用一式两份的管理账本，记录学校内的资金往来。此外，对于学校内已有的各类设置，也有进行详细登记，严格管理，避免外借后无处寻找。

不过，管理人员在校内的时间过长是不受欢迎的。晚清时期，余治在《得一录》中说：

先生功课之外，凡笔墨及琐屑事，概不应酬，以节劳烦。

① ［清］张原炜：《张氏家塾原定规约》，民国三十八年活字本，原书无页码。

至司董人等非有塾中公事。不得在塾久坐，致令旷功。①

5.义学经费运行办法

对于义学的“学田”，一般出租后将租金用于作为义学运行的经费。对于捐资，一般采取“发商生息”的办法。

捐助者向义学捐助的资金用来“发商生息”，即交给需要钱的商人，每年收取利息。一般来说，每年利息为本金的10%—20%。清代《河曲县志》中记载：

> 知县金福增倡捐钱六十千文，又广为劝捐，共得钱八百千文，交油缸碾店四行生息，岁得息钱八十千。②

从这里的记载可以看到，河曲县（今山西省忻州市）义学“发商”利息为每年10%，即本金八百千文（约八百两银子），每年利息八十千文。

有的义学经费钱利息稍微高一点，据比如广灵县（今山西省大同市）义学：

> 经费钱四百一十八千五百文发缸行，按月一分行息，钱五十千二百五十文，为延师之需。③

广灵县义学经费“发商”利息为“每月一分”，每年十二个月即12%，总50.22千文。

据清代《长治县志》记载，长治县（今山西省长治市）义学经费“发商”利息为每月“一分五”：由藩库领出长治社谷银一千两，发交本城西盐号，按月一分五厘。④

---

① ［清］余治：《得一录》卷十，引自舒新城：《近代教育史资料汇编》，上海：华东师范大学出版社，1961年，第351页。

② ［清］金福增：《（同治）河曲县志》卷三《学校类·义学》，《中国地方志集成》，南京：凤凰出版社，2005年影印本，第76页。

③ ［清］郭磊等：《（光绪）广灵县志》卷二《营建志》，《中国地方志集成》，南京：凤凰出版社，2005年影印本，第101页。

④ ［清］李桢等：《（光绪）长治县志》卷三《学校》，《中国地方志集成》，南京：凤凰出版社，2005年影印本，第131页。

清代湖南麻阳县：知县吴兆熙兴复该县义学，并力筹经费钱二百串，发交江西客商承领每年作二分生息，可得钱四十八串，按季缴。由县署支作馆师脩脯，不足者由县另为筹补。[①]

零陵县（今湖南省永州市）有三所义学。

二塾设自道光庚寅年（道光十年，1830年），拨永善堂钱一千串寄典铺生息，每年息钱一百二十串，各塾学师送束脩钱五十串，余为看守、修塾之费，归书院首士管理。

一在县城隍庙，道光丙午年（道光二十六年，1846年）知县胡廷槐捐廉四百串寄典铺生息。每年息钱六十串，送学师束脩五十串，余无杂费，书院首士经管。[②]

从本质上来说，"发商生息"的模式与今天基金会的运行模式完全一样，都是将捐助资金用于投资，将投资收益用于支持义学运行，进而确保义学能长期稳定运行。虽然支持义学运行的资金数额不算多，但毕竟很多义学实际上只有一名塾师，一个院子，所以这笔钱虽不算多，却在义学运行中起着至关重要的作用。

二、学习生活

1.入学前后

清代义学主要面向家庭贫困的学生开设，不需要塾师单独向学生收取费用。兹举一例，蓬莱县（今山东省烟台市）义学制定了《蓬莱县义学章程十条》，其中规定：

凡四坊及关厢孤寒子弟，年七岁至二十岁，有志读书者，

① ［清］吴兆熙等：《麻阳县志》卷四《学制》，湖南师范大学图书馆藏，清同治十二年刻本，第13页。

② ［清］徐保龄等：《零陵县志》卷五《学校志》，湖南省图书馆藏，清光绪二年本，第11页。

俱令入学肄业，毋庸贽见，塾师亦不得分外苟索。

入学肄业者，应令父兄先赴府县学报明姓名、年岁、住处，挨次注册，由学送塾肄业。[1]

凡本县内的年龄符合的贫困学生，想要到义学中读书，不需要像私塾那样与塾师见面，也不必向塾师缴费，而是直接到县学（即本地管理部门，义学的上级管理者）处报名，随后便可以到义学就读。

在农业时代，对于普通家庭来说，每一个儿童都是一名劳动力，大部分普通家庭更愿意儿童早日参加生产劳动，学习农业生产经验。在当时，读书是很辛苦的，学习的内容比较复杂，大部分儿童学起来十分吃力。学生压力较大，而且出路不多，所以，很多家庭并不愿意孩子到义学中读书。

山西省部分义学对学生资格的要求

地区	招生标准	出处
长治县	尤须贫家子弟方准送人，有力者毋庸图此便宜	光绪《长治县志》卷三《学校》
太谷县	专为穷民子弟无力延师	乾隆《太谷县志》卷二《学校》
榆社县	实在贫苦无力延师者乃准入塾，不得冒滥	光绪《榆社县志》卷三《学校志》
忻州	以教贫民之无力不能从师者	光绪《忻州志》卷二《学校》
阳高县	凡乡城贫寒子弟皆纳之	雍正《阳高县志》卷四《学校》
浑源州	俾州童蒙有愿学无力延师者	光绪《浑源州志》卷六《人物政事》
阳由县	俾民间俊秀无力延师者，咸得各就近地而受业焉	道光《阳曲县志》卷十五《文徵》
定襄县	乡中贫家子弟，其父兄不能供给读书者，敬禀乡官择吉入学	光绪《定襄县补志》卷十二《艺文》

① ［清］郑锡鸿等:《蓬莱县续志》，清光绪八年刻本，第25页。

续表

地区	招生标准	出处
盂县	(芹泉驿义学)其非马厂子弟附学者自送束脩	光绪《盂县志》卷八《建置考·书院》①

在上述表格中所提及的义学中，芹泉驿义学是专门面向该驿站养马场的子弟开设的，只招收养马场子弟，其他学生也能入学就读，只是需要缴纳一些费用。

学生在县学（本地教育管理部门）报名之后，会来到义学办理入学手续。在学生入学时，有经验的义学会提出一些约定。清代晚期慈善活动章程汇编《得一录》中收录了一篇关于义学管理的《规条》，是对义学管理的整理总结。

> 塾中设立册簿一本，登记生徒姓名功课，及平时功过。
>
> 先期，凡贫家子弟，力不能从师者，悉令入塾读书。
>
> 其有曾经入塾，或现从他师，而父母愿令入塾习仪者亦听。
>
> 但须约定，既入塾后，此二月中，乃一生成败所关，须听先生教责，不得姑息，亦不准告假，有过亦不得代为遮护，庶内外交督，相与有成。②

义学专门做一个小册子，用来登记学生信息，尤其登记学生日常行为中好和不好的方面。最初入学后的两个月是关键期，这两个月不允许请假，如果犯错也不允许父母前来求情。

清代义学也会按年龄分班，只是不像现在的小学这样精细。清代义学不划分很多年级，只是将所有学生大致分为“蒙”“经”两个阶段。最初入学的学生进入“蒙馆”，接受启蒙教育；在学习到达一定阶段后则进入“经馆”，接受更高阶段的教育。

---

① ［清］张岚奇等:《(光绪)盂县志》,《中国地方志集成》，南京：凤凰出版社，2005年影印本，第98页。

② 舒新城:《近代教育史资料汇编》，上海：华东师范大学出版社，1961年，第347页。

山东省部分义学经、蒙分设情况

地区	义学	经、蒙分设情况	文献来源
新城县（今山东省青岛市）	崔公祠义学	分经蒙二馆，经馆地六十亩，水荒地三顷二亩五分；蒙馆五十二亩，水地一顷三十七亩①	《山东通志》卷八十八《学校》
长山县（今山东省淄博市）	李氏义学	延师二人，经、蒙两席，选李氏老成而贤者经司其事②	《长山县志》之《义学碑记》
金乡县（今山东省济宁市）	县城义学	且经师二人，以资讲习，以备质难。大叩则大鸣，小叩则小鸣。非止蒙以养正之功也③	《金乡县志》之《续建义学碑记》
长清县（今山东省济南市）	安保湾德街义学	经馆一处，捐税延师；蒙馆学一处，捐银置田延师，俱有碑记④	道光十五年《长清县志》卷七

2. 到校与师生见面礼仪

近代时期，鲁迅在《从百草园到三味书屋》中提到他上学时的场景：

> 出门向东，不上半里，走过一道石桥，便是我先生的家了。从一扇黑油的竹门进去，第三间是书房。中间挂着一块匾道：三味书屋；匾下面是一幅画，画着一只很肥大的梅花鹿伏在古树下。没有孔子牌位，我们便对着那匾和鹿行礼。第一次算是拜孔子，第二次算是拜先生。
>
> 第二次行礼时，先生便和蔼地在一旁答礼。⑤

鲁迅居住地与私塾之间的距离不到一里地，很近。来到这所

---

① ［清］杨士骧等：《山东通志》卷八十八，民国四年本，第15页。

② ［清］倪企望等：《长山县志》卷十三，清嘉庆六年刻本，第70—71页。

③ ［清］沈渊等：《金乡县志》之《续建义学碑记》，清康熙五十一年刻本，第6页。

④ ［清］舒化民等：《长清县志》卷七，清道光十五年刻本，第9页。

⑤ 鲁迅：《鲁迅全集》第二卷，北京：人民文学出版社，2005年，第289页。

私塾后，师生见面，学生要先向孔子行礼，随后向塾师行礼。

类似的流程记录在其他地区的文献中。清代晚期慈善活动章程汇编的《得一录》中收录了关于义学管理的《规条》中规定：

> 每日入塾，即向圣前焚香叩拜，揖礼先生。
>
> 先生问生徒中：或有在家不顺父母及祖父母，以及兄弟姊妹，争论有无，打人骂人，及顽戏狂奔，轻伤物命，不惜字谷，争论吃物等事否，必令互相觉发，无相容隐。有，则责令速改，不改，即与扑责。或罚跪香一炷，必自愿改过求宽而后已。如有循规蹈矩不犯诸过者。另立赏格加奖，如果点等类。①

唐鉴《义学示谕（附条约六则）》：

> 学生始入塾，先生率领拜谒圣人，行四拜礼；礼毕，学生旋拜先生，亦行四拜礼。每月朔望亦然。每日学生入塾，向先生一揖，晚归向先生一揖。②

按照此处规定，学生每天到校，向孔子和塾师行礼之后，塾师会向学生了解一天来的品行状况。包括是否有违逆长辈，是否有与同辈发生矛盾，是否有疯玩乱跑，是否有损坏纸张、粮食，是否有吃饭挑食等。根据情况做出责罚或奖励。

清代山西省榆社县（今山西省晋中市）义学章程在提及学生行为管理事项时，规定了师生见面的礼仪。

> 一学生每日到学，执书向先生一揖；放学时，各生排齐向先生一揖，挨序而出。③

---

① ［清］余治：《得一录》卷十，引自舒新城：《近代教育史资料汇编》，上海：华东师范大学出版社，1961年，第349—351页。

② ［清］唐鉴：《义学示谕（附条约六则）》，引自舒新城：《近代教育史资料汇编》，上海：华东师范大学出版社，1961年，第326页。

③ ［清］王家坊等：《（光绪）榆社县志》卷三《学校志》，《中国地方志集成》，南京：凤凰出版社，2005年影印本，第532页。

学生每天到校后，向教师鞠躬一次，然后入座，开始学习。每天学习结束后，全体学生共同向教师鞠躬一次，按顺序离开。

明清时期，一些蒙学类著作中提及了当时的学生也要轮流“值日”，负责校内卫生。沈鲤《义学约》中说：

每早轮一人扫地，自下而上，年长者免。

笔砚书札，务要安顿整齐，不许杂乱欹斜。

每日生徒之值日者，早至学，以巾拭供桌及师傅几案，务须洁净。

各生徒至学，先各拭净自己几案，方读书；别有污秽，随时扫除。①

《训蒙条要》中对洒水扫地的注意事项都做了规定：

早饭后上馆，肄业童蒙，执日轮流洒扫，勿许苟且了事。

先用细水洒遍堂室，地阴润者，则勿洒。

扫帚勿向长者，宜两手用帚，却步徐行，平去侧面，自上而下，自西而东，周而复始，渣滓使聚于户，以箕口向而扱其尘。

扫尘时，留心检寻字片，恐致误投秽地。

几榻轻移，勿令声响。

事毕，帚箕仍置原所。

整洁尊长几案，拂去轻尘，文具散漫者整敛之。

次方整顿自己书案，书帙笔砚，凡百器用，安置常所，楚楚不乱，以肃观瞻。②

每天轮流负责打扫卫生，打扫卫生前要先洒一些水。扫地时，按照固定方向慢慢进行，不要将笤帚对着长辈。扫地时要注意将

① ［清］沈鲤：《义学约》，引自徐梓：《蒙学要义》，太原：山西教育出版社，1991年，第39—44页。

② ［清］计恬：《训蒙条要》，清同治年间刻不自是斋丛书本，引自徐梓《传统蒙学教育原则与方法》未刊本。

写字的纸捡起来单独处理，避免弄脏。需要挪动桌子时，不要弄出声响。扫地结束后将笤帚放回原处。扫完地，先整理长辈的书桌，擦掉灰尘，整理文具，之后再整理自己的书桌。

3. 蒙学一日作息安排

明清时期的蒙学中，一天之内，塾师和学生分别会在什么时间做什么，当时蒙学的作息制度是怎么样的呢？一些文献对此有记录。

光绪十八年（1892年）七月十九日，我国台湾省恒春县知县陈文纬为本县十几所义塾制定了塾规，仔细规定了义塾的教学流程和方法。

清代陈文纬制定的塾规每日作息①

时间	内容	注意事项
早晨	授新书	视学生之才质，定上书之多寡
中午	写方寸大字	数十个
午后	温习、背读	温习旧书，背读本日新书
傍晚	对课	教以平仄字义，自一字以至七字
晚间至二更	先生讲解	经史、古文、纲鉴一首，不论何书，不论多少。至有日间未完功课，此时亦可补足

这是当时各地启蒙教育机构中的普遍做法，类似的记载在其他文献中也经常见到。清代石天基在《训蒙集要》既描述了学生在学校的勤奋学习，也写出了学生晚间读书、秋凉读书的刻苦。

① ［清］屠继善纂：《（光绪）恒春县志》卷十，清光绪二十一年稿本，第10页。

《训蒙集要》中的一日作息①

时间	活动
平明	到学，背书完，读新书
吃饭后	出门松散一二刻。 看书作文，写仿毕，仍读书
午饭后	出门松散一二刻。 仍读书
日落后	分班对立，出对一个，破题一个
放学回家	晚间灯下要读书，不许懈惰，然亦只可更余

4.惩罚与奖励

明代周楫编写了一部白话短篇小说集《西湖二集》，其中有一篇《巧书生金銮失对》，在这则故事中，主人公甄龙友在一个村子中做塾师，他面对的工作场景是这样的：

一群村学生，长长短短，有如傀儡之形；

数个顽皮子，吱吱哇哇，都似虾蟆之叫。

打的打，跪的跪，哭啼啼，一殿阎王拷小鬼；

走的走，来的来，乱嚷嚷，六个恶贼闹弥陀。

吃饭迟延，假说爹娘叫我做事；出恭频数，都云肚腹近日有灾。

若到重阳，彩两朵黄花供师母；如逢寒食，偷几个团子奉先生。②

这些描写体现了塾师日常教学管理工作的不易。在上课过程中，学生闹闹哄哄，没有读书的样子。学生迟到的借口往往是父母找自己有事，逃课的借口则是肚子不舒服需要上厕所。所幸，

① ［清］石天基：《训蒙集要》，引自徐梓：《蒙学要义》，太原：山西教育出版社，1991年，第140—141页。

② ［明］周清源：《西湖二集》，杭州：浙江文艺出版社，1985年，第50页。

师生之间也有些许温暖，到了某些节日，孩子们有时候会向师母送两朵花，或者带一点零食作为礼物送给老师。

清代小说《红楼梦》第十二回中描写了贾府族学中的一些教育场景，其中提到贾瑞因擅自离开学校，受到塾师贾代儒责打：

按倒打了三四十板，还不许他吃饭，叫他跪在院内读文章，定要补出十天功课来方罢。贾瑞先冻了一夜，又挨了打，又饿着肚子，跪在风地里念文章，其苦万状。①

从一些文献来看，体罚广泛存在于明清时期我国各类期末教育机构中。清末时期，浙江四明县葑（fēng）里（今浙江省宁波市）张氏家族的张原炜在本家族族谱中收录了《张氏家塾原定规约》，其中有对于不同情节的惩罚规定。

《张氏家塾原定规约》的学生惩罚办法②

情景	问题	惩罚办法
每早晨抽签背书，贵烂熟	生一句，落一字，读一别字	每责十下
每日讲解书义，次日覆解	忘记一字，错讲一句	每责十下
书册字簿课本写完、对完，呈缴先生	割裂扯碎涂墨	违责二十
门壁、案桌、纸窗，字纸	写字、涂墨、挖破、扯碎，字纸掷地	违责二十
先生外出	离案吵闹，唾骂殴打，并出塾戏慢	经指名告诉，各责四十，驱逐
每日放学路上	停立窥望，窝肩搭背，争先奔跑，私相结伴，彼往此来，各处闲走游戏	察出或经指名告诉，重责四十，概行驱逐

这份惩罚办法规定了学生生活、学习过程各方面的情况，不只是面向学生学习，而且针对学生的行为习惯；不只是面向学生

① ［清］曹雪芹：《红楼梦》，北京：中华书局，2014年，第172页。

② ［清］张原炜：《行春张氏宗谱》，《张氏家塾原定规约》，原书无页码。

校内生活，而且涉及学校校外活动。具体的规定十分严格，在背诵课文时，哪怕落下一个字都会受到责罚，而且处罚严重。“责十下”“责二十”是指用戒尺打手心十下、二十下，“驱逐”是指开除。

实际上，规定与实际执行之间总是存在着一些差异。鲁迅在《从百草园到三味书屋》中提道：

> 他有一条戒尺，但是不常用，也有罚跪的规则，但也不常用，普通总不过瞪几眼，大声道：“读书！”①

可能大部分塾师并不会真正打学生，而只是以此作为教育手段，希望学生能遵守规矩，认真读书。《家塾课程》中规定了责罚的原则：

> 诸生犯规、误课，应责惩者，初则申饬，再则记责，三则责手心。责时，令诸生停读环观。四、五犯，则加倍重责，或加以跪。
>
> 凡责，不可骤，骤则再犯，无可加重，并不可屡屡，则习以为常而不惧恐，致不可救药。先宜虚声恫喝，继则令出必行，以启其儆畏羞耻之心，最怕全不知耻，虽日事敲扑，有何益哉。②

初次犯错以批评教育为主，再次犯错则记录在案，第三次犯错时则会责打手心。责打时，要其他学生停止学习，共同围观，以儆效尤。如果是第四次、第五次犯错误，则要加倍责罚，同时可以要求学生跪下。

责罚的原则是不能一上来就责打，也不能经常责打，否则会让学生变得无可救药。应该先对学生作出批评，激发学生的羞愧之情，避免再犯错误，这才是最终目的。

---

① 鲁迅：《鲁迅全集》第二卷，北京：人民文学出版社，2005年，第290页。

② ［清］龙启瑞：《家塾课程》，周芳玲、阎明广：《中国宗谱》，北京：中国社会出版社，2008年，第1195页。

一般错误与严重错误

明清时，一般启蒙教育机构中将一些问题视为严重错误。不同的启蒙教育类文献中规定了一些“斥退”“逐出”的条款，及“开除”学生的条款。在当时的价值体系下，这些条款属于相对较为严重的错误。

在上述《张氏家塾原定规约》中，学生在校内所犯与学习有关的错误属于性质较轻的错误。当塾师不在校时及放学后，学生不遵守规矩则属于严重错误，会受到比较严重的责罚。

晚清时期余治编写的《得一录》中说：

> 一生徒在塾，应先生训教；出塾，应父兄管束，不得以塾外琐事渎师，其或该父兄搀越功课，被责护短，及生徒年长好斗好赌，欺凌幼稚，屡戒不改；又或无故不到，屡次告假者，即行斥退。
>
> 一淫书小说，不许入目。倘家有其书，务今取出烧毁净尽，庶免贻害。[①]

此处规定了一些比较严重的错误，主要包括：家长对塾师的教学管理行为干扰过多，轻视或辱骂塾师；学生打架斗殴，欺负弱者，屡教不改；经常请假，无故不到校等。

丁日昌在《设立社学札暨章程》之《社学章程》列出了蒙学考试等级划分办法：

> 学生循谨、书熟者为上等，酌予奖励；
> 循谨而书不熟者为次等，无奖；
> 放纵者，书虽熟力三等，训饬之；
> 放纵而书不熟者为下等，扑责之。

① ［清］余治：《得一录》卷十，引自舒新城：《近代教育史资料汇编》，上海：华东师范大学出版社，1961年，第349—351页。

扑责三次不悛者，黜。[①]

功过簿

一些蒙学管理规定提到了采用类似于积分制的办法管理学生。崔学古的《幼训》中说学堂管理可以使用功过簿，每十天核查一次：

学堂设一册，记诸生功过，逢十会察，除功过相折外，行赏罚例，赏则纸笔扇类，罚则立跪责三等，责亦分轻重三等。先是，定赏罚例，悬之座隅，务期信赏必罚。[②]

《义塾条例》中说，义塾管理可以采用“记过”的办法：

各生所读所讲，按各考其生熟勤惰。如书不成诵，讲解差错者，将本生名下记过一次。如二次不改，分别责处；如有能熟诵，能讲说，早夜勤幼，举止端重者，临时酌奖花红，以示优异。[③]

5. 考勤与假期

鲁迅在《从百草园到三味书屋》中提道：

三味书屋后面也有一个园，虽然小，但在那里也可以爬上花坛去折腊梅花，在地上或桂花树上寻蝉蜕。最好的工作是捉了苍蝇喂蚂蚁，静悄悄地没有声音。然而同窗们到园里的太多，太久，可就不行了，先生在书房里便大叫起来：“人都到那里去了！”便一个一个陆续走回去；一同回去，也不行的。[④]

为了防止出现鲁迅说的这种情况，一些启蒙教育机构对学生

---

① ［清］丁日昌：《抚吴公牍·设立社学札暨章程》，引自舒新城：《近代教育史资料汇编》，上海：华东师范大学出版社，1961年，第328页。

② ［清］崔学古：《幼训》，引自徐梓：《蒙学要义》，太原：山西教育出版社，1991年，第75页。

③ 《义塾条例》，出自《得一录》卷五，苏城得见斋同治八年刊；宝善堂光绪十一年重刊本。

④ 鲁迅：《鲁迅全集》第二卷，北京：人民文学出版社，2005年，第290页。

上厕所的情况做了规定，专门做了“出恭签”。清代张原炜编写的《张氏家塾原定规约》中提道：“每日按名朱书正字一个，出恭墨盖一笔，方准领签而去，划满不许再出。”[1]每人每天可上厕所五次。具体做法是：每天每人姓名下边，上一次厕所写“正”字的一笔，“正”字写满就不准再上厕所了。

几乎每一家私塾对学生的考勤管理都相当严格，对违规学生的处罚也相当严厉，有的启蒙教育机构规定每天早晨、下午都会点名：

每日日出到馆，日入散学，每日巳刻（临近中午时），放饭一次。

每日昧爽（黎明），派生徒之年长者值日，一个先行到学，击木板一声，少顷再击一声，至三声，生徒俱行到齐，违者罚跪。其有故先行察明者恕。[2]

学生有事需向塾师请假。清代唐鉴《义学示谕（附条约六则）》中说：

先生卯正（早上）入塾，学生必须齐到；酉正（傍晚）回家，学生必随先生齐出。倘或家中有事，必向先生请假，先生必问明事由，定以时刻，不准无故逃学。

先生或一二月偶因有事一半日不到馆，亦即具片报明，以免学生旷放。[3]

清代山西省榆社县（今山西省晋中市）义学章程在提及学生请假问题时，规定：

各生如家有事，故不到学，须由其父母及家中人赴学向

① ［清］张原炜：《行春张氏宗谱》，《张氏家塾原定规约》，原书无页码。

② ［清］任兆麟：《有竹居集》卷十三，嘉庆年间刊本，原书无页码。

③ ［清］唐鉴：《义学示谕（附条约六则）》，引自舒新城：《近代教育史资料汇编》，上海：华东师范大学出版社，1961年，第326页。

师告知，以备稽考，不得由生自便。[①]

上述规定大部分只是一些停留于文本中的管理方案，可能只适用于个别启蒙教育机构。实际上，并不是每一处启蒙教育机构都有严格的管理，大部分启蒙教育机构的管理都是十分松散的。清代笔记资料《明斋小识》中记载一位卞姓塾师，一次有事外出，私塾一下子进入混乱状态。他的妻子到私塾中对学生们说：

尔等何顽，先生归，谁为讨饶。唯笼中鸡乏食，现稻成熟，能取谷子来，可便放学。[②]

这位塾师妻子的管理学生的方式为让学生帮助家里的鸡找食物，最好是田里的稻谷，找到稻谷便统一放学，避免被塾师惩罚。学生纷纷到田里偷他人的稻谷，却被村民发现。

清代义学休假情况

地区	蒙学机构	规定	出处	假期时间
滦州（今河北省唐山市）	滦州义学	每年正月二十日上馆，腊月十五日解馆。清明、中元、十月节，随土俗各放馆一日。端午、中秋节各放馆五日。城隍庙会各放馆三日，六月三伏日放馆五日。其余遇有演戏、玩耍各事，概不准散学	《滦州志》卷十二	过年约三十五天。 其他节日约二十天。 全年假期约五十天
济南府（今山东省济南市）	私塾	这一年十二月十五，早早的放了年下的学，回到家中。 选了正月二十六日入学的吉日，请程乐宇到馆	《醒世姻缘传》第三十三回	过年四十多天

① ［清］王家坊等：《（光绪）榆社县志》卷三《学校志》，《中国地方志集成》，凤凰出版社，2005年影印本，第532页。

② ［清］诸联：《明斋小识》卷一，道光刻本，原书无页码。

续表

地区	蒙学机构	规定	出处	假期时间
芷江县（今湖南省怀化市）	芷江县义学	义学每岁择正月望后开馆，腊月望后解馆，平时非大节日，师不得作辍旷课，学徒亦然，违者等登注	《芷江县志》卷十一学校	—
宁乡县（今湖南省长沙市）	宁乡县义学	老师往返道远，动经数月，一年间或三月起馆，五月去，八月来馆，十月去	《宁乡县志》卷二十二	留给塾师充足的时间
天台县（今浙江省台州市）	私塾	端阳节近，别了主人家回来，住在家里住了数日	《初刻拍案惊奇》卷十	端午节及东家有事，即放假
镇海（今浙江省宁波市）	方氏族学	每岁开馆，以正月望后数日，解馆以腊月望后数日。凡遇节令，给假少则三日，多则五日，有事亦不得过十日外	《浙江镇海柏墅方氏恭房支谱》	过年三十天。其他节日、事假共十天
鄞县（今浙江省宁波市）	行春张氏族学	本塾亘定正月望后开馆，腊月望后散馆。清明、立夏、中秋、冬至放假各一日，端午、重阳前后各放三日。馆课以八月为率	《浙江鄞州行春张氏宗谱》	过年三十天。五种节日共十天。 全年开课八个月
綦江县（今属重庆市）	綦江县义学	每年二月初五入学，十二月初五日散馆。照此永远遵行	道光《綦江县志》卷三	过年六十天
临桂县（今广西壮族自治区桂林市）	家塾	每年开馆定于正月二十日，解馆定于十二月二十日，清明、夏至、端午、七月望、中秋、十月朔、冬至七节，每节解馆三日，除七节外，师如有事，请人权代	龙启瑞《家塾课程》	过年三十天。七种节日共计二十一天
—	族学	宝玉因病向贾代儒请假一天。贾代儒因有事不在书房，放学生一天假	《红楼梦》第八十五回、八十九回	塾师与学生有事请假

从规定来看，无论是义学还是其他类型的启蒙教育机构，每年的假期大致有两种，第一种为每年过年时，大约放假一个多月；第二种为每年重要节日，不同节日放假一至三天不等，不同地区对不同节日有不同规定。此外，一些地区的启蒙教育机构遇到本地的庙会等民间活动时也会放假。如果单纯从固定规定来看，明清时期各类启蒙教育机构每年假期时间少于当代中国学校的假期。

不过，从小说等记录中可以看到，实际上大部分私塾放假的时间是相对比较自由的，在遇到塾师或东家家里有事时，私塾随时都会放假。此外，一些地区的塾师是远道而来，在交通不便的年代，塾师往返两个地区往往要用很多天，在这种情况下，塾师要么每年只在过年时才回故乡，否则一旦要回故乡，往来总是需要一个月以上的时间。一般来说，农忙时节，塾师可能需要回到家中参与耕种土地，而东家可能也需要家中的孩子一起参与农业生产。所以，实际上大部分私塾并不是一年从头到尾都在上学，而是有很多间歇性的假期。

第十二章　清代边疆义学：以台湾恒春为例

清代，我国台湾地区的启蒙阶段教育也逐渐发展起来，其中义学是在地方政府主导之下建立起来的。

清代初年，台湾为福建省下设的一个府。康熙二十三年（1684年），台湾行政区划为“一府三县”，“一府”即台湾府，当时的台湾府位于今台南市，“三县”即台湾县（台湾中部）、诸罗县（台湾北部）、凤山县（台湾南部）。在康熙（1662—1722年）年间，台湾“一府三县”均建起了至少一所义学，这些义学均位于府城、县城中。另外，当时少数民族聚集地也建起了面向少数民族的义学。

之后，台湾行政区划出现多次调整，到了光绪（1875—1908年）年间，台湾扩编为三个府级单位，分为台北府、台湾府、台南府，每府下设若干县，每县均建有多所义学。

兹以清代恒春县为例，呈现清代中期以后我国台湾地方启蒙教育发展的具体情况。恒春县位于我国台湾岛最南端，东南西三面临海，今属于我国台湾地区屏东县恒春镇。

光绪元年（1875年），清代朝廷对台湾行政区划进行了调整，在原台湾府的基础上，增设了台北府，两府之内各增设了多个县，其中恒春县隶属于台湾府。在光绪十三年（1887年）之后，清代朝廷又增设了台南府，恒春县改为隶属于台南府。

据清代光绪年间（1875—1908年）编写的《恒春县志》记载：光绪元年（1875年）七月十八日，恒春县第一任知县周有基上任之初，便向他的上级台湾兵备道道台夏献纶提交报告，表示依据道台“义学不妨多设”的精神，指导本地增加义学：

卑职抵任后，当即传谕各庄头人，随时查明开设。自七月初十日起，陆续开馆，已经设立义塾七所。[①]

这七所义学分别是：车城福安庄（今屏东县车城乡）一所，保力粤庄（今屏东县车城乡保力村）二所，枫港庄（今屏东县枋山乡枫港村）一所，田中央庄（今屏东县田中央段）一所，射麻里庄一所，文率埔庄一所。这些义学均位于乡下。

在义学兴办过程中，周有基根据其他地区义学已有的运行经验，让身边工作人员编写了义学运行《恒春义学学规》，共八条（序号为本文所加）：

一、延请塾师，无论生童，务择老成自爱，始可延请。每岁以正月中旬开馆，十二月中旬解馆。如教读认真，由县分别奖励；若督课懒怠，由县查明另延。

二、义塾学生，每塾以二十人为度。如三十人以内者，仍归一塾；三十人以外，则须添设。

三、馆若教三十人之塾师，可否每岁加送脩金六八银二十元？

四、义塾内各设“敬惜字纸”鼎一口，以代炉化；并多备收字纸篓，散给各村，近者由塾内伙夫，五日往收字纸一次；远者令各村自收来塾。每斤给钱二文，所收字纸，由塾师督令伙夫，查有污秽，须用清水洗净洒干，再行焚化；字纸灰，随用纸包好，年终送之于海。

① ［清］屠继善纂：《（光绪）恒春县志》卷十，清光绪二十一年稿本，第1页。

五、塾师教迪学生，先以《三字经》，继以《朱子小学》，再读《四书》。每逢朔望清晨，谨敬讲解《圣谕广训》及《阴骘（zhì，安排）文》等书。月终，塾师将每学生名下，注明所读何书，至何章、何节、何句？列单报县备查。

六、学生每日来塾，塾师宜设小簿一本，分清晨、上午、下午按名登记。月终，核计来学之日多者，以三名列为上取；每名，赏花红钱二百文。来学之日少者，以三名列为下取，每名簿责示儆；如有事故者，免议。

七、塾师今日与学生开讲，来日欲再讲解时，须先问明学生："记得前日讲说否？"一连两次，忘记者责惩示儆。

八、义塾开馆三年以后，宜于县城设立大学一所。将各塾聪明勤学子弟，移入其中；选择品学兼优之师，格外教训。十年之后，文风可盛，颓俗可变。①

这份学规规定了义学运行过程的各个方面。

第一条：塾师聘请。考虑到本地没有足够数量的生员（秀才），所以无论生（员）、童（生）均可。

第二条：学生招收。每处学校以二十人为标准，不能超过三十人。人数过多，塾师教不过来。

第三条：塾师待遇。如果学生数量比较多，比如达到了三十人，希望待遇能有所提高。

第四条：义学内废纸回收方法。根据当时社会风俗，凡是有字的纸均不能被践踏、污损，必须恭敬地烧毁，所以详细规定了义学内废纸处理办法。

第五条：义学课程设置。周有基按照一般启蒙阶段学校的课程设置，规定了学习读书的先后顺序。

---

① ［清］屠继善纂：《（光绪）恒春县志》卷十，清光绪二十一年稿本，第2页。

第六条：教学管理。每天登记学生考勤，每月考察学习成绩。

第七条：教学注意事项。温故而知新，只有在前边内容已经学习扎实的基础上才能继续学习新内容。

第八条：学生出路。周有基为义学学生考虑好了出路，凡学习好的学生，可以考入县城内的“大学”。

八月初三日，夏献纶对周有基的报告作出批复：

> 据禀已悉，添拟学规七条（注：实际是八条），尚属可行。仰即会商袁丞、李令暨稽查义塾委员吴丞，实力妥办，随时抽查。不可有名无实，是为至要。切切，此缴！折存。[1]

光绪元年（1875年）八月初十日，夏献纶第二次批复周有基新增设九处义塾的报告：

> 据禀续设义学并延塾师姓名，已悉。
>
> 所有塾中应用棹、椅等件，应即赶为置备，即速遵照办理；并将开馆日期及番童姓名，造册报查。均毋违延，切切。缴清折存。[2]

恒春县在不到一个月内就开办起了十几所义学。上级管理部门对义学的办学质量表示担心，提出不能只图数量，也应该关注义学内的教学设备，同时要求恒春县提交各义学学生姓名备查。

光绪元年八月十二日，恒春县知县周有基再次向上级提交报告。这一次，周有基表示，根据通事（当时帮助地方政府“翻译”各地方言、少数民族语言的人员）赖春金等人的报告：

> 龙銮社头人宾也来，请在该社设义学一所；
>
> 加芝来社番目请在四重溪设义塾一所；
>
> 槺榔林、统领埔、网纱、四沟、林头尾五处，各头人请

① ［清］屠继善纂：《（光绪）恒春县志》卷十，清光绪二十一年稿本，第2页。

② 同上书，第3页。

在各该庄，分设义学各一所。[①]

对此，夏献纶第三次批复，允许恒春县在少数民族聚集区增设义学：

番民求学，大有向化之机，自应准予添设。

即汉民之在瑯峤等处者，甫经建治，亦应勤加训导。

槺榔林等五处义塾，并准设。惟须随时稽察，实力行之，不可徒有虚名耳。切切，此缴！折二扣存。[②]

为什么各地如此积极地开办义学呢？这主要是因为福建省对台湾义学运行资金作了规定，义学开支完全由地方政府财政负责按月支出。清代晚期，一些省份的财政有了很大自主权，可以自行收取一部分资金用于地方公共事业开支，地方政府为了凸显文化教育的重要性，便积极创办义学，这自然也加重了地方百姓的负担。

上述提及的恒春县义学中，汉族义学共有十六所，少数民族义学仅剩一处。汉族义学：“（十五处义学）每塾月领塾师脩金、伙食、房租洋九元四角九分三厘；总义塾一处，月领修伙等洋二十元。”少数民族义学：“番童十三名，每名月领伙食钱；二季，每名各给衣裤一套，每套折工价洋一元六角。”[③]当时一元大致相当于一两银子。核算一下，这些义学每年开支要一千六百多两银子，当时整个恒春县人口只有两万多人。县衙门还需要负责海防、治安、仓储等诸多工作，每项工作都需要不少钱。即使在教育事务中，也不只是有义学一项，还有书院、科举等其他各类开支。义学开支显然超出了本地百姓的经济负担。

此时，义塾资金可能主要依赖本地财政征收过程中“多”征

① ［清］屠继善纂：《（光绪）恒春县志》卷十，清光绪二十一年稿本，第3页。

② 同上书，第4页。

③ 同上。

收的部分，地方政府在征得上级同意之后，将这部分资金用于义塾开支。

光绪十年（1884年）十二月二十九日，恒春县新任知县罗建祥改变了之前的义学政策，他认为各处义学费用过多，造成了一些弊端，希望进行裁撤以节省不必要的开支。罗建祥提交的报告原文为：

> 窃查义学虽为培植寒畯而设，子弟实赖良师启迪而成。卑邑设治之初，城乡义塾一十六馆，每年脩脯等项不下千金。
>
> ……时逾十载，费及万金，绝无造就一人。至间有粗能文艺者，每皆小康之家，延师自课，并非得力于义塾。
>
> 今兹外寇鸱张，边防孔亟，饷至今日，源无可开，流无可节，转输不易，罗掘弥艰。如遇可省之款，正可移缓就急；虽涓滴之数，未始不可藉溢江河。现在卑邑情形如此，深慨有用之资，填于无穷之壑。
>
> 卑职半年以来，久拟请裁；缘以春初，业经照案奉行，未便中废。现则一年启满，卑职愚见：拟将卑邑城乡一十六处义塾，请自明岁始，概行裁撤，樽节经费，留充饷源。
>
> 惟卑邑新辟未久，风化不开，就地又乏明理绅衿，一旦全将义塾裁撤，未免因陋就简，致虞偏废。兹拟访延品学兼优、足资师表者一人，为官塾师，设帐于城中合邑公建之同善公所。每逢朔望，宣讲《圣谕广训》；遇有文诰，随时解释。并择能文义学徒数人，来城就业。自二月起至十月止，按月捐廉支给伙银十金，递任移交，循旧办理。在一县而年出百金，尚非大费，而于世俗人心，不无裨益。是否有当？理合据实具禀。仰祈大人察核，俯赐批示祇遵云云。①

---

① ［清］屠继善纂：《（光绪）恒春县志》卷十，清光绪二十一年稿本，第5页。

罗建祥认为，十年来，本县十六所义塾已经耗费了一万多两银子，虽然上上下下费了很大功夫，却没有一个人考中举人，没有为本地培养一个能帮助本地增加外部资源的人才，反而增加了民间纠纷，加大本地治理成本。

恒春所在地理位置重要，担负着重要的海防任务。就在罗建祥起草这份裁撤义塾报告的同时，中法战争正在进行，一个多月之前，法国军舰大举进攻台湾北部和中部，虽然台湾南部尚未遭遇战事，而且北部和中部的法军也被击退，但台湾被法军围困，海防形势严峻，各处军事防卫所需成本高，军事费用筹措困难，无力再为义学提供如此多的资金。罗建祥建议裁撤各处义学，只在城区保留一所，每年只需要一百多两银子，将之前各处义学资金转作军费，以维护国防。

对此，罗建祥的上级刘璈批复，希望台湾各地均能照此办理，以节省费用，充实海防。此时，刘璈担任分巡台湾兵备道一职，主管台湾岛中南部。

光绪十一年（1885年）二月，我国在中法战争中取得了镇南关大捷，中法战争进入尾声。此时，恒春县接到上级台湾府转来的一份“义塾塾师讨薪报告”，报告由张炽南、李象干等人所写，他们都是恒春县义学的塾师。张炽南是福建人，李象干是广东人，他们漂洋过海来到恒春县义学担任塾师，在义学濒临裁撤时，遇到了诸多问题，便写了一份报告，向上级反映情况：

念自恒邑开设义塾以来，历年塾金，例应发足十个月。岂料恒署门吏，初则混派闽、粤塾馆，勒索银四元，方许互换；继则诈起风神庙，每塾抽银三元；终则酷索节仪，每塾抽银一元。又派各塾贴书识手抽银五角，至于十月间，共发八个月塾金而止。

炽等于十二月二十九日赴县，请领两月塾金；门吏忽诬炽等怠惰，扣除不给。炽等如果怠惰，每月有人巡查，早应斥革，何至岁晚方行扣罚？显系架诬，欲肆鲸吞。

窃思炽等舌耕为业，跋涉重洋，历经寒暑，受尽艰辛，每次克扣，且短少分两，均已难堪；再减两个月塾金，糊口奚赖？似此贪婪，不惟每食无出，未免斯文扫地。叩请饬札，照例给发，补足十个月塾金，俾沾仁恩。①

按照规定，恒春县义学的塾师每年应领十个月工资，但如今遇到了问题，只能领到八个月工资。张炽南、李象干等人认为，县衙内负责具体管理义塾的工作人员故意将福建、广东籍的塾师分开安置，如果想换到一起，就需要缴纳四两银子。此外，本地修建风神庙也向每所义塾收三两银子，过节时收一两银子，本该发放十个月工资，实际上只发了八个月。每个月都有专人巡查他们在义塾中工作的情况，如果他们工作不称职，应该当时就辞退，何必要等到年底却拖欠工资。于是，他们一起到恒春县衙门讨要剩余两个月的工资，却没有得到回应，只好向上级申诉，希望能发放所欠工资。

刘璈对这份“讨薪报告”批复如下：

恒辖一带，义塾有名无实，为师者皆不称职，且多生事，已据该县禀准裁撤在案。惟未裁撤之先，束脩未便遽减；若如所禀，动辄扣取脩金，成何事体？仰台湾府迅即转饬查明，补给毋延。②

刘璈认为，恒春县义塾的塾师工作不称职，已经决定裁撤，只是在裁撤之前，不能克扣塾师的工资。如果塾师们的报告反映的是实际情况，请台湾府向恒春县转达这份报告，及时向塾师们发放工资。

对这一问题，台湾府知府作出批示：

---

① ［清］屠继善纂：《（光绪）恒春县志》卷十，清光绪二十一年稿本，第5页。

② 同上，第6页。

> 设立义塾，原为培植寒畯；如果塾师教读懒惰，尽可随时撤换，岂容扣留束脩？所禀该县门丁借端强吞塾金，如系属实，大为不合。仰恒春县速即查明，缴还给领。毋延，切切。[①]

塾师工作不称职，可以随时撤换，不能拖欠工资。请恒春县查明情况，如果情况属实，应尽快向塾师们发放工资。

对此，恒春县知县罗建祥向上级提交了长篇的说明。他表示，"分别停给各塾生束脩，皆由卑职主意，事与门丁无涉"[②]，扣罚塾师工资是他自己的意见，不是县衙门工作人员的意见。不过塾师们反映的县衙门工作人员向塾师索要"节仪"的情况属实，这名工作人员已经被辞退。

罗建祥强调，这些向上级申诉讨要工资的塾师平时就是本地的无赖，他们满口谎言，经常造谣生事；他们教学能力差，索要工资却十分积极，甚至像市井无赖一样，把义塾中的桌凳扣留下来。因此，塾师们的话不可信。罗建祥表示，扣发工资本来就是对塾师工作不称职的一种警示。现在应发未发的工资并未有人贪污，而是一直有专人管理，此次不能因为他们向上级告了状就下发，不然会助长本地向上级告状的风气。

对知县罗建祥的情况说明，刘璈批复：

> 塾师不得其人，应随时遴选更换。如将裁撤，而不明示其故，仅停支给脩脯，无怪各塾师心怀不服，哓哓上控也。
>
> 究竟该塾师等如何不安本分，借端生事？于何时停给脩脯？应否酌量补给之处？仰台湾府转饬新任恒春县胡令查明议覆。[③]

---

① ［清］屠继善纂：《（光绪）恒春县志》卷十，清光绪二十一年稿本，第6页。

② 同上书，第7页。

③ 同上书，第8页。

此时，恒春县知县罗建祥已调任他处，新任知县名为胡培滋。胡培滋知县上任前，乃由罗建祥暂代，罗建祥仍负责恒春县的事务。即使在即将离任时，他仍旧坚持实施自己之前的计划，即裁撤义塾，只在城内保留一处，且仅招生十人，要办小而精的教育。同时，罗建祥知县坚持不肯向本县塾师发放所剩两个月工资。此时，中法战争结束，罗建祥结束了繁忙的海防事务，终于有精力处理教育问题。他写给上级的报告提出，恒春县是新成立的县，没有多余的财政收入，蒙学教育需要采取措施，保证持久发展。为此，他综合了本县能使用的资金，向上级政府提出一些设想。

至学徒膏伙一层，业将上年停支各塾生脩脯一百七十余两，发由同善公所经理生息；惟本轻利微，不敷支应。

查有接管充公之刘阿郎、刘炳生互争走社田亩案内，积年存谷二百二十三石六斗八升五合。

又光绪三年（1877年）间，奉发八磘湾等处垦丁粮食余米三十六石四斗二升，历任以来，均系寄存铺户，移交单票，并无现米。

卑职拟将前项移存谷二百二十三石零，合之卑职任内据贌（pú，租）种走社田亩佃户古阿郎缴纳十年（分上下两季）租谷六十石，共二百八十三石零，又准移交存米三十六石四斗二升。

连同上年停支塾金一百七十余两。合共约计，发交殷实铺户按月生息，每年得六十元之谱。

每学徒一人，月给膏伙银五角，每年仍照章，自二月起、至十一月底止，发给十个月；以十人计之，共需洋五十元。

其余存款，递年发交生息，积少成多，或添资膏伙、或留为奖赏。

> 总期月能多集数元，即可多造一人成材。[①]

罗建祥知县向上级提出，之前没有发放的两个月塾师工资共计一百七十多两不再发放，而是存起来，将利息作为未来蒙学发展的资金。另外，本县内有一处有争议的土地，收归公有，租金已经有粮食二百二十三石有余；另一处公有土地十年租金大约有粮食六十石；另外已存下粮食三十六石有余。所有粮食可以随时换成资金。这些资金加起来，每年可以获得利息六十元。用这些资金招生十人，每人每月共需0.5元，发放十个月，共需五十元。

另外，罗建祥向上级提出：

> 择师一道，再难含糊，可否并请宪台即于崇文书院（位于当时台湾府，今台南市）肄业生员内，考选一人，来恒主讲？[②]

按照罗建祥知县算的账，恒春县每年可以用在蒙学教育领域的资金只有六十元，其中五十元用于补贴学生，只能剩余十元作为塾师工资。

罗建祥知县的报告提交到台湾府，台湾府将报告和台湾府的意见一并提交台湾道。台湾府的意见是：

> 查本府各款，均关支给饷糈（xǔ，粮），无可动挪。惟郡城各义塾经费，向由盐余项下提给。该县应需脩脯，每岁议定百金，可否即在盐余项下筹给？仍候宪裁。
>
> 至崇文书院肄业生员，本年尚未甄别开课，无从考选。且恒春距郡窎远，岁脩无几，品端学博者未必愿往。不若就近延访，如果不克实心教导，亦可随时更换，较有裨益。
>
> 所称生徒膏伙，请将上年停支塾师脩脯，及接管充公刘阿郎、刘炳生控争走社田亩租谷，又奉发八瑶湾处垦丁粮食

---

① ［清］屠继善纂：《（光绪）恒春县志》卷十，清光绪二十一年稿本，第9页。

② 同上书，第8页。

余米，发商生息等语。查上年停支各塾师脩脯，现据该署令另案禀，蒙道宪批饬该令，议复核办。[1]

台湾府对恒春县提出的情况做了逐一答复：

第一，台湾府这一级没有任何多余的资金供恒春县义学使用。台湾府城的义学资金来自盐税，将盐税中的一部分挪为义学使用，恒春县是否也可以如此办理，需要请上级政府裁定。

第二，针对增派教师的问题，台湾府崇文书院本年没有毕业生可以分派到恒春县。恒春县地理位置偏僻，提供的工资过少，优秀学生恐怕不愿意去，建议恒春县就近聘请塾师。

第三，恒春县提出的义学资金筹集办法中要把上一年没有发放的两个塾师的工资扣发，这需要另外提交报告加以说明，再考虑如何办理。

随后，罗建祥被调走，胡培滋知县上任。上任之初，胡培滋知县收到一份民间乡绅陈怡隆等人署名的报告。陈怡隆的身份是“城乡各庄社总董头人”，他的报告代表了民间的意见，希望不要裁撤之前开办的义塾。

恒邑开辟未久，民番贫苦异常，村童、番童日事樵牧，顽蠢成性，不谙王化。幸蒙各大宪不惜帑金，设塾教养，原欲默移潜化，不在讲究诗文。

现在民番幼童，知读书解字者，尚不乏人；求能背诵五经，堪学诗文者，百无一二。

前经罗县令将十六处义塾，一并禀准裁撤，专在城内设立书院一处，选能背诵五经者，自备膏伙，住院肄业，此成材之学，非训蒙之意也。

不惟恒邑难得其人，更恐贫寒之家力有未逮；不如仍就

① ［清］屠继善纂：《（光绪）恒春县志》卷十，清光绪二十一年稿本，第10页。

城乡各处分设义塾，俾稚子幼童得以早出晚归，师教之外，更有父兄管束。

在目前似乎糜费无功，而日就月将，实于地方大有裨益。

罗前令初以塾师不能得力，继而伊等上控，负气禀撤；不知塾师之勤惰，在于随时之稽查，不宜因噎而废食。

本年各处童孩不下二百余人，无所事事，非终日游荡，即另改别业，民间啧有烦言。[①]

陈怡隆等人认为，罗建祥知县裁撤义学，只在城里设置一处很小的学校，这一办教育的思路是“成材之学”，不是“训蒙之意”。他裁撤本县的义塾有“负气”成分，只要加强管理，塾师自然会更认真对待工作。现在恒春县的老百姓固然需要能读懂儒家经典的读书人，更需要孩子们能简单认字。如果没有了义塾，本县二百多个孩子终日无所事事，将来目不识丁，可能会成为社会的不稳定因素。

胡培滋将这份报告提交给上级政府，得到了上级认可。恒春县随即重新招考了十五名塾师，分派到各义塾中，各义塾重新开始活跃起来。此时，恒春县的十五所义塾分别是：

本城三塾，车城二塾，保力一塾，射麻里一塾，文率一塾，响林一塾，枫港一塾，统埔一塾，新街一塾，楝榔林一塾，头沟一塾，马鞍山一塾。[②]

光绪十一年（1885年）四月三十日，胡培滋知县向上级提交了关于发放本县上一年义塾塾师剩余两个月工资的情况说明：

核计每人应补给银一十八元九角八瓣六尖，共应银二百二十七元八角三瓣二尖。即于罗前县扣存发商生息之一百七十一两零款内，于本年四月初八日当面提发，按名给领，各

① ［清］屠继善纂：《（光绪）恒春县志》卷十，清光绪二十一年稿本，第11页。

② 同上书，第12页。

取具领状备案。尚存番银一十五两九钱八分，即系罗前县扣存起造风神庙之款，自应储候拨用。①

义塾塾师拖欠工资的问题到此终于解决。

光绪十一年春夏之交，我国正式设立台湾省，原福建巡抚刘铭传担任第一任台湾巡抚。在此期间，恒春县知县胡培滋调任他处，胡培滋的上级分巡台湾兵备道刘璈被刘铭传弹劾，随后被撤职，发配到了黑龙江。

这一年，恒春县知县改为武颂扬，主管台湾中南部事务的官员（分巡台湾兵备道）改为陈鸣志（光绪十一年，1885年六月起任职）。

光绪十一年十月初十日，武颂扬知县向上级提交报告，对义塾做出一些改革：

请添设总义塾一处，考取别邑文理优良之生员为总塾师，居住县城。

令各处塾生及塾童之学作文者，每月由总塾师命题作文数次，以期学业日有进益。

再由卑职每月面考一次，能诗文者，以一文一诗为准；其次作文半篇，诗两韵；

又次，默平日所诵经书，作对一联。

仍由卑职评定甲、乙等第，开列榜示。另筹公款，分别奖赏，以示鼓励。

惟总塾修伙必须稍丰，每月拟给番银二十元，赴局请领。

卑邑原设义塾十六处，胡前任内裁撤一处，即以所裁一处之经费，贴为总塾师修伙，较向额每月不过多费银一十元零，而地方受益，实非浅鲜。

---

① ［清］屠继善纂：《（光绪）恒春县志》卷十，清光绪二十一年稿本，第12页。

陈鸣志批复：

所禀尚属可行，仰即知照。缴。[1]

之后，恒春县知县由蔡麟祥继任，他在任内将本地一块有争议的土地划归公有，每年可以收取一定租金，作为对义学经费的补充。

光绪十一年十一月二十五日，新一任知县再次向上级汇报了本县义学费用的基本情况。从此次汇报可以看到，经过几任知县前赴后继地奋斗，恒春县义学经费已经逐渐有了基本保障。

光绪十一年（1885）台湾省恒春县义学资金来源表[2]

人员、项目	费用来源	利息获取	总计
知县蔡麟祥任内留下	三百七十三元三角七瓣四尖	月收息银三元七角零	全年共计约四十五元
赋税	牛税，每牛一只，收税钱五百五十文	每月约可收钱二、三千文	每年共计一百三、四十元
—	充公走社番田	年收租谷六十石	
黄求	与朱乌龟争议田产	年纳租谷五石	
陈炉	与张富争议田产	年纳租钱四千文	每年共计三十三千文，一并提为义塾经费
吴銮	与龚先求争捕草潭鱼虾	草潭归吴銮掌管，年纳钱八千文	
古潘氏	潘万霸占园地案，争议田产充公	年收租钱三千文	
江顺兴	租陈新福充公瓦屋一间	月租洋一元五角	
刘阿郎	充公谷一百一十元一角六瓣二尖	夏恒利商行，每月一分（10%）	—
垦丁	余米二十七元四角一瓣九尖六周	—	—

① ［清］屠继善纂：《（光绪）恒春县志》卷十，清光绪二十一年稿本，第13页。

② 同上书，第13—14页。

续表

人员、项目	费用来源	利息获取	总计
董安成	还垦丁余米四十元四角二瓣一尖二周	—	—
刘阿郎	充公谷一百三十元八角七瓣二尖	张隆兴商行，每月一分（10%）	—
刘阿郎	充公光绪十年冬季租谷二十八元五角	—	—
刘阿郎	充公光绪十一年夏季租谷三十六元	龚永顺号商行，每月一分（10%）	—
吴銮	租草潭鱼塭	年租钱八千文	—
陈炉	租园地	年租钱四千文	—
陈阿三	租园地	年租洋三千文	—
朱添丁	园地	年租洋三元	—
埤长潘旺	水田	年租谷五石	—
朱振淮	走社充公田	年租谷六十石	—

实际上，此后牛税逐渐成为支持本地义塾发展的主要资金来源。

光绪十三年（1887年）八月十五日，恒春县新任知县程邦基向上级提交本县义塾运行情况报告，他表示，义塾已经创办十多年，但是效果不明显，因此对义塾现有课程计划做了调整，并要求各义塾的塾师按月到县衙门内接受考核，明定奖惩。

> 查各塾民番幼童不下一百余人，内中能作破承者，不过数人。以十余载之经营，费万余金之巨款，有名无实，既难言养正之功；舍本逐末，又安望颓风之变？
>
> ……
>
> 卑职拟将前项月课先行停止，并由卑职酌定训蒙功课章程，传齐各塾师来县，谕令实力举行，认真督课。该塾师等

果能始终不懈，化导有方，自当量予奖赏；倘有怠惰不力以及干预词讼不法等事查实，随时斥革惩办。[①]

光绪十四年（1888年），新任知县高晋翰向上级提交的报告中表示，本县义塾仍存在诸多弊端，塾师的工作仍不够认真：

日久玩生，有于官给修伙之外，索取塾童束脩者；有与总理人等串同指名，禀请某生教读，分肥修伙者。至于塾童功课，全不顾问。是以设塾垂二十年，而民、番各童，仍无一能文及讲贯经书之人。虚糜国帑，误人子弟，绝无良法以救药之。[②]

恒春县的塾师，有的在领取国家工资的基础上，私自向学生收费；有的让学生负责授课，并私吞学生补贴。恒春县开设义塾已经接近二十年了，可是这些年来，义塾中培养的学生还没有一个人能达到读懂四书的程度，可见恒春县的义塾发展状况并不好。

光绪十八年（1892年）七月十九日，知县陈文纬目睹各项弊端，宣布停止对各塾师的每月考核会，改为每年腊月，对塾师进行统一考核，每人现场作诗、文各一篇，评定成绩后，作为第二年聘请的依据。同时，县衙门专门聘请一人，每月对各义塾的学生进行抽查，要求“务将某生自某月初一日何处读起？至月底读到何书止？由先生逐一开单，并逐日所写字纸、所对课本，于下月初，总教到塾，统行交送。如有诗文，一并带回县署，以凭本县亲加考校，分别勤、惰、优、劣，填明赏罚；仍列榜寄塾，按月粘贴，以示鼓励，而资观感”[③]。根据学生成绩好坏对学生、塾师进行奖惩。

为了帮助各义塾改变落后、低效的现状，陈文纬知县为各义

① ［清］屠继善纂：《（光绪）恒春县志》卷十，清光绪二十一年稿本，第16页。

② 同上书，第17页。

③ 同上书，第21页。

塾制定了塾规，对义塾开办和教学过程的细节作了规定。

之后，恒春县又陆续建立起了专门供少数民族儿童就读的“番义塾”。本来，“番义塾”设在县城内，乡下的儿童就读不便，家长请本地头人向知县汇报情况，希望能在本村附近就读。

甲午中日战争之后，整个台湾被割让给日本，此后，台湾长期与祖国处于分离状态，直到抗日战争结束。

可以看到，自光绪元年（1875年）恒春正式成为县级单位以来历任知县虽然对于蒙学发展的看法不一，但都积极推动恒春义学的开展。他们从不同方面陆续解决恒春县义学发展中的困难，终于将恒春义学推入正轨。

第十三章　清代蒙学的学习场景

一、明清蒙学中的学生是怎么读书的?

明清时期有一部小说，名为《醒世姻缘传》，这部小说讲述了一个家族几代人的生活，其中有不少启蒙教育阶段教学场景的描述。比如，书中第三十三回提道：

> 先生上了公座，与他们上书。
>
> 狄希陈读的还是《下孟》。
>
> 相于廷读的是《小雅》。
>
> 薛如卞读的是《国风》。
>
> 薛如兼读的是《孝经》。[①]

在这一回，幼年时期的主人公狄希陈正在私塾中读书。私塾的先生开始给他们几个学生“上书”，即学习书中的新内容。明清时期的蒙学机构没有现代教育这样严格的“学年制”。学生入学后，并不是像现在这样从一年级开始逐渐升级，而是只有一个大概的入学年龄，学生随时可以入学。

入学后，塾师会根据这位学生的情况，为其设计符合这名学生的学习方案。在教学时，塾师教学并不像现在这样是按照班级面向全班授课，而是单独授课，不是每节课针对全班所有孩子教

---

① ［清］西周生:《醒世姻缘传》卷五，民国石印本，第4页。

一模一样的内容。大部分情况下，塾师都是针对不同的孩子分别教不同的内容，以学生自学为主，教师辅导为辅。

在这种情况下，不同学生学习的内容不一样。比如狄希陈等四人学的分别是《孟子》(下)、《诗经·小雅》《诗经·国风》《孝经》。在“上书”时，塾师会一个个教他们读新的内容。其他几位同学都学会了塾师教的内容，回到自己座位上进行复习，唯独主人公狄希陈有困难。《醒世姻缘传》原文中说：

> 惟狄希陈一个字也不认得，把着口教，他眼又不看着字，两只手在袖子里不知舞旋的是甚么，教了一二十遍，如教木头的一般。
>
> 先生教，他口里捱哼，先生住了口，他也就不做声。
>
> 先生没奈何的把那四五行书分为两截教他，教了二三十遍，如对牛弹琴的一般；后又分为四截，又逐句的教他，那里有一点记性！
>
> 先生口里教他的书，他却说：“先生，先生，你看两个雀子打仗！”
>
> 先生说：“呃！你管读那书，看甚么雀子？”又待不多一会，又说：“先生，先生，我待看吹打的去哩！”
>
> 先生说：“这教着你书，这样胡说！”
>
> 一句书教了百把遍，方才会了；又教第二句，又是一百多遍。
>
> 会了第二句，叫那带了前头那一句读，谁知前头那句已是忘了！
>
> 提与他前头那句，第二句又不记的。先生说：“我使的慌了，你且拿下去想想，待我还惺还惺再教！”①

其他几位同学，塾师只教了几遍就会了，而狄希陈，塾师教

① ［清］西周生：《醒世姻缘传》卷五，民国石印本，第4页。

了一百多遍仍会了后句，忘了前句。塾师把本来准备教狄希陈的一段话先是拆分为两部分，又拆分为四部分，可狄希陈一会儿看麻雀，一会听门外有“吹打”。到最后仍是“狗熊掰棒子”一样，学一句，忘一句，直到最后，塾师崩溃了，只好说“使的慌了”，疲惫了，让狄希陈先回到自己座位上，塾师要恢复一下元气才能继续教了。

《醒世姻缘传》毕竟只是一部小说，所写未必完全是真实的历史，不过这些细节记载必定源于当时的私塾教学生活，像狄希陈这样的学生恐怕并不在少数。在明清时期，针对塾师指导普通学生读新书（书中新内容）的流程，我国基层启蒙教育机构形成了一些相对固定的做法。

光绪十八年（1892）七月十九日，台湾恒春知县陈文纬为本县十几所义塾制定了塾规，仔细规定了义塾的教学流程和方法。其中学生开始学习书中新内容时的流程如下：

> 初读新书，学生随先生读三遍，乃令学生在先生前自读两遍（先生要留心细听，间有连上、连下不清楚者，先生随句改教之），即为分别句读，逐句讲解。
>
> 毕，令学生照讲一遍（如有讲错，为之更正）。
>
> 先生再导学生读两遍，仍令学生自读两三遍，必句读都能顺口，乃令回位自读。
>
> 到背书时，即有一二不大成句读，或背诵不清楚，先生不要怒詈；只须正色厉词，微令知怕，勿使畏而逃学也。
>
> 温第二次书，先生仍要引导一二遍以快些为妙（快些者，不宜太缓，令其顺口成熟轻快）。
>
> 温第三次书，先生仍要引导一二遍以至快为妙（至快者，学生亦有兴会，且大熟也。训蒙有火候，顺势利导，以耐烦为第一义）。
>
> 温第四次至第九次书，先生仍要引导一二遍，以最快为

妙（仍要引导者，恐年幼目不到书尚有误读之病，终要先生不厌烦苦。其最快为妙者，则先生不多费工夫，学生亦易于成熟也）。

至第十次以后，乃可令其自读。

盖十岁以内之童稚，究属无知，教导之者，不可过宽，亦不可过严；宜宽心启迪、诱掖而奖劝之，则用力易而成功多。[①]

当时我国台湾南部的启蒙教育发展滞后，塾师可能连基本的教学流程也难以完成，因此这些琐碎的规定才不得不由知县亲自主持制定，并明确写下来。

可以看到，对于新学习的内容，塾师会不厌其烦地带领学生反复学习。对于开始学习新内容的某位学生：（1）塾师先带领学生读三遍，（2）学生在塾师面前读两遍，（3）随后塾师给学生做出标点，（4）随后塾师逐字逐句讲解一遍，（5）塾师再让学生复习一遍塾师的讲解，（6）塾师再带领学生读两遍，（7）学生再自己当着塾师的面读三遍，（8）学生回到座位自己读。接下来，学生要到塾师那里背诵十次，从不熟练一直到熟练为止。

这可能是当时大陆各地启蒙教育机构中的一般做法，陈文纬来到台湾省担任知县后，将这些通行做法带到了他主政的恒春县。

与此同时，据明清时期蒙学文献记载，当时的塾师还会采取多方面措施，尽量保证学生在读书时做到熟练。这些措施主要包括：在入学之初，塾师不必急于为学生安排新书；每日所读之书力求少而精；加大力度复习已读之书、讲解书中内容等。

1. 初入学不急读新书

学生刚进入塾内，塾师会根据情况观察几天，然后再根据学

---

① ［清］屠继善纂：《（光绪）恒春县志》卷十，清光绪二十一年稿本，第19页。

生情况，为每位学生制订具体的读书学习方案，不着急让这名学生一下子进入状态。

生活在清代后期的张行简曾考中举人，并短暂在地方政府工作，之后则长期从事塾师工作，他根据自己的工作经验，编写了一部面向塾师的著作，名为《塾中琐言》，其中有一条“入塾勿骤定课”：

> 学徒初入塾，皆蓄精养锐而来，所温旧读经书诗文，类知趋熟避生，若据以定课，缓数日，精销锐减，而经书诗文之生疏者渐出，势必曰形不足，故入塾经旬，始可定课。
>
> 且即入塾逾旬矣，未必尽澈学徒之浅深也。初立课程，亦只量其姿力所逮者，酌定十分之六七，再观后效，逐渐加增，则学者既有日进之功，教者亦损提撕之力。[①]

学生刚刚到学塾中时，塾师可以向学生了解以前所读之书，根据情况来判断这位学生的学习程度。一般来说，每位学生都有一些自己擅长读的书，最初向塾师呈现的一般都是学生自己擅长的。几天之后，塾师再向学生了解时，可能之前学生擅长的内容渐渐已经呈现完毕了，就会出现一些生疏的内容，这时候就可以根据学生的不足来帮助学生确定下一阶段的学习计划了。

即使学生到学塾中已经十多天了，塾师也未必能真正了解学生的学习程度，因此最初为学生确立学习计划时，不必做得十分确定，可以根据学生的情况逐渐调整。

2.每日读书量以少而精为宜

启蒙教育的使命是要为学生将来成长奠定基础，因此基础的扎实十分重要。清代启蒙教育机构中教学的原则是每天最好都要达到比较高的标准，保证内容学习扎实，为将来读书打下好的

① ［清］张行简：《塾中琐言》，引自徐梓：《蒙学要义》，太原：山西教育出版社，1991年，第102页。

基础。

在这一原则之下，每天读书尽量少而精，不必贪多。清代蒙学文献《重订训学良规》中有一条“教生书切不可欲速贪多”，原文是这样说的：

其资能读十行者，只授八行，能读八行者，只授六行，慭（yìn，宁愿）使大有余于书，无使书有余于力。

却必须正身端坐，高声朗诵，二字一句，不许含糊，如觉吃力，慭可少息，不准啾啾唧唧，身在心驰。

生书须读得烂熟，熟书须熟而不浮。

最忌者，粗听似熟，细按则有书无句、有句无字，终且能背，而不识字，一犯此弊，虽欲重教，加倍吃力。

最好每日熟书背后，默数字，默出过半者酌赏，不及半者罚，久则自能看字，且可渐解文义矣。①

在学生每天能诵读字数的基础上“打八折”，减轻学生的压力，好让学生能更熟练掌握已读的内容。为了保证质量，需要学生读书时专心、认真，不能含糊其词，不能胡乱应付，必须做到对所有内容都十分熟悉。

类似的记载还有很多，比如清代编写的榆社县（今山西省晋中市）地方志中保存了本地人编写的《社学章程》，其中规定：“每日视生之资质高下教授各书，自二十行以至五行，不必贪多，亦不可过少，潦草塞责。”②

再比如鄞州（今浙江省宁波市）张氏的《浙江鄞州行春张氏宗谱》中保存了对本家族私塾的要求，读书要专，一本书读完之前不能读下一本，每句话都要字句分明：

---

①［清］李新庵撰，陈彝重订：《重订训学良规》，引自徐梓：《蒙学要义》，太原：山西教育出版社，1991年，第123页。

②［清］王家坊等：《（光绪）榆社县志》卷三《学校志》，《中国地方志集成》，南京：凤凰出版社，2005年影印本，第531页。

生书只读一本，一经毕，再读一经，以求精熟。每日必严饬生徒端坐朗诵，句读分明，毋任上下颠倒，字义贵清正，毋任错误平仄，并毋任群聊喊叫，有乖体统。①

3.加大复习力度

清代晚期，在湖北襄阳担任知府的周凯亲自为本地制定了《义学规则十八条》，其中一条为“勤理书”，即对读过的书要勤于复习：

每日背生书，须带前十首以为常，生书每日读百遍，百遍足，更理以前所读书，自第一本起，依所读次序，限定日理几页，周而复始。

书卷前，记理起日月，后记理完日月，逐本登记，以便稽查。其现在所读前一本，当于每日理旧书外，量理几页，理至今日所带前一首止，亦周而复始。

待后本读完，方并入旧书数内。盖新书遍数少，虽一时暂熟，略迟却忘，若与旧书挨次渐理，必至生疏矣。故当日逐加遍，勿间断也。

更将各徒已读书，开列一单，粘揭座右，每部理过一次，即用朱笔一点，则各徒书之生熟，工夫之浅深，举目可知，自当警策。②

每天要把新学的内容读一百遍，在读的过程中要连带把之前学的内容同时读一读，随着不断学习新内容，也不断回头复习旧的内容。在复习旧内容时，最好进行记录，按照固定日期、固定内容进行复习，保证所有内容都能得到循环往复的不间断复习。只有这样，童年时读过的书才能终身不忘。

再比如榆社县（今山西省晋中市）的《义学章程》对学生读

① 张原炜：《浙江鄞州行春张氏宗谱》，《中国家谱资料选编·教育卷》，上海：上海古籍出版社，第485页。

② ［清］周凯：《义学规则十八条》，《中国近代教育史资料汇编·鸦片战争时期教育》，上海：上海教育出版社，2007年，第347—349页。

书提出了反复温习的方法，也提到了“带书”的方法：

每日教授生书，必责令当时诵熟训蒙之法，全赖生书诵得烂熟，日久难忘，此后自然省力。

每日熟诵生书后，将前十日所授之书带诵两三遍，谓之带书。而十日以前之书亦需轮诵两三章，周而复始，必与带书接著，不可一章间断。

每日将生书、带书及十日以前之书逐一熟诵，再将从前所诵过各卷，每卷轮诵两三章，谓之温书，各种工课已毕，为印仿字帖一章，是为一日之课。

每日清晨将昨日所教生书及所诵带书、温书逐一背过，然后再教生书，俟本日生书诵熟后，即将明日应背各书逐一熟诵。①

在完成每天背诵新内容的基础上，要连带把十天以来学习的书中内容复习几遍，这称为“带书”，同时把十天以前学习的内容也复习几遍。这些做法都属于“温书”。每日“温书”结束后，才算是结束了这一天的学习。到了第二天，还需要再将前一天所学的内容、“带书”“温书”的内容复习一遍。如此循环往复，以提高对已读之书的熟练程度。

4.讲解书中内容

清代张行简《塾中琐言》也提出要多遍背诵，直到熟练。对于年龄稍大的孩子则需要进行讲解：“授童蒙读，勿限遍数，须待其自能成诵，方令退归本位。稍长，则量其浅深高下，随读随解，至授读遍数，虽不能无所定限，临退位时，总令自读一遍，庶免舛讹。”②一遍读一遍解释，回到自己座位前要保证能读出来，没有

① ［清］王家坊等：《（光绪）榆社县志》卷三《学校志》，《中国地方志集成》，南京：凤凰出版社，2005年影印本，第531页。

② ［清］张行简：《塾中琐言》，引自徐梓：《蒙学要义》，太原：山西教育出版社，1991年，第104页。

错误。

接受启蒙教育的学生年龄普遍比较小，对于书中比较复杂的道理理解不了，很多塾师图省事，便不再给学生讲解，让学生在不认字的情况下诵读。明代沈鲤的《义学约》中如此规定教学流程：

> 讲书，先说大旨：这一章书，是为甚么说。
>
> 次：训字，或逐字俗讲。
>
> 次：收缴。
>
> 次：分截段落。中间有关紧德行、伦理者，便说与学生知道，要这等行，才是好人。有关系修政理事、治民安邦、忠君爱国者，便说道，你他日做官，亦要如此。[①]

塾师的讲解分为几部分，先说大意，再逐字讲解，最后将其中重点部分着重讲解，讲解时要联系生活。

清代王筠在《教童子法》中说：

> 学生是人，不是猪狗。读书而不讲，是念藏经也，嚼木札也，钝者或俯首受驱使，敏者必不甘心；人皆寻乐，谁肯寻苦？读书虽不如嬉戏乐，然书中得有乐趣，亦相从矣。[②]

清代唐彪在《家塾教学法》中说，对学生讲解书中字义时，应该尽量简单，不必把简单问题复杂化，不必把前代学者在不同字义中的复杂考证全都讲出来：

> 童蒙七八岁时，父师即当与之解释其书中字义，但解释宜有法，须极粗浅，不当文艺雅深晦。年虽幼稚，讲解日久，胸中亦能渐渐开明矣。
>
> 子弟年虽年幼，读过书宜及时与之讲解，以开其智慧，

---

① ［明］沈鲤：《义学约》，引自徐梓：《蒙学要义》，太原：山西教育出版社，1991年，第40页。

② ［清］王筠：《教童子法》，引自徐梓：《蒙学要义》，太原：山西教育出版社，1991年，第179页。

然专讲其浅近者。若兼及深微之书，则茫乎不知其意旨，并眘易者皆变为难，不能解矣。①

周凯在《义学规则十八条》中说，学生最初入学时，每天只需要讲解一个字，之后逐渐增加到每天讲解两个字，直至更多。他举出了《论语》开篇“学”“悦”这两个字的讲解方法：

童子初入学，每日只讲一字，二月后，讲二字，渐加之，讲过者，朱笔圈记。

但取本日书中切实字，讲作家常话。如“学”字，则曰：“此是看了人的好样，照依他做好人的意思，学读书，学写字，学孝顺爷娘都是。”

“悦”字，则曰“此是心里欣喜快活的光景。”

如此日逐渐讲，久之授以虚字，自能贯穿会意。②

单纯带领学生诵读可能效果并不好，清代蒙学著作《幼训》中特地指出识字的重要性：

不论生徒敏钝，教至数十遍，甚至师口一停，徒亦默然者。

不知儿童止用口耳，不用心目。虽滔滔背读，倘指摘一字，则茫无以应也。所以贵乎识字，每一首书，必令挨认字数遍，口授四五遍。(钝者加，敏者减。)③

清代唐彪在《家塾教学法》中也说：

先生教读书，不过五六遍，至多不过十余遍止矣。而童蒙心散，不会用心，先生教彼时，彼心已不在书，不过随先生之口，述而念之。资性钝者，既到案头，不句且不记，任

① ［清］唐彪：《家塾教学法》，引自徐梓：《蒙学要义》，太原：山西教育出版社，1991年，第213页。

② 引自舒新城：《近代教育史资料汇编》，上海：华东师范大学出版社，1961年，第338—339页。

③ 引自徐梓：《蒙学要义》，太原：山西教育出版社，1991年，第79页。

先生催促，彼终不读，非不欲读也，不识字也。[①]

唐彪在《家塾教学法》中提出了一些需要注意的问题：

第一，教学生读书时，读书的速度要慢一些，否则学生在初学阶段，可能根本听不懂塾师在说什么，“若授之急疾，如自己读书之状，学生不但眼看未到，耳听亦且未明，勉强随声，既不知字句为何物，安望其到案间能自读也？”[②]

第二，塾师在给学生讲解时，要把每个字都讲解清楚，帮助学生在书中做一些记号，有的长难句子需要特别注意，《家塾教学法》中说：“将界限处用朱笔画断，教令作一截读住，则自无上截连下、下截连上之病。又有极长之句，原不可加读点，但学生幼小，念不来，亦须权作读句，加读点，则易念也。”[③]当时学生所读之书没有标点，此处“上截连下、下截连上”是指断句没有断好。

第三，注意帮助学生纠正读错字的问题，在某一位学生出现问题时，注意提醒其他学生，也可以让学生相互提醒。《家塾教学法》中说：“书有不识字而读讹别者，亦有识其字而读讹别者。在读者，俱不自知。先生须用心审听，如有之，急令改正。然一人之听闻，恐有不及，宜遍示诸生曰：尔诸生谊属朋友，凡读书有讹别者，正当互相指点。即令其于讹别字旁加一角圈为之标记，庶几读到其处，触目动心，自能改正矣。”[④]“讹别”即读错了，每个人读书都难免有读错处，塾师要随时听着学生所读的内容，注意帮助学生纠正，也可以在学生书中做记号，提醒学生注意。

唐彪在《家塾教学法》中举了《论语》中“子路问闻斯行诸”一章学习的例子。这是出自《论语·先进》中的一章，原文如下：

子路问：“闻斯行诸？”

---

① 引自徐梓：《蒙学要义》，太原：山西教育出版社，1991年，第204页。

② 同上书，第205页。

③ 同上。

④ 同上书，第208—209页。

子曰："有父兄在，如之何其闻斯行之？"

冉有问："闻斯行诸？"

子曰："闻斯行之。"

公西华曰："由也问'闻斯行诸？'子曰'有父兄在'；求也问'闻斯行诸'。子曰'闻斯行之'。赤也惑，敢问。"

子曰："求也退，故进之；由也兼人，故退之。"①

这则对话讲述了孔子因材施教的教育理念。子路与冉有两人向孔子问了同样的问题："听到一件要做的事时，马上就要行动吗？"对于同一问题，孔子对两个学生回答了不同的内容。子路比较鲁莽，孔子便说，要多向长辈请教。冉有比较懦弱，遇事退缩，孔子便说，要快速行动。

成年人理解这段话可能并不是太难，不过对于年龄较小的孩子来说，可能就有一些难度，加上当时儿童读的书没有标点，文中的句子有重复，学生容易搞不清楚这些话到底分为几个层次，也容易把几个人物弄乱。唐彪在《家塾教学法》中指出，讲授这一章时，塾师应该先帮助学生把几个层次弄清楚：

前是夫子教由求之言；

次是公西华问夫子之言；

后是夫子教公西华之言。

第一界限是"闻斯行之"止，宜画断作截读住。

第二界限是"敢问"止，宜画断作一截读住。

第三界限是"故退之"止，宜画断作一截读住。

……

此等不同处，有学识者方能分别，在童蒙则不能，愈读

① ［清］唐彪：《家塾教学法》，引自徐梓：《蒙学要义》，太原：山西教育出版社，1991年，第205—206页。

愈乱。不开示之，无由明白；开示之，自然易读易记矣。[①]

通过在学生书中做出标记，告诉学生文段的层次，学生就更容易掌握这一章的内容了。

5. 有效使用读书发音方法

清代同治十年（1871年），山东潍县（今山东省潍坊市）人陈介祺在《潍县陈氏授蒙浅语》中讲了一些其他启蒙文献中较少提及的读书方法：

清代山东《潍县陈氏授蒙浅语》中的读书方法[②]

原文	解读
读书先要端端正正坐着念，手足不妄动，不跛倚，眼不旁看。	读书时，要坐端正，手、脚都不能乱动，不能倚靠，眼睛也不朝别处看。
念书要一字字清楚、一句句清楚。	读书要把每个字、每句话都读清楚。
单字认清念清，再合成句。其童蒙乍念不成句，或念字不清，先生与之同念，俟上口再令就位自念。	每个字念清楚之后，再将其合成句子。最初学生读不熟练，塾师可以与学生齐读。
念字切忌鼻腔，又忌喉音，送字不出，以致音俱不清，又易于哑。	读书时不要用鼻子出气，要用嘴把声音发出来，不要停留在喉咙里。
须令唇音字送到唇边，齿音字送到齿边，舌音字送到舌尖。不使送不到，不使音不住。不使有杂音零碎毛病。	唇音、齿音、舌音都要发到位。
必须会换气。	读书时要学会换气。
一字有一字一定念法，如何鼓动方出真音，人之自然，此天籁也。字字鼓动不错，再不连混，自然便会换气。	每个字都有单独发音，每个人都有语言本能，发挥人自然本能发出的音就是最好的。在自然发音的基础上便能学会换气了。
会换气则朗朗如贯珠，字字清真，字字轻圆，再念不累矣。	学会换气，就能进一步把每个字都读准确。
再能用心念进去，则声有兴致而更熨帖矣。	读书时，更用心一些，就能感受到读书的乐趣了。

① ［清］唐彪：《家塾教学法》，引自徐梓：《蒙学要义》，太原：山西教育出版社，1991年，第205—206页。

② ［清］陈介祺：《潍县陈氏授蒙浅语》，清同治十年抄本，原书无页码。

续表

原文	解读
先生再能粗讲字义，分出文气，句读节次断开，领着念上口，则使听者不能不欣然于书声之可乐矣。	在此基础上，塾师讲解书中的意思，读书时能做好断句和轻重读音，读书就有美感了。
念书背书不许成片滚着快念、抢念，字既不清且有口无心，一错便茫然无措，且存心含混即是欺诳，戒之戒之。	读书时，不要把一句话囫囵吞枣式一下子读出来，这样会导致即使读错了也感觉不到。
念字不许尽着重，念不下去，声只要轻清，不在大小。乱嚷，甚不成事，莫似两部鼓吹	读书不必把每个字都读成重音，要区分重音、轻声，不必单纯追求声音大

无独有偶，浙江镇海（今浙江省宁波市）方氏的族谱中也保存有私塾读书的要求："成诵者，务须声清句朗，字字分明，并记编分限，读竟，少息，旋复进读。含糊者有责；破碎者有责；夹入错字者有责；结队声喊者有责；记偏不实，分限不足者有责。"①读书时字字清晰，既有助于清楚掌握书中内容，也有助于及时发现读错的内容，这一直是塾师重视的读书方法。

6.读书过程管理

晚清时期龙启瑞的《家塾课程》中提出，使用一本"功课册"来管理每位学生每天的学习进度：

> 每生设一功课册，每月一本，每日填注，识字几个，教某书几行，温某书几页，写楷几字，讲解某书几页，能否还讲其册，印备由师填注。凡师解馆及生请假，亦均注明，庶可凭册查验诸生勤惰，分别赏罚。②

由于每位学生每天学习的内容都不一样，使用这样一本册子，可以避免塾师混淆不同学生在读书、认字、写字等方面的学习

① 江五民：《浙江镇海柏墅方氏恭房支谱》第十一册，1933年木活字本，第三十卷，第19页。

② ［清］龙启瑞：《家塾课程》，周芳玲、阎明广：《中国宗谱》，北京：中国社会出版社，2008年，第1195页。

进度。

实际上，之所以有这么多人在这方面列出明确的要求，实际上可能是因为这正是塾师最核心的工作，也是最容易偷懒的工作。

塾师对学生认真管理和不认真管理之间差别很大。《醒世姻缘传》第三十三回提到了这样的情况，小说主人公狄员外的儿子狄希陈从八岁开始上学，一直都是到别人家的学堂里上学，塾师是薛教授（狄员外的亲家）。这位塾师一直不怎么用心对待自己的工作。小说中说：

> （读书）一来也是先生不好，书不管你背与不背，判了一个号帖，就完了一日的工夫。三日判上个“温”字，并完了三日的工夫。
>
> （写字）砌了一本仿，叫大学生起个影格，丢把与你，凭他倒下画，竖下画。没人指教写，便胡涂乱抹，完了三四十张的纸。你要他把那写过的字认得一个，也是不能的。
>
> （其他活动）若说甚对课调平仄、讲故事、读古文，这是不用提起的了。[①]

可以看到塾师对学生并不负责。不管学生每天读书读得怎么样，都会打一个“对勾”，表示读过了。到了第三天，塾师再给批一个“温”字，表示学生已经复习过了，实际情况到底怎样塾师并不关心，学生实际上一个字都不会背。在练习写字时，塾师只发给学生一个摹写大字的练习本，也不管学生写成什么样，只要用完了练习本就算结束。当然，塾师也不会教学生其他知识，可以说纯粹是混日子。这样做的结果便是狄希陈“读过的书，一句也背不出；读过的字，一画也写不来”[②]。

到了《醒世姻缘传》第三十五回中，狄希陈终于换了一位认

---

① ［清］西周生：《醒世姻缘传》卷五，民国石印本，第2页。

② 同上。

真负责的好塾师：

（背书）真真实实的背书，真真看了字教你背，还要连三连五的带号，背了还要看着你当面默写；

（写字）写字真真看你一笔一画，不许你潦草，写得不好的，逐个与你改正，写一个就要认一个。

（讲解）讲学的时节，发出自己的性灵，立了章旨，分了节意，有不明白的，就把那人情世故体贴了譬喻与你，务要把这节书发透明白才罢；讲完了，任你多少徒弟，各人把出自己的识见，大家辩难，果有甚么卓识，不难舍已从人。

（写作）凡是会课，先生必定要自做一首程文，又要把众学生的文字随了他本人的才调与他删改，又还要寻一首极好的刊文与他们印正。

这样日渐月磨，循序化诲，及门的弟子，怎得不是成才？怎得不发科发第？[①]

背诵时，这位塾师会逐字逐句检查，保证学生熟练掌握书中的内容。写字时则一笔一画地帮助学生纠正。讲解书中的内容时，能把书中的内容与学生日常生活联系起来。对待每一步学习都认真负责，这样的塾师才能保证学生在将来继续接受教育的路上有所进步，在科举考试中有所收获。

二、传统识字方法

清代康熙十三年（1674年），浙江兰溪（今浙江省金华市）人唐彪带着自己十岁的儿子到山中躲避战乱。他遇到一位开办私塾的塾师，便让孩子追随这位塾师读书。此时，唐彪的儿子已经接受了四年启蒙教育，换了三位塾师，可是读书一直没有什么进

① ［清］西周生：《醒世姻缘传》卷五，民国石印本，第16页。

步，做不到很顺畅地把一本书读下来。唐彪十分无奈，可是毕竟已经换了三位塾师，说什么也不能再换了。如果不是此次遇到战乱，不得不逃到山中，唐彪的儿子可能就会一直在原来的私塾中读书了。

幸运的是，此次因躲避战乱而换的塾师水平很高。在唐彪看来，这一次，儿子在不足五个月时间里读的书已经超过了之前三年的总和，而且之前三年时间里读的书一直不熟练，这一次在五个月的时间里把前三年读的书全部都读熟练了。到底这位新的塾师到底采取了什么方法呢？唐彪亲自找到这位塾师了解情况，塾师说：

> 吾无他术，惟令认字清切而已。令郎非钝资，止因一二句中，字认不清，不敢放心读去，则此一二句便不熟；因一二句不熟，通体皆不成诵矣。
>
> 又尝试验之，童蒙苟非先生强令之认字，必不肯认；认过而仍忘者，苟非强令之来问，必不肯问。止皆先生所当知者也。①

这位塾师说，其实没有什么特别之处，只是督促学生认字而已。塾师认为唐彪的儿子并不笨，只是因为之前读书时不怎么认识字，每句话中都有生字，读书当然就不熟练了。他在平时观察中发现，如果塾师不主动督促学生认字，学生一般都不会专门去努力认字，会混淆很多字，读书便很难熟练。

经历了自己儿子读书的过程，唐彪意识到，在启蒙教育阶段，如果不识字只读书是不可行的，只有先识字、后读书，或者边识字、边读书才能真正取得好的效果。

唐彪在《家塾教学法》中说：

---

① 唐彪：《家塾教学法》，引自徐梓：《蒙学要义》，太原：山西教育出版社，1991年，第204页。

穷乡僻壤之人，能识数百字者，十人中无一人；能识而又能书者，数十人中无一人，岂果风水浅薄，资质鲁钝至是哉！只缘蒙师在其地训学者，徒悬空教之读书，而不教之认字与多写字故也。

盖穷乡之教子弟者，十人之中，不过一人，此一人之教子弟，久不过一年二年，暂不过期年半载。童蒙读过："天地玄黄，宇宙洪荒""大学之道，在明明德，在亲民"，彼焉知"宇宙"作何解说？"明德""亲民"何解说？此等书义，于何处用得着也！大书馆，亦有背得数句者，废学之后，"宇宙洪荒"字，"明德""亲民"字，认不得者甚多，亦何取乎能背书哉？惟教之认字与多书字，则实受其益。[①]

贫穷的乡下，大部分人都不识字，这并不是因为接受教育的人少，并不是因为乡下人天生就笨，而是因为塾师教学方法不对。对一位生活在农村普通家庭的学生来说，如果塾师不讲解书中的含义，他怎么可能知道"天地玄黄，宇宙洪荒"中"宇宙"是什么意思，"大学之道，在明明德，在亲民"中"明德""亲民"是什么意思呢？一旦启蒙教育结束，这些内容在生活中也用不到，必然很快就忘光了。所以只有认真教学生多认一点字，才是启蒙教育最应该做的事。他认为：

凡教童蒙，清晨不可即上书，须先令认字；认不清切，须令再认，不必急急上书也。

何也？凡书必仅学生自己多读，然后能背。苟字不能认，虽读而不能；读且未能，乌能背也？初入学半年，不令读书，专令认字，尤为妙法。[②]

---

① 引自徐梓：《蒙学要义》，太原：山西教育出版社，1991年，第205—206页。

② 引自徐梓：《蒙学要义》，太原：山西教育出版社，1991年，第204页。

1.先识字，还是先读书？

在启蒙教育的最初阶段，认字是很难的。学生不识字，开展阅读便有困难；阅读有困难，认字便失去了载体。在认字与阅读之间到底哪个为先，是启蒙教育中一直存在争议的问题。其中一些学者认为应该先让学生识字，然后才能读书。

清代唐彪的《家塾教学法》中说：

> 凡教童蒙，初入学半年，不令读书，专令认字，尤为妙法。①

清代王筠《教童子法》也是这样认为的：

> 蒙养之时，识字为先，不必遽读书。②

清代张行简在《塾中琐言》中也是这样认为的：

> 蒙童未经读书，先令识字，量其姿质，依《十三经集字》，次第教之，免致重赘。③

《训蒙条要》中专门提到“发蒙须认字”：

> 发蒙幼稚，初教只授一二句，渐加四句。止须令一字一读，勿滑口囫囵泛读，不知某音是某字，最难上路。必其字皆认熟，别纸写之，认得方可再授。否则勿再授也。不时又将所认得字，再面试温之，七八日，又命连前温认一遍。读时，则教其眼到、口到、心到，勿许目视他所而白口乱读也。④

在教育的最初阶段，为了避免出现学生不理解书中内容的情况，不让学生读书而只让学生识字，等认识了一批基础文字之后，才能开始读书，这样有助于学生提高读书效率。学生在短时间内

---

① 引自徐梓：《蒙学要义》，太原：山西教育出版社，1991年，第204页。

② 引自徐梓：《蒙学要义》，太原：山西教育出版社，1991年，第178页。

③ 引自徐梓：《蒙学要义》，太原：山西教育出版社，1991年，第103页。

④ ［清］计恬：《训蒙条要》，清同治年间刻不自是斋丛书本，引自徐梓《传统蒙学教育原则与方法》未刊本。

学会大部分常用字，可以提高认字效率。但是，这样一来也存在一些问题，在识字的最初阶段，学生没有进行阅读，因此往往无法理解所学的字，也不会运用所学的字，所以在塾师的教学实践中，往往需要变通，将识字与读书结合起来，边读书、边识字。

明清时期，大部分塾师在学生接受启蒙教育之初让学生学习《三字经》《百家姓》《千字文》等启蒙读物，实际上也是在通过这些启蒙读物让学生集中认字，一边阅读、一边认字。塾师带领开始接受教育的学生学习《三字经》，目标与其说是理解《三字经》的内容，毋宁说是为了认识《三字经》中的字。与现在有所区别的是，塾师在教授《三字经》时对学生提出的识字要求不只是学习《三字经》中的某几个重点字，而是要学会《三字经》中所有的文字，实际上也是一种集中识字的办法。

2.认字的方法

在明清时期，民间塾师想出了各类识字方法，帮助学生提高识字的效率。东阳县（今浙江省金华市）蒋氏家族的族学想出了一个巧妙的办法，蒋氏家族的族谱中记载：

> 初次就学，先在识字。法宜取纸一方，约足掩书页之半，中开小孔，置之书上，俾每字由孔而露，即令记认。更为移动转易，务使彼于上下文语句不得窥见挨诵，则数周之后，字无不识矣。由是取去书上掩纸，教令循字读之。日凡两举，事易功捷。①

这个办法是，找一张纸，大小大概是书页的一半，中间挖一个小孔，将这张纸放在书页上，只能露出书中的一个字，露出哪个字，就认哪个字。逐渐移动这张纸，一个个认识不同的字，这样就能提高认字的效率，几周之后，学生就能认识很多字了。在

① ［清］蒋正猛等纂修：《浙江东阳横城蒋氏重修宗谱》第一册卷三，清乾隆三十九年木活字，第160页。

这种情况下，就可以去掉这张纸，教学生按照书中的阅读顺序认字。

在最初认字阶段，学生一个字都不认识，面对满篇生字，充满恐惧感，会望而生畏，失去认字的动力，也很容易因为全都是生字而将不同字弄混，导致认字的效率降低。通过这种方式，可以减少学生最初认字阶段的畏难心理，提高认字效率。

清代张行简《塾中琐言》，对识字的不同阶段有清楚的认识。他认为，第一步是认识字，第二步是辨读音，第三步是讲解字义，最后则是写字。原文如下：

> 字识熟矣，须令辨声。依正音平、上、去、入，墨圈其角，有转音则加朱圈，数转音则数加朱圈，俾其一目了然。
>
> 四声辨矣，择取字义浅显、便于俗解者，与之讲解。由俗入雅、由浅入深、由显入微，总须因势利导，使其兴致勃然。
>
> 学字之课：其十岁以下者，由本县购发摹本，教其影摹外，如十岁以上学生，当审其字迹，近于何体？无论颜、柳、欧、苏，取古本之善者而临之。提笔必正，研墨必浓。每午写方寸大字五十个，并写明年、月、自己姓名，送请先生分别优劣，逐日朱标。并默写本日所授新书，按月存候汇寄总教，送署品评，分别奖赏。①

《塾中琐言》不只规定了原则性的内容，而且提供了很多操作方法。对于认识读音，张行简提出，可以用黑笔画圈来表示音调，用红笔画圈表示音调变化。

在认识读音的基础上，开始由浅入深地学习字义，注意避免上来就学习过于复杂的字义。

① ［清］张行简：《塾中琐言》，引自徐梓：《蒙学要义》，太原：山西教育出版社，1991年，第103—104页。

在学习写字时，十岁以下以描摹为主；十岁以上就要注意书法差异，要注意找到好的书法版本。写字注意姿势，注意用墨。每天坚持写字五十个，写完后注明时间和名字，由塾师评注，积累到一定程度后，汇总送交教育管理机构。

清代王筠《教童子法》中提到了私塾教学的方方面面。对于识字，王筠认为，应该先认简单的象形字、指事字，在此基础上学习相对复杂点的形声字：

先取象形、指事之纯体教之。识“日”“月”字，即以天上日月告之；识“上”“下”字，即以在上在下之物告之，乃为切实。

纯体字既识，乃教以合体字，又须先易讲者，而后及难讲者，讲又不必尽说正义，但须说入童子之耳，不可出之我口，便算了事。如弟子钝，则识千余字后，乃为之讲；能识二千字，乃可读书，读亦必讲。然所识之二千字，前已能解，则此时合为一句讲之；若尚未解，或并未曾讲，只可逐字讲之。

识字必裁方寸纸，依正体书之，背面写篆独体字，非篆不可识，合体则可略。既背一授，则识此一授之字，三授皆然。合读三授，又总识之。三日温书，亦仿此法。勿惮烦，积至五十字作一包。头一遍温，仍仿此法。可以无不识者矣，即逐字解之。解至三遍，可以无不解者矣，而后令其自解。每日一包。

此无上下文，必须逐字解到茁实，异日作文，必能逐字嚼出汁浆，不至滑过。既能解，则为之横解：同此一字，在某句作何解，在某句又作何解，或引伸，或假借，使之分别划然，即使之展转流通也。①

① ［清］王筠：《教童子法》，引自徐梓：《蒙学要义》，太原：山西教育出版社，1991年，第181—182页。

识字应该由简到难，在认字的过程中，最初阶段不必完全给学生讲解每个字的复杂含义，而只需要讲解简单的意思。塾师可以用一块方形的纸，在正面写一个字的楷体写法，背面则写小篆体。认字时，让学生看小篆体，猜是什么字。在此基础上，逐渐增加识字量。每三天复习一次。认字数量达到五十个字时，即为“一包”，当完成“一包”之后，也需要不断复习，每天复习一遍，复习时让学生逐字讲解。如此复习三遍之后，学生便会熟悉这五十个字了。

这样认字是没有上下文的，待学生已经能讲解出每个字的意思后，塾师应该针对每个字补充上下文，告诉学生每个字曾经在经典中何处出现过，是如何使用的。这样学生逐渐就能融会贯通，真正使用这些字了。

3. 写字的方法

兹举几例明清时期蒙学文献中对写字方法的论述，其中一些注意事项对于今天练习写字、书法写作仍有借鉴价值。

清代唐彪在《家塾教学法》写了初学写字的方法和注意事项：

《家塾教学法》中初学写字的方法[①]

原文	解读
写字重在执笔。执笔之法，全在掌虚指活。今童蒙初学书，势发借先生运笔，若不将物撑于童子手中，必将五指捏拢，后欲放开，令掌虚指活难之至矣。为之计者，莫若将小轻圆木，或缝就小布团，如鸡子样者，令童蒙握手中，然后先生运笔，庶指与掌俱活动，而年长字易工矣。	执笔是写字的基础。执笔的方法主要依赖手掌的虚握，手指的灵活。一般来说，儿童接受启蒙教育时，都要学习执笔写字，这就需要在接受启蒙教育之前，经常将像笔一样大小的物品放在孩子手中，久而久之，孩子会形成习惯，有助于将来学会执笔写字。

① 唐彪：《家塾教学法》，引自徐梓：《蒙学要义》，太原：山西教育出版社，1991年，第212—213页。

续表

原文	解读
余在越中，见童蒙字式，正格中书大字，旁缝书小字，此法极佳。盖单学大字，则后日能大书而不能小书；单学小字，则后日能小书而不能大书。均之有病，惟此法则两得之也。	我在浙江时看过一种儿童练习写字的方法，在一张纸的正中间写大字，在旁边缝隙中写小字，这种方法很好，兼顾了大字、小字。只写大字会导致将来不会写小字，只写小字会导致将来不会写大字，两种字都要会写。
又，年稍长者，其字式每行大小皆四字，止书一字以为式，其余三字，皆令自书。盖写一字为式，则有成法可遵，余令自书，则不得不用心临摹求肖矣。	在学生年龄稍长时，每行四个字，塾师写出其中一个，另外三个让学生照着写，学生自然而然会养成用心临摹的习惯。
书法最难，可为程式者能有几人？若先生字不佳，字式何妨倩人代书。若畏人笑，不倩人书，是为自欺。若东家因其倩人书字式而轻先生，则大非矣。盖先生优劣不在乎字；其优劣在教法之善与不善，学生之受益与不受益耳。	书法很难，一部分塾师的书法可能没有那么好，在学生学习书法时，可以先请书法好的人把要练习的字写好，学生照着练习。东家也不必因此就轻视塾师，学生练习书法主要还是依赖塾师的指导。
书字下笔有次序，不可紊乱，紊乱则字难工。然其法，须幼时讲究，方能记忆。童子入学一二年之后，先生将此写成字式令其取法，习而熟之，则功省而效倍矣。	写字的笔画顺序很重要，如果笔画不对，那么字也不可能写好。笔画顺序需要从小就注意，长大后才能养成习惯。在儿童入学一二年时，塾师要关注这一问题。

清代蒙学文献《训蒙条要》中有一条“教童蒙学字之法”：

《训蒙条要》中教童蒙学字之法[①]

原文	解读
初教儿童学字，先令执笔端正，指实掌虚，笔对鼻准，然后教其画“○”，旬日间，“○”画熟了，次教其画“□”，又旬日间，“□”画方正了，又方圆兼画。大小不拘，不过一月，知运笔矣。	初学写字，先要保证端正的执笔姿势，随后开始教学生画圆圈，学会后开始画方框，进而圆圈与方框交替画，一个月之后，就基本上学会运笔了。

① ［清］计恬：《训蒙条要》，清同治年间刻不自是斋丛书本。引自徐梓《传统蒙学教育原则与方法》未刊本。

续表

原文	解读
次教其摹仿，指示书法起止。起止既熟，次教摹临法帖，得其大概。每日兼命其抄录格言文字。家贫不能长读者，命其学习日用杂字、账目、文约及书契一切应酬要务。	学会运笔后开始临摹。先告诉学生每个字的起止点，每天抄录一些格言警句。如果学生家庭条件不好，则学习写一些日用文书类的文字。
每临写时，蘸水磨墨，勿使墨汁污手，将书掩卷，放置一旁，勿致擦损污亵。并戒眼勿他视，口须静默，肩背竦直，凝神正坐，心须静正，意在笔先，方能有得。	每次写字，注意不要把墨汁弄到手上。要专心致志，身体坐直，目不斜视。
而临摹必须古帖，当以欧阳询为第一。次如褚遂良、颜真卿、柳公权，但得其真正石刻古帖，方可为法。若时市翻刻木板，不足学。	初学者从欧阳询的书法开始临摹，其次为褚遂良、颜真卿、柳公权等，最好是临摹相对真实的古帖，不要临摹翻刻的版本。
赵孟頫真迹好帖甚少，其字柔情媚骨，为世所尚。初学不可奉以为法，恐致欹斜流丽而不遒劲清高。故学书当取法唐之名贤欧褚颜柳，人品亦正。晋人书法固高，其真迹不可得也。	赵孟頫的字虽然好看，世人都很喜欢，但不适合初学者学习，容易因为基础不够好导致写得歪歪扭扭，没有力道。所以学习写字之初，要注意学习唐代名家的书法。晋代的书法虽然好，但是没有真迹留下。
切勿任笔乱书，不法古帖，以至丑怪不堪入目。	切勿不临摹古帖，而自己随意乱写，那样会写得很丑陋。
至于讹字俗字，不可入书者，亦须为之分别指示。	对于书法作品中没有的俗字，要为学生单独指出来。
写字要知运笔之道，皆有自然起止，不可紊也。初学书时，宜即指示之，不然习成难转。其法悉载于字汇中，可考而知也。	每个字的笔画是固定的，不能乱写。初学时就要弄清楚，否则一旦养成错误的习惯就很难纠正。

清代编写的《綦江县志》中收录了本地启蒙教育机构教儿童写字的注意事项：

清代《綦江县志》中教儿童写字注意事项[①]

原文	解读
幼童描摹硃字，默画偏旁，先责其端楷。稍长令写影格，教以执笔之法。撮笔之法：撮笔管于指尖，指宜实、拳宜空、腕力宜到。欲左先后，欲右先左，无垂不缩，无往不收。切忌东涂西抹，歪斜错乱，违者戒饬。	儿童最初摹写大字，默写字的偏旁时，要写楷书，年龄稍大之后教执笔的方法。执笔的方法：将笔管握在指尖，手指握笔应“实”，手掌中应保持一些空隙，保证手腕能用上力。写字时，准备向左用力则将笔置右侧，反之亦然。不要胡乱涂抹。

三、更高阶段的教学

启蒙教育是儿童接受教育的开始阶段。在启蒙教育阶段，儿童从懵懂无知，到逐渐有了一定的文化水平。什么样的情况才算是启蒙教育的更高阶段呢，启蒙教育的终点是什么呢，启蒙教育与启蒙教育之后教育的界限是什么呢？

1.“蒙馆”与“经馆”

清代早期，唐彪曾长期在江浙一带做塾师，也曾担任过一些地方的基层教育管理者。他在《家塾教学法》这部书中表达了这样的观点，即启蒙教育与更高阶段的教育之间应该作出严格区分：

予观少年，未尝无天资胜者，亦未尝无勤学者，然皆学问荒落无所成就。因反复细思而知其弊，由于已冠、童蒙同一馆，而先生兼摄两项学徒也。

吾婺（浙江金华）往时，经、蒙分馆，经师无童子分功，得尽心力于冠者之课程，故已冠者多受益；蒙师无冠者分功，得尽心力于童蒙之课程，故幼童亦受益。

今则不然，经、蒙兼摄取，既要解四书，解小学，解

① ［清］宋灏等：《（道光）綦江县志》卷三，道光六年刻本，第108—109页。

文章，选时艺，改会课，又要替童子把笔作对，写字样，教读书，听背书，虽有四耳目、四手足者，亦不能矣！况今时有习武一途，馆中或间一二习武者，开增解武经、选策论诸事矣。

而犹未尽也，先生与试者，又要自己读书，则虽有八耳目、八手足者，亦不能完诸课程矣。于是，先生尽置大小学生课程于度外，亦势不得不然也。

是以学生虽至二三十岁，或古文诸要书，学生益未经目睹可知矣。然则为父兄者，欲教已冠子弟，必多方觅已冠之友为一馆；欲教幼童，当多方觅幼童为一馆。为人师者，亦当以成就学徒为心，倘得子弟课程完全，父兄亦必加厚束脩，得名得利，有何不美，而欲苟且从事，使名利两失，且误人子弟哉！①

明清时期，“蒙馆”是指启蒙教育，“经馆”是指更高阶段的教育，两者最大的区别在于“蒙馆”教孩子读书、认字以及简单写作；“经馆”面向科举考试，平时以研读四书五经和“时艺”（即八股文）写作练习为主。相对来说，“蒙馆”的学习内容比较简单，“蒙馆”中的学生年龄较小，“经馆”中学习内容复杂，学生年龄较大。“蒙馆”为基础，而“经馆”中的写作和阅读基本上以科举考试内容为标准，科举考试考什么，“经馆”就学什么。

只有将“蒙馆”与“经馆”分开，塾师才能更专业地对待自己的学生。如果“蒙馆”与“经馆”混杂在一起，塾师可能会将大部分心思用于指导“经馆”学生练习写作，用于指导“蒙馆”学生握笔、练字这样基础学习的时间就会减少。再加上一个教育机构可能还会有一两位学生选择参加武科举，需要练习武术，塾

① 唐彪：《家塾教学法》，引自徐梓：《蒙学要义》，太原：山西教育出版社，1991年，第197页。

师的精力就会更加分散。

清代陈芳生编写的《训蒙条例》中也有类似的观点，他认为：

蒙馆中，不可夹入举业之徒。馆客有别，与壮者所言，自于幼者无与，徒令分其见闻。为师者用两样功夫，既难取精，必致两误。①

陈芳生是江西人，曾长期在本地做塾师，他编写的《训蒙条例》是对自己长期塾师工作的经验总结。

清代周凯编写的《义学规则十八条》，明确区分了"训蒙""制举"两个不同阶段学习内容的注意事项，对于"训蒙"阶段，周凯提出要"勤理书""渐次简切讲解""勿混读古文""习幼仪"等注意事项，而对于"制举"阶段，"若专为举业之徒设者，更有数订"，则专门提出另外的注意事项。

那么，"蒙馆"教育的终点在哪里呢？到了什么程度，就可以算是完成了启蒙教育，可以进入"经馆"继续接受教育了呢？

从《醒世姻缘传》这部小说中，可以看到当时人对启蒙教育的起点和终点的具体描述。《醒世姻缘传》第三回：

（狄希陈）娘掀开一张（《孟子》），指着一个一个的叫他认。

他指着那书道："天字、上字、明字、星字、滴字、溜字、转字。"他娘劈脖根一巴掌。

狄希陈说："怎么呀？我认字罢，你又打我呀？"

他娘说："好小厮！我起你的皮！你哄你那傻爹罢了，你连我这不戴帽儿的汉子也哄起来了！谁家这圣人爷的书上也有'天上明星滴溜溜转'来？"②

此时，因为塾师不认真，狄希陈自己贪玩，所以他读书的情

---

① 陈芳生：《训蒙条例》，引自徐梓：《蒙学要义》，太原：山西教育出版社，1991年，第173页。

② ［清］西周生：《醒世姻缘传》卷五，民国石印本，第2页。

况很糟糕，认字还很有限，可以说在接受启蒙教育的路上还没有入门。到了《醒世姻缘传》第三十七回，更换塾师之后，狄希陈的学业已经渐渐进步：

《四书》上面也就认得了许多字。出一个“雨过山增翠”，他也能对“风来水作花”；出一个“子见南子，子路不悦”的题，他也能破“圣人慕少艾，贤者戒之在色焉”；看了人家的柬帖样子，也能照了式与他父亲写拜帖，写请启。[①]

狄希陈已经读完了“四书”，学会了对对联。针对“子见南子，子路不悦”这样的题目，他已经能够作出简单文章的开篇，也学会了写日常生活中的简单应用文。此后，狄希陈便开始参加最基层的科举考试，这意味着狄希陈已经完成了启蒙教育。

明清时期的启蒙教育从儿童接受教育的起点开始，直到儿童能作对联，能写出简单的日常应用文，即为终点；或者以儿童能写出简单的科举考试中用的文章，开始参加最基层的科举考试，即为终点。

实际上，明清时期，大部分孩子接受启蒙教育只持续几个月的时间，是没有条件学到更高层次的内容的。清代晚期慈善活动章程汇编《得一录》中有一篇《简便义塾说》，其中提道：

或曰，学须日久渐摩，兹以两月为期，毋乃为时太蹙，此言诚是然，此固为经费难筹，不得已而思其次也。如经费能裕，则一年二年何妨延久，否则与其待经费之充。

数百年不能兴举义学，何如因陋就简，且以二月为期为随时可行也。乡约一日半日之讲说，尚足以感动人心，况以二月之久，耳濡目染岂不能感化二三者。

贫家子弟无力读书，求一二日入塾习礼，且不可得，以

① ［清］西周生：《醒世姻缘传》卷五，民国石印本，第16页。

入塾二月者较之不远胜耶。[①]

在当时有一种“简便义塾”，学习时间只有两个月。作者认为，两个月的学习时间已经能取得一定效果了。这主要是因为义学的发展始终缺乏经费，而大部分儿童家庭出身都很普通，家里没有足够的钱来读书。对于大部分贫苦之家的孩子来说，他们往往只是在某一年的农闲时节接受教育，接受完这一次启蒙教育，其一生的正式教育就算结束了。

在《醒世姻缘传》中，狄希陈出身于士绅家庭，他的家庭能够支持他多年持续读书接受教育。在明清时期，士绅家庭弟子以及家庭条件好一些的儿童，能够接受更高程度的启蒙教育，这部分儿童只占很少一部分。

2. 对对子

启蒙教育的初级学段以读书、认字、写字为主，而启蒙教育的高级阶段则是以简单的书面表达练习为主。《醒世姻缘传》中有这样的描述：

> 先生要出对子，对完了，才许作一个揖回去。
>
> 先生问说：“你一向都对的是几个字的？”
>
> 相于廷合（和）薛如卞说：“对四个字的。”
>
> 薛如兼不言语。
>
> 狄希陈说：“汪先生手里从来没对对子。”
>
> 先生把相于廷合（和）薛如卞出了一个四字课：“穿花蛱蝶。”
>
> 相于廷对了个“激水蛟龙”。
>
> 薛如卞对了“点水蜻蜓”。
>
> 先生都喜，说：“对的极好！”

① ［清］余治：《得一录》卷十，引自舒新城：《近代教育史资料汇编》，上海：华东师范大学出版社，1961年，第349—351页。

又出了一个两字："薄雾。"

薛如兼对了"轻风"。

狄希陈等了半日，对了个"稠粥"，先生替他改了"长虹"。作揖辞了回去。[①]

对对子是中国传统启蒙教育书面表达练习的起步阶段。塾师会根据学生的情况出上联，学生对出下联。一般来说，这个过程是由简到繁，由一两个字到很多个字。鲁迅在《从百草园到三味书屋》中提道："先生最初这几天对我很严厉，后来却好起来了，不过给我读的书渐渐加多，对课也渐渐地加上字去，从三言到五言，终于到七言了。""对课"就是对对子，"三言""五言""七言"就是塾师出了"三个字""五个字""七个字"的上联，学生分别对出下联。

《笑林广记》第二卷"腐流部"中有一则笑话：

馆师欲为固馆计，每赞学生聪明。东家不信，命当面对课。

师曰："蟹。"

学生对曰："伞。"

师赞之不已。

东翁不解，师曰："我有隐意，蟹乃横行之物，令郎对'伞'，有独立之意，岂不绝妙。"

东翁又命对两字课，师曰："割稻。"

学生对曰："行房。"

师又赞不已。

东家大怒，师曰："此对也有隐意，我出'割稻'者，乃积谷防饥。他对'行房'者，乃养儿待老。"[②]

---

① ［清］西周生：《醒世姻缘传》卷五，民国石印本，第4页。

② ［清］游戏主人：《笑林广记》，清乾隆刻本，第8页。

这则笑话虽然令人捧腹，但也反映出了当时私塾中对联教学的情况。

清代王筠在《教童子法》中也提到类似的情况，只是说得更加具体：

读书一两年，即教以属对。初两字，三四月后三字，渐而加至四字，再至五字，便成一句诗矣。

每日必使作诗，然要与从前所用之功事事相反。前既教以四声，此则不论平仄；前既教以双声叠韵，此则不论声病；前既教以属对，此则不论对偶，三字句亦可，四字句亦可，五句也算一首，十句也算一首，但教以韵部而已。故初读诗，亦只读汉魏诗。齐梁以下，近律者不使读。

吾乡非无高才，然作诗必律，律又多七言，七言又多咏物，通人见之，一开卷便是春草秋花等题目，知其外道也，掩卷不观矣。以放为主，以圈为主。等他数十句一首，而后读五七言律，束之以属对声病不难也。

凡每日属对，必相其本日所读，有可对者，而后出之，可验其敏钝；即或忘之，亦教责之而无词也。①

作对联是作诗的基础，学会了作对联，基本上就学会了作诗。学习作诗时，要学习一些声韵基础知识。与此同时，学生也需要阅读一些古代诗歌，王筠认为应该尽量读汉魏时期的诗歌，避免只是学习写作简单的歌咏花花草草、春花秋月的题目。

3. 作文教学的起步

在明清时期，学生开始练习写作称为“开笔”，是受教育者进入更高阶段学习的重要标志。

光绪十八年（1892年）七月十九日，台湾恒春县知县陈文纬

① 王筠：《教童子法》，引自徐梓：《蒙学要义》，太原：山西教育出版社，1991年，第179—180页。

为本县十几所义塾制定了塾规，仔细规定了义塾的教学流程和方法，分别提及了读书、认字、诗文等几项，是由起步到更高程度的全过程，其中对于“诗文之课”是这样说的：

> 文以清真雅正为宗，诗以温柔敦和为则。所读所做之诗、文，或破承、或半篇、或全篇，皆视学生之学力以定之。
>
> 每旬逢二、八日，先生选时文、古今诗各一首，法律、声调字义、平仄，详细讲解，每日朗诵数十遍；按期熟背，再行选读。
>
> 逢三、六、九日，先生命四书题、诗题各一枚，以作文之多寡、定时刻之长短，无论半篇、全篇，不得逾两个时辰，定要完卷，送请先生评定。按月存候汇寄总教送署阅看，分别奖赏。①

“破承”是针对一个题目的“破题”“承题”，是简单写作练习的基础部分。每逢二、八日，塾师讲解诗、文各一首，“法律”是指写法、格律。每逢三、六、九日，写诗、文各一篇。

清代唐彪在《家塾教学法》认为，在最初练习写作的阶段，主要是要言之有物：

> 童子开手，宜先读有用之文，如学问、政事、伦纪、品行之类，则有文料可以取资，不然，腹空之至，将以可物撰成文艺？读百篇之后，稍有文料，又当知作文巧妙不尽在于书理，每题各有作法。②

儿童在练习写作的最初阶段，主要应该学习“有用”的文章，这主要包括这样的主题：如何读书学习、公共问题讨论、如何提高道德水平等。每个学生在这方面都可以做到有话可说，因此也

---

① ［清］屠继善纂：《（光绪）恒春县志》卷十，清光绪二十一年稿本，第21页。

② ［清］唐彪：《家塾教学法》，转引自张广顺：《阅读，写作的“根基”——唐彪写作教学观研究之二》，《语文学刊》2005年第12期。

应该多学习涉及这方面主题的文章。在阅读上百篇之后，学生自己可能就会有一些感悟了。

张行简在《塾中琐言》中总结自己对塾师工作的认识，其中对于书面写作练习的论述如下。

《塾中琐言》中对书面写作练习的论述[1]

主题	原文	解读
授诗文	授初学诗文，须因时递进，不可躐取高远，使读者食不知味	最初学习诗、文写作时，要从最简单的开始写起
改初学诗文	初学诗文，改窜过多，失去本来面目，彼定无从捉摸。即有不合作法者，亦须因其文气顺之，而抑扬其词，明为批示，并附一拟作于后	对于学生最初阶段的诗、文，塾师不必进行过多修改，否则会导致学生无从修改
勿遽开笔	蚕眠桑而茧结，蜂饱花而蜜成。初学于讲义文法，果能透熟，胸中无忧，不才思充沛，万勿见其年长，强令搜索枯肠，适以荒课程而销锐气 且无论胸无一物也，即少有所得，亦不必遽令开笔。盍观之花乎？含蕊久则其苞更大，其色更鲜，其谢较迟	不必着急开笔写作。这就像蚕吐丝、蜂酿蜜，都有自然规律一样，当学生读书量逐渐增加，自然能开始写作。如果强行让学生搜肠刮肚，只会适得其反
勿遽赴试	今人子弟读书，固系志在科名，但塾徒学力未充，却不可遽令赴试。不取则隳其锐气，倖取则启其骄心，无益有损，莫此为甚	参加科举考试固然没有什么问题，但启蒙教育阶段的儿童学习层次较低，还不必急于参加，因为很难考中，会导致学生对学习失去耐心

其中专门提到“勿遽开笔”“勿遽赴试”，即要打好基础，不要让学生急于开始练习写作。这是希望家长、塾师能尊重启蒙教育的规律，不要“揠苗助长”。类似的说法在其他文献中也有提到。比如清代《重订训学良规》中专门提出了“不得早应童试”，作者认为：

① ［清］张行简：《塾中琐言》，引自徐梓：《蒙学要义》，太原：山西教育出版社，1991年，第105—107页。

近今风气，往往年才十余龄，读经三四部，讲章尚不能解，遽令读《启悟集》，学破承题，一切经史，束之高阁，一二年后，遽令出考，坐此无成，十有四五。况近日试场习气甚坏，一经应考，从来未闻之秽语，自此而闻；向所未习之恶态，自此而习。呜呼！是直以良璞送入泥犁矣。

且县、府、院试，动必匝月，仆仆往来，徒为荒废，名为应试，放心实甚，一而再，再而三，锦绣年华，不觉已数年矣。何如趁此初日之光，埋头窗下，木鸡养到一举成名之为愈乎？由彼之说，则聪明者不过小成，鲁钝者遂致坐误；由此之说，则聪明者自可上达，鲁钝者犹不至无成。何去何从，贤父兄当自择之。①

有的家长让只有十多岁的孩子去参加科举考试，这时候孩子可能才读了三四本书，只是简单学了一点“破题”“承题”，是必然无法考中的。况且基层科举考试流程复杂，从县试到府试、院试，要往来县、府各地报名，了解各种信息，每一级考试都要持续很多天，经常往来折腾会影响读书。

清代王筠在《教童子法》中说：

教弟子如植木，但培养浇灌之；令其参天蔽日；其大本，可为栋梁，即其小枝，亦可为小器具。

今之教者，欲其为几也，即曲折其木以为几，不知器是做成的，不是生成底，迨其生机不遂，而夭阏（è，阻塞、堵塞）以至枯槁，乃犹执夏楚而命之，曰：“是弃材也，非教之罪也。”呜乎，其果无罪耶？②

启蒙教育就像植树，从幼苗开始培养，要一点点长成参天大

① ［清］李新庵撰，陈彝重订：《重订训学良规》，引自徐梓：《蒙学要义》，太原：山西教育出版社，1991年，第115页。

② ［清］王筠：《教童子法》，引自徐梓：《蒙学要义》，太原：山西教育出版社，1991年，第182页。

树。现在的教育者从幼儿时就帮助学生设定了将来的目标，就像一棵树苗还没开始生长，就确定了这棵树的木材将来要做成“茶几”，于是非要让树长成“茶几”所需要的样子，这只会破坏树木的自然生长。

对于学生来说，到底怎样的写作练习才是最好的，每个时代有每个时代的做法。无论过去还是现在，每一个受教育者都是具体的。明清时期刻苦练习写作的学生，可能就像今天刻苦用功复习高考的学生一样，他们心中有宏大的目标，也有具体的目标，他们热爱自己的家乡、国家，也在接受应试教育，这对个体来说并不矛盾，学生们每天只是在做一件件普通的事，在自己所处时代环境下，努力追求更好的教育结果。在这种情况下，个体的行为不宜过度贴上不合适的标签。

明清时期的教育学者不只关注启蒙教育阶段的教学方法，而且关注启蒙教育阶段儿童的道德素养培养。针对当时启蒙教育普遍受到科举考试影响的问题，学者们认为，启蒙阶段的学校不能以“应试”为指导，而应以“如何做人”为主要内容。清代晚期慈善活动章程汇编《得一录》中收录了一篇关于义学管理的《规条》，其中在正式的条文前边有类似于“前言”的说明，对开办义学的原则作了简要说明。

> 读书而不知做人之道。虽读十年何益于己故是举专以教学做人为主……
>
> 近时义学大率踵事增华，过求体面，但以功名之成否为实效，初不以教学做人为事。殊不知功名之成否自有天定，苟其人应有功名即无义学亦必有委曲成之者。况教成功名，而不能教成其做人，则其人将以功名为护符，适足为造罪害人之具，则教成功名未足为功德也，明矣。
>
> 苟能教成其做人，则终身即无功名而其祖宗感之，子孙赖之。一身荣之其为德已不小。得天下多一好人。即为天下

少一恶人。况一人为善。更可感化数十百人善气弥纶无有限量则教之者造福亦何可限量。且使即不能为善人。而因吾之教而少作几件恶事。少害几个平人。亦是义学明效则教学做人。何可一日缓耶。

义塾既专以学做人为主，则一切训蒙旧章。断宜加一番整饬爰本古者八岁入小学之意为宗。务于两月中。将立身处世之要，切实开导。并须娴习子弟规矩庶蒙童先入为主。长大有所法守。①

福州《通贤龚氏支谱祠堂条例》“书田”条提到，立义塾，聘业师的目的是：

不特发科甲高门第也，读书明大义识道理，即经营生理明白者，自不至于受人之愚，但往往父兄无力，遂至子孙废学，目不识丁，即数目字尚不能悉，何异马牛而襟裾乎？且长大何处觅生活也。②

清朝时期江苏昆山《李氏族谱》之“族规”规定：

读书非仅为科名也，能研求义理，学为好人，即不必科名始贵。③

江苏华亭《顾氏族谱》中，其《义庄规条》规定：

子弟入族塾就学，以孝弟忠信礼义廉耻培植根本，实行为重，非欲其专攻举业，求取功名。④

不过，需要注意的是，上述的记载只是启蒙教育研究者们对启蒙教育的期待。教育家希望家长、塾师不要急于让学生“开笔”，

---

① ［清］余治：《得一录》卷十，引自舒新城：《近代教育史资料汇编》，上海：华东师范大学出版社，1961年，第349—351页。

② 引自王日根：《明清科举制度对民营教育的促进》，《厦门大学学报（哲学社会科学版）》，2001年第4期。

③ 引自吴霓：《明清南方地区家族教育考察》，《中国史研究》1997年第3期。

④ 同上。

不要急于参加科举考试，可能正反映了当时的家长、塾师经常迫不及待地让学生这样做。教育家们期待塾师们重视儿童的启蒙教育，但在教育实践中往往并非如此。

最后需要说明的是，当代文章、著作在提及明清时期启蒙教育机构的教学方法时，常将蒙学教材中的内容、蒙学学规的记录作为当时蒙学的教学方法。明清时期，一些著作、一些地区固然针对义学、私塾中制定了比较详细的塾规，但这不能等同于该地、该处义塾在实际教学中按规定执行，也不能完全等同于各蒙学中真实存在的场景。

第十四章　明清蒙学读物体系

明清时期，我国蒙学读物体系日臻成熟。经过长期发展，明清时期启蒙教育机构中流行的蒙学读物既有唐宋以来的“传统读物”，如《三字经》《百家姓》，也有这一时期“新编”的读物。同时，不同群体都在创编启蒙读物，一些塾师也根据前人的成果，自编蒙学读物，“传统”读物与“新”读物在明清时期交相辉映。

一、明清启蒙教育机构中使用的读物体系

鲁迅在散文《从百草园到三味书屋》中回忆他幼时读书的场景：

> 于是大家放开喉咙读一阵书，真是人声鼎沸。有念“仁远乎哉我欲仁斯仁至矣”的，有念“笑人齿缺曰狗窦大开”的，有念“上九潜龙勿用”的，有念“厥土下上上错厥贡苞茅橘柚”的。[①]

在这里，鲁迅提到了几种那时候的儿童读的书。

“仁远乎哉我欲仁斯仁至矣”，是《论语·述而》中的一章，“仁远乎哉？我欲仁，斯仁至矣”。[②]

“笑人齿缺曰‘狗窦大开’”，是《幼学琼林·身体》中的一句，这是当时一部开蒙常识读物，这句话的意思是取笑别人牙齿缺了，

---

① 鲁迅：《鲁迅全集》第二卷，北京：人民文学出版社，1981年，第286—287页。

② ［清］刘宝楠：《论语正义》，北京：中华书局，1990年，第277页。

就说:“狗洞怎么大开着?”

“上九潜龙勿用”是《周易·乾卦》的开篇一“爻”,原文一般为“初九,潜龙,勿用”。[1]这句话是说:“时机未到,要做潜伏的龙,不可出头露面,要注意隐蔽,否则就会受伤害。”

“厥土下上上错厥贡苞茅橘柚”,这是《尚书·禹贡》中的一句,原文为描述各地的土地质量和物产情况,原文是“厥土惟涂泥,厥田惟下下,厥赋下上,上错。厥贡惟金三品……厥包橘柚锡贡”[2]。意思是:这里是一片低洼潮湿的土地,土地的质量在九州中属第九等(上上为第一等,下下为第九等)。这里的人缴纳第七等赋税,有时也间杂着缴纳第六等的赋税。其贡品是金、银、铜三种金属……把橘子和柚子打包作为贡品进献。

从鲁迅的叙述中可以看到,不同孩子年龄不同、家庭条件不同、学习进度快慢不同,都有针对性地教不同的内容,是典型的“混龄教学”。

明清小说《鸳鸯针》中有一段话也反映了这种差异:

> 这边教天地玄黄,那边问赵钱孙李。
>
> 上大人,先赔去红土一包;抄杂字,哭不见白纸半页。[3]

“天地玄黄”是《千字文》的开篇,“赵钱孙李”是《百家姓》的开篇。有的孩子学《千字文》,有的孩子学《百家姓》,有的孩子刚刚开始写字描红,不会写字,因此很费“红土”;有的孩子抄写“杂字”。

明清时期启蒙教育与当代学校教育的课程体系有很大差异。

---

① [清]阮元校刻:《十三经注疏》之《周易正义》,北京:中华书局,1980年,第13页。

② [清]阮元校刻:《十三经注疏》之《尚书正义》,北京:中华书局,1980年,第148—149页。

③ 转引自李丽霞:《明清白话小说塾师形象研究》,首都师范大学硕士论文,2005年。

在当代学校教育中，教师、儿童有了按照课堂教学特点编写的教材，而明清时期启蒙教育的课程体系只是不同的启蒙读物，或儒家经典。这些经典读物只是一本书，没有像现在的教材一样分为一课一课。明清时期儿童接受启蒙教育主要是指从头至尾诵读一本本的书。

在明清时期，我国启蒙教育学习内容形成了一些固定的原则、次序。

1.“三百千”成为体系

自明代开始，“三百千”成为启蒙教育的内容体系。明中后期的思想家吕坤在其所著《社学要略》中说：“初入社学，八岁以下者，先读《三字经》，以习见闻；《百家姓》，以便日用；《千字文》，亦有义理。”①

清末小说《老残游记》的开篇，主人公老残来到东昌府（今山东省聊城市）的一家书店，与书店掌柜聊天。

> 掌柜的道：“……所有方圆二三百里学堂用的三百千千都是在小号里贩得去的，一年要销上万本呢！
>
> 老残道：“贵处行销这‘三百千千’，我到没有见过。是部什么书？怎样销得这们多呢？”
>
> 掌柜的道：“嗳！别哄我罢！我看你老很文雅，不能连这个也不知道。这不是一部书，‘三’是《三字经》，‘百’是《百家姓》，‘千’是《千字文》；那一个‘千’字呢，是《千家诗》。这《千家诗》还算一半是冷货，一年不过销百把部；其余‘三百千’，就销的广了。”②

《老残游记》虽然是小说，不过这处对话可以从侧面反映出《三》《百》《千》是当时流传最广的蒙学读物，《三》《百》《千》开始

① ［清］陈鸿谋：《五种遗规》，《养正遗规补编·吕新吾社学要略》，乾隆培远堂刻汇本，第44页。

② ［清］刘鹗：《老残游记》卷七，民国天津日日新闻排印本，第6页。

成为体系。

2.“蒙书+四书”成为总体学习原则

清代郭臣尧写过一首《村学诗》：

一阵乌鸦噪晚风，诸生齐逞好喉咙。

赵钱孙李周吴郑，天地玄黄宇宙洪。

《三字经》完翻《鉴略》，《千家诗》毕念《神童》。

其中有个聪明者，一日三行读《大》《中》。①

一个村塾的儿童们正在读书，有的读“赵钱孙李，周吴郑（王）”，这是《百家姓》；有的读“天地玄黄，宇宙洪（荒）”，这是《千字文》。《三字经》读完后，读一读《鉴略》；《千家诗》读完后，读一读《神童诗》。有的学生已经开始读《大》《中》，即《大学》《中庸》了。

这首诗共提到了八部作品，分别为《百家姓》《千字文》《三字经》《千家诗》《鉴略》《神童诗》《大学》《中庸》。具体的学习次序是：先读《百家姓》《千字文》《三字经》这样的蒙书，间或读一读《千家诗》《鉴略》《神童诗》，之后则开始读《大学》《中庸》等四书。《大学》《中庸》《论语》《孟子》等四书是较高阶段的学习课本。

从《村学诗》中可以看到，当时我国儿童启蒙阶段阅读的大部分为前代流传作品，有些作品已经流传很久，有一两千年的历史，明清的作品较少。从这些启蒙读物产生的时间来看，《大学》《中庸》等四书为先秦时期作品，《千字文》为南北朝时期作品，《百家姓》为宋代作品，《神童诗》据传为宋代编写的读物（后人常说的“万般皆下品，惟有读书高”便出自这本书），《鉴略》为明代作品，也称为《五字鉴略》，用五言韵语叙述古今历史。

3.伦理类蒙书一直受到学者关注

明清时期，塾师分为两派，一派自视甚高，学生一入学就直

① 徐珂：《清稗类钞》讥讽类．北京：中华书局，1984年，第1620页。

接学习《大学》《中庸》，甚至连诗歌都不屑于学习；一派则主要教学生学习启蒙读物。清代晚期余治编写的《变通小学义塾章程》中保存了作者与一位朋友的对话，作者提道：

窃念近世蒙师，限于积习，开蒙即训《(大)学》《(中)庸》，于古者小学之教，已漠不过问。

其上者高视阔步，聪明自负，即有浅近诗歌，足资童蒙启发者，又多不屑教读；其庸庸者，则又墨守成例，《千字(文)》《百家(姓)》《神童(诗)》《千家诗》之外，不敢稍改旧章，说到讲解，则又以为童蒙何足与于此。[①]

这里说的“近世蒙师”是指当时的塾师，有的塾师过于推崇《大学》《中庸》等儒家经典，这些经典不是真正意义上的“小学”。《变通小学义塾章程》认为“近世蒙师”的做法只图省事，存在问题。反过来，有的塾师只让学生学习《千字文》《百家姓》《千家诗》，这也是存在问题的。

什么才是更为理想的启蒙教育呢?《变通小学义塾章程》中保存了余治与一位朋友的对话：

予尝询一乡人：“曾读书否?”

其人曰：“曾人塾五年。”

问以：“塾师曾训汝做人道理否?”

曰：“未也，不过日读《四书》数句，写字数行耳。”

又问：“开蒙时先读何书，曾读《孝经》《小学》《弟子职》否？曾讲说《日记故事》《二十四孝》否?”

曰：“未也。启蒙时，先读《神童诗》《千家诗》，以后即读《学》《庸》《论》《孟》，至于《孝经》等书，目且未见。”[②]

余治认为，《孝经》《小学》《弟子职》《日记故事》《二十四孝》

① ［清］余治：《得一录》卷十，清同治八年苏州得见斋刻本，第1—2页。

② 同上。

等书十分重要，这些书对一个人价值观的建立有重要影响，但是这位朋友在启蒙教育阶段的学习次序是先学了《神童诗》《千家诗》，之后学习四书。

《孝经》《弟子职》均是先秦时期的作品，《孝经》的篇幅简短，以“孝”贯穿始终，《弟子职》《小学》的内容以学生在校行为守则、生活注意事项为主。《小学》是宋代思想家朱熹的作品。《日记故事》《二十四孝》是自元代开始流行的劝善读物。

余治的看法是当时很多人认可的教育理念。比如清代唐彪的《家塾教学法》中说：“童蒙初入学，先令读《孝经》《小学》，继读四书本经。”[①]再比如清代唐鉴在《义学示谕》中说：

> “四书”“五经”外，如《孝经》《小学》最为蒙童切要之书，读之即知作人之道，由此而大成，必为忠臣孝子，次之亦不失为善士、为好人，此在养之以预也。至初发蒙之幼孩，先取顺口，则《小儿语》《好人歌》《三字经》《千字文》皆可取其易于成诵，亦不失为蒙养之初教也。[②]

唐鉴认为，先秦时期编写的《孝经》，宋代朱熹编写的《小学》反映了做人的道理，应该受到重视。而明代的《小儿语》《好人歌》，宋代的《三字经》，南北朝时期的《千字文》等内容简单，适合儿童诵读，可以作为启蒙教育最初阶段的读物。

清代徐九皋曾为阳信县（今山东省滨州市）义学制定了《社学教规申督学文》，其中对于读书学习次第的认识是：

> 先《弟子职》，次《小学》，次《论语》，次《大学》，次《中庸》，次《孟子》，次《孝经》，次《通鉴纲目》，非圣人之书不得一概杂施，以坏正学。其习举业者必典实，必淳正，

---

① ［清］唐彪：《家塾教学法》，引自徐梓：《蒙学要义》，太原：山西教育出版社，1991年，第209页。

② ［清］唐鉴：《义学示谕》，引自《中国教育大系》，武汉：湖北教育出版社，2004年，第1463页。

勿崇靡浮以伤雅道。每日读书作课之余，仍教之歌诗，必关伦理者。①

徐九皋认为，在启蒙阶段，应该先学习《弟子职》《小学》，之后再学习四书、《孝经》，即使阅读诗歌，也应该围绕伦理主题展开。至于《百家姓》《千字文》则没有被提及，可能因为大部分学生上学时间并不多，没有足够的精力再学习这些作品。

一些家族也作了类似的规定，比如山东泰安范氏家族对族学的学习内容作了规定。《泰安范氏族谱》规定，在进学前要求本族子弟要先立志“八岁以上，教之以应付进退之节，令读朱子《小学》书、曾子《离孝道》书，又读《大学》、《论语》、《孟子》、《中庸》诸书，渐为讲习，收其心，养其德心”。②再比如《浙江东阳西源马氏宗谱》中规定：“读四子书，或将业商者不复研经，则四子书之外，如《孝经》、朱子《小学》、《幼学琼林》俱不可不读。”③其中《幼学琼林》可以平衡单纯读儒家伦理规范作品导致缺乏常识的问题。

4.劝善书在一些启蒙教育机构中发挥作用

清代光绪十二年（1886年），在当时山西省做官的马中丞编写了《祠堂小学塾规》，其中对读书的顺序是这样规定的：

> 塾中先备《小学》等书六种：《三字经》、《二语摘读》（在解刻有板存祠内）、《弟子规》、《朱柏庐治家格言》、《四字鉴略》、《小学集解》，先认号帖，至千余字，即令将以上各书挨次熟读，然后令读四子书，每读一种，即为讲解，不可以其童蒙而忽之。

---

① 朱兰等：《阳信县志》卷八《艺文志》，民国十五年铅印本，第26—27页。

② 《泰安范氏族谱》甲册“世德觉训六”，未公开出版，第11页。

③ ［清］马懋进等：《浙江东阳西源马氏宗谱》，出自上海图书馆编：《中国家谱资料选编·家规族约卷上》，周秋芳、王宏整理，上海：上海古籍出版社，2013年，第32页。

这里提到的《小学》《二语摘读》《弟子规》《朱柏庐治家格言》《小学集解》等书均以儒家伦理规范为主。其中，只有《小学》为宋代作品，《朱柏庐治家格言》为明末清初时期作品。《弟子规》《二语摘读》《小学集解》为清代编写的蒙学读物，《三字经》为宋代编写的综合性蒙学读物，《四字鉴略》为清代初年编写以历史内容为主的蒙学读物。这几种读物可以补充单纯讲述伦理规范的不足。很明显，这篇《祠堂小学塾规》列出了不少清代编写的儿童读物，在启蒙阶段的阅读以儒家伦理规范为基础，以四书（四子书）为较高阶段。

清代晚期，余治编写的《得一录》中收录有一篇《塾中条例》，原文如下：

> 塾中先备小学七种：一《三字经》、一《感应篇》、一《阴骘文》、一《觉世经》、一《文昌孝经》、一《朱伯庐家训》、一《吕子小儿语》，此七种，皆醇正训戒善书，可先令生徒熟。读之毕后，方令读四子书。每读一种，即为明白讲解，切不可以其童蒙而忽之。①

对比马中丞编写的《祠堂小学塾规》可以看到，清代编写的蒙学著作均被替换成了劝善读物，并增加了明代的吕坤编写的《小儿语》。《塾中条例》列出的劝善书包括：《感应篇》《阴骘（zhì）文》《觉世经》《文昌孝经》，这是当时最流行的几种劝善读物。

其中《感应篇》又名《太上感应篇》，是宋代劝善读物，内容以宣讲善恶报应为主。

《阴骘文》又名《文昌帝君阴骘文》，也是以宣传积德行善为主要内容的作品。

《觉世经》又名《关圣帝君觉世真经》，是假托关公所写的劝善著作。

---

① ［清］余治：《得一录》卷八，清同治八年苏州得见斋刻本，第3页。

《文昌孝经》是宋代作品，假托文昌帝之口，劝人尽孝的著作。

这些书应该成为学习四书前要学的内容。这并不是个案，清代李新庵、陈彝编写的《重订训学良规》也提道：“塾中讲书之余，宜将《阴骘文》《觉世经》《感应篇》等，当作日课，时与讲说。”① 清代贺长龄编写的《训蒙条约》中也提及了一些劝善书：

> 子弟八九岁，稍有知觉，即宜开讲《小学》，虽每日目有讲书正课，然宜检出一二条，与他讲究，或《感应篇》《阴骘文》《觉世经》《日记故事》《果报》等书亦好，然须覆讲。
>
> 子弟极幼者，每晚亦讲家训格言，随其质之高下，即一二行，或两三句亦好，总以还讲为要。②

其中，《日记故事》《果报》均是具有劝善意味的书籍。

二、明清时期的启蒙读物

明清时期的启蒙读物形成了不同的类别。

第一类为“传统读物”。中国一直是一个尊重传统的国家，很多童蒙读物和儿童教育用书可以一成不变地使用上千年，这在不断进行课程与教学变革的当代看来是不可思议的。在明清时期的几百年时间里，中国社会基本稳定下来，也形成了一些在当时看来属于“传统读物”的识字书籍，主要以《三字经》《百家姓》《千字文》为代表。对于明清时期的人来说，这些读物已经十分古老，《三字经》《百家姓》产生于宋代，而《千字文》则产生于南北朝时期，已经有上千年的历史，属于“传统读物”。明代儿童使用《千字文》作为读物，其时间间隔好比今天的小学使用宋元时期的读物一样。由于时间过于悠久，语言环境变化很大，即使对于明清

① ［清］李新庵，陈彝：《重订训学良规》，引自徐梓：《蒙学要义》，太原：山西教育出版社，1991年，第125页。

② ［清］余治：《得一录》卷十，清同治八年苏州得见斋刻本，第1页。

时期的人来说，这类读物使用起来也存在着诸多的不便，但是这些读物在尊重传统、崇尚古典的明清社会中仍旧十分流行。

第二类为“新编读物”。明清时期新编了一些读物，这类读物由当时的学者编写，供本时期的儿童使用。明代以《小儿语》《续小儿语》以及《龙文鞭影》等读物为代表，清代则有《唐诗三百首》《声律启蒙》《幼学琼林》《弟子规》等。对于生活在明清时期的人来说，这类读物是“新编读物”，更适合当时的儿童，用起来更加方便。其中一部分“新编读物”在当时迅速流传，成为各地启蒙教育机构中广受欢迎的读物。

第三类为“自编读物”。明清时期，中国基层社会存在着很多季节性启蒙教育机构，只在某个季节尤其是农闲的冬季开办。在这些启蒙教育机构里，学生没有条件接受更长时间的系统教育，将来也不会去阅读四书五经、参加科举考试，而是要用半年或几个月的时间认识常用字、学习常用文化知识，满足日常生活和简单计算的需要。在当时，很多人可能一生只有这样一次接受正式学校教育的机会，塾师为了提高教学的效率，编写了不少面向不同群体、内容多样的杂字类识字读物，供基层儿童使用。有的“自编读物”适用范围很小，也有个别“自编读物”在一定区域内得到流传。

1.明代新编启蒙读物

《小儿语》

明代嘉靖时期，我国河南宁陵（今河南省商丘市）有一对父子，父亲名为吕德胜，字近溪；儿子名吕坤，字叔简。吕坤曾在朝中担任高官，有《呻吟语》等著作流传至今，在历史上的名气更大一些。在中国启蒙教育发展史上，吕德胜、吕坤父子留下了《小儿语》《续小儿语》两部著作。吕德胜在《小儿语》的编写宗旨中说：

> 儿之有知而能言也，皆有歌谣以遂其乐，群相习，代相

传，不知作者所自。如梁宋间《盘脚盘》《东屋点灯西屋明》之类，学焉而于童子无补，余每笑之。夫蒙以养正，有知识时，便是养正时也。是俚语者固无害，胡为乎习哉！……乃以立身要务谐之音声，如其鄙俚，使童子乐闻而易晓焉，名曰《小儿语》。是欢呼戏笑之间，莫非理义身心之学。一儿习之，可为诸儿流布。童时习之，可为终身体认，庶几有小补云。①

当时社会上有一些世代传承的儿歌，这些儿歌的内容并不那么文雅，与儒家经典有些差异，不过很切近儿童的日常生活，对于儿童的成长是有一定积极作用的。吕德胜在这些儿歌的基础上编写了《小儿语》。《小儿语》的内容主要是一些当时流行的格言警句，形式主要是四言、六言和杂言。吕德胜在编写完《小儿语》之后，陆续又发现了更多没有编入的内容，于是希望他的儿子吕坤能继续编写一部《续小儿语》。《续小儿语》与《小儿语》内容相近，体例相同，只是篇幅有所增加。

吕坤在《续小儿语》的编写说明中说："余为儿语，而文殊不近体。然刻意求为俗弗能，故小儿习先君语如说话，莫不鼓掌跃诵之，虽妇人女子亦乐闻而笑，最多感发。习余语，如读书，謇謇惛惛，无喜听者。拂其所好，而强以所不知，理固宜然。"②

吕德胜、吕坤认为，儿童在接受启蒙教育之初，应该学习一些更通俗的内容。《小儿语》《续小儿语》不是典雅古朴的启蒙读物，而是编入了当时比较流行的俗语，这些句子有一些一直流传到今天，成为影响无数人的格言警句。

《小儿语》四言部分开篇：

---

① ［明］吕坤：《小儿语序》，《吕坤全集（下）》，北京：中华书局，2008年，第1221页。

② ［明］吕坤：《小儿语跋》，《吕坤全集（下）》，北京：中华书局，2008年，第1250—1251页。

一切言动，都要安详。十差九错，只为慌张。

沉静立身，从容说话。不要轻薄，惹人笑骂。

六言部分开篇：

儿小任情娇惯，大来负了亲心。费尽千辛万苦，分明养个仇人。

世间第一好事，莫如救难怜贫。人若不遭天祸，舍施能费几文？①

《小儿语》《续小儿语》在内容上主要是引导儿童做一个高尚而有智慧的人，严以律己、宽以待人，同情弱者而又不阿谀权贵，同时也要洞察人情冷暖，明辨是非善恶。

除了《续小儿语》之外，吕坤还编写了《好人歌》，也是后来流传较广的启蒙读物：

天地生万物，唯人最为贵。
人中有好人，更出人中类。
我作好人歌，四座请听记。
好人先忠信，好人重孝悌。
好人知廉耻，好人守礼仪。②

《龙文鞭影》

明代万历（1573—1620年）年间，担任国子祭酒的萧良有编写了一部《蒙养故事》，主要内容是古代史书中的各类典故，其中有很多在今天也是很常用的成语故事。《蒙养故事》的形式类似于唐代《蒙求》，全文大约几千字，每四字一句，一句即是一个故事。相比之下，《龙文鞭影》比《蒙求》的篇幅要长一些。

后来，杨臣诤对《蒙养故事》进行了修订补充，改名为《龙

---

① ［明］吕坤：《小儿语》，《吕坤全集（下）》，北京：中华书局，2008年，第1223页。

② ［明］吕坤：《去伪斋集》卷十，《吕坤全集（上）》，北京：中华书局，2008年，第555页。

文鞭影》。“龙文”是古代一种千里马，“鞭”即扬鞭催马，《龙文鞭影》即“奋进中的千里马留下的影子”，表示这些历史上的名人留下的故事，可以作为当代儿童学习历史的捷径。

《龙文鞭影》全文按照汉语三十韵部，共分为三十部分，比如第一部分为“一东”：

《龙文鞭影》“一东”部分原文及译文

原文	译文
粗成四字，诲尔童蒙。 经书暇日，子史须通。 重华大孝，武穆精忠。 尧眉八彩，舜目重瞳。 商王祷雨，汉祖歌风。 秀巡河北，策据江东。①	重华即上古时期“三皇”之一的舜帝。武穆即岳飞。 传说尧帝的眉毛有八种颜色，而舜帝则有两个瞳孔。 商王即商代君王。高祖即汉高祖所歌“大风起兮云飞扬”。 秀即东汉光武帝刘秀。策即三国时期孙策。

可以看到，这些内容大致类似于今天的“作文写作素材”。学习这些内容，可以在短时间内掌握较多的历史典故，了解历史常识，有利于儿童进行文章创作。

2.清代新编启蒙读物

朱柏庐《治家格言》

明末清初时期，昆山（今江苏省苏州市）有一位名叫朱柏庐的读书人，他18岁时，父亲便去世了。朱柏庐是家中的长子，在那时候，“长子如父”，要承担更多的家庭责任。朱柏庐到中年后将他对于家庭的认识汇总起来，成为一篇约五百字的格言汇编。

有一次，朱柏庐的叔叔到家中做客，看到这篇《治家格言》，便将其抄走，制作成牌匾挂在家中，使这篇《治家格言》逐渐传播开来。为了美观，朱柏庐的叔叔在牌匾两侧题写了一副对联：“鹿洞谈经传千秋师表，柏庐继志垂一脉家规。”朱熹和朱柏庐都

① 参考张民江：《〈龙文鞭影〉研究》，陕西师范大学硕士论文，2020年。

姓“朱”，朱熹是宋代著名学者。朱柏庐的叔叔认为这是对朱熹在白鹿洞讲学精神的一种继承。

不过，其他传阅《治家格言》的人并不清楚这一点，他们更愿意相信这是宋代学者朱熹编写的“治家格言”，一直传承到朱柏庐家族。后来，这篇格言甚至称为“朱子家训”“紫阳朱子家训”。

直到清代晚期，在昆山担任知县的廖纶才将这一问题纠正过来。廖纶也是一位读书人，他在了解到其中的误会之后，坚持为朱柏庐正名。他请人在知县衙门墙壁上刻上了《治家格言》，特地标明为本县朱柏庐创作，并在本地书院中建了朱柏庐的专祠。在此之后，人们才慢慢认识到《治家格言》的作者是朱柏庐，而不是朱熹。

朱柏庐《治家格言》内容精炼，是明清时期家庭伦理观的集中体现，在清代一些地区被作为启蒙教育读物对待，兹选择其中开篇部分如下：

> 黎明即起，洒扫庭除，要内外整洁；既昏便息，关锁门户，必亲自检点。
>
> 一粥一饭，当思来处不易；半丝半缕，恒念物力维艰。
>
> 宜未雨而绸缪，毋临渴而掘井。
>
> 自奉必须俭约，宴客切勿流连。
>
> 器具质而洁，瓦缶胜金玉；饮食约而精，园蔬逾珍馐。
>
> 勿营华屋，勿谋良田，三姑六婆，实淫盗之媒；婢美妾娇，非闺房之福。
>
> 童仆勿用俊美，妻妾切忌艳妆。
>
> 祖宗虽远，祭祀不可不诚；子孙虽愚，经书不可不读。
>
> 居身务期质朴，教子要有义方。
>
> 勿贪意外之财，勿饮过量之酒。
>
> 与肩挑贸易，毋占便宜；见贫苦亲邻，须加温恤。

刻薄成家，理无久享；伦常乖舛，立见消亡。[①]

《唐诗三百首》

《唐诗三百首》是清代署名为“蘅塘退士”的一位人士编写的，自编写完成后，便风靡全国，至今仍旧流传不衰。清代流传的《唐诗三百首》版本中题写着“时乾隆癸未年春日蘅塘退士题”。乾隆癸未年为乾隆二十八年（1763年），“蘅塘退士”是谁呢？民国时期，文学家朱自清在他看到的一种《唐诗三百首》版本中看到“蘅塘退士”名号旁边盖有一枚印，印中显示的名字是“孙洙”，自此之后，《唐诗三百首》便被认为是一位名叫“孙洙”的人编写的。

孙洙是江苏无锡人，生活在清代中期，“蘅塘退士”可能是他为自己取的一个称号。实际上，孙洙曾考中进士，并在一些地区担任过知县级别的官员，并不是真正的“退士”，他之所以自称为“退士”，可能是因为他曾在参加科举考试时落榜，之后才终于考中，而且孙洙一生从政的经历并不是那么顺畅，所以才取了“退士”这样的称号。

在孙洙生活的时期，儿童学习诗歌主要参考的是宋代编写的《千家诗》，在孙洙看来，《千家诗》还不够好，他一直想要重新编写一本古诗选本，这一愿望直到五十多岁时才最终实现。他在《唐诗三百首》的序言中说：

世俗儿童就学，即授《千家诗》，取其易于成诵，故流传不废。但其诗随手掇拾，工拙莫辨，且止五七律绝二体，而唐宋人又杂出其间，殊乖体制。因专就唐诗中脍炙人口之作，择其万要者，每体得数十首，共三百余首，录成一编，为家塾课本。俾童而习之，白首亦莫能废，较《千家诗》不胜远

① 陆林、吴家驹选编：《朱柏庐诗文选》，南京：江苏古籍出版社，2002年，第3—5页。

耶？谚云："熟读唐诗三百首，不会吟诗也会吟。"请以是编验之。①

孙洙认为，《千家诗》只选择了五言、七言的绝句和律诗两种体例的诗歌，而且把唐宋两代诗人混在一起，体例有些乱，因此他专门从唐代诗歌中选出了三百余首流传广泛的诗歌，作为儿童启蒙读物。这些诗歌包含了各类题材、类别。实际上，经后人考证发现，孙洙编写的《唐诗三百首》中也有两首是宋代诗人的诗歌。

孙洙模仿孔子将《诗经》删改为三百零五篇的做法，也选择了三百余首唐诗，最初为三百一十首。在孙洙之后，清代出现了多个对《唐诗三百首》进行注解、解读的版本。其中有的版本对《唐诗三百首》作了一些补充，比如清代晚期，章燮编写了《唐诗三百首注疏》，增加了十多首诗歌，这一版本在今天也较为流行。

在中国古代诗歌选编读物中，《唐诗三百首》是对当代影响最大的一种。大约一半《唐诗三百首》中编入的唐诗是当代中小学语文教材中仍会出现的内容。

《声律启蒙》

清代康熙（1662—1722年）年间，车万育编写了一部韵对类的启蒙读物《声律启蒙》，这部书按照三十韵分为三十部分，共有上、下两卷，每卷各十五个韵部，每部分内有长短不同的韵对。《声律启蒙》这部书声韵协调，意蕴丰富，读起来朗朗上口，即使在今天，也是优秀的儿童读物。

实际上《声律启蒙》并不完全是原创，而是在前人《声律发蒙》的基础上编写而成的。《声律发蒙》这部书在当代也可以看到。对比两书的第一部分"一东"的内容如下：

① 参考伍双林：《〈千家诗〉研究》，东北师范大学硕士论文，2009年。

《声律发蒙》与《声律启蒙》对比（“一东”部分）

《声律发蒙》	《声律启蒙》
	南对北，北对东。物外对寰中。君臣对父子，海岳对雷风。 尧舜德，禹汤功。孔子对周公。 六经千古在，五典百王同。 天地无心成化育，圣贤有道继鸿蒙。 书代结绳，阐人文于有象；图呈画卦，开道统于无穷。
云对雨，雪对风，晚照对晴空。来鸿对去燕，宿鸟对鸣虫。 三尺剑，六钧弓，岭北对江东。人间清暑殿，天上广寒宫。 两岸晓烟杨柳绿，一园春雨杏花红。 两鬓风霜，途次早行之客；一蓑烟雨，溪边晚钓之翁。	云对雨，雪对风。晚照对晴空。来鸿对去燕，宿鸟对鸣虫。 三尺剑，六钧弓。岭北对江东。人间清暑殿，天上广寒宫。 两岸晓烟杨柳绿，一园春雨杏花红。 两鬓风霜，途次早行之客；一蓑烟雨，溪边晚钓之翁。
沿对革，异对同，白吏对黄童。江风对海雾，牧子对渔翁。 颜巷陋，阮途穷，冀北对辽东。池中濯足水，门外打头风。 梁帝讲经同泰寺，汉皇置酒未央宫。 尘虑萦心，懒抚七弦绿绮；霜华满鬓，羞看百炼青铜。	沿对革，异对同。俊雅对英雄。才人对逸客，牧子对渔翁。 颜巷陋，阮途穷。海雾对江风。云孤秦岭断，天阔楚江空。 梁武讲经同泰寺，汉高置酒未央宫。 尘虑萦心，懒抚七弦之绿绮；霜华满鬓，羞临百炼之青铜。
贫对富，塞对通，野叟对溪童。鬓皤对眉绿，齿皓对唇红。 天浩浩，日融融，佩剑对弯弓。半溪流水绿，千树落花红。 野渡燕穿杨柳雨，芳池鱼戏芰荷风。 女子眉纤，额下现一弯新月；男儿气壮，胸中吐万丈长虹。	贫对富，塞对通。白叟对黄童。红蕖对紫菊，细柳对疏桐。 题雁塔，步蟾宫。凫峄对龟蒙。一湾流水绿，千树落花红。 淡淡半桥杨柳月，轻轻一沼芰荷风。 女子眉纤，额下见一弯新月；男儿气壮，胸中吐万丈长虹。

通过对比可以看到，《声律启蒙》将《声律发蒙》作了一些改编。《声律启蒙》每部分分为三则，《声律发蒙》每部分分为四则，其中后三则是《声律启蒙》的主要来源。改编之后，《声律启蒙》每则分为十对，有单字对，比如“云对雨”；有双字对，比如“晚照对晴空”；有三字对，比如“三尺剑，六钧弓”；有五字对，比

如“人间清暑殿，天上广寒宫”。每则的最后两对分别为七字对、十一字对。每则内容由简到繁。

清代晚期，李渔模仿《声律启蒙》的样式，编写了《笠翁对韵》，“笠翁”是李渔的号。《笠翁对韵》第一部分“一东”原文如下。

天对地，雨对风。大陆对长空。山花对海树，赤日对苍穹。

雷隐隐，雾蒙蒙。日下对天中。

风高秋月白，雨霁晚霞红。

牛女二星河左右，参商两曜斗西东。

十月塞边，飒飒寒霜惊戍旅；三冬江上，漫漫朔雪冷渔翁。

河对汉，绿对红。雨伯对雷公。烟楼对雪洞，月殿对天宫。

云叆叇，日曈曚。腊屐对渔蓬。

过天星似箭，吐魄月如弓。

驿旅客逢梅子雨，池亭人挹藕花风。

茅店村前，皓月坠林鸡唱韵；板桥路上，青霜锁道马行踪。

山对海，华对嵩。四岳对三公。宫花对禁柳，塞雁对江龙。

清暑殿，广寒宫。拾翠对题红。庄周梦化蝶，吕望兆飞熊。

北牖当风停夏扇，南檐曝日省冬烘。

鹤舞楼头，玉笛弄残仙子月；凤翔台上，紫箫吹断美人风。①

可以看到，《笠翁对韵》在形式上与《声律启蒙》类似，不过内容为新编，也是一部广泛流传的韵对类启蒙读物。

《幼学琼林》

明末清初时期，新建县（今江西省南昌市）一位名叫程登吉（1601—1648年）的读书人编写了一本《幼学须知》，这是一部分类常识类读物。清代初年，《幼学须知》得到刊刻发行，可惜后来

① 参考张灵慧：《〈笠翁对韵〉研究》，华中师范大学硕士论文，2020年。

没有流传下来。

清代中期，一位名叫邹圣脉（1692—1762年）的人偶然接触到程登吉编写的《幼学须知》，对这部书后来的命运起到了关键的作用。邹圣脉是福建汀州（今福建省龙岩市）人，出身于一个书商家庭，虽然一直致力于参加科举考试，但并没有考中功名。书商家庭出身的他对书籍的可传播性十分敏感，在接触到《幼学须知》后，感到这是一部值得推广的书，便对这部书进行了较大的修订，并改名为《幼学故事琼林》(或称《幼学琼林》)。“琼林”本是唐代皇家仓储地之一，藏品丰富。后来，宋代朝廷形成了在“琼林苑”宴请每届进士的传统。这本书取名为“琼林”，既表示书中内容丰富，也寄托着对少年读者的美好期盼。

邹圣脉改编后的《幼学琼林》共分为四卷，将儿童所学常识分为三十二篇，比如第一卷分为天文、地舆、岁时、朝廷、文臣、武职等六篇，第二卷分为祖孙父子、兄弟、夫妇、叔侄、师生、朋友宾主、婚姻、女子、外戚、老幼寿诞、身体、衣服等十二篇。从分类名称中可以看到这些均是与儿童日常生活紧密相关的内容。

《幼学琼林》第一篇开篇部分原文如下：

> 混沌初开，乾坤始奠。气之轻清上浮者为天，气之重浊下凝者为地。
>
> 日月五星，谓之七政；天地与人，谓之三才。日为众阳之宗，月乃太阴之象。
>
> 虹名蝃蝀（dì dōng），乃天地之婬气；月里蟾蜍，乃皓魄之精华。
>
> 风欲起而石燕飞，天将雨而商羊舞。
>
> 旋风名为羊角，闪电号曰雷鞭；青女乃霜之神，素娥即月之号。
>
> 雷部至捷之鬼曰律令，雷部推车之女曰阿香。云师系是丰隆，雪神乃为滕六。焱火、谢仙，俱掌雷火；飞廉、箕伯，

悉是风神。

列缺乃电之神，望舒是月之御。甘霖、甘澍，俱指时雨；玄穹彼苍，悉称上天。

雪飞六出，预兆年丰；日上三竿，乃云时晏。

蜀犬吠日，比人识见甚疏；吴牛喘月，嘲人畏惧太过。

望切有若云霓，恩深莫如雨露；参商二星，每出没不相见；牛女两宿，惟七夕一相逢。[1]

从这些内容来看，《幼学琼林》解释了儿童在学习和生活中常见的各类名词，既可以帮助塾师开展教学，也可以帮助儿童读懂经典著作，拓展阅历。

《弟子规》

大约清代康熙（1662—1722年）年间，山西绛州有一位生员，名叫李毓秀，字子潜。他在从事塾师工作期间，编写了一本名为《训蒙文》的启蒙读物。后来经贾存仁修改之后，改名为《弟子规》。[2]《弟子规》的作者李毓秀不是一位大的学问家，而是一位私塾的教师，也就是说他不是教育理论专家，而是一位一线教师。

清代比较尚古，新编的儿童读物，总是围绕着《三字经》《百家姓》《千字文》《蒙求》等“古代”已有的蒙书展开，或者是对这些旧有蒙书进行增补，或者是模仿这些旧有蒙书的样式重新编写。

《弟子规》也是当时塾师新编读物中的一种，也有其模仿的原型。早在先秦时期，《管子》中就已经出现了《弟子职》这样的篇目，后代也有很多类似的著作。进入隋唐以后，中国传统社会伦理经历了一次重建的过程。比如在师道颓废的唐代，佛教律宗的法师道宣和尚曾专门写了《教诫新学比丘行护律仪》，对新进入寺院的比丘各方面的行为进行规定，其中提到“在师前不得与同

① 参考王丹：《〈幼学琼林〉研究》，东北师范大学硕士论文，2016年。

② 徐梓：《蒙学读物的历史透视》，武汉：湖北教育出版社，1995年，第110页。

类人相礼”“在师前不得受人礼拜”“师语未了不得语”等内容。宋元之后，理学逐渐成为主流思想，启蒙读物开始对儿童“衣服冠履”“语言步趋”等作了专门的规定。这一类的文献还有很多，是李毓秀编写《弟子规》的模仿对象。

《弟子规》通篇的结构来自《论语》，以“圣人训”的形式构成全篇，具体内容大部分都能在早期儒家经典或宋代理学家的著作中找到依据或者原文。当代人看到的《弟子规》当然是“文言文”的，但在清代，与一些历史更为悠久的儿童读物相比，当时的《弟子规》是“新编”的读物，其所使用的语言也是生动活泼、接近口语，很适合儿童使用。所以，《弟子规》产生之后，便开始慢慢流行起来。

《弟子规》采用三字一句的形式，内容简单易懂，全文结构以《论语·学而》中“弟子入则孝，出则悌，谨而信，泛爱众而亲仁。行有余力，则以学文”为参考，共分为七部分，分别为：孝、悌、谨、信、爱众、亲仁、余力学文等。其开篇部分为：

> 总绪
> 弟子规，圣人训。首孝悌，次谨信。
> 泛爱众，而亲仁。有余力，则学文。
> 入则孝
> 父母呼，应勿缓。父母命，行勿懒。
> 父母教，须敬听。父母责，须顺承。
> 冬则温，夏则凊。晨则省，昏则定。
> 出必告，反必面。居有常，业无变。
> 事虽小，勿擅为。苟擅为，子道亏。[1]

张志公在《传统语文教育初探》一书认为《弟子规》“能抓住

---

① 参考王立刚:《〈弟子规〉的历史溯源与传播过程》,《教育学术月刊》2017年第05期。

要点，提纲挈领，语言比较好懂，字数少，容易记诵，这些大概是它所以风行的原因”。[①]严格来说，《弟子规》是一种蒙学读物，也是基层社会劝善书体系的一部分。清代底层社会流行的各种善书、杂字的数量惊人。这些书的作者，本来大都是生活在地方社会的人，大部分是小众书籍，一些书往往除了编写者个人使用之外，便再无其他人知道。只有极少的书由于种种偶然因素，流行程度较高，跨越了地域。这些流行程度很高的书，往往并非是理论最高、内容最优秀的书。《弟子规》的理论水平并不是最高，内容并不是最成体系，对儒家思想的表述并不是最精确，但仍慢慢走出本地，被各地的老百姓广泛接受。

3.明清时期的杂字

清代蒲松龄一生长期担任塾师，他曾编写了一部名为《日用杂字》的书。蒲松龄在《序》中说：“旧有《庄农杂字》，村童多诵之。无论其脱漏甚多，而即其所有者，考其点画，率皆杜撰。故立意详查字汇，编为此书。”[②]

蒲松龄说的《农庄杂字》也称为《庄农日用杂字》，是山东省当地塾师编写的识字读物。其开篇为：

人生天地间，庄农最为先；
要记日用账，先把杂字观；
开冻就出粪，制下镢合锨；
扁担槐木解，牛筐草绳拴；
明日把场打，麸料牲口食；
套上骡合马，不禁碌辘颠；
迎风摔簸箕，扬的蛾眉弯……[③]

---

① 张志公：《传统语文教育初探》，上海：上海教育出版社，1962年，第46页。

② 转引自刘中富：《蒲松龄〈日用俗字〉的用字类型和特点》，《中国文字研究》2019年第01期。

③ 顾月琴：《日常生活变迁中的教育》，华东师范大学博士论文，2009年。

可以看到,《农庄杂字》充满了基层社会的乡土气息。明清时期，我国各地的塾师数量庞大，流传下来的杂字类识字读物总量也很多，有些读物的寿命很短，远不能与当时的《三字经》《百家姓》《千字文》相比，有的读物甚至使用一两次之后便不再为人注意了。但是，仍有不少杂字类识字读物属于汉字识字读物中的精华，显示了当时民间识字教学上的探索与创新。与当时指向古典教育的《三字经》《百家姓》《千字文》不同，很少有杂字类识字读物会重视“四书五经”等儒家著作的阅读、重视中国“国家历史”认同感的形成，大部分杂字读物并不关注国家与民族大事，不关注前代圣贤流传的语言和思想，而是更关注与当下生活关系密切的内容，尤其是普通百姓和儿童能够日常接触的物质生活部分，即使提及社会伦理，也完全是从基层社会日常生活的视角来叙述的。

比如《一年使用杂字文》的内容包括：

孝顺爹娘，切勿怠慢；
爷爷奶奶，伺候当先；
祖母坟茔，祭扫必虔；
伯母婶母，只得重看；
视膳继母，亲娘一般。
看见父兄，站立一边；
端茶打座，点火拿烟；
安安稳稳，谁不敬咱？①

除了适应乡村农业社会用的杂字书以外，也有适合生活在商业群体中的儿童使用的杂字书，比如《常用杂字》的内容：

生意买卖，图利赚钱。
学会写账，再打算盘，天平戥（děng）子，纸砚笔墨。

① 顾月琴:《日常生活变迁中的教育》，华东师范大学博士论文，2009年。

升合斗桶，一称两端，明斤明两，不哄不瞒。[1]

由于杂字类读物由本土的塾师编纂，所以大多带有显著的地方色彩、乡土风味。正因为此，许多流传至今的杂字读物成为古代地方方言的重要语料来源，深受古代地方语言研究者的重视。从内容的角度而言，杂字书用简短的内容囊括了传统社会的伦理关系、社会礼俗；从形式的角度而言，优秀的杂字读物大多行文规整、合仄押韵，或者五字为一句，或者四字为一句，或者行文模仿诗赋，读起来朗朗上口。这样的文字既满足了儿童读书的心理，也帮助儿童学到了基本生活礼俗，达到了儿童识字的目的。

① 顾月琴：《日常生活变迁中的教育》，华东师范大学博士论文，2009年。

第十五章　明清时期的塾师（上）

明清时期，基层蒙学教育机构遍布各地，塾师成为基层社会的一种重要工作，一些塾师在基层社会发挥着重要作用。明清小说、笔记等文献中也有大量关于塾师的记载，呈现了当时蒙学机构中塾师生活的丰富性与多样性。

一、聘请塾师：塾师资质和聘请过程

明清时期，小说《醒世姻缘传》中多次提到了聘请塾师的过程。主人公狄希陈的母亲对儿子学习现状十分不满，她说："我这饭吃不成，宁可省下来，请个先生家教他。你明日就去合他丈人商议，另请一个有些天理，吃人饭的秀才，我宁可三茶六饭服事他。"①

从狄希陈母亲的话中可以看到，家中的孩子聘请塾师，先要与家中的长辈商议，最好是能请到一位"秀才"。有秀才身份意味着学问好，曾参加过基层的考试制度，并且在层层选拔中脱颖而出。在《醒世姻缘传》中，狄希陈更换塾师时，对塾师的考察是这样的：

> 有一个程乐宇，名字叫是程英才，是个增广生员，原在水寨唐家教了二年学，年终辞了来家，嫌水寨离的家远，要就近寻一个馆。

---

① ［清］西周生：《醒世姻缘传》卷五，民国石印本，第3页。

狄员外与薛教授商议要请他教书。

狄员外说："程乐宇为人，合他相处了这些年，倒也没有见他有甚么难相处的事。每次也都考在前头。"

薛教授说："为人既好相处，又没考不去，这就好。咱也还得个人先通一通儿，讲讲束脩，讲妥了，咱可去拜他。"①

程乐宇为增广生员，是秀才身份，一直担任塾师，有比较丰富的经验，现在赋闲在家是因为之前的工作离家太远。同时这位秀才很好相处，考试成绩优秀。在明清时期，基层读书人在考中秀才之后，还要继续参加考试，只要不是太差，都会及格，其中学问好的会获得更好的成绩。

在满足这些条件之后，想要聘请塾师的东家不会亲自出面，而是会委托人前去聘请。在《醒世姻缘传》中，狄希陈的父亲狄员外委托了一位与塾师有亲戚关系的人，即一位沈姓木匠前去与塾师程乐宇联系：

狄员外使了一个投犁（不再耕种土地）的沈木匠，是程乐宇的亲戚，央他去说："共是十一二、十三四的四个学生，管先生的饭，一年二十四两束脩，三十驴柴火，四季节礼在外，厚薄凭人送罢。"

沈木匠一一的说了。

程乐宇一些也没有争论，慨然允了。

沈木匠回了狄员外的话。

狄员外说："既是请先生，还得旋盖书房哩，就仗赖沈把总你来拾掇拾掇罢。这头年里也还有十来日的工夫，你先来收拾着木料，咱擦过节去就动土。赶过了灯节，好教学生上学。"

沈木匠应承去了，与薛教授商议，择了十二月二十二日，同了狄员外的妻弟相朝号栋宇，备了三个眷生全帖，一个公

---

① ［清］西周生：《醒世姻缘传》卷五，民国石印本，第3页。

请启，同到程乐宇家拜过，递了请启。

程乐宇也即日都回拜了。

狄员外看着沈木匠刷括梁栋户闼门窗。

转眼到了正月初三吉日，兴功修盖。有钱的大家凡百方便，不足二十日盖完了书房。[①]

可以看到，东家不会自己上门聘请塾师，而是会委托一位既认识东家，也认识塾师的中间人，以便于往来周旋。这样做的主要目的是避免东家与塾师之间直接谈论金钱，或者在出现需要讨价还价时方便周旋，以表达相互尊重的精神。

狄希陈家委托的中间人是沈木匠，沈木匠是塾师的亲戚，很适合作为中间人。在委托沈木匠的过程中，狄员外顺便将维修书房的事务委托给了沈木匠，沈木匠由此还拓展了一些业务。

沈木匠作为中间人不只是要传递东家与塾师的信息，而且要代表东家到塾师家中送出请帖。沈木匠与人商定了十二月十二日，与狄员外的妻弟共同到塾师家中，将以每个学生名义写的请帖、整体意义上的请帖送给塾师，塾师程乐宇再写出回帖，请沈木匠送回到狄员外家中。塾师聘请流程到此才算完成。

《醒世姻缘传》虽是一部小说，并非真实历史，不过其中呈现的塾师聘请流程可能是明清时期的通行做法。

清代瑞金有一位读书人名叫钟秉用，字上铨，“二十六补学官弟子第一。其明季，巡抚马公檄先生肄业豫章书院，娄（屡）试皆第一。试于学使，又娄（屡）第一。自是弟子日进，里塾为满”。[②]钟秉用“补学官弟子第一”即以第一名成绩考中秀才。第二年，“巡抚马公檄先生肄业豫章书院”，即钟秉用参加本省书院统一招生考试被录取，之后钟秉用在书院内屡次考得第一名。“试

① ［清］西周生：《醒世姻缘传》卷五，民国石印本，第3—4页。

② ［清］罗有高：《尊闻居士集》，《续修四库全书》第1453册，上海古籍出版社，2002年，第369页。

于学使”是本省学政组织的面向秀才的考试，每年都会举行，钟秉用屡次考得第一名。这样的优秀读书人担任塾师自然广受欢迎，学生满堂，书院已经没有空余的地方了。

在一些地区，聘请塾师形成了一些传统。明清时期的福建地区一直有在腊月集会选聘塾师的传统。据明代编写的《八闽通志》记载：

> 岁前一两月，父兄相与议，求有学识行艺，可以师表后进者一人，推一二有力者为纠首，以诸生姓名具于联，敬谒以请。①

明代隆庆四年（1570年）至万历二年（1574年），叶春及在担任惠安县（今福建省泉州市）知县时，组织编写完成了《惠安政书》，其中保存了对社学塾师聘请流程的说明，与《八闽通志》中的说法形成了呼应。

> 岁前腊月，父老会各乡长老，随乡里大小，子弟多寡，居止远近，度宜开馆几所，请师几人，与各父兄从容议定，皆由心愿。然后开：某社学，弟子若干名，序其年龄、乡里、父兄、籍贯；请师某，何色人，并其年齿、乡里、籍贯。书为一册，送县令会考。
>
> ……所请教读，必学行兼备、端重有威生员儒士，不用罢吏及非儒流出身之官，或丁忧生员与因行止被黜者，其四方流寓，踪迹无常，尤当精择。②

在过年之前，本地长者根据学生数量和社学的需要，将准备聘请的塾师的基本信息汇总提交给知县，由知县组织统一考核。塾师应选择有生员身份的人担任，避免使用被罢免的胥吏、并非读书人出身的官员做塾师，也要避免使用正在丁忧的生员、因犯

① ［明］黄仲昭等：《（弘治）八闽通志》卷三《风俗》，清代文渊阁四库全书本，第44页。

② ［明］叶春及：《惠安政书》卷十一《社学篇》，福州：福建人民出版社，1987年，第867页。

错被废黜的生员。

民间设立的义学，清代朝廷并没有对其聘请的塾师的资质作出严格规定，也没有像今天这样的教师资格证。对于由国家设立的义学，清代朝廷只作了一些简单规定。比如对于朝廷在湘西地区少数民族聚集地设立的义学，“屯苗义馆，则归各厅、县慎选师儒，考取报道，均系各厅、县廪、贡生员。既取其学问之优长，复便于口舌之相习，如有课读不力，成效无闻者，随时更换”。[①]其中“廪、贡生员”是指“廪生”“贡生”，均是生员中的佼佼者。朝廷设立的义学，主要是要求塾师应具有生员身份，也有个别地区规定了需要举人身份。

《钦定大清会典事例》卷三九六对义学塾师资质的规定

时间	义学	资格要求	说明
雍正元年（1723年）	各大乡巨堡社学	择生员学优行端者	—
康熙五十九年（1720年）	广西土属义学	本省之举人、贡生学品兼优者	贡生是生员中的优秀者
雍正五年（1727年）	云南省东川府	本省贡生、生员熟悉风土、品学兼优之士	—
雍正八年（1730年）	四川建昌府	本省文行兼优之生员	—
雍正十三年（1732年）	广东省黎瑶周县	内地生员品行端方、通晓言语者	—
乾隆七年（1742年）	广东本地	品学兼优之贡生、生员	—
乾隆十年（1745年）	湖广	所属生员内择其文行兼优者	—

① ［清］但湘良：《湖南苗防屯政考》卷七，湖南师范大学馆藏清光绪九年本，第13页。

续表

时间	义学	资格要求	说明
乾隆二十六年（1761年）	云南各府	举人、副榜、拔贡、廪贡，及生员之文行兼优者	副榜是指举人正式名额外的考生 拔贡、廪贡均是生员

如果某位塾师有生员（秀才）身份，这意味着他会有多方面的关系网。在明清时期，秀才考试要分为几个步骤，其中第一步是参加由本地知县主持的县试，被录取后，考生就成为知县的学生；第二步是参加由本地知府主持的府试，被录取后，考生就成为知府的学生；接下来，这位秀才还要继续参加由本省主管考试的学政（提学、提学使）主持的院试，在大部分时候，学政是三品高官。在考试结束之后，学政就成为每位被录取秀才的老师，在当时称为“座师”，“座师”与录取的考生拥有正式的师生名分。这意味着，一位秀才一旦真正考中，就同时成为本地知县、知府以及学政的学生。一般来说，一个县里，每次只有十多名考生能考中秀才，所以这种师生关系，并不是那种挂名式的关系，而是真正意义上的社会关系。同时，同一年考中秀才的人称为“同年”，在考试结束之后便成为关系最好的几个人，自然会相互照应。这些关系网一般就是秀才们找工作的主要依托。

当然，还包括他的亲戚和朋友，当他拥有了老师、同学的关系之后，在亲戚、朋友之间的地位也会提高。

一般人都喜欢找有秀才身份的人当老师。在一个县里，一般同时活跃的只有一百来名秀才，需要读书的孩子则很多，所以总的来说，秀才做塾师是供不应求的，只要想做，基本上不缺工作，而秀才总要挑一个“钱多、事少、离家近”的工作。有时候，一些表现比较好的秀才会直接到本地知县、知府家中当家教，并且逐渐成为这些知县、知府的幕僚，这是秀才们比较好的出路。

没有生员身份的人找工作则经常会遇到麻烦。清代梁章钜编写的《巧对录》中有一则这样的笑话：

> 一训蒙师失馆，伥伥而行。适冲县官，前导被斥。某自陈教读糊口。官曰："我有一联，如能对则不问。"云："徧（遍）地是先生，足见斯文之盛。"某对云："沿街寻弟子，方知吾道之穷。"①

从这则故事中可以看到，有一些塾师不好找工作，以至于遍地都是塾师，而学生却没那么多。

清代直隶人（今河北省）高桦最初在京城从事塾师工作，聘期到了之后，东家没有续约，他便"失业了"："本年失馆，欲赴天津寻觅。李奉瀚系其表侄，闻在江南河工，又伊弟高楙妻舅翟启泰现住苏州，均可投奔，托其转荐。"②高桦最初想到天津找工作，之后又委托他在南方工作的表侄、弟妻的舅舅帮忙找工作。

从这则故事中可以看到，对于没有秀才身份的人来说，做塾师的起步阶段一般都是为亲戚们家里的孩子做老师，在塾师职业生涯中遇到困难，找不到工作时，亲戚们的口碑或者推荐也能提供不少帮助。

在生产力不发达、教育普及程度也不高的年代，我国的识字率并不高，要做塾师，至少自己需要读过很多年书，读书会影响参加其他生产劳动，投入的时间成本很高，对一个家庭来说，这本身就已经是一笔重要的"投入"了。做塾师是一种相对来说要求比较高的工作。

---

① ［清］梁章巨：《巧对录》，《续修四库全书》第1254册，上海：上海古籍出版社，2002年，第206页。

② 上海书店编写：《清代文字狱档》，上海：上海书店出版社，2011年，第160页。

二、为什么要做塾师?《醒世姻缘传》的从业分析

明末清初时期的长篇小说《醒世姻缘传》讲述的虽然是主人公前生后世的姻缘故事，不过其中也有意无意涉及了当时诸多方面的社会现象。其中第三十三回可以说就是以主人公家里聘请塾师的过程为载体，专门向读者呈现当时拥有秀才身份的人是如何谋生活的，这一回相当于是对秀才从事塾师行业的分析论证。

《醒世姻缘传》第三十三回在开篇就提出“穷秀才有什么治生的方法”，之后，在这一篇中分别提及了三类行业。第一类为“自主创业”，最好选择自己擅长的领域进行；第二类为从事基层手工业或服务业，最好选择“刚需”行业；第三类为从事与基层官府公共服务关联的业务。在明清时期，即使考中了秀才，也只是获得了一个名分，朝廷并不会给秀才分配工作，大部分秀才还是要回到村里继续原来的生活。那么秀才到底要靠什么来谋生呢?《醒世姻缘传》作了分析。

第一类,“自主创业”。在《醒世姻缘传》这一回中，第一个被提及的工作是开办一个书店。秀才一直读书，对别的行业不清楚，对书肯定十分了解，甚至可以说是一个天然的专业。书籍买卖在当时是免税的，而且从事卖书这一行，自己还能一边卖书，一边看到各种新书，可谓一举两得。但是自然也有许多问题：

> 里边又有许多不好处在内：
>
> 第一件，你先没有这几百银子的本钱。
>
> 第二件，同窗会友，亲戚相知，成几部的要赊去；这言赊即骗，禁不起骗去不还。
>
> 第三件，官府虽不叫你纳税，他却问你要书。你有的应

付得去，倒也不论甚么本钱罢了。只怕你没有的书，不怕你不问乡宦家使那重价回他；又不怕你不往远处马头上去买。买得回来，还不知中意不中意。[①]

这三点困难涉及开书店的前中后三个阶段，前期需要一大笔本钱，中期要应对赊账，后期要应对官府的刁难。《醒世姻缘传》的作者认为，对于秀才来说，开办一处免税的书店都如此困难，其他的生意就更难做了，也都不必考虑了。

第二类，基层服务业。在排除了“自主创业”的可能性之后，《醒世姻缘传》在这一回中又提及几个行业。

（1）“拾大粪”。这一行业看起来是不需要成本的，在以农业为主要生产模式的年代，如果没有化肥，人畜粪便是最重要的肥料，是农业生产的“刚需品”，但是自然也存在着一些问题：

> 这等好生意，里面又有不好在里边：第一件，人从坑厕边走一走过，熏得你要死不活。被窝中自己放个屁熏得还要恶心头疼，撞见一个粪担还要跑不及的回避，如今自己挑了黄葱葱的一担“把把”，这臭气怎生受得？
>
> 若象往时不用本钱，将了力气营利，倒也不管他遗臭罢了。如今那拉屎的所在，都是乡先生、孝廉公问官讨去为糊口之资的；那拾粪的必定先在那讨厂的人家纳了租税，方许你在那厂里拾晒。为甚么用了本钱不做那干净营生，却干这恶臭的勾当？这件营运又是秀才们治不得生的。[②]

挑粪这份工作只是看起来不需要成本，实际上不只是工作环境差，而且并非那么简单，其中的问题是十分复杂的。一般的农家厕所自然是不会允许其他人来挑粪的，需要挑粪的基本上都是国家部门的公共厕所，一些乡绅家庭的厕所，个别城里人家庭的

① ［清］西周生：《醒世姻缘传》卷五，民国石印本，第1页。
② 同上。

厕所，但这些厕所早已经被人“承包”了，并不是随便谁都可以去挑粪的。这意味着，即使挑粪也是需要有本钱的，需要提前向有关人员缴纳“承包费”才行，既然需要本钱，还不如去从事一些其他的行业，何必如此为难自己呢？

（2）“做棺材”。这一行业技术含量不高，一般小门小户人家用的棺材，对木材质量要求不高，随便什么木料都可以拿来使用，做好了也不会愁销路。因为每个人都会死，所以每个人都需要用到棺材，所以也是“刚需”。

> 但这样好生意，里面又生出不好的来：
>
> 第一件不好，一个好好的人家，干干净净的房屋，层层叠叠的都放了这等凶器，看了惨人。
>
> 二件，新近又添了当行，凡是官府送那乡宦举人的牌匾，衙门里边做甚么断间版龅，提学按临棚里边铺的地平板，出决重囚，木驴桩橛，这都是棺材铺里备办。
>
> 为甚拿了本钱，当了行户，做这样忖害人不利市的买卖？所以这卖棺材又不是秀才治生的本等。[①]

做棺材这一行，自己家整天放着如此多棺材，看着十分悲惨。另外，按照当时不成文的规矩，官府衙门需要的各类简易木制品，都由棺材店免费提供，会加重成本，这一行也不好做。

（3）“结交官府”。通过与基层官府的有关人员搞好关系，进而从事有关业务。既能谋利，回到村里又有身份，可谓既有名，又有利。

秀才们在考秀才的过程中会与基层政府产生一定的联系，能结识现任知县，并成为知县的学生。在获得秀才身份之后，秀才们偶尔会受知县的正式委托，代表知县处理本地纠纷；有时候也会参与本地文献的整理，比如参与地方志的编写；有时候还会参

---

① ［清］西周生：《醒世姻缘传》卷五，民国石印本，第1页。

与地方各级秀才考试的组织服务工作。这些工作都可以获得一点利益，可以挣一点钱，但大部分都是临时性工作，很难以此来谋生。要想以此谋生，就需要与基层政府各类人员都搞好关系，整日在各个部门中混，逐渐才能有更多的事情做。所以看起来，这也不是那么容易的事。《醒世姻缘传》中也说了这类工作存在的问题。

> 却不知这等好事之中，大有不好之处：
>
> 第一件，你要“未去朝天子，先来谒相公”，你要结识官府，先要与那衙役猫鼠同眠，你兄我弟，支不得那相公架子，拿不出那秀才体段。要打迭一派市井的言谈，熬炼一副涎皮顽钝的嘴脸；茁实处，还要拿出钱把钞来时常的请他吃酒吃面。听事吏是兄，门子是弟，礼房先生是朋友，直堂书办是至亲，皂隶快手都是相识。把这些关节打通，你才得与那官府讲话。
>
> 第二件，如今的官府，你若有甚么士气，又说有甚么士节，你就有“韩柳欧苏”的文学，“苏黄米蔡”的临池，且请你一边去闲坐……
>
> 但这第三件，更要赔出小心，拿出和气，费些本钱，服些低小，也不是要他在官府面前赞扬，只是求他不在官府面前谤毁。①

秀才本是读书人，虽然大部分秀才都会参与本地官府的一些事务，但都是以此作为副业，很少有人真正以此谋生，秀才们很难与基层官府的各类工作人员搞好关系。对于大部分一直读书的人来说，处理不好错综复杂的关系，会被当作各类问题的替罪羊，将自己的前途搭进去，所以这很难作为正式工作纳入自己的人生规划中。

---

① ［清］西周生：《醒世姻缘传》卷五，民国石印本，第2页。

在以上各类选项都排除之后，对于秀才来说，便只剩下做塾师这一种。做塾师有几种好处。

第一，做塾师与做农民十分类似，都是“自耕自凿”，做塾师相当于“开垦几亩砚田，以笔为犁，以舌作耒”，没有完全脱离原来的生活。

第二，做塾师的收入虽然不多，好在相对稳定，甚至比从事农业活动的收入更稳定。“雨少不怕旱干，雨多不怕水溢，不特饱了八口之家，自己且还要心广体胖，手舞足蹈的快活。”

第三，做塾师不用关心外部环境的干扰，不用跟官府打交道，“那官府衙役，大叔管家，除非他寻上我的门来算计作践，这是说不得的，却不是我寻上他的门去求他凌辱”。

《醒世姻缘传》的作者认为，做塾师是“秀才治生之本”。

做塾师分为两种情况，分别是自行开办一所学校和到别人家里去做塾师。

（1）自主开办学校，当时称为“自己开馆”，需要自己准备教室、自己招收学生，需要一定的前期投入，也很费心，当然也有好处。

> 若是自己开的书堂，人家要送学生来到，好的我便收他，不好的我委曲将言辞去。我要多教几人，就收一百个也没人拦阻得；我若要少教几人，就一个不收，也没人强我收得。师弟相处得好，来者我也不拒；师弟相处不来，去者我也不追。就是十个学生去了两个，也还有四双；即使去了八个，也还剩一对。我慢慢的再招，自然还有来学。

（2）到别人家里去做塾师，教室、学生都是现成的，东家甚至管吃管住，可以说不需要任何成本，但也有一些问题，比如不够稳定，也难免会受东家的气。

> 若是人家请去，教了一年，又不知他次年请与不请；傍年逼节被人家辞了回来，别家的馆已都预先请定了人，只得在家闲坐，就要坐食一年。

且是往人家去，又要与那东家相处。若是东家尊师重友，成了好好相知，全始全终，好合好散，这便叫是上等。若再得几个好率教的学生，不枉了父兄请师的好意，不负了先生教训的功劳，名曰师生，情同父子，这又是上上等。

若是那父兄村俗熏人，轻慢师友，相待不成相待，礼文不成礼文，只那学生都是英才，这也还可曲就，此是二等。

若是东家致敬尽礼，情文交至，学生却是顽皮。“生铁必难成金，化龙定是鳅鳝。”使了东家的学爫，不见教导的功劳。目下不见超凡，已为惶恐；后日堕为异类，寻源更是羞人；这是教劣等的学了。①

三、塾师的工资

在明清时期，做一名普通的塾师，每天教小孩子读书，到底可以挣多少钱，能不能以此养家糊口呢？明清时期的塾师工资到底有多少呢？

明末曾经长期担任塾师的张履祥曾说：“今之为师者，子弟从之，必取盈其贽，多者百余金，寡者亦数十金。”②塾师一年工资高的超过一百两白银，少的也有几十两。

道光三十年（1850年），启蒙教育著作《童蒙急务》论及尊师时，提出“学钱宜重”，其中着重指出了当时塾师收入偏低的状况：

近见蒙馆中，富者学钱止一二千，贫者学钱止七八百，甚至有二三百文者，殊属不成事体。屈指一堂学生，已有二十余人，统计一年学赀，不过十三四千。比之人家雇工，虽见有余，较之有等匠师，则大不足。

---

① ［清］西周生：《醒世姻缘传》卷五，民国石印本，第2页。

② ［清］张履祥：《杨园先生全集》卷十八处馆说，北京：中华书局，2002年，第549页。

出得起学钱者，每人一年或四千、五千、六千、七千，务须尽力具办，不可推诿。如顶上极富者，可出五六十千文，即极贫者，亦宜有二三千之谱。学人不可多，亦不可少，或六七人，少则一二人。总计一年学钱，必有五六十千，少亦要有四十千之谱，方可成事。①

按照这里的说法，有的私塾中，每位学生每年只交一两千钱学费，即一两千文铜钱，甚至有低至几百文的情况。一位塾师教二十余名学生，一年只有十三四千文收入，略高于东家雇的长工，这属于塾师工资过低的情况。按照一般的情况，每位学生每年应交费几千文铜钱，每位塾师每年收入可以达到五十千文以上才可以。当时基层社会一般使用今天所说的铜钱比较多，每1枚铜钱即1文，每1,000文即1贯（或吊）。在明代以及清代早期，每1,000文大约相当于1两银子，后来白银外流，白银更值钱，每1两白银相当于1,000多文了。

明清时期的一些文献中提到不少关于塾师收入的记载，兹列表如下。

明代各地社学塾师工资

地区	收入	资料来源
浙江	年饩二十金，少者十五金，视生徒众寡以为隆杀	明代周汝登《东越证学录》卷十三《社学教规》
浙江金华	岁米三十斛（十五石）	明代吴宽《匏翁家藏集》卷七二《素庵钱府君墓表》
浙江景宁	年粮谷二十四石	明代《(万历)景宁县志》卷二
河北广平	年杂粮十二石；另有年杂粮五石者。节仪油炭薪水在外（具体数量不详）	明代《(万历)广平县志》卷一

① 转引自徐梓:《明清时期塾师的收入》,《中国社会经济史研究》2006年第2期。

续表

地区	收入	资料来源
河南项城	月给饩粮一石（年粮十二石）	明代万历《项城县志》卷二《建置志·社学》
山西偏关	月给课银一两五钱，童子纸笔银一两（年总计银三十两）	明代《偏关志》学校志
山西阳曲	每季捐俸廿四金以充馆谷	道光《阳曲县志》卷十五《文徵》
甘肃庄浪	月粮四斗；另有三斗及两斗者	明代《(万历)庄浪汇记》
福建浦城	每年银十两	明代张俭《圭山杂著》卷五《浦城县立义学议》
福建侯官	侯官县一田秀才出外作馆，年冬归，得束金四十余两，衣被物件，亦十余两，共作两大笼	明代浙江夔衷张应俞《江湖历览杜骗新书》第十二类《在船骗》

清代各地义学塾师收入情况

地区	收入	文献来源
江苏嘉定（今上海）	安定镇义学，每月廪米八斗，价银四钱，柴炭银一钱年粮（每年粮食9.6石，另银六两）	清代陈树德、孙岱《安亭志》卷四
浙江嘉善	银洋三十六圆每年，另银子十两	《嘉善县志》卷五《建置志上·书院》，清光绪二十年刻本
浙江江宁（今浙江省南京市）	月送义塾师，束脩五千文，月费茶水六百文	《汪梅村先生集》卷六之《江宁府义学记》清光绪七年刻本
江苏高邮	六处义学，每处三十五千文（每年）	《再续高邮州志》卷七《善举志·义学》，清光绪九年刻本
江苏常熟	每年米十石，俸银八两，另有聘礼银五钱，三节（清明、端阳、中元）节仪银各三钱	清代《常熟县学志》卷三《饮射志·义学》

续表

地区	收入	文献来源
天津长芦	长芦义学每年京钱一百二十吊，节敬二十四千文、茶水二十五千文	《(光绪)重修天津府志》卷三十五
山西万泉县	每岁在城束脩十二两，馆谷六石；四乡各束脩六两，馆谷六石，俱自行捐资	民国《万泉县志》卷六《艺文》
山西忻州	延师束脩，各三十千文	《(光绪)忻州志》卷二《学校》
山西定襄	至请师束脩，大乡五十金以至七八十金，中乡四五十金，小乡亦不下三十金	《(光绪)定襄县补志》卷十二《艺文》
山西虞乡	每年即有院绅提息，银三十六两，为义学脩脯	《(光绪)虞乡县志》卷六《学校志》
山西太谷	义学四十两(每年)，端午、中秋每节节礼二两	《(乾隆)太谷县志》卷二
河南灵宝	义学二十处均为三十两(每年)	《(光绪)重修灵宝县志》卷二《学校志》，清光绪二年刻本
安徽安庆	长乐府义学三十六两年(每年)	《重修安徽通志》卷九十二《学校校志》，清光绪四年刻本
湖北宜昌	义学十六两(每年)	《宜昌府志》卷六《学校》，清同治五年刻本
广东东莞	四城义学，每处四十多两(每年)	《东莞县志》卷十七《建置略二·社学书院义学》
广东增城	鸣皋义学，四十八两(每年)，聘金四两、薪银十两(每年)，膳米每年折五两银	《(光绪)广州府志》卷七十二
贵州普定	义学，二十两(每年)，节金三两、米四石	《(咸丰)安顺府志》卷十八
云南普洱	义学，十一点六四两(每年)	《(光绪)普洱府志稿》卷二十四
陕西西安	中街义学，二十两(每年)	《续修陕西通志稿》卷三十

续表

地区	收入	文献来源
山西中部	先生满年，修金五十千文，节敬饭食俱在内，授徒以二十人为率	马中丞《祠堂小学塾规》
江苏常州	开塾质仪四百文，折席一千文，端午、中秋、腊月三节节敬各染百文，年底解馆折席一千文	《恤孤家塾规条十则》
—	本乡村中生监及童生之有品者，公为聘延，每年束脩薪水以二三十金为约	清代唐鉴《兴立义学示》

明清小说中提及的塾师收入

塾师收入	文献来源
狄员外所聘塾师程乐宇年薪白银二十四两	《醒世姻缘传》第三十三回
“一齐拜过师父，每年束脩五十两，并四季衣服进忠。”	《梼杌闲评》第二十一回
徐鹏子科举失意后决定开蒙馆度日，十一二个学生，束脩十二两，各家轮流供饭	《鸳鸯针》第二回
束金四十两，节仪八两	《歧路灯》第二回
举人王献到家教儿子冷于冰读书，每年脩仪八十两，之后上涨到一百两	《绿野仙踪》第一回
秦钟到贾家私塾读书，二十四两贽见礼，亲自到贾代儒家拜见	《红楼梦》第八回
荀家是一钱银子，另有八分银子代茶；其余也有三分的；也有四分的；也有十来个钱的。合拢了，不够一个月饭食	《儒林外史》第二回
山东兖州府汶上县有个叫薛家集村，每年馆金十二两银子	《儒林外史》第二回
“二十里外杨家村一个姓杨的包了去教书，每年三十两银子。”	《儒林外史》第二回

续表

塾师收入	文献来源
“我自从出来坐馆，每年大约有三十两银子。假使那年正月里说定只得二十几两，我心里焦不足，到了那四五月的时候，少不得又添两个学生，或是来看文章，有几两银子补足了这个数。”	《儒林外史》第二回
虞梁下帖邀请余大到家教子弟读书，提供每年脩金四十两、节礼另算	《儒林外史》第四十六回
有个人家出了八两银子束脩，请他（盖宽）到家里教馆去了	《儒林外史》第五十五回

有些人认为，我国明清时期不同的塾师收入来源不同，私塾中的塾师收入来源为直接向家长收取费用，而在地方社学中工作的塾师，工资是来自地方财政。这种看法是不准确的。在那时候，全国只有中央朝廷有财政收支体系，各级地方政府都没有独立的财政收支体系，地方政府也不负担修路、办学校等基本的公共服务，各级书院中教师以及规模很小的社学教师的收入均不是来自财政。可以说，在明清时期，没有哪个真正在一线从事教学工作的教师是靠政府公共财政供养的。

大部分书院的维持是靠学田，一些社学也有自己的学田体系。拥有学田的社学维持的时间比较长，而没有独立学田的社学维持的时间往往很短。这也导致在没有学田支持的义学或社学中工作的教师，工作并不稳定，随时可能会因为社学资金来源中断而“下岗”。

附：一位塾师收入例子

清末宣统三年（1911年）正月，山西省有一位塾师在临县（今山西省吕梁市）做塾师。从这个月开始，他用一本账本记录了自己之后一年多的收入明细。这本账本后来辗转收藏于山西省图书馆地方文献馆中，一直保存在这里。账本的封皮上写着“临县书启教读馆出入使费账”“宣统三年新正吉日记”。从这本账本中可以了解到，从这年正月开始，这位塾师的收入明细如下。

宣统三年收入明细账①

日期	收入明细
正月二十五日	脩金12两，月费1600文
二月十六日	脩金12两，月费1600文
三月十二日	脩金12两，月费1600文
四月二十六日	脩金延迟发，月费1600文
五月初四日	节礼4两，节赏2560文；十五日：月费1600文；二十日：脩金28两。(四、五两月脩金合并到此，并预支了六月4两，实际仍为每月12两)
六月十七日	脩金8两（上月已预支4两），月费1600文
闰六月初七日	脩金12两，月费1600文
七月初十日	脩金12两，月费1600文
八月初三日	程敬12两
九月至十一月	—
十二月初一日	脩金10两（十一月脩金延迟至此发放）
十二月三十日	脩金10两，月费2000文（为十一月、十二月两月月费）；节礼：4两

在一年之内，这位塾师的“脩金”收入共计116两，“月费”收入共计14,800文，节礼收入共计8两并2,560文，程仪收入共计12两。其中“两”是白银的单位，“文”是俗称为铜钱的单位，1枚铜钱即1文，大约每1,000文为1两。

① 该账本参考了徐俊嵩：《清末民初山西塾师的生计、生活与生活空间——以〈临县书启教读馆出入使费账〉为中心》，《安徽史学》2019年第2期。

从这一账本中能看到清代晚期我国北方普通塾师收入的一些细节。

（1）这位塾师的收入，主体部分由“脩金”和“月费”组成，其中“脩金”每月12两,“月费”每月1,600文。可“月费”在某种程度上是一种补充性的费用，是以铜钱形式发放的，铜钱面值小，塾师日常零用时更方便。

（2）每月当月会发放本月的“脩金”“月费”，时间并不固定，有时在下旬，有时在上旬，有时在中旬。

（3）在遇到节日时，这位塾师会收到一些额外的“节礼”，一年共两次，一次在年中端午节时，白银4两，铜钱2,560文；一次在年底，白银4两。

（4）在结束教学时，东家给了塾师一笔路费，称为“程敬”，共12两白银。

（5）“脩金”可能会出现延迟发放的情况，在有需要的时候也可以预支，如果上月延迟，下月会发放得比较早。比如这位塾师四月份的“脩金”是在五月初四日发放的，十一月份的“脩金”是在十二月初一日发放的，而五月则预支了一部分六月的“脩金”。

（6）自宣统三年（1911年）九月后，这位塾师离开了临县，转至交城县（今山西省吕梁市）继续从事塾师工作。其中八月至十月三个月没有工作，因此也没有收入。临县到交城县大约三四百里地，并不算太远，在当时可能几天就能走完。这三个月中，这位塾师并不是全部在路上，而是回到了家中，与家人团聚，在家中度过了中秋节，可能也参与了一些家中的农业活动，随后才启程赶往下一处工作地。

（7）综合计算，这位塾师一年工作了9个月，收入总额为120两白银，另加15.76千文，约合20两白银，在当时的塾师中应该属于较高的水平。

四、塾师的兼职收入

清代广东省兴宁县（今属广东省梅州市代管）生员何梦雷曾有一首《村学究咏》流传至今：

黄梅日子最为长，绝妙先生住落乡。
通口三杯新做酒，栖身一榻旧穿廊。
教书毕后糊金锭，把笔玩时点线香。
只恐忙多闲变少，契单借券有人央。

这首诗说，在黄梅时节，自己在一处乡下从事塾师工作。在塾师工作之余，有时候会休息一下，有时候则会“忙多闲少”，这是因为会有人前来请求代写一些“契单”“借券”。当时认字的人并不多，在需要用到各类文书时，一般会请塾师来写，同时会付给塾师一些费用。

大部分塾师在教学的同时也会想方设法开展“多种经营”，在参与所在地区文化社会事务的同时，增加自己的收入。一般来说，塾师是本地文化程度较高的人，很多人愿意找塾师提供文化服务。

明清时期，这些文化服务主要有撰写契约合同等民间文书，并担任中间人；取名、看日子、算命、看风水；担任各种仪式活动的主持人；担任各类民间组织的联络人、负责人；诊病、开药方；说媒；担任各类服务的中间人、介绍人；调节民间纠纷等。在这些服务中，有的是义务劳动，不涉及费用；有的则会收到很大一笔钱，能大大充实塾师的年度收入。

清代教育主题小说《歧路灯》描写了很多塾师，其中在第十一回中，王中向朋友介绍塾师侯冠玉：

听人说，这先生会看病立方，也会看阳宅，也会看坟地，也会择嫁娶吉日，也会写呈状，也会与人家说媒。还有说他是枪手，又是枪架子。奶奶听说只供粮饭不用管饭，就应允了。[1]

在《歧路灯》中，侯冠玉是一位名声甚差的塾师，他甚至当着东家的面，鼓励学生阅读《西厢记》《金瓶梅》，他向学生介绍《西厢记》，认为："这《西厢》文法，各色俱备。莺莺是题神，忽而寺内见面，忽而白马将军，忽而传书，忽而赖柬。这个反正开合，虚实浅深之法，离奇变化不测。"侯冠玉写得最好的文章，正反开合、虚实深浅、变幻莫测。介绍《金瓶梅》，他认为："开口'热结冷遇'，只是世态炎凉二字。后来'逞豪华门前放烟火'，热就热到极处；'春梅游旧家池馆'，冷也冷到尽头。大开大合，俱是左丘明的《左传》，司马迁的《史记》脱化下来。"侯冠玉认为，《金瓶梅》反映社会现实，继承了《左传》《史记》的精神。这种做法相当于今天的某位小学老师鼓励学生多玩手机游戏，可以说是"大逆不道"的。塾师侯冠玉可能"爱好"过多，教学也过于"非主流"了。

在《歧路灯》中还有一位人称"惠圣人"的塾师，《歧路灯》第三十八回，人们是这样评价这位"惠圣人"的：

> 锡匠："……家父来河南做这个生意，后来就住在惠家庄，是惠圣人房户。如今当了三四亩园子，夏天浇园卖菜，到冬天做些生意儿，好赶这穷嘴。"
>
> 绍闻道："怎的叫个惠圣人？"
>
> 锡匠道："俺主人家是个好实进的秀才，人人见他行哩正，立哩正，一毫邪事儿也没有，几个村看当票，查药方，立文约儿，都向俺主人家领教，所以人就顺口儿叫做惠圣人。"
>
> 这话都钻在王中耳朵，便接口问道："这位老人家只做什么？"

---

① ［清］李绿园：《歧路灯》，李颖点校，北京：中华书局，2004年，第90页。

锡匠道："教学。"

王中道："多大年纪了？"

锡匠便问他兄弟道："咱主人家有五十几了？"

那年轻的道："今年五十二。"

绍闻道："他出门教学不曾。"

锡匠道："这却不得知道。"

那年轻的道："他近来有几两账在身上。每日在药师庙教书，都是小孩子，也不见什么。若是有人请他，他出门也是不敢定的。"①

惠圣人几乎什么都会，除了教书之外，还从事本地大量服务性工作，比如核验当铺的票据、处理药方、帮人写契约合同等。可能他在从事这些工作时很少向人收费，都是靠别人主动给他钱，因此落下了很好的名声。

在汤显祖创作的《牡丹亭》中，杜丽娘的塾师陈最良也是一名"多面手"，他在考中秀才之后一直没有考中举人，以塾师为业，他曾表示："我医、卜、地理，所事皆知，又改我表字'伯粹'做'百杂碎'。""'儒变医，菜变齑'这都不在话下。"②《牡丹亭》中的这处片段比较生动地反映了当时塾师的生存之道，陈最良甚至自嘲，自己的字不应该是"伯粹"，而是"百杂碎"，是什么都会，什么都能做。

在《儒林外史》第三十六回中，虞博士曾在二十四岁时考中秀才，之后一直做塾师。在三十二岁这一年忽然失业了，他的家庭条件不好，妻子问他今年的情况怎么样，虞博士回答说：

不妨。我自从出来坐馆，每年大约有三十两银子。假使那年正月里，说定只得二十几两，我心里焦不足，到了那四

---

① ［清］李绿园：《歧路灯》，李颖点校，北京：中华书局，2004年，第132页。

② ［明］汤显祖：《牡丹亭》，北京：中华书局，2016年，第30页。

五月的时候少不得又添两个学生，或是来看文章，有几两银子补足了这个数。假使那年正月，多讲得几两银子，我心里欢喜道："好了，今年多些。"偏家里遇着事情出来，把这几两银子用完了。可见有个一定，不必管他。①

虞博士认为，这些年来，他每年的收入大约都是三十两银子，不会多，也不会少。有时候本来要变少，但突然就多了几名学生，收入又增加到了三十两；有时候本来要变多，可是家里的开销却总会变大。所以，即使今年忽然下岗了，问题也不会太大。果然如虞博士所料，没过几天，有人找他看风水，这家人是本地的大户人家，出手阔绰："远村上有一个姓郑的人家请他去看葬坟，虞博士带了罗盘去，用心用意地替他看了地。葬过了坟，那郑家谢了他十二两银子。"虞博士看了一次风水就挣到了十二两银子，相当于做塾师几个月的收入。这是小说中的情节，可能有夸张的成分。在当时，很多塾师都拥有多方面的生存技能，既会教书，也会看风水，还会看病开药方，平时也会代人写信、写对联等。

清代石成金创作过一部小说集名叫《雨花香》，共收录了四十篇小说，其中第四篇名为《四命冤》，这篇小说提及一位名叫吴养醇的读书人，他只简单读过一点书，未曾考中过秀才，小说中说：

这吴先生才疏学浅，连四书还不曾透彻，全靠着夤（yín，推荐）谋荐举，哄得几个学生，骗些束脩度日，性喜着棋，又喜饮酒。

学生书仿，任其偷安，总不教督。反欢喜代人写状词，凡本乡但有事情，都寻他商议，得了银子，小事架大，将无作有，不知害了多少人的身家性命，本乡人远近都怕他。②

《四命冤》中的塾师吴养醇是塾师中的负面典型，他不认真教

① ［清］吴敬梓：《儒林外史》，北京：中华书局，2013年，第231页。

② 《四命冤》，引自刘琳：《明清教师阶层与小说的人物塑造》，西南大学硕士论文，2011年。

课，对学生过于宽松，平时经常替人写诉状，以此谋利，不问黑白是非。他写的颠倒是非的诉状甚至导致很多人丢了性命，成为本地一位名声很差的人。

非正当收入

不论过去还是现在，每个领域都有好人，也有坏人。塾师并非人人都是道德模范，也一定有一些人品行不端。古代真实历史文献中较少留下不良塾师的记录，而小说中则留有不少针对不良塾师的细致刻画。

《醒世姻缘传》中有一位塾师中的“负面人物典型”，名叫汪为露，小说第三十五回中这样描述他：

> 他即教学起家，买田置屋。起先讲书的时节，也还自己关了门，读那讲章；看课的时节，也还胡批乱抹，写那不相干的批语。后来师怠于财成，连那关门读讲章的功夫都挪了去求田问舍，成半月不读那讲章；连那胡批乱抹也就捉笔如椽；成一两会的学课尘封在那案上，不与学生发落。①

汪为露觉得教书的工作十分琐碎，挣钱又慢，所以不肯专心教书，平时只是以塾师的身份在社会上四处游走，靠各种不正当手段挣钱，汪为露曾对他妻子说：

> 有银子不该买地，费了人工，利钱且又淡薄，只该放债。这十分重的利息，不消费一些人力，按着日子送来，那里还有这样赚钱的生意？②

汪为露不只通过放高利贷来收钱，而且经常通过各类“下三滥”的手法来获取利益。比如他故意在自己家的土地与邻家土地交界处种了几棵树，这几棵树长大后，树冠、树根自然都会延伸到邻家地界中，他便以树属于自己，那么树根延伸处也应该属于

---

① ［清］西周生:《醒世姻缘传》卷五，民国石印本，第10页。

② 同上。

自己为理由侵占邻家的土地。

在明清时期，一个学生在启蒙教育的阶段，总是会不断更换塾师。有的塾师只负责最初阶段的识字和简单阅读，学生在一位塾师处接受两三年教育之后，会更换到另一处塾师处，不断提高学习水平。在某位学生考中秀才乃至举人之后，之前教过他的每一位塾师都有功劳，都会得到尊重。汪为露作为塾师教学不用心，他的学生从他那里离开后，转到别的塾师处继续学习，有的考中了秀才，有的考中了举人。对于这种情况，汪为露总是四处宣传，将学生的成绩作为自己的功劳，甚至前往学生家中索要礼品。有一年，汪为露教过的学生狄希陈考中了秀才，汪为露对狄家毫无表示不满，因此一纸诉状，将狄家告到本省学政处：

绣江县儒学增广生员汪为露，呈为逆徒倍师殴辱事：

有徒狄希陈，自幼从生（汪为露为秀才，当时一般都自称为本省学政的学生）读书。生尽心教诲，业底于成，昨蒙考取第七，拔送府学。

希陈不思报本，倚父狄宗禹家富不仁，分文不谢。生与理讲，父子不念师徒名分，拔鬓捋须，乡约救证。

窃思教徒成器，未免倚靠终身；乃为杀羿逄蒙，世风可惧！

伏乞仁明宗师法究正罪。

恩感上呈。[1]

在这份诉状中，汪为露写得理直气壮，他认为狄希陈在儿时曾跟随他读书，如今考中秀才，应该对自己有所表示。实际上狄希陈跟随汪为露读书很久，却连认字都没有完成，狄家只好换了塾师，狄希陈的学业才终于有所进步。狄家的家庭条件比较好，在狄希陈考中秀才后，对狄希陈教育有重要贡献的塾师收到了礼物，唯

① ［清］西周生：《醒世姻缘传》卷五，民国石印本，第24页。

独汪为露没有收到。汪为露心中不忿，托人索要又遭到拒绝，便向学政告状。学政收到汪为露的诉状，向本地知县以及教育管理部门求证，本地官员一致认为汪为露名声很差，满口谎言，且都能作证汪为露本来就没有胡子，并不是他与学生打架时被拔掉的。

还有一次，汪为露教过的另一名学生宗昭考中了举人。在当时，考举人需要到省城参加乡试。一般来说，在考试结束后，考中的消息会比考生本人先传到考生家里。在得到消息后，汪为露早早来到宗昭家，因为他知道，宗昭家里会不断收到各路人送来的礼物，价值不菲。其中本省布政使托人送来80两银子作为贺礼，汪为露看到后直接拿走了一半装起来，对人说："这也是我教徒弟中举一场，作谢礼罢了。"[①]

众人觉得不可思议，都当他是在开玩笑，谁知道汪为露却是认真的，在众人离开后，他也带着这四十两银子离开了。他的学生宗昭家里条件很差，几乎处于揭不开锅的情况，而且宗昭为人老实，只是自己着急，也不好跟自己的老师撕破脸。于是汪为露就得到了这四十两银子。在那时候，十几两银子就足够一个普通家庭一年的全部开支了。

五、塾师与其他行业的收入对比

明清时期塾师的收入到底处于什么水平，这需要与其他行业或者身份的人进行对比才能知道。

在了解其他行业的收入之前，先要了解基层社会的一般家庭每年基本生活开支。按照明清社会的物价水平，"得五十金，则经年八口之家可以免乱心曲"。[②]"五十金"指50两银子，这笔钱可

① ［清］西周生：《醒世姻缘传》卷五，民国石印本，第11页。
② ［清］李延昰：《南吴旧话录》卷下，上海：上海古籍出版社，1985年，第222页。

以够八口之家一年开支。《红楼梦》中，刘姥姥第二次来到荣府时，大观园里正在举行螃蟹宴，刘姥姥听见吃螃蟹，就发表了自己的意见，刘姥姥说道："这样螃蟹，今年就值五分一斤。十斤五钱，五五二两五，三五一十五，再搭上酒菜，一共倒有二十多两银子。阿弥陀佛！这一顿的钱够我们庄家人过一年的了。"[①]这里则是说20两银子就足够一家人一年的开支了。可能不同家庭人口数量不同，日用所需差异也较大，每年所需费用总额少者可能20多两白银，多者可能达到50两白银，总体而言，大致每年需要几十两银子。

明清时期，社会消费品不像现在这样丰富，日常消费品类别有限，一家人最基本的消费主要为吃饭和穿衣。一般来说，每人每天需要粮食1升，每月30升，一家5口人每年需要约20石。承平时期，每石粮食折算白银在0.5两至3两之间不定，当然也有更贵的时候。在当时，工业不发达，布料不像今天的布料这样结实，价格比今天要昂贵一些，也是一家日常生活的重要开支。

明清时期是农业社会，农业生产是社会主要的生产方式。当时，我国农民人均拥有耕地不超过10亩，不同人差别很大，有的大家族土地很多；有的人是佃农，没有土地。按照当时的生产力，如果按照自耕自种来计算，一个五口之家每年可以耕作的土地上限大约为几十亩，平均每口人10亩。

明清时期，我国北方一般耕地每亩每年粮食产量大约为2石，南方大约为3石，相对来说南方的赋税也比北方高一些。大致计算下来，一个自耕自种的五口之家，每年种地的收入很难超过一百两白银，绝大部分都会低于这一数字。假如一个五口之家只有十多亩土地，那么每年种地的全部收入可能不会超过三四十两白银。在种地所获的粮食中，大部分要作为口粮，剩下的才能转卖

① ［清］曹雪芹：《红楼梦》第三十九回，北京：人民文学出版社，1957年，第406页。

为钱或者换作其他物品，并不是所有粮食都能真正成为经济收入，所以种地的收入是很有限的。清代方苞曾在奏折《请定征收地丁银两之期》中指出："计一州一县，富绅大贾，绰有余资者不过十数或数十家；其次家中有田二三百亩以上者，尚可挪移措办；其余下户，有田数亩或数十亩，皆家无数日之粮，兼樵负贩，仅能糊口。"①

一部分农民在种地之余，也会参与一些其他的经济活动，获得一些收入。这主要是由于古代的土地是稀缺资源，明清时期大部分地区都慢慢进入了人多地少的局面。为了维持生活，各地百姓发挥靠山吃山、靠水吃水的传统，从种地之外的其他路径增加收入。

明清时期，大部分地区的农民都会参与纺织业生产。这在中国文化中称为"男耕女织"模式。江西南昌县（今江西省南昌市）邻近九江棉产区，"乡村无不纺纱织布之家，勤者男女更代而织，鸡鸣始止。旬日可得布十匹，赢利足两贯余"。②两贯即两千文，夫妻两人交替不停地纺织，十多天就可以有两千文的收入。正因为纺织业活动收入并不低，很多男性也会参与纺织业生产。

纺织业所需的成本高，劳动强度也大，一个人不可能在从事农业生产的同时还常年从事纺织业生产，只是在种植业活动之余从事一些纺织业生产。清代咸丰（1851—1861年）年间，山西省有一部《马首农言》，其中提到寿阳县（今山西省晋中市）有些农家："健妇一岁得布五十匹，一布余钱可得百五十，计五十匹得七

---

① ［清］方苞：《方望溪先生全集》（集外文）卷一，商务印书馆涵芬楼藏戴氏刊本，中国书店1991年影印本，转引自方行：《清代前期农民的家庭手工业》，《中国经济史研究》2005年第1期。

② 转引自方行：《清代前期农民的家庭手工业》，《中国经济史研究》2005年第1期。

千五百余钱，得五十二三丈余布。”[①]这是说，一个手巧的妇女，每年可以织五十匹布，折合七千五百余钱，约十两白银。

康熙（1662—1722年）年间，山西蒲县（今山西省临汾市），“县东北乡出箕柳，秋可任为簸箕，佳者一二亩岁收万钱，民颇利之”。农民种植箕柳，用于编制农具，一两亩每年可以获得收入上万钱，大约为十两白银。[②]

清代中期，我国北方白洋淀一带的农民临近湖泛，“顺天、河间、天津、保定等处淀地居民，近在水乡，似无所利，然可种芦苇、藕菱、稗蒲之属。数者之中，苇利最大。今大城、文安、安州、静海等十余州县，织苇之利，通行数省。男人日可获七八分之值，女人可获四五分之值。而河工所用之苇扫之类，亦甚多，利与旱地侔”。[③]1分为0.01两，通过加工芦苇织席子，一名男劳动力每天可以获利七至八分，大约每个月可获利二两白银；女劳动力为四至五分，大约每个月可获利1.5两。对于一个有一对夫妻的家庭来说，在农闲时节，通过几个月的劳动，可以为家庭增加十多两银子。这笔钱足够一个五口之家每年除粮食、服饰之外的其他零用开支了。

总的来说，明清时期为农业社会，种地为主要生产方式。一个家庭如果能拥有一定数量的土地，自耕自种，一般每年种地可以获得折合总额为几十两白银的收入，可以维持一家人的基本开支。有的家庭通过种地之外的其他经济活动，大约可以获得十多两到几十两白银不等的收入，可以作为家庭开支的一种补充。

---

① ［清］江吕棠等:《(光绪)南昌县志》卷五六引同治府志，民国七年刊本，转引自方行:《清代前期农民的家庭手工业》,《中国经济史研究》2005年第1期。

② ［清］巫慧等:《(康熙)蒲县志》物产志,《中国地方志丛书》，成文出版社，1976年，转引自方行:《清代前期农民的家庭手工业》,《中国经济史研究》2005年第1期。

③ ［清］徐栋:《牧令书》卷九，清同治七年刊本，转引自肖红松、王永源:《近代白洋淀地区的苇席业与民众生活》,《史学集刊》2022年第3期。

曾在清代生活过的齐如山曾回忆说："秀才（即生员）教书在乡间是受人尊重的工作，并且收入在乡间属于高收入者之列，同乡间带有一定技术含量的熟练劳力——大把（赶车人）、领青（领头并指挥收割者）、场头（指挥将农作物晒、压、扬、播、收获归仓者）的收入不相上下。在直隶省高阳县，秀才教书，每年最少可以挣10元，多者一年可得20元。"[①]此处的10元、20元，是指当时的银圆。每元银圆大致相当于一两银子（不同时期有变化）。从历史文献记录来看，大部分塾师的收入要高于齐如山所说的收入，这可能是因为保存在历史文献中的塾师收入往往以比较优秀的塾师为例，齐如山说的塾师只是最基层的普通塾师，未必是获得了秀才身份的优秀塾师。

明清时期的塾师并没有脱离农业时代的背景。大部分塾师在做塾师之前有自己的土地，他们在做塾师的同时也会继续耕种土地，或者把土地出租给他人耕种，收取租金。同时，塾师的妻子也会从事一些纺织工作。这意味着如果一位塾师在从事塾师工作之前是一位农民，那么塾师工作会增加其所在家庭的收入，并不会因为塾师工作的存在而替换掉之前的收入。对于有生员身份的塾师来说，做塾师收入要高于普通农民，即使不再继续从事农业生产，也足够过上比做塾师之前更好的生活了。

有一部分塾师的生活是比较贫困的。明代陆容编写的笔记小说集《菽园杂记》第二卷提及一位塾师的生活情况：

> 沈质文卿居太仓（今江苏省苏州市），家甚贫，以授徒为生。一夕，寒不成寐，穿窬（yú，穿窬，指小偷）者穿其壁。文卿知之，口占云：
>
> 风寒月黑夜迢迢，辜负劳心此一遭。
>
> 只有破书三四束，也堪将去教儿曹。

① 齐如山:《中国的科名》，沈阳：辽宁教育出版社，2006年，第44页。

穿壁者一笑而去。[1]

沈质的收入来源主要是做塾师，他的生活十分贫困，家徒四壁，夜里来了小偷，也偷无可偷，只好离去。这可能是因为沈质的工资收入低，而且可能没有土地等农业生产带来的收入。

可以看到，在明清时期的社会分工体系中，塾师是基层普通劳动者。从事教学活动不意味着会成为权贵阶层，不能变得大富大贵。对于大多数塾师来说，做塾师主要是一种谋生手段，是一份普通工作，不是特别理想的事业，但这份工作可以带来足够的收入，可以维持家庭生活。

塾师常常与他们同学中的佼佼者对比，那些曾经跟塾师们一起读书、一起参加童试的同学里，有的人可能已经考中了进士，在一些地方担任知县，或者留在京城，在天子脚下做官，前途无量。到了中年以后，曾经的同学中，最优秀的那些人可能已经升任了知府，或者在朝廷中成为较高级别的官员。"三年清知府，十万雪花银。"在清代，一位知府即使十分清廉，没有贪污行为，每年的收入也是塾师的上百倍，而且主政一方，叱咤风云，名留青史，更不要说他们留在故乡的亲戚朋友都会跟着沾光了。相比之下，塾师自然相形见绌，难免对每日重复单调的教学生活有不满之处。

清人刘大鹏屡次科举不第，之后选择在外从事塾师工作。有一天，他在日记中说："初志本不愿教书，然今出门教书者，为糊口计耳，非希图发财也；若希图发财，自当别求一途以寻发财之事，余志有在，乌容使财迷心哉！"[2]刘大鹏在说这些话的时候实际上已经是举人出身，他的收入要远高于普通塾师。他用以对比的对象并不是一般的塾师，而是与他拥有相同科举名分的举人，甚

① [明]陆容：《菽园杂记》，北京：中华书局，1985年，第21页。

② [清]刘大鹏：《退想斋日记》，太原：山西人民出版社，1990年，第55页。

至更高层次的人。与收入更高的人对比，刘大鹏自然会认为做塾师是发不了财的。

但塾师毕竟只是基层的工作，大部分塾师一生都生活在本地，客观来说，塾师要对比的对象并不是自己已经考中举人、进士，成为朝廷高官的同学，而是一直生活在本地，在自己身边的农民和其他各行业人员。

古代社会阶层以“士农工商”来划分，塾师是士人阶层中的底层、收入最低的部分，但如果与农工商阶层中收入偏低的群体相比，塾师阶层的收入要高于农民和手工业者，相对来说也比底层从商者好一些。

清代洪亮吉说：“四民之中，各有生计，农工自食其力者也，商贾各以其赢以易食者也，士亦挟其长，佣书授徒以易食者也。除农本计不议外，工商贾所入之至少者，日可余百钱，士佣书授徒所入，日亦可得百钱。是士、工、商一岁之所入不下四十千。”[①]

这主要是因为，中国在明清时期尚未开始工业化，生活产品并非是由工业化手段完成生产的，从事手工业生产的人靠简单工具加工产品，效率并不高。很多百姓家中所需的生活用品是由自己完成的，比如以前的农民会自己制作各类生产与生活用品，自己纺线、织布、缝制衣服，做鞋子。在那时候，自己制作这些用品，并不比购买的差，反而可以节省开支。

在今天，由于工业化大大提高了生产效率，一般人日常生活用到的生活用品以及生产工具大多来自工业生产，如果由一般人自己在家中生产，效率就太低了，比如现在已经很少有人会为了家人穿衣服而自己制作衣服了。在古代，从事各类用品制造的手工业者，他们的劳动效率并不比普通百姓高出多少，因此他们的

---

① ［清］洪亮吉：《卷施阁甲集》卷一，《洪北江全诗文集》，四部丛刊本，第6b—7a页。

收益也就没那么多。同样道理，从事商品贸易的小商小贩的盈利一般都很少，因为他们贩卖的产品对于普通百姓来说并没有绝对的不可替代性。

当然，每个阶层都有高收入群体，士农工商也不例外，古代最优秀的一批读书人“学而优则仕”，成为影响历史进程的重要人物，古代的农民、手工业者、商人也有富甲一方者。只是此处讨论的塾师，并非是读书人中最优秀的一批人，他们往往没有考中举人、进士，没有像那批最优秀的读书人一样至少担任着一方百姓的父母官，没有做到“三年清知府，十万雪花银”，而只是读书人中相对落魄的一批人。

不同领域、不同阶层的人收入不同，一个群体在各个阶层收入排名中所处的位置越高，说明社会地位越高。从当代小学教师在不同领域中收入排名的公开数据可以看到，与当代小学教师收入在整体社会分工中的收入位置相比，古代的塾师要比现在的小学教师社会地位高一些，毕竟古代塾师的收入是高于其他各领域人的。

第十六章　明清时期的塾师（中）

一、塾师的工作与生活

1. 塾师的工作环境

清代初年，顺治十五年（1658年），十九岁的山东人蒲松龄以第一名成绩考中生员，成为本地知名才子。此时的他意气风发，对未来充满信心。遗憾的是，在之后的康熙（1662—1722年）年间，蒲松龄屡次参加乡试，都未能考中举人。一直到六十三岁时，蒲松龄还曾赶赴省城参加乡试，可是仍未考中。

自二十八岁开始，蒲松龄便一直从事塾师工作，同时在工作之余大量从事文学创作。在中年之后，蒲松龄曾长期在毕际有家中担任塾师。毕际有家中藏书丰富，对蒲松龄也十分友好。在毕家工作期间，蒲松龄整理了大量文学作品，其中有不少是反应塾师生活的作品，其中有一篇名为《塾师四苦》的诗歌，以诙谐的笔法反映塾师的不易。

《塾师四苦》[1]

原文	译文
人言教书乐，我道教书苦。昔人待先生，忠敬出肺腑。只要得明师，何尝计脩脯。今日村庄家，礼体全不顾。东村及西村，不止二三五。清晨便教书，口舌都干苦。方才教写字，又要教读古。先生偶出门，小子满堂舞。	昔日的人对待塾师，不会计较钱。如今塾师人数太多，工作也不好做了。每天早上就开始教书，口干舌燥。一会儿写字，一会儿读书，一刻也不能离开，一旦离开，教室就会乱作一团。
开学不回家，清明到端午。临期候修金，看看日将晡。若还不至诚，留待后来补。此际好凄凉，问君苦不苦？	自开学后，塾师就失去了自由，基本上没有假期。到了发工资时，常常会被拖欠。
人言教书乐，我道教书苦。昔人尝有言，读书须净土。明窗豁达开，花竹周围布。今日村庄家，礼体全不顾。塾堂三两间，东穿又西破。上漏并下湿，常在泥涂坐。炎天气郁蒸，难学羲皇卧。一朝朔风起，林端发怒吼。窗破不能遮，飔（sī，急风）然入庭户。一吹寒彻骨，再吹指欲堕。曝日无阳乌，拨炉又绝火。此际好凄凉，问君苦不苦？	昔日的人普遍懂得，读书需要有好的环境，窗明几净，周围种满花草。如今塾师工作的屋子，四处漏洞，上边漏雨，地面潮湿，冬冷夏热。冬天吹冷风，夏天酷热难耐。
人言教书乐，我道教书苦。昔人请先生，预整精卧铺。下箦（zé，席子）而上簟（diàn，席子），绣枕以就卧。今日村庄家，礼体全不顾。两捆乱稻柴，一条粗衮布。虽有青麻帐，又被鼠咬破。夏间灯尽时，便受蚊虻蠹。倏忽秋冬交，霜雪纷纷堕。枕麻冷如冰，四体难蹭错。三更足不温，四更难捱过。才闻鸡喔声，不寐而常寤。此际好凄凉，问君苦不苦？	昔日的人聘请塾师，会给塾师提供好的住处，生活用品一应俱全。如今毫无体面，几捆柴草铺在床上，只有一条粗布被子，以及被老鼠咬出洞的麻布帐。在这样的环境下居住，夜里寒冷难耐，无法忍受。
人言教书乐，我道教书苦。昔人款先生，笾（biān，竹制的器具）豆何齐楚。白饭与香蔬，烹泉不绝火。今日村庄家，礼体全不顾。粥饭日寻常，酒肴亦粗卤。鱼肉不周全，时常吃豆腐。非淡即是咸，有酱又没醋。烹调总不佳，如何下得肚。勉强吃些饭，腹中常带饿。渴来自煎茶，主翁苦不睹。不说管待疏，还道受用过。此际好凄凉，问君苦不苦？	昔日的人对于塾师的饮食十分重视，每天忙于招待。如今每天只能喝点粥，没有酒，也没有肉，只能吃一点豆腐，调料也不全，味道也不好，难以下咽。

[1] ［清］钱德苍：《解人颐》，长沙：岳麓书社，2005年，第130页。

蒲松龄创作的关于塾师的文学作品反映了当时塾师工作、生活的一些细节。这篇《塾师四苦》写了塾师的工作强度大、工作环境差、住宿条件差、饮食状况差，主要反映东家对塾师的苛责与怠慢。需要注意的是，这些描述并非都是蒲松龄自己的真实生活，而只是他在对当时塾师生活认识的基础上进行的文学化加工。蒲松龄创作了很多关于塾师的文学作品，其中甚至有一篇名为《闹馆》的戏剧，以塾师的工作环境为背景，描写了塾师遇到的诸种麻烦。

实际上蒲松龄与他长期工作的东家毕家关系十分亲密。蒲松龄一生共有五百多篇文章、上千首诗歌流传于世，这证明他在工作之余有大量闲暇时间，也证明了他的东家是一直支持他从事这些创作的。不止如此，从蒲松龄创作了大量反映塾师工作环境的文学作品可以看到，蒲松龄的东家十分开明，并没有因为蒲松龄创作了这样的文学作品而对蒲松龄产生嫌隙。

在清代，蒲松龄创作的这篇《塾师四苦》被收录入清代的一本名为《解人颐》笑话书中，成为广为流传的诗歌。《解人颐》中收录了不少反映塾师工作与生活的幽默诗文，还有一篇《青毡诉苦文》，“青毡”代指生活清贫的人，是一篇从塾师的角度对自己工作的“吐槽”。

《青毡诉苦文》[①]

原文	译文
束脩只得些微，铺排倒有无数。落雨包䭾，晴天要送。仔细思量，讨饭不如也。今天下生意最微薄者，莫如教书矣。	铺排是指今天说的“排场”，此处是指塾师只是表面上受人尊敬，有一点“牌面”，实际上收入不高，而且很多收入就像是下雨天有人留下了一个包袱，其中可能有些钱财，看起来归自己了，实际上天晴之后，还要送还给人。

① ［清］钱德苍：《解人颐》，长沙：岳麓书社，2005年，第231页。

续表

原文	译文
挣起喉咙，一年到头的是“赵钱孙李”；放开力气，从早缠到晚的乃“天地玄黄”。	“天地玄黄”为《千字文》的开篇，这好比今天的一位老师说，整天教的都是“ABC”一样。
还想哪个供茶，谁家供饭。姜汁面一碗，希图暂饱，休望张家请酒，李宅邀谈。糖烧饼两个，聊且充饥。	平时只能吃到很普通的饭，不必设想东家请客吃好饭。
节礼包分文未见，倒说如今不作；学课钱毫忽也无，反要查问功课。	
戴顶旧帽子，便说道：“这先生好去打卦。”穿件破衣裳，又骂云：“这穷酸俨似叫化。”任凭寒来暑往，不住的争堪道好。悉好春露秋霜，你还说去早来迟。	平时穿的衣服，无论好一点，差一点，也总会引起人注意。
收的低银潮色，皆缺戥头；来的七龄八岁，浑如凿石。	“戥头”是指分量。“凿石”是指教的孩子很笨，像一块石头，教学过程就像是要凿开一块石头一样。
未打骂，向云独养儿子；不放学，犹言歇落太多。	工作难做，放学早，被说是像养儿子一样；放学晚，仍被说休息的时间太长。“歇落”是指休息。
可怜雇工不如，奴才弗若，岂不要哭乎，岂不要哭乎?!	工作还不如雇工、奴才。

《青毡诉苦文》中的这几段话内容生动形象，类似于今天的“段子”，但并不够客观。正如今天一些人在向他人提及自己生活、工作时，偶尔也会引用某个流传的“段子”，虽然表达的主题很清楚，但并没有真正客观地反映生活、工作的情况。

在《青毡诉苦文》这几段话中，反映出塾师这份工作存在的问题主要包括：

第一，社会地位。表面上，不管在哪里做塾师，家长都会客客气气，对塾师表现出十分尊敬的样子，实际上塾师收入很低。表面上的客气并不意味着收入很高。

第二，工作福利。有的塾师在家塾中工作，类似于今天上门的家庭教师，学生家长会管饭，但是吃得不够好，只能做到吃饱，吃一碗姜汁面，或者吃两个糖烧饼就算一顿饭了，很少能达到吃好的状态，比如很少有家长会请塾师下馆子。

第三，工作待遇。一些家长在发工资时经常缺斤短两。过年过节，经常出现家长没有及时给塾师发红包的情况，有的家长会借口说现在已经不流行发红包了。反过来，这些家长却经常要查看孩子的功课到底怎样。在当时，过年过节时家长一般都会给塾师发放红包，而且金额很大，可以说类似于今天的年终奖，是塾师收入的重要部分，不发放红包自然会引起塾师的不满。

第四，有的家长看不起塾师，私下说的话不合适，传到塾师耳朵里，很容易让塾师觉得没面子。比如一位塾师戴的帽子比较陈旧，家长觉得像个算卦的，私下便跟其他人开玩笑说："这位老师今天要去摆卦摊、算卦。"

第五，工作难度。包括每天早出晚归，家长还怪怨走得早、来得晚，休息时间太多；孩子笨，教不会；对学生不够严格，家长不满意，说教学不是"养儿子"。

严格来说，这些是任何一项普通工作都会存在的问题。与其他大部分行业相比，塾师的待遇已经不错，而且与体力活相比，劳累程度并不算高。

《解人颐》中有不少是从塾师的视角表达对自身处境不满的诗歌和故事，还有一首名为《屈屈歌》的诗歌，其中说：

《屈屈歌》①

原文	译文
百岁光阴能几何，在家日少离家多。 春初倏忽去赴馆，岁暮欲归成蹉跎。 今年已复过明年，冷凳青毡皆坐穿。 寂寥一饭小窗下，冷淡三杯孤灯前。 先生道学徒自尊，主人供膳何曾闻。 但愿先生不饮酒，但愿先生不茹荤。	塾师常年在外工作。 经常在年后离开家，到年底才返回。 一年年只做着重复的工作。 大多时候都是一个人在外地工作。 虽然名义上是文化人，但是却寄人篱下。 生活依赖于东家，很少有条件喝酒、吃肉。

① ［清］钱德仓：《解人颐》，长沙：岳麓书社，2005年，第204页。

续表

原文	译文
先生更莫出户走，出门又恐逢亲友。 友人不觉寻访来，欲见主人如泄柳。 先生只得坐忧闷，不想虚名宁本分。 有时散步舒精神，本分反为轻薄人。 愚顽之子功难成，晨昏费尽千万情。 河东狮子反不足，抚儿隔壁高声争。 先生一日才放宽，主人责备大失欢。 ……	不愿意出门，只怕遇到亲友。 “泄柳”隐居避世。 常常独自坐着，不再好虚名。 有时候出门散步也会被认为轻薄。 教的孩子大部分都很笨。 即使对孩子大声吼，也起不到作用。 偶尔放一天假，会引起东家的不满。
物薄礼轻微束脩，受之况复多虚花， 料谷腐米如丹砂。 输官偿债两无用，此物如何得养家。	付给塾师的工资少，而且经常会用一些物品代替，比如用陈年旧谷代替工资。 这些东西在官府那里都不能用来缴纳赋税，也不能抵债。

有一些塾师需要到很远的地方工作，常年住在东家的家里，不能回家。在这种情况下，塾师难免会感到孤单，思念自己家中的亲人。清代江西奉新人甘汝来在《秋夜枕上作》中写道：

夜静风声响树颠，藤床欹枕不成眠。
孤灯惨淡秋容冷，城柝喧腾客绪牵。
腰折不曾沾五斗，舌耕聊尔度三年。
思亲几许肠将断，倚望悬知眼欲穿。①

这首诗描写的是塾师在晚上工作之余的感受。“舌耕”即为从事塾师工作。三年来，作者一直想念自己的父母，可是望眼欲穿，无法回家。

在更多时候，塾师的情感世界并不是都是消极而黯淡的。清代早期江南地区一位名叫陈至言的塾师留下有多首诗歌，反映他在从事塾师工作时的感受，其中一首为《秋夕不寐》：

虫声四壁一灯檠，百虑丛生天不明。

① ［清］甘汝来：《甘庄恪公全集》卷二，《四库未收书辑刊》第八辑二十五册，北京出版社，2000年，第543页。

却怪司更人性懒，几回梦觉尚三更。

小簟光莹梦思清，香残烛暗枕蛩声。

多情最是新秋月，照我书斋彻夜明。①

这首诗反映了作者心里“百虑丛生”，所以整夜睡不好觉，可能是为生活琐事烦恼，也可能是在思索着人生哲理，未必是因为工作中的问题而烦恼。

2. 塾师的饮食

清代蒲松龄写过一篇《学究自嘲》，以幽默的方式反映塾师的饮食问题：

馆谷渐渐衰，馆谷渐渐衰，早饭东南晌午歪，粗面饼卷着曲曲菜。

吃的是长斋，吃的是长斋，今年更比去年赛。南无佛从今受了戒。

鱼肉谁买，鱼肉谁买？也无葱韭共蒜苔，老师傅休把馋癖害。②

《学究自嘲》说塾师只能吃“粗面饼卷菜”，只能吃素，像和尚一样，吃不到鱼和肉，甚至没有味道好的韭菜、蒜苔。实际上，即使在已经日渐现代化的中国，日常饮食中经常吃鱼虾的家庭也不多，何况是在生产力并不发达的清代。

类似的“吐槽”还出现在其他一些文献中。清代褚人获编写的笔记小说《坚瓠集》补集第五卷有一篇很短的《师苦万状》，引述了某位塾师作的一首诗，描写塾师对日常饮食的抱怨：

晨兴最苦无汤漱，日回中时始食糜。

检点饥肠传句读，撑持渴吻讲文辞。

鱼虾淡薄难供饭，腐菜温暾（tūn）易泄脾。

---

① ［清］陈至言：《二续淞南志卷下》，《中国地方志集成·乡镇志专辑》第四册，上海：上海书店出版社，1992年，第1046页。

② ［清］蒲松龄：《蒲松龄集》，上海：上海古籍出版社，1986年，第1749页。

怪杀更深监夜课，自辰至亥坐如尸。①

这首诗中说，塾师经常饿着肚子工作，早上缺少汤水，饭时没有鱼虾，只能吃一点普通的蔬菜。有时候晚上还需要工作，“辰”为黄昏，“亥”为深夜。

清代曹去晶创作的《姑妄言》第九回《邬合苦联势利友宦萼契结酒肉盟》中提到，一位名叫乾行寒的人，在别人家做塾师。“一日两顿，就是随常茶饭，只好初一、十五吃个犒劳有些肉，闲常是没有的。至于要吃点心、吃酒是他自买。”②这可能是当时比较常见的情况。如果是塾师在自己家里开设私塾，孩子们到塾师家里上学，这种情况下，塾师的饮食自然是由自己负责的。如果是塾师到东家的家里工作，东家会负责家常便饭，偶尔吃点好的。

有的塾师提出：“邑中有守财卤，竟有不供馈，而令师走家食者。致严寒酷暑，常仆仆道途中，尊师之道安在？”③这句话说，有的“守财奴”不管饭，需要塾师回家中吃饭，无论严寒酷暑都需要每天往来奔波。可见，大部分东家在条件允许的情况下都是会管饭的，不管饭的东家会被贴上“守财奴”的标签。

一些大家族会把尊师重教作为美德。一些家族设有家塾师，清代晚期江苏苏州《陆氏葑门支谱》卷十三对族塾规定：“朝夜每食四簋，二荤二素，候先生就席后，循序入座。不准凌乱，亦不得拣择肥甘，杯盘狼藉。”④每顿饭都提供四个菜，两荤两素，吃饭时请塾师先入座，其他人后入座。

---

① ［清］褚人获：《坚瓠补集》卷五，《笔记小说大观》第15册，南京：江苏广陵古籍刻印社，1983年，第13页。

② ［清］曹去晶、许辛点校：《姑妄言》，北京：北京文联出版社，1999年，第71页。

③ ［清］王晫、张潮：《檀几丛书》，上海：上海古籍出版社，1992年，第268页。

④ ［清］陆锦焜等：《陆氏葑门支谱》卷十三，清光绪十四年丰裕义庄刻本，原书无页码。

为了保证塾师的饮食，有的家族专门规定了“膳金”的数额。比如浙江宁波行春张氏规定在族谱中规定，族塾塾师“膳金十六千文，供奉务须诚敬。”“柴米油盐酱醋茶等一应在内，每餐备四盆一汤”。①

浙江余姚姜氏的族谱中规定：“塾师二，一课学业，一课点读，供奉必于关内书定。每岁学业师：供膳食谷一十六石，俸钱五十千文。点读师：供膳食谷一十六石，俸钱二十五十千文。供膳按月送交，俸钱五月交半，十月全交。薪米、荤蔬菜、油盐、酒杂，俱包在内。”②每年提供十六石粮食作为膳食资金，足够一个人一年吃饭了。

反映塾师工作环境差、待遇差的文献大多是以笑话、自嘲的形式出现的，未必是真实的历史。同时，大部分塾师会与更高阶层人的生活进行对比，这样一来，塾师的生活就显得比较清苦了。

既然塾师作为普通劳动者来说，在整个社会结构中收入并不低，为什么有很多文献或历史故事在提及塾师时往往都会出现贫穷、酸腐的特征呢？这主要是因为塾师作为一个群体，他们对自己的定位是读书人，他们对比的对象并不是农民、手工业者、小商小贩，而是其他更优秀的读书人，也就是那些考得科举功名之后在本地数一数二的书院中担任山长，或正在做官的读书人。这些人可能是他们的同学，或者曾共同参加过科举考试，若干年之后，“别人”都已功成名就，至少在书院中工作，成为本地有威望的文化人士，而他们自己每天却靠教几个孩子来生活，一对比，自然相形见绌了。

据清初嘉定学者张云章所载：

---

① 张原炜纂修：《浙江鄞州行春张氏宗谱》1949年敬爱堂木活字本，《中国家谱资料选编·教育卷》，第482页。

② 姜联福：《浙江余姚姜氏世谱》，《中国家谱资料选编·教育卷》，上海：上海古籍出版社，2013年，第301页。

某之友有祝恺者，居东海之滨，攻苦力学，年三十有六矣。少失其偶，贫不能复娶。为人塾师，自糊其口，以奉父而给弟。数不得志于有司，世俗相与訾笑之。失其馆舍者屡矣。饥寒困穷，往往并而食。①

从这个故事中可以看到，担任塾师的祝恺，通过自己的工作，不仅能养活自己，而且能同时养活自己的父亲和弟弟。在叙述者看来，祝恺的生活存在一些问题。第一，没有再婚。第二，有时候会失业，这是因为前一拨孩子毕业后，后一拨孩子可能没有凑够数。第三，没有得到一份“有司”的工作，大约相当于没有找到一份地方普通公务员或者事业单位的工作。

塾师作为一份工作，收入要比其他行业高一些，所以很多人本来并不是读书人，只是简单认了几个字，便声称自己是塾师，开始从事塾师的工作，导致教学效果很差。

生活在清代晚期的熊少牧便注意到了这种现象：“村夫子冬烘头脑，授受庸猥。甚至屠酤、小贩、方外，饥寒元赖之徒，茫不解《少仪》《内则》《弟子职》为何语，亦抗颜号召童蒙以资糊口。所课别有俗本，讹言破句、鄙俚不伦。彼田翁圃叟，利其值廉而礼简，使子若孙从之游，卒之哔，二三年仍一丁不识，或稍长知自振励，时过无及。”②“冬烘”指迂腐而浅陋，“庸猥”是庸俗而鄙陋。一些屠夫、小贩、出家人，为了挣钱，根本都不懂几本书，也开始做塾师。这些人在教学时，经常读错字，断句断错，胡乱解读书中的句子。村里人贪图这些人便宜，纷纷让自己家孩子前去学习，学习了两三年还认不了几个字。

---

① ［清］张云章：《朴村文集》卷三，《上大冢宰蓼天宋公书》，《四库禁毁书丛刊禁》第一百六十七册，北京：北京出版社，1997年，第609页。

② ［清］熊少牧：《答某友书》，邵之棠：《皇朝经世文统编》卷四十二《内政部十六弭盗》，来新夏主编：《清代经世文全编》第一百一十册，北京：学苑出版社，2010年，第171页。

二、塾师的身份与社会

清代晚期，嘉定县（今上海市）有一个名叫王汝润的人，他的一生主要从事塾师工作。王汝润留下了一本《馥芬居日记》，从日记中可以整理出他的生平经历。

王汝润出生于乾隆五十八年（1793年），少年时一直接受教育，十八岁开始从事塾师工作。最初几年，他主要在村子附近的亲戚、朋友家中教书。到了二十七岁这年，王汝润结婚了，此后两年在岳父家中教书。在此期间，他参加了县试，想要考中生员，可是没有能考中。此时的他已经结婚，有了家庭，可是因为考不中生员，收入十分微薄，所以在日记中说“困苦万状”。

到了道光五年（1825年），三十三岁的王汝润终于考中了生员，此后他便不再出门到其他人家中教书了，而是改为在自己家中做塾师。因为他有了生员的身份，附近的人会主动把孩子送过来，可以说，考中生员是王汝润一生的转折点，他从“寄人篱下”变成了“自主创业”，他的生活得到了改善，从此走上了正轨。

清代王汝润生平①

年龄	时间	工作	经历
18	嘉庆十五年（1810年）	馆于家之礼传堂	开始工作
19—20	嘉庆十六至十七年（1811—1812年）	馆于俞母舅家迪光堂	—
21—24	嘉庆十八至二十一年（1813—1816年）	馆于东乡朱蓉亭家	—
25	嘉庆二十二年（1817年）	馆南乡陆蕴庄家，敬夫兄荐	—

① ［清］王汝润：《馥芬居日记》，《清代日记汇抄》，上海：上海人民出版社，1982年，第173页。

续表

年龄	时间	工作	经历
26	嘉庆二十四年（1819年）	无	生病
27	嘉庆二十五年（1820年）	馆于岳丈家	结婚
28	嘉庆二十六年（1821年）	无	参加县试，不中
28	道光元年（1821年）	馆于岳丈家	—
30	道光二年（1822年）	馆于新阳金鸡河吴姓，寄父孙驭明荐	困苦万状
31	道光三年（1823年）	馆于嘉定南乡徐汝璧家	—
32	道光四年（1824年）	馆于谈姓	—
33	道光五年（1825年）	无	考中生员
34	道光六年（1826年）之后	馆于家	—

明清时期，我国塾师有不同层次的划分。其中有无生员身份是重要标准，有生员身份会普遍受到欢迎，而没有生员身份的人则不被看重。有一些人没有生员身份，学问水平不高，也在从事塾师工作。清代编写的《盘龙镇志》中提道：“人家子弟，六七岁即入塾，虽村庄亦必有句读师。凡寒素子，粗识字义，即有以训业为糊口计者。师日多而馆日少，延师遂同儿戏，而后起之成才亦甚少矣。”[①] 盘龙镇今属四川省广元市，此地很多人都在从事塾师工作，塾师多，学生少，学生学习状况也差，塾师的收入自然也不高。

在科举考试体系中，比生员更高一级的身份为举人。有举人身份的塾师相对比较少，很难聘请到。一般如果一位读书人已经考中了举人，那么就意味着这个人已经有很好的前途了，也很少会再从事塾师的行业。

① ［清］金惟鳌等：《盘龙镇志》风俗卷，《中国地方志集成·乡镇志专辑》第二册，上海：上海书店出版社，2013年，第642页。

清代长篇小说《绿野仙踪》第一回《陆都管辅孤忠幼主冷于冰下第产麟儿》中，开篇便提到一位名叫王献述的塾师，在冷家做老师。

（冷）于冰到了九岁上，方与他请个先生姓王，名献述，字岩耕，江宁上元县人，因会试不中，羁留在京。

此人极有学问，被本城史监生表叔胡举贤慕名请来，与史监生做西宾，教读子侄，年出脩仪八十两。只教读了六七个月，史监生便嫌馆金太多，没个辞他的法子，只得日日将饮食、茶饭核减起来，又暗中着人道意："若王先生肯少要些脩金，便可长久照前管待。"

献述听了大笑，立即将行李搬移在本城关帝庙暂住，一边雇觅牲口，要起身入都。冷松素知王献述才学，急遣人约请，年出脩金一百两，教读于冰。①

王献述是举人，每年八十两的费用实际上并不算高，但他并不担心自己会失业，在了解到东家想降低工资后，马上便辞职离开东家，最后东家只好将每年工资提高到一百两，才重新请回了他。

明清时期，尤其是清代，对于参加考试的普通读书人来说，考上生员并不容易。若想考得生员，需要连续通过县试、府试、院试三级考试，每一级考试都有五场，考试内容多，题目难度大。这不仅需要考生本人的天资、勤奋的努力，也需要家庭的经济条件作支持。对于大多数家庭来说，做父母的希望家里能出个生员，以便在四里八村有个支持门户的人，至于参加乡试、考举人，大多数父母一般不去想。

考完生员，大多数考生的年龄已经二十多岁，需要成家立业

---

① 转引自徐梓：《明清时期塾师的收入》，《中国社会经济史研究》2006年第2期。

了。而且拥有生员的身份，在村子内外也很吃得开，足以支持门户，如果选择继续参加乡试，就需要付出更多的努力。不仅需要更高的天资，而且需要更多的钱、更多的时间。一般人无法承担这些费用，即使有亲友愿意支持，也无心再考，一般选择退出考试，在乡下过起乡绅的生活。所以，绝大多数生员的选择都是不再继续参加乡试。齐如山先生在《中国的科名》中回忆，考上生员的人十有七八都不再参加乡试了。[①]

明清时期，选择继续参加乡试的有几种情况。一种是科举世家，父亲或者祖父因为没有考中举人而觉得一生遗憾，所以坚持要自己的孩子参加乡试，这类家庭非常少；第二种是本身就是官宦家庭，考举人做官是很普遍的现象，这种情况也不多，因为大多数生员的背景都是普通人家；剩下的一类大都是“特别上进型”考生，是生员们自己认为只有考中举人，才能出人头地过上幸福的生活，或者过上真正的读书人的生活，所以坚持一定要考取举人。

《儒林外史》第三回，范进在童生试中本来考了第一名，考官周学政也称他写的文章“火候到了，即在此科一定发达”。可是当范进去向他的丈人胡屠户借钱时，却被胡屠户骂了一个狗血喷头。

> 你自己只觉得中了一个相公，就癞虾蟆想吃起天鹅肉来！我听见人说，就是中相公时，也不是你的文章，还是宗师看见你老，不过意，舍与你的。如今痴心就想中起老爷来！这些中老爷的，都是天上的文曲星。你不看见城里张府上那些老爷，都是万贯家私，一个个方面大耳。像你这尖嘴猴腮，也该撒抛尿自己照照！不三不四，就想天鹅屁吃！趁早收了这心！明年在我们行事里替你寻一个馆，每年寻几两

① 齐如山：《中国的科名》，沈阳：辽宁教育出版社，2006年，第39页。

银子，养活你那老不死的老娘和你老婆是正经。[①]

这可能是当时一般人的观念，如果考上了生员，即使不再考举人，也可以通过做塾师混碗饭吃。因为考生员的过程本身就很复杂，从考试报名到考场注意事项，各种与考试有关的信息和复习方法都需要曾经考过生员尤其考中过生员的人来传授，所以生员做塾师在明清时期很受欢迎。

张仲礼在《中国绅士研究》中指出，在明清时期，有绅士身份的塾师人均年收入约为100两银子，而那些广大的没有绅士身份的塾师，其平均年收入则不足50两银子。[②]这里的绅士身份就是指拥有生员、举人身份，举人相对很少，大部分都是生员。当然，具体的情况比较复杂，全国各地在不同的时候也有所不同。不过这些收入足以使生员脱离下等人的地位了。

① ［清］吴敬梓：《儒林外史》，北京：人民文学出版社，1977年，第39页。

② 张仲礼：《中国绅士研究》，上海：上海人民出版社，2008年，第285—286页。

第十七章　明清时期的塾师（下）：塾师个案

一、明清时期一位普通塾师的一生

1. 他的出身

在明末清初的浙江北部，有一位出身于塾师家庭，自己也做了一辈子塾师的人，名叫张履祥，他出生于明代晚期万历三十九年（1611），去世于清代早期康熙十三年（1674 年），是当时中国的一位典型的塾师。

张履祥，字考夫，号念芝，浙江省嘉兴府桐乡县人，他的家族世世代代都生活在桐乡县清风乡炉镇杨园村，后世学者称其为“杨园先生”。张履祥的祖父和父亲都是社会底层的普通读书人，都曾以塾师为职业，他还有一个哥哥名叫张履祯（字正叟），也一直以塾师为业，可以说是生活在一个塾师世家。

张履祥的父亲张明俊曾考中秀才，但在三十九岁时便去世了。张明俊去世那天是万历四十七年（1619年）正月十九日，恰逢他担任塾师的学堂开学，学生们正向他行礼，他忽然晕倒了，不省人事，随后便去世了。张明俊去世时，他的妻子只有三十二岁，留下两个儿子张履祯和张履祥。这一年，张履祯十多岁，而张履祥只有八岁。此时，张履祥的祖父还在世，他在炉镇开了一个小卖部，赚一点钱贴补家用。张履祥的母亲则终日靠纺织挣钱，供张履祯、张履祥兄弟二人读书。

实际上，在万历四十五年（1617年），张履祥六岁时，他便开始上学读书了，他的第一位老师名叫孙台衡，是浙江余姚人。张履祥在这里开始了他的读书生涯，完成了自己的教育启蒙，学会了认字、读简单的书。

天启元年（1621年），十岁的张履祥离开自己生活的村子，到几里地之外的钱店渡上学，这是外祖母所在的村子，他在这里上了几年学。到了天启五年（1625年），十四岁的张履祥再次换了学校，回到自己村里继续读书。在这里，他结识了钱本一等几位关系要好的同学。

天启六年（1626年），张履祥参加科举考试，考中了秀才，这一年他十五岁，年纪不算大，母亲还在世，所以他并没有开始工作，而是继续读书。对张履祥来说，如此小的年龄就考中了秀才，也许未来考中举人也是很快的事。在明代末年，获得了秀才身份之后，所在家庭能够获得免除一定数额的土地赋税的权利，一般会有一些乡邻会把自己家的土地挂靠秀才的各下，以获得免税资格。因为免税土地总额一般是有限定的，所以对于秀才来说这是一笔收入，但是不算多。此外，获得秀才身份之后，偶尔也会一些帮人写信、做介绍人的事，都意味着会有一点收入。对张履祥来说，这是支持他继续读书的条件。

崇祯四年（1631年），二十岁的张履祥再次换了老师，这位老师名叫傅明叔。在这个新的学堂里，他结识了颜士凤，这是他另外一位关系良好的同学。

在明清时期，儿童在接受教育的过程中，每过几年就要换一次老师。这主要是因为学生年龄不断增长，学习的层次也在提高，每位教师的能力有限，不同教师承担的任务不同。在几年时间里，一位教师基本上可以完成自己在该阶段所承担的教育任务。学生学完之后，会到其他学堂接受更高阶段的教育，类似于当代按年级逐渐升学的教育制度。

2.做塾师的一生

崇祯六年（1633年），二十二岁的张履祥结束了自己做学生的生涯，不过他还是没有离开学堂，只是身份变了。这一年，他从学生变成一位塾师，工作的地点就是在自己村一位同学的家里。本来，张履祥年纪很小时就考中了秀才，前途光明，可是他一直没有考中举人，而且他的家庭条件没有那么好，需要养家糊口，不可能一直读书，所以便放弃了继续参加科举考试。由此开始，张履祥步入了长达三十多年的塾师职业生涯，直到六十岁退休。

张履祥对待他的工作一直十分用心。张履祥写过一篇《遗安堂日课》，记录了一天内的日程安排：

> 晨起，读熟书八首，背过，读三遍。
>
> 粥后，授书一首，随解读四十遍。读授前书二首，背过，读三遍。
>
> 饭后，写仿，温熟书十首，背过，读二遍。
>
> 下午，解书二章，长者一章。随温所解书，背过，读三遍。读本日授书十遍。
>
> 薄暮，记《小学》一条。习静坐，以香一寸为度，渐加至五寸。
>
> 日力不足，夜以补之。①

在张履祥做塾师的三十多年里，大部分时间都是在同学、亲友家中做塾师，其他也大都是朋友、同学介绍。可以说，张履祥的职业生涯主要依靠的就是他的同学、亲戚，如果没有这些同学、亲戚，他想要做塾师，可能会有更多的困难。

---

①［清］张履祥：《杨园先生全集》，陈祖武点校，北京：中华书局，2002年，第1205—1206页。

张履祥塾师生涯情况表

时间	地点	年龄	说明
1633—1634	同村	22—23	同学颜世杰家
1635—1639	甑山，杨园村北约七八里地	24—28	同学钱飞雪家，是张履祥祖父的朋友
1640—1641	归安茭湖，桐乡北约三四十里地	29—30	丁有声家，丁家十分富裕，是当时塾师界的优质工作
1642	归安苕溪，桐乡北约二三十里地	31	吴子琦家。这一年最后一次参加乡试，未考中
1643—1644	甑山，杨园村北七八里地	32—33	同学钱飞雪家
1645	—	34	浙北遭遇战乱，未工作
1646	炉镇，约三四里地	35	张彬家，为同家族族兄
1647—1650	同村	36—39	同学颜世杰家
1651—1654	炉镇，约三四里地	40—43	钱氏家
1655	甑山，杨园村北七八里地	44	同学钱飞雪家。十多年之后，到该同学家教下一代人
1656	海盐县，桐乡东南一百多里地	45	澉浦吴谦牧家，为同学吴蕃昌的弟弟
1657	炉镇，约三四里地	46	租借场地，自己开馆
1658	嘉兴府，桐乡东约六十里地	47	徐彬家，朋友施博推荐，结束后回到自己出生时的村里
1659	—	48	无工作
1660—1668	海盐县沈荡镇半逻村，桐乡东南约一百里地	49—57	钱福征家，朋友何汝霖叔父
1669—1670	崇德县语水村，桐乡南约四五十里地外	58—59	这家人等慕名聘请，等了张履祥三年才等到，这次工作结束后，张履祥便退休回家了

可以看到，在张履祥三十多年的塾师生涯中，前半段主要在本县的几个镇上，而后半段大部分是在临近的县工作，这说明他

的工作得到了人们的认可，在朋友之间口口相传。以至五十多岁时，他的工作变得十分稳定，在一家工作了七八年之久，而且这一任工作尚未结束，下一任家庭已经等了很久了。只是，此时的张履祥年龄逐渐变大了，他的身体条件也无法再胜任塾师的工作，因此便选择退休，回到家中。

此后，张履祥的身体逐渐变差，偶尔会出去做临时性的工作。康熙十三年（1674年），张履祥去世，享年六十三岁。

张履祥的一生一直与教育相伴，在青少年时期结束受教育生涯后，一直从事着儿童启蒙教育工作。他是一名比较优秀的学生，在十五岁就考中了秀才，可能因为他考中秀才时是明代，而工作后若干年则进入了清代，前朝的“学历”未必那么管用，所以他一直是一名普通的塾师。

张履祥在受教育阶段从未进入过书院学习，一直都是在私塾中学习。在当时，书院代表了本地高等学府。工作后，张履祥也一直是在私塾中工作，从未到书院中担任过教师。在三十多年的工作生涯中，张履祥甚至只有一年是自己开设私塾，其他时间都是在他人家中做塾师，一生事业的巅峰也不过是在朋友中有了比较好的名声，以至受到所服务的东家的欢迎。从这一层面来说，张履祥是一名优秀的塾师，但仅此而已，他一生的事业从没有更进一步的发展，也没有实质性的飞跃。

3. 张履祥的工作与家庭生活

张履祥家庭出身很普通，八岁时父亲去世，在二十多岁时母亲也去世了。之后，张履祥参加过一次乡试，未考中，从此便步入职场，参加工作了。

张履祥一直过得十分俭朴，在物质生活以及道德上对自己要求都很高，甚至很苛刻。《张杨园先生年谱》中记载：“（张履祥）年三十岁，馆茭湖丁友声家，友声家素裕，时岁大饥，供膳过丰。先生对案不食，命减馔，劝友声赈恤饿殍，训门人曰：‘大荒之后，必有大乱。’宜读经济。”[①]丁友声家里十分富裕，张履祥在丁家做塾师时，丁家为张履祥提供了丰盛的饮食，张履祥对此甚至表达了拒绝，希望只提供普通一些的饮食即可。张履祥的做法与当时塾师们普遍“吐槽”东家饮食供给不够好形成了鲜明对比。

与此同时，张履祥对工资要求也不高，他在给同门师兄吴蕃昌的信中写道：“近例馆谷之常，以八月为度，弟只到四月，当拜领半俸，而以其半转赠韫斯。但韫斯亲在堂，需此为菽水之将者也，更得裒（póu）仲兄益以数金，得满二十之数，亦足以慰韫斯矣。”[②]在这封信中，张履祥谦虚地表示，他只工作了半年，因此只需要领取半年的薪水，同时也想把这半年薪水中的一半赠送给一位叫作朱韫斯的朋友，这位朋友现在是急需用钱的时候，如果加上另外一位朋友吴裒仲的数金（也就是几两银子），就可以凑够二十两银子，这对朱韫斯会有很大的帮助。

从这封信可以看到，张履祥半年收入加上几两银子有二十两，那么半年收入十几两，全年收入大约三十两银子。毕竟张履祥是有秀才身份的，他的收入在当时并不算高。

在康熙九年（1670年），五十九岁的张履祥年事已高，即将结束塾师生涯。他在给自己的学生颜孝嘉的信中说：

> 明年，承用晦兄见留，而云士诸兄适至，谓不佞衰惫，不应复有课诵之劳，宜以余年优游书籍。又乡土未必安宁，势复不可匏系（注：闲居）一室，约以三十金为御凶之备，而往来任便。诚钱、吕两兄曲折爱我之德，无所不至，然岂意计之所及也。[③]

---

① ［清］张履祥：《杨园先生全集》附录《张杨园先生年谱》，陈祖武点校，北京：中华书局，2002年，第1496页。

② ［清］张履祥：《杨园先生全集》，陈祖武点校，北京：中华书局，2002年，第1205—1206页。

③ 同上书，第373页。

在这封信中，张履祥谦虚地表示，他的朋友可以继任他的工作，他的身体不够好，因此就不再担任塾师了，他退休后也不会闲居家中，而仍旧会出来讲课，这时候朋友给他的费用是每年三十两银子。张履祥对自己要求很高，不愿意多收钱，可能他的收入一直都是这样的水平，所以在他退休后，朋友们聘请他出来讲课，每年的金额也是这么多。

在当时，对于数口之家来说，每年三十两银子可以满足温饱，攒不下太多钱，也无法过上好日子。如果遇到天灾人祸，临时需要用钱时会有困难。顺治十一年（1654年），四十三岁的张履祥给同学吴蕃昌写信，其中提道：

> 弟先人遗田，变废之余，尚存一十四亩，妻子饘（zhān，煮）粥，足以自给。但自祸乱以来，十余年间迁徙者五矣，每当迁徙辄有称贷。因无嗣息，买婢则又贷。去冬病作，则又贷。积渐而至，已不下数十金。
>
> 目下以先叔王父之葬，则又贷，亡妹之葬，则又贷，复不下三四十金。每于秋成，辄通以自古有死之义，罄箱偿之，不足，则复佐以馆谷。
>
> 次年米渐贵，则力益诎，加质举息，其数仍不减于旧时。诚恐一旦溘（kè，突然）先朝露，则长负人入地矣。①

除了做塾师每年有大约三十两银子的收入之外，张履祥家里还有祖上留下的十几亩土地，这些土地每年也会有一些收入。总的来说，他的家庭收入是可以满足温饱的，但是张履祥的家庭经济状况一直处于濒临崩溃的局面。他在这封信中提供了因由，导致张履祥家庭经济局面变差的因素很多。首先，张履祥生活在明末清初时期，浙北地区经常遭遇战乱，每次战乱都要逃难，每次

① ［清］张履祥：《杨园先生全集》，陈祖武点校，北京：中华书局，2002年，第66页。

都需要一笔钱。在战乱时，他都不得不向人借贷。其次，张履祥一直没有儿子，想生男孩，于是借钱纳妾，这是一笔很大的开支。再次，张履祥身体不好，在治病时花了一笔钱，也是向别人借的。最后，张履祥承担了所在家族人员去世时的丧葬费，前后为此借钱几十两银子。

虽然每年张履祥都努力还钱，但因为他也一直在借钱，所以是一边借、一边还，家里总是有几十两银子的债务。作为中年人，他很担心自己突然去世了，家里的局面无法收拾，一家上下从此无法生活，他就更加愧对先人了。

张履祥并不是有多么喜欢自己的这份工作，他曾向人抱怨说："弟所以自比此事于佣作之人，主人使其挑粪，则亦不得已而为之。又自比于守门之丐，与之酒食，则亦欣然受之。""弟思馆谷为养，固已不如耕田、卖药，与夫卜筮、钓鱼之得遂其无求之志，然与其舍此而天伦之际乃多弗安，则似为此犹为不义之轻者。""若祥以糊口之故，终岁与童幼作敌弗已，以至没齿，自顾亦可悲矣，亦可笑矣。"①

张履祥认为，在东家做塾师，实际上与东家雇佣的挑粪人、看门人没有什么本质区别。如果论生活的自由，可能还不如种地的农民、游走的小商贩，做塾师常年都没有自由，如果人一生都从事这样的工作，是十分可悲的。

根据文献记载，张履祥有两个女儿、两个儿子，但是他生孩子很晚，而且女儿大，儿子小，到了张履祥晚年，他的孩子们还在陆续结婚，孩子们也是导致他家庭生活出现问题的重要因素。

崇祯十三年（1640年），张履祥在二十九岁时有了长女，顺治十一年（1654年），长女十四岁时嫁给了他的一位学生，此时张履

① ［清］张履祥：《杨园先生全集》，陈祖武点校，北京：中华书局，2002年，第213、291、165页。

祥四十三岁。张履祥长女婚后过得很差，不久就去世了。到了张履祥晚年，他的次女结婚，他甚至连女儿的嫁妆都需要向人借钱来筹办。他的次女婚后不久，女婿便去世了，张履祥只好把次女、外孙接回家生活。

张履祥中年以后才有儿子，长子张维恭在张履祥六十一岁时才结婚。为了给儿子娶亲，他只好又一次借钱。长子在婚后育有一子，名为张圣闻，但是张维恭婚后不久也去世了，张履祥的孙子张圣闻在张履祥去世前也早夭。张履祥的次子未成年时就已夭折。

也就是说，在张履祥去世时，他的家中已经没有当时家族伦理意义上的直系男性后代了，只有他的次女带着外孙，这在当时并不被认为是合乎伦理的继承人。张履祥去世时，是他的朋友和学生帮忙安葬的。最初，张履祥被简单安葬在杨园村旧宅的东南方向，后来，张履祥的学生认为此地风水不佳，于是将张履祥墓地迁往杨园村北溪水南侧。

4.张履祥的社会生活

张履祥的一生十分平淡，但他却是明清时期十分特殊的一个人，这主要是因为他去世后的名望出现了他生前难以想象的历史性变化。

张履祥生前可以说是默默无闻，十分普通，在去世后逐渐被地方政府当作儒家学者的典型加以宣传，以至有人专门整理张履祥的生平事迹、出版张履祥的诗文，张履祥在后来逐渐成为“清代著名思想家”。另外，张履祥一直从事农业生产，应朋友邀请编写过《补农书》，将他对农业活动的经验认识编写到书中。这本书是一部农学著作，后人也因此认为他是“实学”的推动者，或者认为他是一位农学家。

张履祥本是一位基层社会的读书人，并不是一个普通农民，他很关心地方社会，也有一定的社会影响力，只是影响力相对有限。根据记载，张履祥生前曾参与过本地水利工程的谋划，但在其中起的作用并不大。

《张杨园先生年谱》中说："时年（顺治六年，1649年）不顺成，与门人言：'嘉郡水利不讲，时被旱潦，其要在浚吴淞江。'屡寓书与缙绅中之素好者，属其条陈当事，其后嘉善（嘉兴下属县）柯耸建议浚之。"[①]张履祥只是一位前朝的秀才，他在本地的影响力有限，只能联系到本地的知县，要维修本地水利工程需要更高级别的嘉兴府出面才行，这是张履祥一介秀才无法做到的，于是他便委托自己认识的本地乡绅，请人帮忙把自己的意见转达给本地的知府，全力推动水利工程建设。

《张杨园先生年谱》中记载，顺治十八年（1661年）张履祥"与曹射侯论水利。射侯名序，石门人。夏，经三月不雨，三吴苦旱高，乡禾尽槁。先生甚悯恻，与射侯书，论开浚桐乡、石门、海昌、嘉兴、海盐等处水利章程，周详尽善"。[②]在本地出现干旱时，张履祥与朋友讨论，提出了自己的详细建议，不过这一建议可能涉及方面过多，他也无法接触更高级别的政府人员，所以当时并未付诸实施。

从这两处例子中可以看到，张履祥虽然只是一名普通的秀才、普通的塾师，自己的生活过得并不算特别好，但他始终关心本地民生，并且有自己的认识。从这些方面来看，张履祥所代表的优秀塾师阶层与一般农民是有本质差别的，他们并非只关心自己家的土地，关心自己家的生活，而是对本地农业生产有更深入、更独到的认识，在一定意义上来说，是地方社会中有见识的人。

张履祥在年轻时曾见过明末著名思想家刘宗周，并拜刘宗周为师，但刘宗周并没有将张履祥当作自己最重要的学生，刘宗周的学生也没有认真对待张履祥这样一个出身普通的人。毕竟张履

① ［清］张履祥：《杨园先生全集》附录《张杨园先生年谱》，陈祖武点校，北京：中华书局，2002年，第1499页。

② 同上书，第1508页。

祥既无高等次的科举功名，也未做官，没有太大的社会影响力。刘宗周去世后，后代在供奉刘宗周灵位处同时设有他二十多名学生的灵位作为陪祀，其中并没有张履祥的灵位。

进入清代中期之后，张履祥开始引起当地政府的注意。乾隆十六年（1751年），一位叫雷鋐的人在浙江担任学政，主持浙江文化教育工作，对张履祥的生平十分感兴趣，到处搜集张履祥遗留的文稿，并为张履祥立碑。在雷鋐的倡导之下，一批地方文人开始编写张履祥的文集，此后张履祥开始一步步化身为著名思想家。

乾隆五十八年（1793年），桐乡知县李廷辉了解到桐乡本地有张履祥这样的一个人之后，对张履祥十分推崇，专门重修了张履祥的墓地，并向上级申请，愿自费在本地书院中安放张履祥的灵位，以促进本地文化教育的发展。但他的想法没有得到批准，上级认为，书院中接受祭祀的人都是上古著名先贤，是孔子和孔子的弟子，当代普通读书人不适合出现在书院陪祀的位置。

到了嘉庆十一年（1806年），李廷辉的愿望终于得到实现，在浙江巡抚的支持下，张履祥的灵位进入了本地书院陪祀行列，这意味着张履祥正式成为本地读书人心中的大儒。实际上，张履祥一生连书院的老师都没有做过，到书院中做老师恐怕是他心中梦寐以求甚至是想都不敢想的好工作。

同治（1862—1875年）年间，在张履祥墓地又一次改造升级中，时任浙江巡抚左宗棠亲自为张履祥的墓碑题字“大儒杨园张子之墓”。在左宗棠的推动下，浙江本地士绅开始联合起来向朝廷申请，希望张履祥获得更高级别的荣誉。同治十一年（1872年），张履祥的灵位获得了“从祀孔庙”的待遇，也就是说成了后人眼中孔子学说的著名继承人，这是儒家学者的最高荣耀。在整个清代二百多年的历史上，只有三十一个人获得过“从祀文庙”的待遇，其中有顾炎武、黄宗羲、王夫之等人。这意味着张履祥成为与顾炎武、王夫之这样著名学者并列的人。

张履祥之所以在去世后有了如此高的地位，主要是因为地方官员希望以此为手段来促进地方文化教育事业的发展，恰好张履祥成了一个“标杆”，他生前的默默无闻恰好使他成为纯粹儒者的象征。

张履祥的一生平平淡淡，是千百万普通读书人中的一员，他一生的遭遇是那个时代基层读书人、基层塾师的代表。张履祥身后的名望逐渐提高，以至成为清代著名儒家学者。张履祥社会名望的变化是明清思想文化史上极为特殊的个案，不具有代表性。中国古代有千千万万名塾师，他们作为一个阶层共同承担着无数儿童启蒙教育的使命，他们的一生大多没有做出惊天动地、足以改变历史进程的大事，除了个别文献中的只言片语，很少有人在历史上留下足够多的痕迹，以至生活在几百年之后的我们已经无法再了解到更多塾师们的具体生活了。张履祥本来也是一位普通的塾师，只是后人出于各自不同的原因，不断整理传播他在历史上留下的文字和生活的印记，于是，今天的我们才能看到当时一位普通塾师的人生经历。

二、清代末年的一位成功的塾师

1. 王锡彤的出身

王锡彤是一位生活在清代末年的塾师，他的人生经历相对比较成功，是当时无数塾师中的优秀代表。

王锡彤，字筱汀，号悔斋，晚号抑斋，河南省汲县（今河南省卫辉市）人，生于清代同治五年（1866年），去世于民国二十七年（1938年）。因为王锡彤一直坚持写日记，晚年之后又对自己的日记进行了整理，统编为《抑斋自述》[①]，保存至今。因此今天的人

① 该书点校本为王锡彤著，郑永福、吕美颐点注：《抑斋自述》，郑州：河南大学出版社，2001年。

才能得以对王锡彤做塾师的过程有清楚的了解。

王锡彤并不像其他塾师一样出身于农民家庭，而是出身于一个商业世家。不过他的祖父、父亲，以及他自己都是秀才出身，是本地少有的从商的同时还能坚持读书的家庭。王锡彤的家位于河南省卫辉府（有时称为汲县，卫辉府驻地为汲县，卫辉府城即汲县城）西门外盐店街，后来曾改名为沿淀街。在王锡彤生活的时期，以盐店街为中心，这里是卫辉府城外的一座辅城，称为西盐店城，盐店街是西盐店城最重要的街道，大致位于今天卫辉市汲水镇比干大道的西侧。王锡彤在《抑斋自述》中说：

> 蜗居西、北两面皆临水，风日清和，波流如镜。西挹太行，耸青叠翠。长芦盐商由天津运盐来泊，于此转车，运于河南开封，及河北怀庆（今河南省沁阳市）各属，故吾街之民，多为盐商执役。得钱既易，读书人遂少。[1]

当时，河南、河北一带主要靠长芦盐场提供食盐。长芦盐场是我国三大盐场之一，位于天津、河北沧州东部的渤海海岸，面积很大。长芦盐场的盐在天津一带可以进入京杭大运河，一路向南，在河北与山东交界处进入卫河，一直运到卫辉，进而以这里为中转地，运往周围各处。

从京杭大运河到卫辉的这条河现在称为卫河，实际上就是历史上隋唐时期建成的隋唐大运河的一部分。隋唐大运河大致上是以洛阳为中心，由洛阳向东北方向经过卫辉进入今天的河北省，向东南则沟通淮河，进而到达江南。

后来，隋唐大运河的一些河段逐渐淤塞、荒废，元朝时建成了京杭大运河，主要是沟通南北，连接政治中心京城与经济中心江浙地区，方便浙江、江苏与山东、河北之间北上南下的运输。

在王锡彤生活的时期，从山东、河北交界处到河南卫辉的这

① ［清］王锡彤：《抑斋自述》，郑州：河南大学出版社，2001年，第6页。

段在隋唐时期就已经建成的东北—西南走向的古老运河也一直在使用着，可以算作明清时期京杭大运河的支线。王锡彤生活的这条古运河南岸，是当时南北客商往来的交通要道。

王锡彤虽然生活在商业氛围浓厚的地方，但他的家里一直重视读书。他的祖上，自高曾祖父以下，连续五代人都曾考中过秀才，他的祖父在考中了秀才后一直在盐店街开门店为生。他的父亲早年一直从事盐业买卖，后来因为与人产生纠纷，改行做了医生，又曾在盐业商人家中做塾师，在东家的影响下，又重新从事起盐业生意。

2.王锡彤受教育过程

在王锡彤小时候，他的家里变得有些落魄，正房被租出去收取租金，一家人住在偏房中。不过，王锡彤仍有受教育的条件，他从五岁开始识字，七岁上学读书，第一位老师是他的邻居，名叫侯执信。两年后，王锡彤完成了基本的认字，学会了简单阅读，开始到另外一处私塾中继续读书，这处私塾中的老师名叫王墀（chí）。王锡彤在这里开始学习《论语》，直到十岁。之后，王锡彤又进入一位名叫银兴邦的人担任老师的私塾中学习。十三岁时，王锡彤报名参加童试，没有考中。

在十四岁这年，王锡彤离开汲县，到汲县北部的淇县上学，老师名叫潘梅轩，是本地著名教育家。王锡彤的学业有了一定的进步，然而潘梅轩老师很快考中了南方一地的知县，离开了这里。王锡彤只好到一位同学家里，跟这位同学一起读书，老师名叫牛景化。

不幸的是，到了第二年，也就是王锡彤十五岁这一年，他的父亲去世了，他的家庭一下子陷入了经济困难，王锡彤只好中断了学业，在父亲朋友的介绍下，到修武（今河南省焦作市）的盐店中学习盐业经营。

可是，王锡彤很想读书，不喜欢在盐店学习做生意的生活，于是便私自离开盐店，回到家里，对母亲说了自己的想法，并得到了母亲的支持。王锡彤为了减轻家里负担，参加了淇泉书院入学考试。很幸运，他考进了淇泉书院。

在当时，一个县里往往有一两所书院，每个书院中有十几名到几十名不等的学生，这些学生主要以秀才为主，学习的主要目标是参加乡试，考中举人。当时的读书人要想考入书院中学习，一般都得有秀才身份，也就是说，一个读书人一般只有先参加童试，考中秀才之后，才能考入书院中读书，因为大部分书院的入学考试比考秀才的难度还大。没有秀才身份能够考入书院的人是很少的，所以王锡彤十分幸运。经过了难度极大的考试，自然也有优厚的待遇。王锡彤在淇泉书院读书期间，每个月都能领到一笔膏火钱，足够他的生活费，有时候还能将剩余的钱用来照顾他的母亲。有了经济基础，他也能安心读书，在几年之后，光绪十年（1884年），十八岁的王锡彤以优异成绩考中了秀才。

3. 王锡彤的事业

遗憾的是，王锡彤接下来继续参加乡试的道路就没有那么顺畅了。他在光绪十一年（1885年）、十四年（1888年）、十五年（1889年，乡试每三年一次，这一年光绪皇帝新婚、亲政，增加了一次“恩科”）、十七年（1891年）、十九年（1893年，明年为慈禧太后60大寿，该年举行乡试恩科，为明年春季会试选拔人才）、二十年（1894年）、二十三年（1897年），连续参加了七次乡试，均未能考中。

在不断参加乡试的过程中，王锡彤不断改变着自己的人生轨迹。在考中秀才后第二年，王锡彤可能出于养家糊口的考虑，在一位林姓人家的家中做了一年塾师。这一年，他教着五名学生，收入为三十千铜钱，相当于三十多两银子。这是王锡彤第一次从事塾师的工作，收入并不算高。这一年，他第一次参加乡试，未考中。

光绪十二年（1886年），王锡彤二十岁，他受人推荐，到卫辉府前知府李增甫家中做塾师，这已经算是当时拥有秀才身份的人做塾师较好的出路了。这一年，王锡彤的收入为月薪五两银子，外加铜钱二千，相当于比第一年收入多了一倍还多。

光绪十三年（1887年），王锡彤对现状不满，坚持辞去了在李增甫家中做塾师的工作，而考入大梁书院，到当时的省城开封读书。大梁书院是省级书院，考入该书院读书的学生有优厚的待遇，王锡彤在这里读书，每月有1.5两银子的膏火钱，一年收入比做塾师要少很多。好在王锡彤生活简朴，他领取的这部分膏火钱自己花不完，全都送回家中，给妻子、母亲做生活费。

光绪十四年（1888年）秋季，王锡彤再次参加乡试，仍未考中，便放弃了继续在大梁书院读书。

从光绪十五年（1889年）到光绪十八年（1892年），王锡彤在一位徐姓人家的家中做塾师，持续了三年。这三年，他的收入为每年铜钱三十千，又回到了起点。在此期间，王锡彤又参加了两次乡试，均未考中，心情十分沉重。早年的王锡彤曾在童试中名列前茅，可如今在乡试阶段遭遇多次失败，这让王锡彤心灰意冷，甚至不再对自己能考中抱有希望了。

光绪十八年，王锡彤做塾师的东家染病去世了，他失去了工作，干脆不再到别人家里做塾师，而利用盐店街家里的空余房间开设了私塾。由于王锡彤开设的私塾教学成果好，学生不断有人考中秀才，于是远近各县很多家庭慕名把学生送来。此后，王锡彤的私塾学生数量增加，家里空间太小，只好到外边另租场地，以扩大规模。在此期间，大梁书院还曾写信来请他再到大梁书院读书，他也拒绝了。可见在此期间，王锡彤事业做得风生水起，比到别人家里做塾师上升了一个层次。在一定意义上，此时的王锡彤已经成为本地小有名气的教育家了。

对于王锡彤来说，最大的遗憾就是一直都没有能考中举人。光绪二十六年（1900年），义和团运动在各地兴起，社会也变得不稳定。王锡彤结束了自己开设私塾的工作，到外地参与组织本地团练（民间自卫武装）。此后，王锡彤虽然仍从事过教育工作，不过彻底离开了启蒙阶段教育岗位。在清代末年，王锡彤曾担任过书院的教师、书院的山长，进而创办过书院、担任过新式学校领导。在民国时期，王锡彤不只参与教育活动，也将更多精力用于创办企业，成为当时国内著名实业家。

蒙学是农业时代基层社会的基础教育。传统基层社会的诸多制度不像现代社会这样面面俱到，不会对每个细节都有严密的规定。比如在当代教育机制下，全国各地的小学在同一年级每一学期内的教学内容十分接近，而传统时代的启蒙教育则更多依靠塾师个人的发挥。如果说当代人心中的学校往往指一处发挥教育功能的建筑，那么传统时代的人心中的蒙学教育机构则往往指向某一位或者几位塾师。塾师在，这所蒙学便在；塾师不再开展活动，这所蒙学也便结束了。因此，塾师是古代蒙学存续与发展的标志，塾师在各类蒙学中的教学活动便是蒙学的教学活动，塾师的生活是蒙学发展的重要组成部分。

近代以后，随着现代教育制度的逐渐建立和义务教育制度的完善，传统意义上的蒙学日趋边缘化。清代末年，国家曾尝试对传统私塾进行改革，以推进传统蒙学向现代教育转变。民国时期，在现代教育尚未普及的地区，传统蒙学仍发挥着一些作用，是现代教育的重要补充，但传统蒙学已经让位于现代教育制度，成为历史的一部分了。

清末以来，中国教育的现代化转向迅速而突然。在诸多关于传统与现代、中国与西方之间的问题尚未得到清晰的回答时，现代教育就仓促取代了传统教育。两千多年来，传统蒙学在发展过程中形成了完整的体系，从思想理念到教育内容、教育方法等都有丰富的精神内涵。改革开放以来，传统蒙学教育一直受到广泛关注。高质量的义务教育是社会经济发展的重要基础，不断回顾和吸收传统蒙学教育发展过程中留下的精神遗产以充实和丰富当代教育，对于提升当代启蒙教育的质量，凸显中国教育发展的精神具有重要价值。

后 记

这本“蒙学简史”虽然名为“简史”，但字数有三十多万，内容并不少，要花费不少时间才能读完。在短视频时代，愿意进行系统阅读的人越来越少，但必然也越来越珍贵。本来只是计划写一本小书，但中国传统蒙学文献数量庞大，相关的历史记载十分丰富，即使三十多万字也并不足以呈现传统蒙学的每一个方面。如果要更详细地展现中国传统蒙学的发展，恐怕需要规模更为庞大的“通史”。

自古以来，书籍就担负着传播知识的作用。启蒙教育属于教育领域，与启蒙教育有关的话题不仅是学术话题，而且是公共话题，与每个家庭、每个学校，甚至每个人都密切相关。每个人都会经历启蒙教育的过程，启蒙教育对一个人的成长具有奠基作用，是真正意义上的“人生第一粒纽扣”。因此，本书在写作过程中充分考虑了蒙学相关话题的公共属性，在学术创新的同时，也着重考虑了读者阅读的方便性。

为了便于阅读，本书对蒙学发展史中的诸多较为复杂的问题进行了简单化处理。所谓简单化处理，主要是指对相关的历史文献进行筛选，不是将所有历史文献全部罗列出来，而是将那些最关键、最典型的文献呈现出来，加以解读、剖析，用关键性的文献将复杂的历史问题、复杂的制度变迁、复杂的思想特点说清楚。通过这样的方式，本书只使用了几百种文献，就呈现了中国传统蒙学发展的全过程。

与此同时，考虑到过去社会的思想、制度、习俗乃至价值观、社会常识、表达方法与当代有所不同，本书对蒙学发展过程中的一些问题进行了详略不同的处理，尽量从当代读者可以读懂的角度呈现历史发展过程中的细节，通过文献剖析呈现本书对于有关主题的思考、研究过程，以帮助读者在知道结论的同时，弄懂这些结论形成的过程。

在内容呈现形式上，本书所有说明性文字，均直接在正文中加以叙述。由于大量文献涉及所在时代的历史背景、制度、文化等，这些内容可以帮助读者厘清文献的来源，弄清蒙学发展背后的脉络。为了节省读者的查阅时间，更清晰地呈现历史，凡是能明确具体时间、地点、人物的文献，本书均在最精细程度上加以明确。为了在保证历史感的同时方便阅读，本书中的所有时间均以年号纪年为主，并同时标注对应的公元纪年；涉及地名时，均在呈现古代地名的基础上，标明当代行政区划及地名，必要情况下对古代的行政区划情况作简要介绍；对于文中出现的历史事件、人物及官职，均加以介绍和解读，以便读者了解事件发生的背景。同时，各章节均以较为清晰的历史场景开篇，以增加阅读时的画面感、清晰感。

通过这样的方式，本书力图让教师、父母，从事启蒙教育研究的人以及每一位关心启蒙教育的读者，能够轻松地读懂本书的内容，了解中国蒙学发展的历史过程。当然，本书坚持“有一分史料，则说一分话”，所有内容均以历史文献记载为准，所有历史文献均以脚注形式标准文献来源。其中部分文献可能因为时间仓促，所用版本并非最权威版本，如存在问题，欢迎读者提出，以便在将来有机会时加以改正。

很多人觉得启蒙教育是“大历史”中的小事，是微观的问题。中国传统启蒙教育留下了丰富的教学方法，也留下了丰富的蒙学读物，对当代教育有参考价值。一些启蒙读物仍在广泛流传，被当代儿童学习，这些似乎只是教育领域中比较小的话题，但从中国启蒙教育的发展历程来看，要真正读懂中国传统启蒙教育，不仅需要教育、个人成长等微观视角，而且需要宏观视角，即从中华文明发展的视角看待传统蒙学。本书虽然以呈现蒙学发展的具体细节为主，但同时也将中华文明发展的宏观视角作为一条暗线，这是理解中国传统蒙学，进而理解中国文化、中国教育的重要基础。

回望历史，中国传统蒙学在两千多年的发展过程中形成了这样的一些特点。

一，蒙学与中华文明发展有紧密的关系。按照一般常识，启蒙教育是基础教育，有人类社会存在就会有生产生活经验的传承，这是启蒙教育存在的基础。儒家思想家们留下的关于启蒙教育的较早记录主要不是关于生产生活经验传承的内容，而是体现了那时候的中国人对文明理想的思考，他们将蒙学制度体系、蒙学教育内容体系与社会文明发展紧密联系在一起。在中国传统蒙学发展过程中，除了先秦以及秦代等少数时期之外，大部分历史时期都是以儒家思想为指导。儒家认为教育是社会建设的必须要考虑的内容，教育也能为社会稳定提供重要帮助。历朝历代，无论朝代建立过程如何，每一代人在社会稳定之后，都会像出于“本能”一样，将启蒙教育发展纳入社会建设的理想中，并付出实践。这是中国蒙学发展的基本动力，也是蒙学与社会文明进步紧密相关的基础逻辑。

二，中国形成了蒙书编写的历史文化传统。在中国文化中，为小孩子编写读物从未被视为简单的事。可能受到孔子等早期优秀儒家思想家们的影响，每个时代最优秀的思想家都把从事教育活动看作自己的本分。这些最优秀的思想家们以及国家的管理者们从不认为编写蒙学读物是一件可以随便应付的事，他们都将编写蒙学读物视为人生的荣耀。自宋代以后，每个时代最优秀的思想家们都在争相编写蒙学读物。正因为此，中国留下了许多精彩的传统蒙学读物。许多读物历经上千年历史风雨，始终广受欢迎，甚至在当代仍广泛流传。这是中国教育史上最为闪耀的事。可以说，这是世界书籍传播史上的奇迹，甚至是人类教育史上的奇迹。

三，在生产力不发达时代，中国蒙学摸索出了独特的发展之路。蒙学天然存在于社会资源不足的基层社会，与更高阶段的“大学”相比，分得的社会资源更少，容易被忽略；传统蒙学处于生产力不发达的农业社会，农业生产之余，能有时间、精力接受教育的家庭不多。在多重限制因素之下，蒙学可以说处于“文明的末梢”，是文明体系中最容易被忽略的事，但中国的启蒙教育并没有走上自生自灭的道路，而是不断探索，基层政府、地方精英共同主导，用多种方式寻找办学空间，组织学校筹建，筹措运行资金，依赖包括学田在内的多种方式，竭力维持稳定运行，甚至形成了基层社会的重要文化传统。这是其他文明体系中所没有的，是中国传统文明对于社会资源不足领域事务发展做出的开创性贡献。

四，蒙学与基层社会经济、文化传统形成了紧密联系。塾师是传统蒙学的实践者，是蒙学发展的主导力量，塾师在基层社会不仅发挥教育作用，而且发挥着推进基层社会文化发展、提升基层社会文明程度的作用。很多塾师带动了一地社会文化发展。可以说，塾师主持的各类启蒙教育机构也是基层社会的文化中心。

五，传统蒙学始终没有离开世俗化、人文化道路。传统蒙学的发展处于以农业生产为主的历史背景下，传统蒙学中虽有少量农业知识教学，在宋元之后出现过一些农业主题的蒙学读物，但这些并不是传统蒙学教学的主流内容。受到儒家思想的影响，中国传统蒙学教学的主流内容不面向实际生产活动，而主要以个人思想、道德伦理养成为主。最为难能可贵的是，中国传统蒙学自始至终一直坚持着上述这些基本原则，这在世界教育史上是十分难能可贵的。此外，由于很多蒙学读物是由各个时代最优秀的思